JILPT 第3期プロジェクト研究シリーズ *No.7*

生涯にわたるキャリア支援

―労働市場のインフラとしてのキャリア支援―

労働政策研究・研修機構 編

まえがき

　2015 年 10 月の職業能力開発促進法の改正を受けて、2016 年 4 月からキャリアコンサルタントの登録制度が開始され、キャリアコンサルタントの国家資格化が実現した。

　遡れば 2001 年、第 7 次職業能力開発基本計画において、キャリア形成支援システムが労働市場を有効に機能させるためのインフラの一つとして位置づけられた。その後、ジョブ・カード制度やキャリア・コンサルティング技能検定など、様々な施策が展開されてきたが、先般の職業能力開発促進法の改正により、職業選択、職業生活設計、能力開発に関する相談・助言を行う専門家として、「キャリアコンサルタント」制度が法定化されたことは、「労働市場のインフラ整備」の施策展開の一つの到達点ともいえるだろう。

　こうした動きと並行して、国内外では、生涯にわたるキャリア形成およびその支援に関心が高まっており、労働政策研究・研修機構では、第 3 期（2012 ～2016 年度）のプロジェクト研究として「生涯にわたるキャリア形成支援と就職促進に関する調査研究」を行ってきた。本書は、「キャリアコンサルタント」制度が法定化された節目にあたり、第 3 期のプロジェクト研究を、「生涯にわたるキャリア支援―労働市場のインフラとしてのキャリア支援―」というテーマで取りまとめたものである。

　キャリア支援といえば、往々にして一対一の個別支援というミクロの視点で捉えられがちであるが、本書では、キャリア支援が「労働市場のインフラ」として位置づけられた経緯を踏まえ、まず、キャリア支援の背景として職業構造の変化や国内外の施策の動向等を把握した上で、企業内の内部労働市場でのキャリア支援と外部労働市場でのキャリア支援に分け、それぞれの現状と課題の整理を試みている。

　キャリアコンサルタントの国家資格化はゴールではなく新たなステップの始まりでもある。本書が今後のキャリア支援のあり方を考える上で、政策担当者をはじめ、教育機関、企業、労働力需給調整機関の関係者の方々の参考になれば幸いである。

　2018 年 3 月

独立行政法人　労働政策研究・研修機構
理事長　　菅　野　和　夫

目　次

まえがき

目　次

序　章　生涯にわたるキャリア支援の諸問題と本書のねらい・・・・・・・・・・11

上市　貞満

　はじめに・・11

　本書のねらいと構成・・13

第1章　職業構造の変化と現状―長期的な趨勢と就業者5万人の調査

　　　　から有望な職業、輝く仕事・・・・・・・・・・・・・・・・・・・・・・・・・・・・15

松本　真作

　1 背景と趣旨・・15

　2 これまでの産業構造、職業構造の長期的な趨勢・・・・・・・・・・・・・・・16

　3 職業構造に変化を及ぼす背景と仮説・・・・・・・・・・・・・・・・・・・・・・・・21

　　（1）ITと技術革新・・・・・・・・・・・・・・・・・・・・・・・・・・・・・・・・・・・・・・・21

　　（2）グローバル化・・・・・・・・・・・・・・・・・・・・・・・・・・・・・・・・・・・・・・・24

　　（3）人口構成の変化：少子高齢化・・・・・・・・・・・・・・・・・・・・・・・・25

　　（4）SBTC仮説とALM仮説・・・・・・・・・・・・・・・・・・・・・・・・・・・・・26

　4 就業者5万人調査のデータ収集方法・・・・・・・・・・・・・・・・・・・・・・・28

　　（1）調査対象職業・・・・・・・・・・・・・・・・・・・・・・・・・・・・・・・・・・・・・・29

　　（2）調査内容・・・30

　　（3）調査対象者・・・・・・・・・・・・・・・・・・・・・・・・・・・・・・・・・・・・・・・32

　　（4）調査の経過・・・・・・・・・・・・・・・・・・・・・・・・・・・・・・・・・・・・・・・32

　5 収集した就業者5万人の属性等・・・・・・・・・・・・・・・・・・・・・・・・・・・33

　6 調査結果：増加や減少等職業の様々な側面の量的変化・・・・・・・35

　7 調査結果：高度化や対人関係等職業の様々な側面の質的変化・・・39

　8 調査結果：やりがいや人間関係等職業の様々な側面の現状・・・・・46

　9 長期的趨勢と調査結果から―変化・現状と仕事で輝くには・・・・・51

2

第2章　生涯にわたるスキル形成 ························56

下村　英雄

1 問題意識・目的・方法 ·····························56

（1）問題意識 ··································56

（2）目　的 ···································58

（3）方　法 ···································58

2 成人の職業スキル―仕事上で自信のある事がら ··············59

3 成人の生活スキル ·····························66

4 成人の学習経験 ·····························72

5 成人の後悔 ······························75

6 結果の概要 ······························78

（1）成人の職業スキルに関する結果概要 ···········78

（2）成人の生活スキルに関する結果概要 ···········79

（3）成人の学習経験 ·······················80

（4）成人の後悔 ··························82

7 政策的インプリケーション ······················82

（1）若年層のライフスキル ···················83

（2）若年層の職業特殊スキル ··················83

（3）中高年の職業スキル ····················83

（4）女性の職業スキル ·····················84

（5）職業能力開発行政におけるキャリアガイダンス施策 ······84

第3章　キャリア支援の国内外の動向 ·····················86

下村　英雄

1 キャリア支援の国内の動向 ······················87

（1）2000年代以降のキャリアコンサルティング施策の展開 ····87

（2）第7次職業能力開発基本計画 ···············91

（3）第6次職業能力開発基本計画 ···············94

2 海外におけるキャリアガイダンス政策の動向 ············98

3 生涯ガイダンスシステム ·····················100

（1）生涯キャリアガイダンスに対する批判 ・・・・・・・・・・・・・・・100

（2）「市民」に対するガイダンス ・・・・・・・・・・・・・・・・・・・・・102

（3）生涯ガイダンスに向けた連携・協力体制 ・・・・・・・・・・・・102

④ キャリアガイダンスのアクセス拡大 ・・・・・・・・・・・・・・・・・・105

（1）欧州の先行事例 ・・・・・・・・・・・・・・・・・・・・・・・・・・・・・105

（2）ターゲットを絞った取り組み ・・・・・・・・・・・・・・・・・・・108

（3）ICTの活用 ・・・・・・・・・・・・・・・・・・・・・・・・・・・・・・・・109

⑤ キャリアガイダンスの質保証 ・・・・・・・・・・・・・・・・・・・・・・・111

（1）欧州の質保証の議論の現状 ・・・・・・・・・・・・・・・・・・・・・111

（2）質保証へのアプローチ ・・・・・・・・・・・・・・・・・・・・・・・・113

（3）質保証アプローチ実施の進展 ・・・・・・・・・・・・・・・・・・・114

⑥ キャリアガイダンスと学習 ・・・・・・・・・・・・・・・・・・・・・・・・・115

⑦ キャリアガイダンスと連携 ・・・・・・・・・・・・・・・・・・・・・・・・・117

⑧ キャリア支援の国内外の動向からみた今後の生涯にわたる
キャリア支援に対する示唆 ・・・・・・・・・・・・・・・・・・・・・・・・・119

第4章　企業内でのキャリアコンサルティングの展開・・・・・・・・・・・・・・・123

下村　英雄

① 日本の企業内キャリアコンサルティング ・・・・・・・・・・・・・・・・123

（1）日本の企業内キャリアコンサルティング ・・・・・・・・・・・・・123

② 欧州キャリアガイダンス論における企業内キャリアカウンセ
リング ・・・・・・・・・・・・・・・・・・・・・・・・・・・・・・・・・・・・・・・125

③ 企業内キャリアコンサルティングの日本的特徴 ・・・・・・・・・・・127

④ 企業内キャリアコンサルティングのリテンション機能 ・・・・・・・128

⑤ リテンション機能と類似の受け入れ局面における働き ・・・・・・・131

⑥ 企業内キャリアコンサルティングの関係調整・対話促進機能 ・・134

⑦ 企業内キャリアコンサルティングの意味付与・価値提供機能 ・・138

⑧ 日本の企業内キャリアコンサルティングと日本的雇用シス
テム ・・142

（1）結果のまとめ ・・・・・・・・・・・・・・・・・・・・・・・・・・・・・・142

（2）日本の企業内キャリアコンサルティングの背景 ‥‥‥‥143

⑨ 日本の企業内キャリアコンサルティングのその他の論点 ‥‥‥145

　（1）企業内キャリアコンサルティングの相談内容 ‥‥‥‥‥145

　（2）企業内キャリアコンサルティングの相談過程 ‥‥‥‥‥148

　（3）企業内キャリアコンサルティングの体制と運営 ‥‥‥‥151

⑩ 日本の企業内キャリアコンサルティングからみた今後の生涯
キャリア支援の展開 ‥‥‥‥‥‥‥‥‥‥‥‥‥‥‥‥‥‥‥154

第5章　企業内プロフェッショナルと専門職制度 ‥‥‥‥‥‥158

上市　貞満

第1節　はじめに ‥‥‥‥‥‥‥‥‥‥‥‥‥‥‥‥‥‥‥‥‥159

① 問題意識 ‥‥‥‥‥‥‥‥‥‥‥‥‥‥‥‥‥‥‥‥‥‥‥159

② 本章の研究の対象と方法 ‥‥‥‥‥‥‥‥‥‥‥‥‥‥‥‥160

第2節　職業別の自己啓発の状況 ‥‥‥‥‥‥‥‥‥‥‥‥‥‥162

① 自己啓発の実施状況 ‥‥‥‥‥‥‥‥‥‥‥‥‥‥‥‥‥‥162

② 自己啓発の目的 ‥‥‥‥‥‥‥‥‥‥‥‥‥‥‥‥‥‥‥‥163

③ 自己啓発の方法 ‥‥‥‥‥‥‥‥‥‥‥‥‥‥‥‥‥‥‥‥164

④ 自己啓発の課題 ‥‥‥‥‥‥‥‥‥‥‥‥‥‥‥‥‥‥‥‥165

⑤ 小　括 ‥‥‥‥‥‥‥‥‥‥‥‥‥‥‥‥‥‥‥‥‥‥‥‥166

第3節　民間ビジネススクールによる企業内プロフェッショナル育成
の可能性と課題 ‥‥‥‥‥‥‥‥‥‥‥‥‥‥‥‥‥‥‥167

① 問題意識と調査方法 ‥‥‥‥‥‥‥‥‥‥‥‥‥‥‥‥‥‥167

　（1）問題意識 ‥‥‥‥‥‥‥‥‥‥‥‥‥‥‥‥‥‥‥‥‥167

　（2）調査方法 ‥‥‥‥‥‥‥‥‥‥‥‥‥‥‥‥‥‥‥‥‥170

② リサーチクエスチョン、調査結果、考察 ‥‥‥‥‥‥‥‥‥171

第4節　企業内プロフェッショナルの人的資本の蓄積、および専門職
制度の有効性と課題 ‥‥‥‥‥‥‥‥‥‥‥‥‥‥‥‥‥175

① 問題意識と調査方法 ‥‥‥‥‥‥‥‥‥‥‥‥‥‥‥‥‥‥175

　（1）問題意識 ‥‥‥‥‥‥‥‥‥‥‥‥‥‥‥‥‥‥‥‥‥175

　（2）調査方法 ‥‥‥‥‥‥‥‥‥‥‥‥‥‥‥‥‥‥‥‥‥176

②　リサーチクエスチョン、調査結果、考察 ‥‥‥‥‥‥‥‥‥176

第5節　おわりに ‥‥‥‥‥‥‥‥‥‥‥‥‥‥‥‥‥‥‥‥‥‥‥181

第6章　職業相談・紹介プロセスと求職者支援 ‥‥‥‥‥‥‥‥‥184

榧野　潤

第1節　研究の目的 ‥‥‥‥‥‥‥‥‥‥‥‥‥‥‥‥‥‥‥‥‥184

第2節　ハローワークにおける求職者サービス ‥‥‥‥‥‥‥‥‥186

第3節　職業相談・紹介の基本的プロセス ‥‥‥‥‥‥‥‥‥‥‥188

　①　問題解決アプローチ ‥‥‥‥‥‥‥‥‥‥‥‥‥‥‥‥‥‥188

　　（1）コーヒーカップモデル ‥‥‥‥‥‥‥‥‥‥‥‥‥‥‥188

　　（2）キャリアコンサルタント視点の問題把握 ‥‥‥‥‥‥‥191

　　（3）目標の設定と方策の実行 ‥‥‥‥‥‥‥‥‥‥‥‥‥‥195

　②　キャリア・ストーリー・アプローチ ‥‥‥‥‥‥‥‥‥‥196

　　（1）キャリア・ストーリー・アプローチの背景にある理論 ‥‥‥196

　　（2）主観的検討と客観的検討 ‥‥‥‥‥‥‥‥‥‥‥‥‥‥199

第4節　職業相談・紹介のモデル ‥‥‥‥‥‥‥‥‥‥‥‥‥‥‥202

　①　問題解決アプローチ ‥‥‥‥‥‥‥‥‥‥‥‥‥‥‥‥‥‥203

　　（1）職業相談・紹介業務への応用 ‥‥‥‥‥‥‥‥‥‥‥‥203

　　（2）職業相談・紹介モデル ‥‥‥‥‥‥‥‥‥‥‥‥‥‥‥205

　②　キャリア・ストーリー・アプローチ ‥‥‥‥‥‥‥‥‥‥210

　　（1）職業相談・紹介業務への応用 ‥‥‥‥‥‥‥‥‥‥‥‥210

　　（2）職業相談・紹介モデル ‥‥‥‥‥‥‥‥‥‥‥‥‥‥‥211

第5節　職業相談・紹介モデルの妥当性の検討 ‥‥‥‥‥‥‥‥‥216

　①　事例研究の概要 ‥‥‥‥‥‥‥‥‥‥‥‥‥‥‥‥‥‥‥‥216

　　（1）事例研究の目標 ‥‥‥‥‥‥‥‥‥‥‥‥‥‥‥‥‥‥216

　　（2）事例研究のスケジュール ‥‥‥‥‥‥‥‥‥‥‥‥‥‥217

　②　研修プログラムの効果 ‥‥‥‥‥‥‥‥‥‥‥‥‥‥‥‥‥218

　　（1）アンケート調査の実施方法 ‥‥‥‥‥‥‥‥‥‥‥‥‥218

　　（2）アンケート調査の結果 ‥‥‥‥‥‥‥‥‥‥‥‥‥‥‥221

　　（3）小　括 ‥‥‥‥‥‥‥‥‥‥‥‥‥‥‥‥‥‥‥‥‥‥227

目　次

第6節　考　察・・227

第7章　職業相談におけるアクションリサーチ―「職業相談の勘とコツ の『見える化』ワークショップ」の研究開発・・・・・・・・・・・・・・・・231

榧野　潤

第1節　研究の目的・・232

　　1 アクションリサーチと研修研究・・・・・・・・・・・・・・・・・・・・・・・・・・・232

　　2 職業相談プロセスの意識化・・・・・・・・・・・・・・・・・・・・・・・・・・・・・・232

　　3 研究プログラムの研究開発の手法・・・・・・・・・・・・・・・・・・・・・・・・234

第2節　研修プログラムの背景にある理論・・・・・・・・・・・・・・・・・・・・・235

　　1 認知的タスク分析・・・・・・・・・・・・・・・・・・・・・・・・・・・・・・・・・・・・・235

　　2 認知的タスク分析の構成要素・・・・・・・・・・・・・・・・・・・・・・・・・・・236

　　3 重要意思決定分析法・・・・・・・・・・・・・・・・・・・・・・・・・・・・・・・・・・238

　　　（1）重要意思決定分析法の特徴・・・・・・・・・・・・・・・・・・・・・・・・・238

　　　（2）重要意思決定分析法と勘コツワークショップ・・・・・・・・・242

　　4 再認主導意思決定モデル・・・・・・・・・・・・・・・・・・・・・・・・・・・・・・242

　　　（1）再認の効果・・・・・・・・・・・・・・・・・・・・・・・・・・・・・・・・・・・・・242

　　　（2）職業相談と再認主導意思決定モデル・・・・・・・・・・・・・・・・244

第3節　研修プログラムの概要・・・・・・・・・・・・・・・・・・・・・・・・・・・・・・248

　　1 勘コツワークショップの目的・・・・・・・・・・・・・・・・・・・・・・・・・・248

　　2 勘とコツの関係・・・・・・・・・・・・・・・・・・・・・・・・・・・・・・・・・・・・・248

　　3 勘コツインタビューと勘コツマップ・・・・・・・・・・・・・・・・・・・・250

　　　（1）勘コツインタビュー・・・・・・・・・・・・・・・・・・・・・・・・・・・・・250

　　　（2）勘コツマップ・・・・・・・・・・・・・・・・・・・・・・・・・・・・・・・・・・254

　　4 グループワークの進め方・・・・・・・・・・・・・・・・・・・・・・・・・・・・・256

　　　（1）グループの編成・・・・・・・・・・・・・・・・・・・・・・・・・・・・・・・256

　　　（2）グループワークの手順・・・・・・・・・・・・・・・・・・・・・・・・・・256

第4節　研修プログラムの効果の検討・・・・・・・・・・・・・・・・・・・・・・・・257

　　1 調査の目的・・・257

　　2 調査の方法・・・257

（1）調査の対象 ‥‥‥‥‥‥‥‥‥‥‥‥‥‥‥‥‥‥257

（2）アンケート票の設計 ‥‥‥‥‥‥‥‥‥‥‥‥‥‥257

（3）研修プログラムの効果 ‥‥‥‥‥‥‥‥‥‥‥‥258

③ 調査の結果 ‥‥‥‥‥‥‥‥‥‥‥‥‥‥‥‥‥‥‥‥260

（1）参加者のプロフィール ‥‥‥‥‥‥‥‥‥‥‥‥‥260

（2）研修プログラムの効果 ‥‥‥‥‥‥‥‥‥‥‥‥261

第5節 考 察 ‥‥‥‥‥‥‥‥‥‥‥‥‥‥‥‥‥‥‥‥‥263

① 認知的タスク分析における本研究の意義 ‥‥‥‥‥‥263

（1）職業相談技法についての新しい考え方の提案 ‥‥‥263

（2）相談業務への認知的タスク分析の展開 ‥‥‥‥‥264

② 今後の課題 ‥‥‥‥‥‥‥‥‥‥‥‥‥‥‥‥‥‥‥265

（資 料 ‥‥‥‥‥‥‥‥‥‥‥‥‥‥‥‥‥‥‥‥371）

第8章 求職者支援制度によるキャリア支援 ‥‥‥‥‥269

下村 英雄

① 問題意識・方法 ‥‥‥‥‥‥‥‥‥‥‥‥‥‥‥‥‥269

（1）問題意識 ‥‥‥‥‥‥‥‥‥‥‥‥‥‥‥‥‥‥269

（2）方 法 ‥‥‥‥‥‥‥‥‥‥‥‥‥‥‥‥‥‥‥271

（3）求職者支援制度のキャリア支援としての特徴 ‥‥‥272

② 制度利用者の特徴 ‥‥‥‥‥‥‥‥‥‥‥‥‥‥‥‥273

③ 制度利用の理由 ‥‥‥‥‥‥‥‥‥‥‥‥‥‥‥‥‥276

④ 役に立った支援 ‥‥‥‥‥‥‥‥‥‥‥‥‥‥‥‥‥279

⑤ 制度利用の感想および変化 ‥‥‥‥‥‥‥‥‥‥‥‥281

（1）全般的傾向 ‥‥‥‥‥‥‥‥‥‥‥‥‥‥‥‥‥281

（2）職業スキル・生活スキルの変化 ‥‥‥‥‥‥‥‥282

⑥ 就職との関連 ‥‥‥‥‥‥‥‥‥‥‥‥‥‥‥‥‥‥287

（1）キャリアコンサルティング、ビジネスマナーの授業が役

に立った ‥‥‥‥‥‥‥‥‥‥‥‥‥‥‥‥‥‥290

（2）キャリアコンサルティング、職業相談、就職支援に関す

ること ‥‥‥‥‥‥‥‥‥‥‥‥‥‥‥‥‥‥‥293

⑦ 本調査研究によるインプリケーション ・・・・・・・・・・・・・・・・・・・297
　　　（1）求職者支援制度利用者の属性に応じた職業訓練について ・・297
　　　（2）制度利用前後の肯定的な変化と「基礎コース」の職業訓
　　　　　練について ・・298
　　　（3）ソフトスキルに対する効果とスキルのアクティベーショ
　　　　　ンについて ・・298

第9章　外部労働市場におけるキャリアコンサルティング ・・・・・・・・・・・・301

下村　英雄

　　① 外部労働市場におけるキャリアコンサルティングに関する問
　　　題意識 ・・・301
　　② キャリアコンサルティング経験の有無による現在の状況の違い ・・・303
　　③ キャリアコンサルティング未経験者の相談ニーズと転職 ・・・・・・307
　　④ 転職のキャリアコンサルティングと意識 ・・・・・・・・・・・・・・・・・・・309
　　⑤ キャリアコンサルティングの相談場所・機関、担当者 ・・・・・・・313
　　⑥ 外部労働市場におけるキャリアコンサルティングに関する自
　　　由記述結果 ・・・316
　　　（1）転職に関する支援 ・・・・・・・・・・・・・・・・・・・・・・・・・・・・・・・・・316
　　　（2）仕事理解支援 ・・・・・・・・・・・・・・・・・・・・・・・・・・・・・・・・・・・・・318
　　　（3）自己理解支援 ・・・・・・・・・・・・・・・・・・・・・・・・・・・・・・・・・・・・・320
　　　（4）ネガティブな感想 ・・・・・・・・・・・・・・・・・・・・・・・・・・・・・・・・・323
　　⑦ 外部労働市場におけるキャリアコンサルティング—今後の課
　　　題と展望 ・・・327

第10章　労働市場インフラとしての職業分類の課題 ・・・・・・・・・・・・・・・・・・330

上市　貞満

　はじめに ・・330
　　① 問題意識 ・・・331
　　② 本章の研究の対象と方法 ・・・・・・・・・・・・・・・・・・・・・・・・・・・・・・・・332
　第1節　マッチング効率の高い職業分類策定のための課題 ・・・・・・・・・・332

9

　　　　① 職業分類体系の機能・役割・・・・・・・・・・・・・・・・・・・・・・・・・・・・・・・・・・・332
　　　　② 民間求人情報サイトの職業分類体系の分析・・・・・・・・・・・・・・334
　　　　③ ハローワークにおける職業別求職・求人の動向・・・・・・・・・・336
　　第2節　官・民・諸外国の職業分類等の現状と比較・・・・・・・・・・・・・・・339
　　　　① 近年の職業分類を取り巻く環境変化・・・・・・・・・・・・・・・・・・・・・・339
　　　　　（1）アグリゲート型求人情報サイトによる官民求人情報の一
　　　　　　　括検索の普及・・339
　　　　　（2）求人検索におけるフリーワード活用の普及・・・・・・・・・・・・339
　　　　　（3）統計用の職業分類とマッチング用の職業分類の両立の可
　　　　　　　能性・・340
　　　　　（4）求人情報提供端末とハローワークインターネットサービ
　　　　　　　スの統一化の構想・・・・・・・・・・・・・・・・・・・・・・・・・・・・・・・・・・・・340
　　　　② 民間求人情報サイトの職種分類の考え方・・・・・・・・・・・・・・・・・341
　　　　③ 官民の職業分類の比較・・・・・・・・・・・・・・・・・・・・・・・・・・・・・・・・・・・342
　　　　　（1）分類の構造、分類項目数・・・・・・・・・・・・・・・・・・・・・・・・・・・・342
　　　　　（2）配　列・・・343
　　　　　（3）分類基準（括り方）・・・・・・・・・・・・・・・・・・・・・・・・・・・・・・・・344
　　　　④ ハローワークにおける職業分類の運用、分類のあり方・・・・・・・345
　　　　⑤ 米国とEUの職業分類・職業情報・・・・・・・・・・・・・・・・・・・・・・・・・353
　　第3節　まとめ・・・355

終　章　生涯にわたるキャリア支援：まとめと政策示唆・・・・・・・・・・・・・・・357
　　　　　　　　　　　　　　　　　　　　　　　　　　　　　上市　貞満
　　　　① キャリア支援の背景・・・・・・・・・・・・・・・・・・・・・・・・・・・・・・・・・・・・357
　　　　② 企業内でのキャリア支援・・・・・・・・・・・・・・・・・・・・・・・・・・・・・・・361
　　　　③ 外部労働市場でのキャリア支援・・・・・・・・・・・・・・・・・・・・・・・・・364

執筆者略歴・・・373

序章 生涯にわたるキャリア支援の諸問題と本書のねらい

はじめに

　筆者が「生涯にわたるキャリア形成」という言葉を始めて意識したのは、労働政策研究・研修機構の前身の一つである雇用職業総合研究所に在勤当時、副所長として懇切にご指導いただいた吉谷二郎先生が出版された『生涯にわたるキャリア形成と職業指導』（1990年）においてである。その本が世に出てから28年が経過する中で、キャリアをめぐる研究や施策は大きく進展した。2001年、職業能力開発促進法の改正により、労働者のキャリア形成を支援する方向性が打ち出され、同年に策定された第7次職業能力開発基本計画において、キャリア形成支援システムが、労働市場を有効に機能させるためのインフラとして位置づけられた。すなわち、労働者の適切なキャリア形成を促進するため、「キャリア・コンサルティング[1]技法の開発」、「キャリア形成に関する情報提供、相談等の推進」、「民間におけるキャリア形成支援システムの確立及び人材育成」、「企業内におけるキャリア形成支援システムの確立」を講ずることが基本計画に明記された。さらに、2015年10月の職業能力開発促進法の改正を受けて、2016年4月からキャリアコンサルタントの登録制度が開始され、キャリアコンサルタントの国家資格化が実現した。

　一方、海外とくに欧州においても、生涯にわたるキャリアガイダンスに関心が高まっている。その直接的な契機になったのが、2004年、欧州連合理事会での「欧州における生涯にわたるガイダンス」である。これは、「加盟国に対して、教育セクター、訓練セクター、雇用セクターでの各国のガイダンス提供の検討を促し、五つの重点分野を特定するもの」であった。そして、

1　本書では「キャリア・コンサルティング」と「キャリアコンサルティング」の「・」の有無の表記が混在する。2015年10月の職業能力開発促進法の改正に伴い、「キャリアコンサルティング」が法律用語として明記されたことを受け、原則として「・」なしで表記するが、それ以前は、「キャリア・コンサルティング」として「・」ありの表記も多く使われており、過去の文献の直接引用や関連する記述は「・」ありで表記する。

おもに「キャリアガイダンスの構想と提供のパラダイムシフト」および「伝統的モデルから生涯ガイダンスアプローチへの移行」を求められた（第3章下村論文）。

　このように、国内外で生涯にわたるキャリア形成およびその支援に関心が高まっている中、本書は、労働政策研究・研修機構の第3期（2012～2016年度）のプロジェクト研究「生涯にわたるキャリア形成支援と就職促進に関する調査研究」の一環として実施した調査研究を、「生涯にわたるキャリア支援─労働市場のインフラとしてのキャリア支援─」というテーマで取りまとめたものである。

　テーマの副題として「労働市場のインフラとしてのキャリア支援」を付けているのは、キャリア支援は往々にして一対一の個別支援というミクロの視点で捉えられがちであるが、今日のキャリア支援施策導入の大きな契機になった第7次職業能力開発基本計画において、キャリア支援が「労働市場のインフラ」として位置づけられた経緯を踏まえ、キャリア支援を労働市場のインフラというマクロの視点で捉えて整理を試みたからである。すなわち、キャリア支援の背景として職業構造の変化や国内外の施策の動向等を把握した上で、企業内の内部労働市場でのキャリア支援と外部労働市場でのキャリア支援に分けて整理した。

　第一の観点は、キャリア支援の背景としての観点である。職業構造が量的、質的にどのように変化しているのか、キャリア支援にあたり成人はどのような職業スキルや生活スキルをもっているか、国内外でキャリア支援はどのように展開されてきたかを明らかにする。

　第二の観点は、企業内でのキャリア支援の観点である。企業内キャリアコンサルティングはどのような機能をもっているか、また労働生産性の向上が求められている中で、企業内プロフェッショナルの育成や専門職制度はうまくいっているか等を明らかにする。

　第三の観点は、外部労働市場でのキャリア支援としての観点である。公的な労働力需給調整を担うハローワーク職員の職業相談・キャリアコンサルティング技法向上のために開発された研修プログラムはどのような効果があるのか、職業訓練とキャリア支援を統合した求職者支援制度の特徴や効果は

どうか、キャリアコンサルティング経験者は、外部労働市場におけるキャリアコンサルティングにどのような効果や課題を感じているか、求人・求職のマッチングの精度を高めるため労働市場インフラとしての厚生労働省編職業分類の課題等を明らかにする。

本書のねらいと構成

第一の観点であるキャリア支援の背景として、三つの研究成果を紹介する（第1〜3章）。

第1章では、背景にある労働市場、とりわけ産業構造や職業構造の長期的な趨勢を各種統計から分析するとともに、就業者5万人の調査から、職業の内容面の変化を分析し、これから有望な職業やキャリア支援のあり方等を検討する（松本論文）。

第2章では、生涯にわたるキャリア支援は、生涯にわたるスキル政策（職業能力開発政策）との関わりが重要であることから、1,600名の一般成人のスキルを職業スキル、生活スキルの両面から分析し、スキル政策とキャリア支援との関係を検討する（下村論文）。

第3章では、キャリア支援の背景として、国内外の政策的な動向を把握するため、前半部分で、国内のキャリア支援施策が本格的に始動した2000年以降の施策の展開を整理し、後半部分で、欧州のキャリアガイダンス政策に関する報告書の中から生涯キャリアガイダンスに関する報告書を取り上げ、キャリアガイダンス政策の動向等について検討を行う（下村論文）。

次に、第二の観点として、企業内のキャリア支援の現状と課題を明らかにする（第4〜5章）。

第4章では、企業で活躍するキャリアコンサルタントに対する自由記述調査とインタビュー調査により、我が国における企業内キャリアコンサルティングの実態、その運営体制、個々の従業員への支援と組織全体への支援などの特徴を分析し、検討する（下村論文）。

第5章では、労働生産性引き上げに向けて、企業への付加価値をもたらす専門性の高い企業内プロフェッショナルの存在が重要になっている中で、民間ビジネススクール（大学院レベルの高度な専門教育が科目単位で受講で

き、学習期間も短い民間教育機関が運営するビジネススクール）の受講者や企業内プロフェッショナルを対象とするインタビュー調査等により、企業内プロフェッショナルの人的資本の蓄積、自己啓発、専門職制度等の分析、検討を行う（上市論文）。

さらに、第三の観点として、外部労働市場でのキャリア支援の現状と課題を明らかにする（第6〜10章）。

第6章では、ハローワーク職員の職業相談･キャリアコンサルティング技法を向上させるための研修プログラムとして、職員が職業相談・紹介プロセスを意識化し、自身の相談の改善点を検討する際に活用する二つの職業相談・紹介モデル、すなわち、キャリアをストーリーと見立てるキャリア・ストーリー・アプローチを取り入れた職業相談・紹介モデルと、問題解決アプローチの考え方を取り入れた職業相談・紹介モデルの妥当性を検証する方法論を中心に考察する（榧野論文）。

第7章では、ハローワーク職員の研修プログラムとして、職業相談のプロセスを図にまとめ職業相談の勘とコツを「見える化」するワークショップを開発し、その具体的内容や理論的背景を紹介するとともに、ワークショップの効果等を検討する（榧野論文）。

第8章では、求職者支援制度利用者に対する訓練前調査・訓練後調査・追跡調査を通じて、求職者支援制度のキャリア支援としての特徴を浮き彫りにする。具体的には、制度利用者の特徴、制度利用の理由、役に立った支援、制度利用の感想および変化、就職との関連の五つの観点から分析する（下村論文）。

第9章では、キャリアコンサルティングの相談経験者1,117名に対する調査から、外部労働市場におけるキャリアコンサルティングについて、おもに転職の相談という観点から検討を行う（下村論文）。

第10章では、民間の求人情報サイトの職業分類体系に関する調査や、ハローワークにおける職業分類の活用状況等に関する調査等から、求人者・求職者・職業紹介関係者等が理解しやすく、マッチング精度の向上に資する職業分類のあり方についての検討を行う（上市論文）。

終章では、各章で明らかになったことをまとめ、政策的インプリケーションを提示する。

| 第1章 | 職業構造の変化と現状—長期的な趨勢と就業者5万人の調査から有望な職業、輝く仕事 |

1 背景と趣旨

　ここでは実際に様々な職業に就いている就業者5万人に対する、労働政策研究・研修機構が行った調査から、職業構造の変化と現状についてみていく。ここで「職業構造」とは、あまり一般的な言い方ではないが、個々の職業ではなく、職業の世界全体として、職業の構成等を含めた意味で用いている。就業者5万人の調査では職業細分類レベル（約500）の細かな職業に関してデータを収集しているが、ここでは、その細かな職業での変化ではなく、職業が全体としてどのように変化し、現状がどうかについてまとめる。

　いうまでもなく職業構造がどのように変化しており、また、どのような状況かという点は、就職、転職、キャリア開発等を支援する場面において、重要な情報である。しかしながら、これまで職業を細かく特定し、数万人といった規模で情報収集することは、人手と経費の面でほとんど不可能であり、調査期間も何年かかるかわからない状況であった。このため、このような調査は行われたことがない。調査期間が長いということは変化の激しい今日、致命的な欠陥でもある。情報収集が終わった時点で、最初の頃に収集した情報は既に古い、過去のものになっている。

　ところが今日、数百万のWebモニターを有する調査会社が登場し、そのWebモニターの細かな職業を特定し、そこから情報収集することが可能になっている。また、Web調査であることから一週間程度で数万人の情報収集をすることができる。ここでの就業者5万人の調査はこのようにして、初めて可能になったものである。

　第二次大戦後だけを考えても、産業、社会は大きく変化してきた。就業者5万人の調査を検討する前提として、これまでの数十年に及ぶ、政府による統計調査から、産業、職業の変化について、まずみていくことにする。この

長期的な趨勢と就業者5万人の調査から、これからの職業として有望な職業
はどのような職業か、また、社会で輝く仕事をするにはどうすればよいか、
この点を中心に検討していく。

2 これまでの産業構造、職業構造の長期的な趨勢

　図表1-1に国勢調査より産業別の就業者の変化を示した。産業分類が改訂
されているため、連続したグラフ等にすることができず、1980年と2015年
の2時点を比較している。35年の間隔があることになるが、25歳で働き始
めると35年で60歳、ちょうど一人の職業人生と同じ位の長さといえる。こ
の2時点を比較していくと、就業者は全体としては5千6百万人から5千9
百万人と増加している。同じ産業を矢印で結んでいるが、「農業」は大幅に
減り、1980年時点の36.5％になっている。「建設業」は約2割減少、「製造
業」は約3割減少、「卸売業，小売業」も約3割減少、「サービス業」は様々
なものが登場したことから分類も増加しており、この分かれた分類を合計す
ると1980年に比べ2015年では約2倍になっている。この結果、1980年時

図表1-1　産業別就業者の変化（「国勢調査」より作成）

1980年（昭和55年）		2015年（平成27年）	
就業者総数	55,811,309	就業者総数	58,919,036
農業	5,484,339	A 農業, 林業	2,067,952
林業, 狩猟業	165,498	うち農業	2,004,289
漁業, 水産養殖業	461,150	B 漁業	153,747
鉱業	108,020	C 鉱業, 採石業, 砂利採取業	22,281
建設業	5,383,271	D 建設業	4,341,338
製造業	13,246,135	E 製造業	9,557,215
卸売業, 小売業	12,731,078	F 電気・ガス・熱供給・水道業	283,193
金融・保険業	1,576,530	G 情報通信業	1,680,205
不動産業	426,905	H 運輸業, 郵便業	3,044,741
運輸・通信業	3,504,251	I 卸売業, 小売業	9,001,414
電気・ガス・水道・熱供給業	348,607	J 金融業, 保険業	1,428,710
サービス業	10,288,155	K 不動産業, 物品賃貸業	1,197,560
公務	2,025,831	L 学術研究, 専門・技術サービス業	1,919,125
分類不能の産業	61,539	M 宿泊業, 飲食サービス業	3,249,190
		N 生活関連サービス業, 娯楽業	2,072,228
		O 教育, 学習支援業	2,661,560
		P 医療, 福祉	7,023,950
		Q 複合サービス事業	483,014
		R サービス業(他に分類されないもの)	3,543,689
		S 公務(他に分類されるものを除く)	2,025,988
		T 分類不能の産業	3,161,936

16

第1章　職業構造の変化と現状─長期的な趨勢と就業者5万人の調査から有望な職業、輝く仕事

点で「サービス業」は全体の18.4％であったが、2015年では35.6％と割合としても倍増している。公務はほとんど変わらない。「分類不能の産業」は35年間で約50倍になっている。「分類不能の産業」の急増は異常な感じがするが、1980年から5年毎の国勢調査を見ていくと、次の5年に、約2倍、約1.5倍という増加を繰り返し、2005年から2010年で約3倍となり、2010年が最も多く、2015年は2010年からやや減少という数字になっている。2005年から2010年で約3倍となったのは、調査票を封入して提出するようになったことが大きいとされる。

　産業の多様化、変化の早さにより、実際に分類できないような産業、複数の産業に跨る働き方等が増えていると考えられ、これからは、農林水産業単独ではなく、第一次産業＋第二次産業＋第三次産業、あるいは第一次産業×第二次産業×第三次産業で「第六次産業」にしなくてはならない、といわれるが（農業経済学者今村奈良臣、「地域資源を活用した農林漁業者等による新事業の創出等及び地域の農林水産物の利用促進に関する法律」平成22年法律第67号、通称：「六次産業化法」）、そのような新しい複合した産業が生まれていることも考えられる。しかしながら、この「分類不能の産業」の増加は調査方法の変更（調査票を封入して提出）、また、調査時点において不在者が多く、調査員が直接訪問し、面会しながら細かく内容を特定したり、確認したりできないことによるものであるとされる（筆者の問合せに対する総務省の回答）。もっとも、「分類不能の産業」を除いても、人の職業生活35年の間に産業はかなり変化している。

　図表1-2に「労働力調査」より職業大分類での就業者数の変化を示した。第二次大戦後、農林漁業作業者は大きく減少している。就業者数からみると終戦時点では日本は農業国、第一次産業の国であったといえる。「製造・制作・機械運転及び建設作業者」は戦後増加し、就業者が最も多かった時期があるが、近年は減少している。「事務従事者」も増加してきており、「製造・制作・機械運転及び建設作業者」と同程度の就業者となったが、近年、伸びが止まっている。「販売従事者」は増加してきたが、近年、減少傾向にあり、ネット通販普及の影響ともいわれる。職業の高度化の一面といえるであろうが、「専門的・技術的職業従事者」は一貫して増加しており、今日、就業者

17

図表1-2 職業別就業者の長期的推移（「労働力調査」より作成）

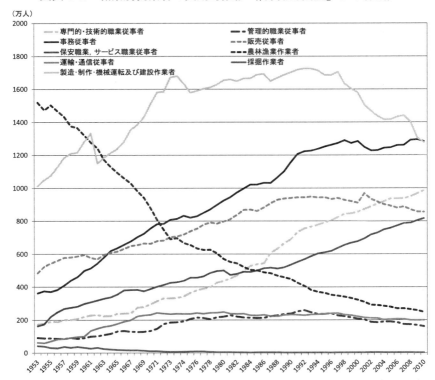

数は第3位になっている。「保安職業、サービス職業従事者」は、伸びは「専門的・技術的職業従事者」よりも低いが、一貫して増えている。「運輸・通信従事者」は近年増えてはいない。「管理的職業従事者」は数として多くはないが、緩やかに増加し、その後、近年は減少傾向にある。「採掘作業者」は元々少ないが、それが更に減少している。

なお、「労働力調査」は国勢調査のような悉皆調査ではないが、調査員が訪問し、直接、聴取、記入する方法であるため、国勢調査における「分類不能の産業」の急増のようなことはみられない。

次に、国勢調査から産業と職業の近年の変化をもう少し細かく見ておく。国勢調査は5年毎に行われ、公表されており、最新は平成27年の調査結果

図表1-3 産業別就業者の推移（総務省統計局「平成27年国勢調査結果」より）

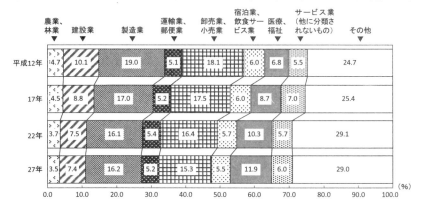

である。

図表1-3の産業大分類別割合で平成12年（2000年）から平成27年（2015年）の変化を見ると、「農業、林業」は4.7％から3.5％に、「建設業」は10.1％から7.4％に、「製造業」は19.0％から16.2％に、「卸売業、小売業」は18.1％から15.3％に、それぞれ減少している。平成12年では「製造業」の割合が最も高く、次いで「卸売業、小売業」であったが、平成17年、平成22年では逆転し、「卸売業、小売業」の割合が最も多くなっていたが、平成27年ではまた逆転し、「製造業」の方が「卸売業、小売業」よりも多くなっている。「医療、福祉」は、平成12年の6.8％から11.9％と2倍近くになっている。この結果、平成27年では「製造業」、「卸売業、小売業」に次いで、「医療、福祉」が三番目に大きな割合となっている。「宿泊業，飲食サービス業」、「医療，福祉」、「サービス業（他に分類されないもの）」を合計すると、23.4％となり、「サービス業」は最大の割合となる。戦後、農業を中心とした第一次産業の国であった我が国が（図表1-2）、製造業を中心とした第二次産業の国になり（同図表）、現在はサービス業が多い第三次産業の国になっている。

図表1-4の職業大分類でみると、「専門的・技術的職業従事者」は13.2％から15.9％と増加、「サービス職業従事者」も10.0％から11.6％と僅かに

図表1-4　職業別就業者の推移（総務省統計局「平成27年国勢調査結果」より）

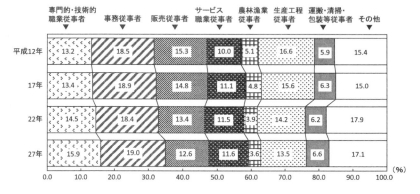

増加している。一方、「販売従事者」は15.3％から12.6％と減少し、「生産工程従事者」も16.6％から13.5％に減少している。この結果、平成12年には多いものから、「事務従事者」（18.5％）、「生産工程従事者」（16.6％）、「販売従事者」（15.3％）であったが、平成27年には、「事務従事者」（19.0％）が割合としては最も高いのは変わらないが、次いで、「専門的・技術的職業従事者」（15.9％）、「生産工程従事者」（13.5％）の順となっている。

　産業と職業は大きな傾向としては似ているといえるが、違いもみられる。これは産業と職業の関係によるものであり、「製造業」の中にも「事務従事者」が居る等、完全に独立した関係ではないが、完全に従属した関係でもないことによる。「事務従事者」は自動化等によりもっと減少していそうであるが、意外と減っていない。

　細かな点を捨象すれば、先の労働力調査の長期時系列データから、一貫した同じような動きとなっているといえよう。戦後、数十年という単位ではあるが、かなり劇的に変化しているといえ、今日、個人の職業生活が40年近くに及ぶことを考えると、個人は長いキャリアの中でこの劇的な変化に直面するといえる。

　ここでみてきた長期の趨勢から考えると、産業ではサービス業が人員は増えており（図表1-1）、その中でも「医療、福祉」が増えている（図表1-3）。

第1章　職業構造の変化と現状—長期的な趨勢と就業者5万人の調査から有望な職業、輝く仕事

職業でみると専門的・技術的職業従事者が増加している（図表1-2、図表1-4）。このような産業、職業の中に有望な職業、社会で輝く仕事がある可能性が高いといえる。

3　職業構造に変化を及ぼす背景と仮説

　産業構造、職業構造の長期的推移でみたように、産業、職業の世界はかなり劇的に変化している。次に、ここでは産業、職業の変化の背景、原因となる主要な要因等を整理していく。また、この変化と職業や仕事の関係に関する仮説等をみていく。

（1）ITと技術革新

　ITと技術革新は産業、職業に大きな影響をもたらしてきた。広くパソコンが普及する以前、計算はIBM、日立、富士通といったメーカーの汎用大型計算機で行われていた。当時の花形職業にキーパンチャーと言われる職業があった。汎用大型計算機のデータ入力は専用のカード、通称、IBMカードで行われていた。このカードに入力し、それを読取装置で読込み、計算される。伝票等を見て、カードにデータをパンチするのがキーパンチャーである。多くのキーパンチャーが働いていた。ところがその後、手書きの数字、文字をそのまま読み取る装置が開発され、キーパンチャーの仕事が無くなっていった。

　以前、サーチャー（searcher）という職業もあった。サーチャーとはDialog等、有料のデータベースで検索を行う専門職である。データベースの構造や内容を理解し、検索コマンドを使って検索するためには、専門知識が必要であり、その資格試験も実施されていた。ところが、今日、Google等での検索は誰でも日常的に行うようになっている。文献等データベースは現在でも以前と同じように蓄積されているが、検索のインターフェースが工夫され、サーチャーではない一般の人が、直接データベースを利用するようになっている。

　キーパンチャー、サーチャーはIT、技術革新の中で生まれ、一時は花形の職業であったが今は減少し、話題にならない職業になっている。一方、

21

インターネット時代を迎え、自動的にビッグデータが蓄積される今日、花形職業となっているのがデータサイエンティストである。GoogleのChief Economist、Hal Varianの発言、"I keep saying that the sexy job in the next 10 years will be statisticians. And I'm not kidding."（今後10年、最もセクシーな仕事は統計学者であると、言い続けているんだ。冗談抜きでね…）が話題になった。この発言ではStatisticianであり統計学者であるが、これまでの統計学者とは多少違い、様々な新たなデータを新たな手法で分析する人として、日本ではデータサイエンティストと呼ばれる。一般社団法人データサイエンティスト協会も発足しているが、日本ではその人材が非常に不足していると新聞等でしばしば報道されている。

ITばかりではない、今まで抽出が困難であったシェール層からの石油や天然ガスが取り出せるようになった、いわゆる「シェール革命」も世界のエネルギー事情に大変革をもたらした。米国は石油の輸入国から輸出国となり、中東地域への石油依存が低下し、原油価格も下落。石油価格の低下は自然エネルギーの普及にブレーキをかけ、原子力発電の需要も低下させた。このシェール革命は、一人の技術者であり自分の会社を経営していたGeorge P. Mitchellが、大手企業が撤退する中、20年にわたる試行錯誤の結果、確立した「フラッキング（水圧破砕）技術」によりもたらされた。一人の技術者、小さな企業による革新が世界のエネルギー事情を一変させ、かつての石油輸出国が力を弱めるなど、世界のパワーバランスさえも変えている。

ITと技術革新の例を見てきたが、ITと技術革新のわかりやすい統計として、パソコン普及率と産業用ロボット稼働台数の推移を図表1-5、図表1-6に示した。

事業所でのPC普及は90％を超え、世帯での普及も80％近くになっている。インターネットの普及率は事業所、世帯ともに1990年代に急拡大し、双方ともに80％を超えている。

産業用ロボットの稼働台数は1990年代、日本で急増したが、最近はやや低下傾向にある。米国では2010年、2015年と増加傾向が強まっている。ドイツも一貫して増加している。中国は最近急増しており、日本に近づいている。全世界の設置台数でみると、近年、急激に増加している。

第1章　職業構造の変化と現状―長期的な趨勢と就業者5万人の調査から有望な職業、輝く仕事

図表1-5　パソコン、インターネット普及率（総務省「日本の長期統計系列」）

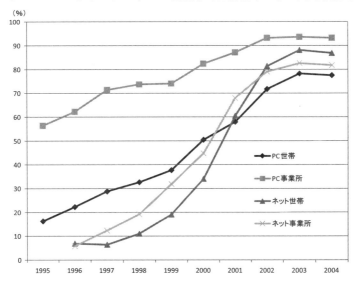

図表1-6　産業用ロボット稼動台数（International Federation of Robotics:IFR）

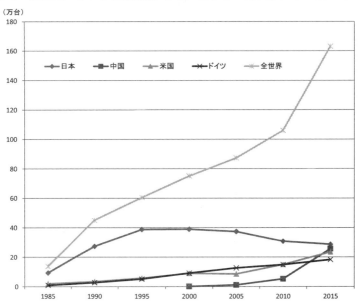

以上、事例とわかりやすい統計からITと技術革新をみてきた。様々な
IT、技術革新が生まれていることから、技術革新、ITがどのように職業構
造に影響しているか、網羅的、体系的に整理するのは困難であるが、産業、
職業の変化の大きな一因となっているのは確実である。

（2）グローバル化
　平成16年度「年次経済財政報告」において、「一般に、グローバル化と
は、資本や労働力の国境を越えた移動が活発化するとともに、貿易を通じた
商品・サービスの取引や、海外への投資が増大することによって世界におけ
る経済的な結びつきが深まることを意味する。」と定義されている。
　このグローバル化も産業、職業に大きな影響を及ぼす。「資本や労働力の
国境を越えた移動が活発化」することによって、工場の海外移転があり「産
業空洞化」が生じる。日本ではそれほど顕著でないが、EUは域内の国境を
無くす試みであり、ヨーロッパでは国境を越えた人材の移動は活発である。
国境を越えて人材が移動しなくても、最近ではネット回線の低廉化、普及に
よって、ネットを介して海外人材を活用することも容易になっている。先に
花形職業であったキーパンチャーが消えていったとしたが、入力する伝票等
をイメージ画像にし、それを海外で入力するという会社もあった。「貿易を
通じた商品・サービスの取引や、海外への投資が増大」によって、廉価な輸
入品が増え、高付加価値ではない製品やサービスは国内では生産されなく
なっている。
　広い意味でのグローバル化に含まれるが、最近の日本で特徴的なのが、外
国人観光客の増加である。2003年に年間521万人であった外国人観光客が、
2017年には2,869万人になっている（日本政府観光局：JNTO）。「爆買い」
が話題になったが、「モノ消費」から「コト消費」、すなわち、日本での様々
な体験をすることに観光客の行動が変わっているとされる。外国人観光客の
増加も産業、職業に変化をもたらしている。
　グローバル化の代表的な統計として、図表1-7に日本の海外法人数の推移
を示した。製造業、卸売・小売業ともに増加しているが、製造業が1990年
代、急激に増えていることがわかる。

図表 1-7 海外法人数の推移（総務省「日本の長期統計系列」）

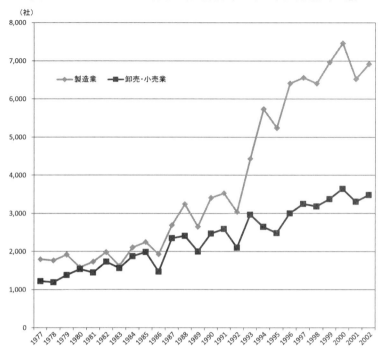

（3）人口構成の変化：少子高齢化

図表1-8に、内閣府『平成28年版高齢社会白書』より日本の年齢構成の推移を示した。14歳以下は減少しており、65歳から74歳、また75歳以上は増加している。労働力の中核といえる生産年齢の15歳から64歳は1990年代まで増加したが、その後は減少している。

この年齢構成の変化は、一つには労働力の減少をもたらし、様々な産業において人材不足を引き起こす。また、年齢構成の変化は医療、福祉の必要性を増す。毎年公表される厚生労働省「人口動態調査」で明らかであるが、年齢とともに様々な疾患に罹り、疾患での死亡が増えていく。少子高齢化による労働人口の減少は、産業全体にマイナスの影響となり、様々な産業、職業で就業者が減少するが、医療、福祉だけは就業者が増加することになる。そ

図表 1-8　年齢構成の推移（内閣府『平成 28 年版高齢社会白書』より作成）

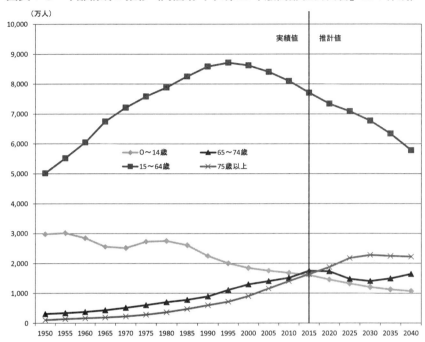

の他にも年齢構成の変化は消費行動の変化となり、それが産業の変化、職業の変化となる。

（4）SBTC 仮説と ALM 仮説

　IT と技術革新が仕事に及ぼす影響に関して、よく取り上げられるのが SBTC 仮説（Skill Biased Technological Change：スキル偏向的技術進歩）である。SBTC 仮説では IT に代表される技術進歩が、高学歴や熟練労働者に対する労働需要を相対的に高めるとしている（Berman, Bound, & Griliches, 1994； Bound & Johnson, 1992；Katz & Murphy, 1992）。この仮説により、1980 年代の米国において、学歴などによる賃金格差が拡大したと説明された。

　Autor, Levy, & Murnane（2003）は SBTC 仮説を修正、発展させて、労働市場の二極化を説明しようとしている（Autor, Levy, Murnane の頭文字を

第1章　職業構造の変化と現状—長期的な趨勢と就業者5万人の調査から有望な職業、輝く仕事

とって「ALM仮説」とされる）。ALM仮説では業務を定型的（routine）か非定型的（nonroutine）か、頭を使う認知的（cognitive）か体を使う身体的（manual）かという観点から分け、「非定型認識業務（Nonroutine cognitive tasks）」、「定型認識業務（Routine cognitive tasks）」、「定型手仕事業務（Routine manual tasks）」、「非定型手仕事業務（Nonroutine manual tasks）」に分類する。非定型認識業務は更に「非定型分析業務（Nonroutine analytic tasks）」と「非定型相互業務（Nonroutine interactive tasks）」に分けられる（図表1-9）。

「定型認識業務」はコンピュータでの自動化が容易であり、「定型手仕事業務」は機械による代替が容易である。「非定型手仕事業務」はある程度の慣れが必要であり、見て体を動かすことが必要で、ある程度の対人処理を要するため、自動化、機械化が難しく、人間を雇った方が低コストになるような職務である。サービス職や肉体労働であり、高度な訓練を必要としない。図表1-9で、コンピュータと機械化は「定型認識業務」と「定型手仕事業務」を代替し、高スキルの職務と低スキルの職務に二極化するとされる（Acemoglu & Autor, 2010）。

図表1-9　業務のタイプと技術革新、ITの影響

業務のタイプ	業務の特性	典型的な仕事	技術革新、ITの影響
非定型分析業務 Nonroutine analytic tasks	研究・開発・分析 など高度な知的作業。	研究開発、技術者	技術革新、ITは業務を補完。就業者は増加。
非定型相互業務 Nonroutine interactive tasks	コンサルテーション、マネジメント、ネゴシエーション等、高度なコミュニケーションを伴う知的作業。	専門職（医療、法務）、経営管理、コンサルティング、教育、芸術、営業	技術革新、ITでは代替できない。
定型認識業務 Routine cognitive tasks	定型的、反復的な事務的作業。	一般事務、会計事務、データ処理、検査・監視	技術革新、ITで業務を代替でき、就業者は減少。
定型手仕事業務 Routine manual tasks	手作業、あるいは機械等使う、定型的、反復的な身体作業。	生産工程、農業	技術革新、ITで業務を代替でき、就業者は減少。
非定型手仕事業務 Nonroutine manual tasks	それほど高度なスキル、専門知識は必要ないが、状況に応じて柔軟な対応が求められる身体的作業。	対人サービス	機械化、自動化が難しく、人間の方が低コスト。IT、技術革新で就業者は減少しない。

注：Autor, Levy, & Murnane（2003）、池永肇恵（2009）、池永肇恵（2011）等から作成。

Autor 他（2003）は1970〜90年代の米国において、コンピュータ化が定型業務を代替し、就業者を減少させた一方で、コンピュータ化が非定型認識業務を補完して就業者を増加させたとしている。イギリス（Goos & Manning, 2007）やドイツ（Spitz-Oener, 2006）においても、ALM仮説と整合性のある傾向が確認されている。池永（2009）によれば、日本でも2000年以降2007年まで、高収入・高スキルの職業と低収入・低スキルの職業の両方が増加しているとされる。具体的にはALM仮説に従って業務別に職業の推移を見ると、1980年以降2005年までで、知識集約型の非定型分析業務（研究者、技術者など）の増大と同時に、比較的低スキルの非定型手仕事業務（介護・家事支援サービス、管理人、保安・警備、娯楽場接客員、美容師など）の増大、定型業務（衣服・繊維・軽工業、採掘作業者、電話交換手、速記者、タイピストなど）の減少がみられたとされる。

4　就業者5万人調査のデータ収集方法

　ここから就業者5万人の調査について説明していく。当機構ではこれまでも職業に関する情報をWeb調査から収集してきた。職業毎の興味、価値観、スキル、知識、仕事環境等について、約2万5千名の実際の就業者より、職業の特性を数値化する研究を行い（労働政策研究報告書No.146『職務構造に関する研究—職業の数値解析と職業移動からの検討—』）、職業に必要な免許資格の調査も約5万名の就業者で行っている（労働政策研究報告書No.121『我が国における職業に関する資格の分析—Web免許資格調査から—』）。また、職業のDPT（Data People Thing）と基本業務を一通りこなせるようになるまでの期間に関する研究も行っている（JILPT資料シリーズNo.130『職業相関表—2万人のデータからみた職業の類似性—』）。このようなWeb調査での情報収集と並行して、関連する団体等のヒアリングを行い、産業や職業の構造的な変化や背景となる要因、今後の予測等まで含めた情報収集を行ってきた。

　これらを踏まえ、ここでの調査では職業の変化や現状、また、本章では取り上げないが、求められる要件や職業の生活への影響等に関して、体系的に情報収集した。インターネットモニターとして登録されている各職業の実際の就業者より、集約した200職業を対象に、各職業120サンプルを目標に

収集することとした。

　調査は 2013 年と 2014 年に行い、職業細分類でのサンプル数を確保するとともに、2013 年の結果を踏まえ、2014 年には新たな項目を追加し、データ収集を行っている。このため 2013 年と 2014 年で僅かに異なる設問がある。具体的な調査方法に関しては以下の通りである。

（1）調査対象職業

　厚生労働省編職業分類（平成 22 年版）の細分類より調査対象を選定し、これを類似性等により集約し、それぞれの年で 200 職業としている。それぞれの年で 200 職業への集約方法が多少、異なっている。2013 年はその分野の代表的な職業 200 を選定するという傾向が強く、職業細分類では特定の職業をまとまった数、収集するものになっている。2014 年は幅広く職業を選定し、それを 200 職業に集約している。結果として、職業細分類でのカバー率は高いが、それぞれの収集数は少ないことになる。具体的な調査対象職業、また集約の方法に関しては、労働政策研究・研修機構（2015）を参照願いたい。

図表 1-10　2013 年と 2014 年調査対象職業の構成

分類	職業大分類	中分類	細分類	2013 年調査			2014 年調査		
				調査対象細分類	非対象細分類	集約200職業	調査対象細分類	非対象細分類	集約200職業
A	管理的職業	3	6	0	(6)	0	6	(0)	0
B-1	研究者、技術者	7	54	45	(9)	31	54	(0)	30
B-2	専門的職業	13	119	51	(68)	40	112	(7)	47
C	事務の職業	7	60	32	(28)	23	58	(2)	28
D	販売の職業	3	55	33	(22)	32	49	(6)	29
E	サービスの職業	8	63	31	(32)	24	50	(13)	22
F	保安の職業	3	15	0	(15)	0	11	(4)	1
G	農林漁業の職業	3	10	6	(4)	5	10	(0)	5
H	生産工程の職業	8	92	60	(32)	23	91	(1)	23
I	輸送・機械運転の職業	5	31	15	(16)	7	29	(2)	8
J	建設・採掘の職業	5	25	12	(13)	7	21	(4)	6
K	運搬・清掃・包装等の職業	4	36	9	(27)	7	36	(0)	8
計		69	566	294	272	200	527	39	200

調査モニターが見る調査画面にはこの集約200職業は出ない。自分の現職を細分類で選択してもらい、この細分類が含まれる集約200職業において、それぞれが120名になるよう設定し、調査を進めた。

（2）調査内容
　調査項目は以下の通りである。具体的な設問と選択肢は労働政策研究・研修機構（2015）に掲載している。また、調査実施のWeb画面も労働政策研究・研修機構（2015）にある。

図表1-11　2013年と2014年の調査項目
2013年調査項目　アンダーラインは2014年調査では削除した設問

1.　職歴　初職、前職、現職＜SC
2.　現職の具体的な呼称＜SC
3.　現在の職業で使うもの（機器やソフトウェア、情報）＜SC
4.　職業の変化　増加減少等量的変化18問
5.　職業の変化　内容面の変化28問
6.　職業の変化　自由記述
7.　職業の現状　18問
8.　職業の現状　自由記述
9.　職業面の満足度　100点満点
10.　生活の状況　12問
11.　生活の状況　自由記述
12.　生活面の満足度　100点満点
13.　休日や余暇の過ごし方（現在していること）
14.　休日や余暇の過ごし方（したいけれども「できていない」こと）
15.　現在の職業に必要な行動や能力（特に必要なもの）
16.　現在の職業に必要な行動や能力（最近重要になっているもの）
17.　就業時間　開始　昼休み　終了
18.　残業、定時帰宅の状況
19.　賃金・報酬　現在の職業からの収入（年収概算）

第1章　職業構造の変化と現状―長期的な趨勢と就業者5万人の調査から有望な職業、輝く仕事

20. 勤務先（組織の種類、従業員数、業種・業界、雇用形態、職位、勤務先の場所、就業期間）

21. 回答者属性（性別、年齢、既婚未婚、子供有無、家計担い手、通勤時間、学歴）

注）＜SCは職業を特定するため等のスクリーニングの設問であり、この設問までは全員が回答する。

2014年調査項目　アンダーラインは2014年に新設した設問

1. 職歴　前職、勤め先初職、現職＜SC

2. 職業継続年数、転職回数、等＜SC

3. 現職の具体的な呼称（自由記述）＜SC

4. 現在の職業で使うもの（機器やソフトウェア、情報、自由記述）＜SC

5. 職業の変化　増加減少等量的変化　19問（新設1問）

6. 職業の変化　内容面の変化　28問

7. 職業の変化　自由記述

8. 職業の現状　20問（新設2問）

9. 職業の現状　自由記述

10. 職業面の満足度　100点満点

11. 仕事でのミスと原因

12. 仕事の生活への影響　12問

13. 仕事の生活への影響　自由記述

14. 生活面の満足度　100点満点

15. 休日や余暇の過ごし方

16. 現在の職業に必要な意識行動、スキル、知識、基礎的機能、その他

17. 就業時間　開始　昼休み　終了

18. 残業、定時帰宅の状況

19. 現在の職業からの収入（年収概算）

20. 勤務先等（会社・団体・公務、従業員数、業種・業界、雇用形態、職位、勤務先の場所、就業期間）

21. 転職（年収変化、転職までの期間、仕事の変化、転職経路）

31

22.　回答者属性等（性別、年齢、既婚未婚、子供有無、家計担い手、通勤時間、学歴）

注）＜SC は職業を特定するため等のスクリーニングの設問であり、この設問までは全員が回答する。

（3）調査対象者

　調査会社に調査モニターとして登録している有職者（学生、専業主婦、無職以外）を対象とした。さらに調査冒頭、雇用形態として、「正規の職員、従業員」、「パート」、「派遣社員」、「契約社員、期間従業員、嘱託」、「自営、フリーランス」、「経営層」、「アルバイト（学生以外）」、「アルバイト（学生）」、「学生」、「専業主婦」、「無職（退職者、求職中等を含む）」を選択してもらい、アルバイト（学生）、学生、専業主婦、無職（退職者、求職中等を含む）は調査対象外とした。また、先に述べたように、調査が進み、集約 200 職業において、すでに 120 名データが集まっている職業を選択した場合も調査対象外となる。

（4）調査の経過

　2013 年調査では、2013 年 10 月 8 日（火曜）から調査モニターに調査の案内を配信した。毎日約 2 万件の割合で、調査会社の登録情報をもとに、学生、専業主婦、無職を除き配信したが、先に述べたように調査の冒頭でも有職者であることを確認している。この配信は 10 月 19 日（土曜）まで行い、21 日（月曜）までに回収できたものをデータとした。この配信においては、多くの回答が期待される土日、休日に多めに配信している。また、途中、集約 200 職業でデータの集まりが悪い職業に関しては、調査会社の登録情報をもとに、このような職業に就いていると考えられる 5,000 名に別途配信している。総配信数は 1,575,000 件であった。

　職業を特定するため等に全員が回答する、スクリーニングまでの設問の総回収数は 152,139 名となった。総配信数に対する総回収数は 9.66 ％である。調査の冒頭で細かい職業細分類（566 職業）より職業を選択したり、その職業がどのようなことをするか記述する部分があり、集まった回答が少なかっ

第1章　職業構造の変化と現状―長期的な趨勢と就業者5万人の調査から有望な職業、輝く仕事

たものと考えられる。2013年調査は2014年調査に較べると、調査実施の期間がやや長い。これは職業細分類の選択画面がやや分かりにくかったため、調査の途中で調査内容の変更はないが、画面の修正を行ったためである。集約200職業に対して、26,598名収集できたが、全問回答しているものの（全問回答しないと回答を送信できない）、自由記述部分が文章になっていない等、回答内容が明らかに不自然なもの12名を除き、2013年調査に関しては、26,586名を対象として、以下、分析している。

　2014年調査では、2014年10月16日（木曜）から23日（木曜）まで、毎日15万～30万件、調査実施の案内を配信している。配信総数は1,554,000通である。設問数が多く、自由記述を求める部分が冒頭にあるため、回収数を伸ばすことが期待できる土日を2回含むよう、10月27日（月曜）まで回答を回収した。職業を特定するため等に全員が回答する、スクリーニングまでの設問の総回収数は153,371名となった。総配信数に対する総回収数は9.87％であった、2013年調査よりも僅かに高いがやはり回答率は低い。調査冒頭の細かな職業の選択や記述での回答が影響していると考えられる。

　集約200職業に対して、27,144名収集できたが、全問回答しているもの（全問回答しないと送信できない）、自由記述部分が文章になっていない等、回答内容が明らかに不自然なもの70名を除き、2014年調査に関しては、27,074名を対象として、以下、分析している。

　なお、2013年の調査も2014年の調査も、入札による業者決定であったが、同じ調査会社となり、2014年調査の回答者の内、2013年も回答した者（重複回答）は6.1％、1,650名であった。すなわち93.9％（25,422名）はいずれかしか回答していない者となる。2013年調査と2014年調査を併せて集計する場合は、この重複回答者を除き、全体を52,008名としてここでは集計している。

5　収集した就業者5万人の属性等

　収集したデータを職業大分類でまとめたのが図表1-12である。2013年調査では「保安の職業」は収集していないためブランクとなっている。2014年では収集対象としたが、数は154名と少なく、全体の0.6％である。「デー

33

タ収集の方法」で述べたように200職業への集約の仕方が異なるため、2013年と2014年で若干の違いはあるが、「専門的職業」が最も多く、次いで「研究者、技術者」、その次に「販売の職業」となり、同じような割合といえる。「農林漁業の職業」等は双方の年とも少ない。職業に関して、均等に収集するという方針のため、「専門的職業」には含まれる職業細分類が多く、そのため収集数も多くなっている。

　産業に関しても（図表1-13）2回の調査の分布は同じようになっている。2回の調査をまとめ、性別年齢別で収集数をみたのが図表1-14である。男女の割合は7：3、年齢では40歳代を中心に分布している。性別に分けると、男性で最も多いのは40歳代、次に多いのが50歳代、女性で最も多いのは40歳代、次に多いのが30歳代となっている。

　2回の調査の分布は以上の通りであるが、以下の検討では2回のデータをまとめた結果をみている。

図表 1-12　職業大分類別収集数（2013 年、2014 年）

番号	職業大分類	2013 年調査		2014 年調査	
		収集人数	%	収集人数	%
B-1	研究者、技術者	4,373	16.4	4,226	15.6
B-2	専門的職業	5,360	20.2	6,194	22.9
C	事務の職業	3,395	12.8	3,833	14.2
D	販売の職業	4,250	16.0	4,109	15.2
E	サービスの職業	3,272	12.3	2,737	10.1
F	保安の職業	—	—	154	0.6
G	農林漁業の職業	368	1.4	348	1.3
H	生産工程の職業	2,792	10.5	2,641	9.8
I	輸送・機械運転の職業	732	2.8	976	3.6
J	建設・採掘の職業	1,087	4.1	845	3.1
K	運搬・清掃・包装等の職業	957	3.6	1,011	3.7
合計		26,586	100%	27,074	100%

第 1 章　職業構造の変化と現状―長期的な趨勢と就業者 5 万人の調査から有望な職業、輝く仕事

図表 1-13　産業別収集数（2013 年、2014 年）

	2013 年調査		2014 年調査	
	収集人数	%	収集人数	%
建設業	2,173	8.2	1,849	6.8
製造業	5,628	21.2	5,848	21.6
運輸業	1,156	4.3	1,541	5.7
小売業	3,002	11.3	2,703	10.0
宿泊業	423	1.6	300	1.1
飲食業	876	3.3	858	3.2
医療	2,108	7.9	2,128	7.9
福祉	1,146	4.3	1,150	4.2
IT	2,025	7.6	1,924	7.1
その他サービス業	4,326	16.3	4,601	17.0
国／地方自治体	1,282	4.8	1,492	5.5
その他	2,441	9.2	2,680	9.9
	26,586	100%	27,074	100%

図表 1-14　性別年齢別収集数（2013 年と 2014 年の合計）

	29 歳まで	30 歳代	40 歳代	50 歳代	60 歳以上	合計縦%
男性	1,520	7,864	14,071	9,816	2,992	36,263
	4.19	21.69	38.80	27.07	8.25	69.73
女性	2,173	5,086	5,155	2,775	556	15,745
	13.80	32.30	32.74	17.62	3.53	30.27
合計	3,693	12,950	19,226	12,591	3,548	52,008
	7.10	24.90	36.97	24.21	6.82	100.00

6　調査結果：増加や減少等職業の様々な側面の量的変化

　まず、職業が全体として、量的にどのように変化しているかをみる。ここで量的変化とは、その職業で人数が増加している、仕事量が増えている等をいう。図表 1-15 に全体としての結果を示した。

　図表では、「増加傾向」と「やや増加傾向」を合計した値が大きい項目から表示している。調査は 2013 年 10 月と 2014 年 10 月であるが、上から三つの「自分の職業では最近（ここ 1、2 年）、仕事量が〜」、「自分の職業では最近（ここ 1、2 年）、残業が〜」、「自分と同じ職業では女性が〜」は、「やや減少」と「減少傾向」の割合と比較しても「増加傾向」と「やや増加傾向」

35

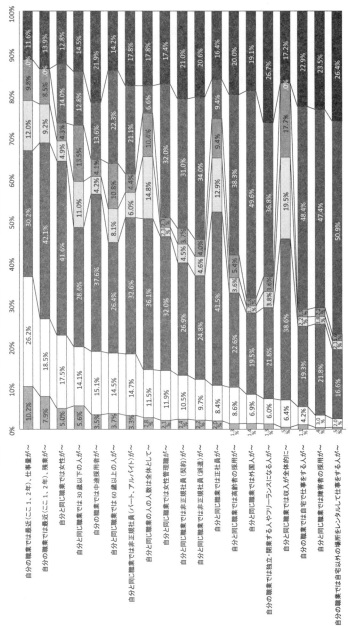

図表 1-15 全体としての職業の量的変化（52,008 名）

第1章　職業構造の変化と現状—長期的な趨勢と就業者5万人の調査から有望な職業、輝く仕事

が多く、仕事が増え、残業が増え、女性が増えている状況といえる。

　図表の下の方は、「増加傾向」と「やや増加傾向」が少ないものであるが、それよりも、自分の周りでは自分と同じ職業が元々居ないことを示す「継続的にいない」の割合が大きい。この割合の大きなものから三つあげると、「自分の職業では自宅以外の場所をレンタルして仕事をする人が〜」（50.9％）、「自分と同じ職業では外国人が〜」（49.6％）、「自分の職業では自宅で仕事をする人が〜」（48.4％）となる。「自分の職業では独立・開業する人やフリーランスになる人が〜」も36.8％と「継続的にいない」が多く、最近、話題になる在宅での仕事、独立、フリーランス等々であるが、職業によってはそのようなことができないものもあり、全体としてはまだまだ多くはない。

　「やや減少傾向」と「減少傾向」が多いのは「自分と同じ職業では収入が全体的に〜」、「自分と同じ職業の人の人数は全体として〜」、「自分と同じ職業では正社員が〜」であり、最近でこそ、人手不足により正社員を増やす動きはあるが、調査時点では、収入、人数ともに減少している。

　参考までに、調査を行った2013年と2014年にデータを分けたのが、図表1-16である。図表では「増加傾向」を5、「やや増加傾向」を4、「やや減少傾向」を2、「減少傾向」を1、「変わらない」と「継続的にいない」を3として平均値を求めている。「わからない」は欠損値として集計から除外している。2013年と2014年で平均値の差が大きなものから並べている。増加でも減少でもないものが3となるが、最も差が大きい「自分と同じ職業では収入が全体的に〜」は減少傾向ではあるが、その傾向が1年で弱まっていることを示している。差が三番目に大きい「自分と同じ職業では正社員が〜」も、減少傾向ではあるが、それが1年間で弱まっていることを示している。差が二番目に大きい「自分の職業では最近（ここ1、2年）、仕事量が〜」は仕事量が1年間で増えていることになる。

　調査を行った2013年と2014年は、2012年12月に第二次安倍内閣が発足した翌年と翌々年になる。掲げられたアベノミクスにより、2011年に8千円台であった日経平均（終値）が2012年には1万円台、2013年には1万6千円台、2014年には1万7千円台となっていた時期である。仕事量が増え、

37

僅かではあるが、収入と正社員の減少が止まっていたことを捉えているとみることができる。

また図表では、増加傾向を5、減少傾向を1とする、いわば5段階評価から平均値を求めたものといえるが、二つの曲線が極めて類似している。個人の5段階の評価であるが、2万6千名、2万7千名と人数を集めると、極めて正確な測定値になることを示している。

図表1-16　職業の量的変化 2013年（26,586名）と2014年（27,074名）

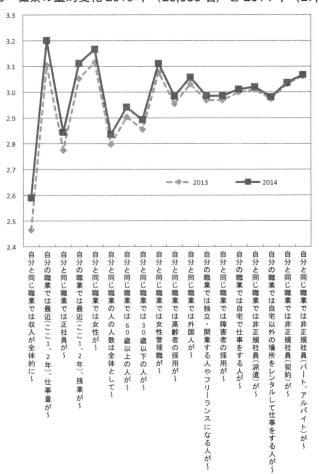

第1章　職業構造の変化と現状─長期的な趨勢と就業者5万人の調査から有望な職業、輝く仕事

7　調査結果：高度化や対人関係等職業の様々な側面の質的変化

　次に、図表1-17に職業の内容面の変化を示した。内容面の変化は「Yes」から「No」までの5段階で聞いているが、図表では「Yes」と「ややYes」の合計が大きなものから並べている。

　上位三つは「自分の職業では、様々なことをしなくてはならない等仕事の範囲が広がっている」、「自分の職業では、仕事をするために、新しいことを学ぶ必要が増えている」、「自分の職業では、より高い専門性や高度なスキルが求められるようになっている」であり、5位にも「自分の職業では以前よりも各人の創意工夫が求められるようになっている」があり、1位は仕事の幅が広がっていることを示すが、その他の三つは仕事が高度化していることを示している。「自分の職業では、顧客との関係で神経を使うことが多くなっている」が4位となり、情報化を示す「自分の職業では、IT（PC、情報機器、ネット）の利用活用が重要になっている」も6位となっている。

　一方、下から三つは「自分の職業では、英語、中国語以外の外国語が必要になっている」、「自分の職業では、中国語が必要なことが多くなっている」、「自分の職業では、よりレベルの高い英語力が必要になっている」であり、全体としては外国語の重要性は増していないといえる。

　「自分の職業では、仕事をするために、新しいことを学ぶ必要が増えている」と「自分の職業では、より高い専門性や高度なスキルが求められるようになっている」が仕事の高度化を示していると考えられるように、ここでみている項目には類似性があり、いくつかの塊に纏められると考えられる。そこでデータから客観的に項目をまとめるために、主成分分析により、項目の構造をみたのが図表1-18である（主成分抽出、直交回転のバリマックス回転）。

　第1成分は「自分の職業では、より高い専門性や高度なスキルが求められるようになっている」、「自分の職業では、仕事をするために、新しいことを学ぶ必要が増えている」、「自分の職業では以前よりも各人の創意工夫が求められるようになっている」等に成分負荷が大きく、仕事の「高度化」の纏まりと考えられる。第2成分は「自分の職業では、よりレベルの高い英語力が必要になっている」、「自分の職業では、英語、中国語以外の外国語が必要に

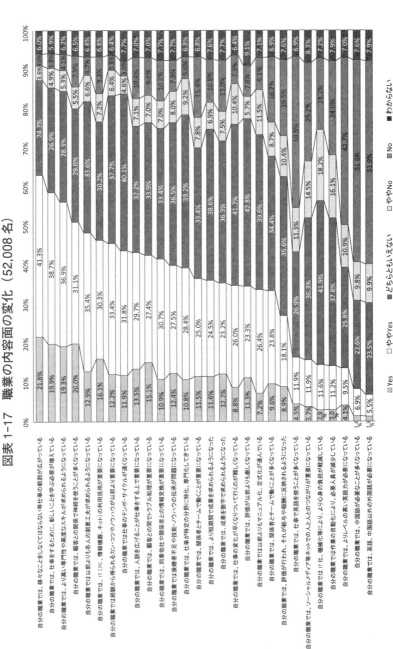

図表 1-17 職業の内容面の変化 (52,008 名)

第1章　職業構造の変化と現状―長期的な趨勢と就業者5万人の調査から有望な職業、輝く仕事

図表1-18　内容面の変化の構造（52,008名）

	成分1	成分2	成分3	成分4	成分5	成分6
自分の職業では、より高い専門性や高度なスキルが求められるようになっている	.785	.016	.118	.203	.094	.038
自分の職業は、仕事をするために、新しいことを学ぶ必要が増えている	.747	.019	.139	.253	.103	.040
自分の職業では以前よりも各人の創意工夫が求められるようになっている	.670	.053	.123	.162	.029	.038
自分の職業では、様々なことをしなくてはならない等仕事の範囲が広がっている	.611	-.074	.320	.019	.167	-.151
自分の職業では経験から得られるカン・コツやノウハウが以前より重要になっている	.607	.004	-.030	.207	.007	-.039
自分の職業では、仕事の変化が早くなりついて行くのが難しくなっている	.536	.118	.343	.104	.059	.206
自分の職業では、仕事が特定の分野に特化、専門化してきている	.516	-.016	.003	.006	.141	.256
自分の職業では仕事のテンポ・サイクルが速くなっている	.502	.025	.385	-.137	.219	-.032
自分の職業では後継者不足や技能・ノウハウの伝承が問題になっている	.467	.072	.162	.130	.012	.047
自分の職業では、IT（PC、情報機器、ネット）の利用活用が重要になっている	.436	.149	.183	.268	.078	.274
自分の職業では、よりレベルの高い英語力が必要になっている	.099	.890	.109	.039	.103	.064
自分の職業では、英語、中国語以外の外国語が必要になっている	-.042	.866	.069	.038	.064	.130
自分の職業では、仕事で英語を使うことが多くなっている	.118	.866	.104	.049	.104	.055
自分の職業では、中国語が必要なことが多くなっている	-.042	.862	.092	.026	.059	.109
自分の職業では、成果を数字で求められるようになった	.172	.106	.793	.190	.031	.079
自分の職業では、より短期間で成果を求められるようになった	.248	.113	.767	.147	.051	.032
自分の職業では、評価が以前よりも厳しくなっている	.204	.047	.740	.199	.042	.031
自分の職業では、評価が行われ、それが給与や報酬に反映されるようになった	.075	.154	.559	.147	.094	.197
自分の職業では、顧客との関係で神経を使うことが多くなっている	.221	-.035	.285	.736	.056	-.075
自分の職業では、人脈を広げることが仕事をする上で重要になっている	.323	.140	.115	.689	.141	.084
自分の職業では、顧客との間でトラブル処理が重要になっている	.144	.000	.358	.681	.050	-.022
自分の職業では、同業他社や関係者との情報交換が重要になっている	.298	.115	.028	.630	.306	.093
自分の職業では、関係者とチームで働くことが多くなっている	.184	.174	.111	.179	.894	.049
自分の職業では、関係者とチームで働くことが重要になっている	.203	.152	.113	.209	.889	.029
自分の職業ではIT化、機械化等により、より心身の負担が軽減している	.064	.135	-.009	.066	.023	.767
自分の職業では作業の自動化により、必要な人員が減少している	-.023	.175	.132	-.017	-.041	.744
自分の職業では以前よりもマニュアル化、定式化が進んでいる	.198	-.086	.278	-.135	.218	.442
自分の職業では、ソーシャルメディア等ネットでの人と人とのつながりが重要になっている	.164	.407	.019	.330	-.040	.417
負荷量平方和	4.153	3.445	2.934	2.503	1.929	1.834
分散の%	14.8	12.3	10.5	8.9	6.9	6.6

なっている」、「自分の職業では、仕事で英語を使うことが多くなっている」等に成分負荷が大きく、仕事で「外国語」の重要性が高まっている塊といえる。先に見たように外国語は全体としては、重要性が増してはいないが、項目には「外国語」の重要性が高まっている塊があることになる。第3成分は「自分の職業では、成果を数字で求められるようになった」、「自分の職業では、より短期間で成果を求められるようになった」、「自分の職業では、評価が以前よりも厳しくなっている」等に成分負荷が大きく、仕事で「成果主義」が強化されている塊といえる。第4成分は「自分の職業では、顧客との関係で神経を使うことが多くなっている」、「自分の職業では、人脈を広げることが仕事をする上で重要になっている」、「自分の職業では、顧客との間でトラブル処理が重要になっている」等に成分負荷が大きく、仕事で「顧客や同業者との関係」が重要になっている塊と考えられる。第5成分は「自分の職業では、関係者とチームで働くことが多くなっている」、「自分の職

業では、関係者とチームで働くことが重要になっている」等に成分負荷が大きく、仕事で「チームワーク」が重要になっている塊といえる。第6成分は「自分の職業ではIT化、機械化等により、より心身の負担が軽減している」、「自分の職業では作業の自動化により、必要人員が減少している」、「自分の職業では以前よりもマニュアル化、定式化が進んでいる」等に成分負荷が大きく、仕事で「機械化・自動化」が進んでいる塊とみることができる。

　以上のようにここでの仕事の内容面の変化28項目は、「高度化」、「外国語」、「成果主義」、「顧客や同業者との関係」、「チームワーク」、「機械化・自動化」に分けられると考えられる。そこで、この主成分分析での成分得点を、業種別に平均値を求めグラフにしたのが図表1-19である。成分得点のため全体では平均が0.0、標準偏差が1.0となり、グラフでは平均の0.0から上下に伸びる棒グラフとなっている。

　際立っている点、すなわち長い棒となっている部分をみていくと、まず、「宿泊業」において、「外国語」の重要性が高まっていることが示されている。「外国語」は全体としてはそれほど重要性が増しているとは言えなかったが（図表1-17）、特定の業界では重要性が高まっている。次に「チームワーク」が「医療」、「福祉」で高まっている。「チーム医療とは、一人の患者に複数のメディカルスタッフ（医療専門職）が連携して、治療やケアに当たることです。病院では、様々な職種のメディカルスタッフが働いています。こうした異なる職種のメディカルスタッフが連携・協働し、それぞれの専門スキルを発揮することで・・・」（チーム医療推進協議会HP）とあるように、医療、また福祉も同様であろうが、それぞれの仕事が高度化、専門化する中、「チームワーク」の重要性が増しているといえる。「医療」、「福祉」ほどではないが、「チームワーク」は「国／地方自治体」、「IT」においても重要となっている。「医療」、「福祉」と同様に仕事が高度化、専門化する中、このような業種でも「チームワーク」が重要になっているといえる。これを示すように、仕事の「高度化」が強まっているのは、「医療」、「福祉」、「IT」、「国／地方自治体」である。仕事の「高度化」はこのように複数の業種に跨りみられるため、「宿泊業」の「外国語」のように特化していないが、「運輸業」、「飲食業」、「宿泊業」では下に伸びる棒となっている。図表は業種毎の平均

42

第1章 職業構造の変化と現状―長期的な趨勢と就業者5万人の調査から有望な職業、輝く仕事

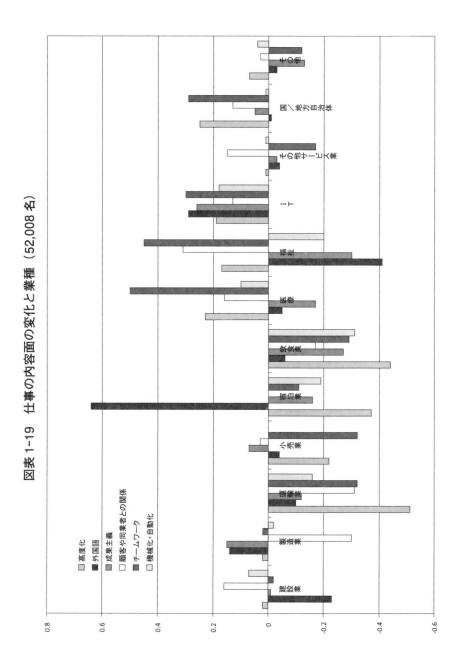

図表1-19 仕事の内容面の変化と業種（52,008名）

値であり、成分得点は全体の平均値は0.0、標準偏差は1.0であることから、他の業種と比べると「運輸業」、「飲食業」、「宿泊業」は「高度化」が進んでいないことを示している。図表1-17でみたように、全体として仕事の「高度化」は進んでおり、「運輸業」、「飲食業」、「宿泊業」も少しは高度化しているかもしれないが、他と比べると「高度化」はしていないか、低い水準であることを示している。

　仕事の内容面の変化「高度化」、「外国語」、「成果主義」、「顧客や同業者との関係」、「チームワーク」、「機械化・自動化」を職業別にみたのが図表1-20である。

　際立った点、長い棒をみていくと、「専門的職業」、「研究者、技術者」で「高度化」が進んでいる。「専門的職業」、「研究者、技術者」は他の職業と比べると高度なスキルや経験を必要とすると考えられるが、これらの職業でさらに高度化が進んでいることになる。「専門的職業」、「研究者、技術者」では「チームワーク」も重要になっている。似たような動きを示す「専門的職業」、「研究者、技術者」であるが、興味深いことに「専門的職業」では「顧客や同業者との関係」が重要になっており、「研究者、技術者」で「成果主義」が強まっている。患者やクライアント等「顧客」と直接接し、医療関係者等、外部の同業者との関係も重要になっている「専門的職業」では、「顧客や同業者との関係」が重要となり、組織の一員として仕事をする「研究者、技術者」は「成果主義」が強まっている。

　「事務の職業」では、「機械化・自動化」が進み、「顧客や同業者との関係」は重要になっているわけではなく、「高度化」も他と比べると進んでいない。

　「販売の職業」では、「成果主義」が進み、「顧客や同業者との関係」が重要となっている。

　「サービスの職業」から「運搬・清掃・包装等の職業」では、多くが下に伸びた棒となっている。相対的には「高度化」は進んでおらず、「チームワーク」等も相対的には重要になっていないものが多い。「高度化」が進む「専門的職業」、「研究者、技術者」では「チームワーク」が重要となり、「高度化」が進んでいない職業では「チームワーク」が重要になっていない点が興味深い。

第1章 職業構造の変化と現状―長期的な趨勢と就業者5万人の調査から有望な職業、輝く仕事

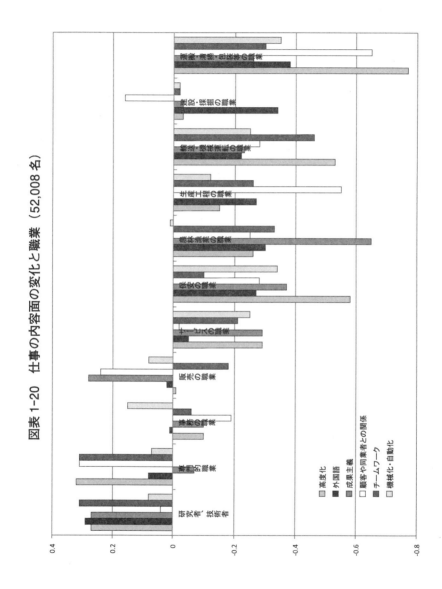

図表1-20 仕事の内容面の変化と職業 (52,008名)

8 調査結果：やりがいや人間関係等職業の様々な側面の現状

　仕事や職場を選ぶ際、重要なのは「やりがい」であるといわれる。統計数理研究所「日本人の国民性調査」の結果においても、1978 年から就職の第一条件は一貫して「やりとげたという感じが持てる仕事」である。職場の人間関係も重要である。毎年 2 回行われる厚生労働省の大規模調査「雇用動向調査」において、「前の勤め先を辞めた理由」で常に 2 位等、上位になるのは「職場の人間関係」である。

　ところがこれまで、やりがいや人間関係等に関して、細かく検討されることはなかった。そこで本調査ではやりがいや人間関係等、仕事の現状を細かく要素に分けた設問を用意し、回答を求めることとした。

　この仕事の現状に関して、「Yes」、「やや Yes」、「どちらともいえない」、「やや No」、「No」、「わからない」の 5 段階で聞いた結果を図表 1-21 に示した。「Yes」と「やや Yes」を合わせた割合の大きいものから並べている。最上位は「ミスがないよう気を使うことが多い」であった。「Yes」が 40.2 ％、「やや Yes」が 34.8 ％と、第 2 位以下と差のある多さとなっている。第 5 位に類似の「顧客との関係で気を使うことが多い」がある。ただ、2 位から 4 位は「仕事では手順や方法を自分で決められる」、「仕事を通じて色々なことが学べる」、「仕事は人の役に立っていると感じる」と、仕事での自律性、成長感、やりがいといった肯定的な項目となっている。

　「ミスがないよう気を遣うことが多い」と「顧客との関係で気を遣うことが多い」のように、ここでみている項目にも類似性があり、いくつかの塊に纏められると考えられることから、仕事の内容面の変化（図表 1-18）と同様に、主成分分析により、項目の構造をみたのが図表 1-22 である（主成分抽出、直交回転のバリマックス回転）。

　第 1 成分は「仕事の目標や計画を自分で決められる」、「仕事では手順や方法を自分で決められる」、「仕事で自分の個性や能力を発揮できる」、「仕事に充実感や達成感を感じられる」、「仕事を通じて成長を実感できる」等に成分負荷が大きく、「自律性・能力発揮・達成感・成長」といった塊といえる。第 2 成分は「同僚と和気あいあい、協力的に仕事ができている」、「仕事は人

第1章 職業構造の変化と現状―長期的な趨勢と就業者5万人の調査から有望な職業、輝く仕事

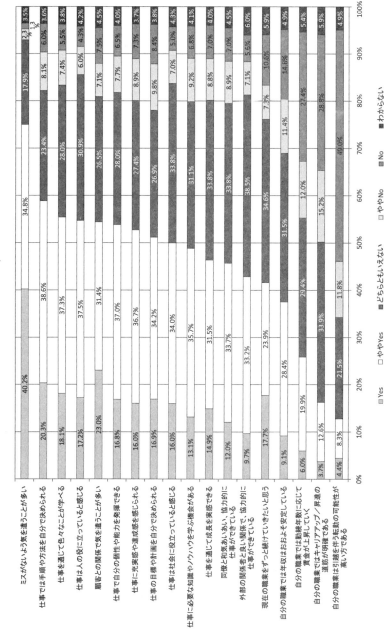

図表1-21 仕事の現状（52,008名）

図表 1-22　仕事の現状の構造（52,008 名）

	成分1	成分2	成分3	成分4
仕事の目標や計画を自分で決められる	0.834	0.129	0.052	0.028
仕事では手順や方法を自分で決められる	0.814	0.124	-0.048	0.029
仕事で自分の個性や能力を発揮できる	0.705	0.373	0.050	0.087
仕事に充実感や達成感を感じられる	0.634	0.514	0.069	0.052
仕事を通じて成長を実感できる	0.619	0.535	0.134	0.176
仕事を通じて色々なことが学べる	0.617	0.481	0.096	0.239
同僚と和気あいあい、協力的に仕事ができている	0.112	0.740	0.105	-0.030
仕事は人の役に立っていると感じる	0.310	0.740	0.030	0.238
仕事は社会に役立っていると感じる	0.307	0.728	0.076	0.213
外部の関係者と良い関係で、協力的に仕事ができている	0.304	0.650	0.105	0.080
仕事に必要な知識やノウハウを学ぶ機会がある	0.431	0.525	0.194	0.241
自分の職業ではキャリアアップ／昇進の道筋が明確である	0.142	0.149	0.804	-0.017
自分の職業では勤続年数に応じて賃金が上昇していく	0.002	0.164	0.795	0.011
自分の職業は引越を伴う転勤の可能性が高いほうである	0.070	-0.213	0.650	-0.006
自分の職業では年収はおおよそ安定している	-0.065	0.317	0.614	-0.012
顧客との関係で気を遣う使うことが多い	0.168	0.068	0.069	0.835
ミスがないよう気を遣うことが多い	0.015	0.219	-0.114	0.781
負荷量平方和	3.561	3.526	2.201	1.575
分散の%	20.9	20.7	12.9	9.3

の役に立っていると感じる」、「仕事は社会に役立っていると感じる」等に成分負荷が大きいことから、「良い人間関係・人や社会に役立つ」といった塊といえる。第3成分は「自分の職業ではキャリアアップ／昇進の道筋が明確である」、「自分の職業では勤続年数に応じて賃金が上昇していく」に成分負荷が大きく、長く勤めるとキャリアアップし、賃金も上がるといった良いキャリアの仕事であり、「キャリアアップ・賃金上昇」といえるが、ここには「自分の職業は引越を伴う転勤の可能性が高いほうである」も含まれる。この成分は大企業や公務員等に見られるものであり、良いキャリアであるが、転職もあることになる。第4成分は「顧客との関係で気を遣うことが多い」、「ミスがないよう気を遣うことが多い」であり、「顧客やミスに気を遣う」といった塊といえる。

　この成分得点を業界別に集計したのが図表1-23である。際立っている点、すなわち長い棒となっている部分をみていくと、まず、「国／地方自治体」は「キャリアアップ・賃金上昇」の成分が多い。「飲食業」では「キャリアアップ・賃金上昇」はマイナスの棒であり、この要素が弱いことを示している。

第1章　職業構造の変化と現状─長期的な趨勢と就業者5万人の調査から有望な職業、輝く仕事

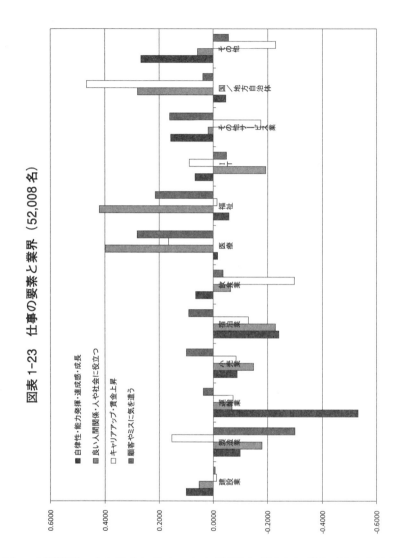

図表1-23　仕事の要素と業界（52,008名）

「良い人間関係・人や社会に役立つ」は「福祉」、「医療」、「国／地方自治体」で強い。「自律性・能力発揮・達成感・成長」は「運輸業」でマイナスであり、このような要素が「運輸業」では弱いことになる。「顧客やミスに気を遣う」は「医療」、「福祉」で強く見られる。直接、人に接する「医療」、「福祉」は「良い人間関係・人や社会に役立つ」といえるが、「顧客やミスに気を遣う」

49

ことにもなる。

　成分得点を職業別に集計したのが図表1-24である。際立っている点、すなわち長い棒となっている部分をみていくと、「自律性・能力発揮・達成感・成長」の要素は「専門的職業」、「農林漁業の職業」、「研究者、技術者」で強く、「保安の職業」、「輸送・機械運転の職業」、「運搬・清掃・包装等の職業」では弱い。体を使うことが多い現業において、「農林漁業の職業」は「自律性・能力発揮・達成感・成長」の要素が強いことが興味深い。「農林漁業の職業」ほどではないが、「建設・採掘の職業」も「自律性・能力発揮・達成感・成長」の要素がある。「良い人間関係・人や社会に役立つ」は「専門的職業」で強い。「研究者、技術者」は大企業や公的機関で働いている人が多いのであろうが、「キャリアアップ・賃金上昇」が強い。「顧客やミスに気を遣う」のは「販売の職業」、次いで「専門的職業」で強い。

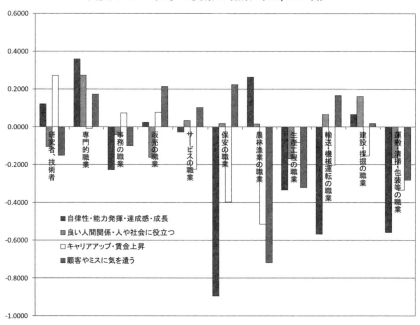

図表1-24　仕事の要素と職業（52,008名）

「専門的職業」は「自律性・能力発揮・達成感・成長」の要素が強く、「良い人間関係・人や社会に役立つ」が次に強いが、「顧客やミスに気を遣う」面もあることになる。また、「専門的職業」は「キャリアアップ・賃金上昇」の要素はない。一つの組織の中でキャリアを積んでいく職業ではないためと思われる。

サラリーマンが農業を始めるという事例をよく耳にする。「農林漁業の職業」は「自律性・能力発揮・達成感・成長」の要素が強く、「顧客やミスに気を遣う」は弱いことがデータで示されている。このような点が、サラリーマンが農業に魅力を感じる要因の一つとなっていると考えられる。

「保安の職業」は「自律性・能力発揮・達成感・成長」の要素が弱く、「キャリアアップ・賃金上昇」の要素も無く、「顧客やミスに気を遣う」の要素はある。これでは中々、人が集まらないだろう、と考えられる結果となっている。

⑨ 長期的趨勢と調査結果から─変化・現状と仕事で輝くには

40年近く前、筆者が労働政策研究・研修機構（当時の名称は雇用職業総合研究所）に入ったとき、最初の仕事は職業適性検査の開発であった。検査自体は当時出始めたパソコンを使ったり、色々と作れるのであるが（松本真作,片岡博,渡辺三枝子,松本純平,1986）、課題は職業の基準数値であった。検査結果が出ても、職業の基準数値と照合できなくては、その結果がどの職業に向いているかを示すことができない。この基準数値のデータ収集ができなかった。色々な事業所で開発した検査を実施し、それを大規模に集めればよいのだが、それが難しい。米国は第二次大戦前後、国家プロジェクトとしてこれを行っている。それほどの事業といえる。

ところが、今日、本章でも報告しているように、数百万人のWebモニターを有する調査会社が登場し、そのWebモニターで細かく職業を特定して、データ収集することができるようになった。これによって、ここでの報告が可能になったことになる。

ここでは、全体としての変化や現状をみているが、より細かく、職業中分類、職業細分類レベルでどのような変化が起きているか、現状はどうか等を

みることもできる。ここで見てきたのは産業、職業の大分類でみるといった、大掴みの結果であるが、これはこれで結果が安定しているということもできる。職業細分類レベルで集計することもできるが、そうするとサンプル数が少なくなり、結果の安定性は毀損される。大掴みであるが、決定版といえる結果といえる。もし、職業中分類、職業細分類での結果が必要であれば、労働政策研究・研修機構（2015）を参照していただきたい。

　Webモニターでの調査は様々な工夫をすることが、まだまだ可能である。その可能性は紙の調査票よりも遥かに大きい。実際の職務に近い作業をWebでしてもらい、データを取ることもできる。例えば、スキルや知識を必要とする課題をWebでしてもらい、そこからデータ収集することもできる。広く普及したスマートフォンを使い（スマートフォンで調査を実施する、あるいはスマートフォンをBluetoothでパソコンと連携させる、等）、その位置情報や各種センサーの情報から、職業毎の移動、動作、活動に関する情報を収集することもできる。パソコン×インターネット×携帯情報端末（スマートフォン）の組合わせを考えれば、新たなデータ収集の可能性は無限といえる。

　本章では職業構造の変化と現状をみてきた。数十年の長期的推移から「専門的・技術的職業従事者」は増加しており（図表1-2、図表1-4）、職業の高度化は進んでいるといえるが、ここでの調査から、高度な職業はより高度化しているという結果であった（図表1-20）。グローバル化も特定の職業に強く現れるという結果であった（図表1-19）。色々なところでよく話題となる高度化、グローバル化がどのように現れるか、具体的に示した結果といえる。

　この高度化する職業の典型といえる「専門的職業」に注目すると興味深い結果が得られた（図表1-24）。専門的職業は自律性、能力発揮、職業を通じての成長があり、人や社会に役立っていると感じられるが（同図表）、同時にミスに気を遣っている（同図表）。専門的職業は自分の専門性ゆえに、他の人から指示されない自律的な仕事となり、自分にしかできない仕事で自分の能力を発揮することができ、それによってやりがいもあり、人や社会に役立っているとも感じられるが、自分の判断が重大な結果に結びついている面

第1章　職業構造の変化と現状―長期的な趨勢と就業者5万人の調査から有望な職業、輝く仕事

もある。自分が判断を誤れば、他の人はそれがわからず、専門的職業の人の判断がそのまま結果に現れる。このことは専門的職業の典型といえる医療関係をイメージすればよくわかる。

　また、専門的職業ではチームワークも重要になっている（図表1-20）。自分の判断がより適切になるよう、判断に誤りがないよう、チームワークが必要といえる。専門的職業では「顧客や同業者との関係」も重要であった（同図表）。専門的職業は意外と直接、顧客、クライアント、医療関係であれば患者と接する。このことがここに現れている。また自分の技量を高め、知識を広げるためには同業者との情報交換も重要である。専門的職業には必ず学会や協会等の組織があるのはこのためといえる。

　専門的職業と対極的な仕事といえる「保安の職業」、「輸送・機械運転の職業」、「運搬・清掃・包装等の職業」は、「自律性・能力発揮・達成感・成長」がなく（図表1-24）、「高度化」も進んでいない（図表1-20）。しかし、このような職業でも魅力ある職業にすることは可能と考えられる。それは、専門的職業と同じように自律性のある働き方をし、能力を発揮し、達成感が感じられるようにし、また仕事での成長を感じられるようにすることではないかと考えている。短く表現すれば、「創意工夫する。技を磨く。」ということになる。NHKの「プロフェッショナル仕事の流儀」で、第254回「清掃のプロ」スペシャル（2015年2月2日放送）という番組があった（http://www.nhk.or.jp/professional/2015/0202/）。専門的職業とは対極的な清掃の仕事であるが、登場人物は創意工夫し、技を磨いていた。創意工夫し、技を磨けば、専門的職業ではなくても、やりがいがあり、仕事で成長でき、充実した仕事になるのではないだろうか。創意工夫し、技を磨いていけば、このような職業でも、他の人にはできない仕事となり、自律的に働けるようになり、達成感も味わえるようになるのではないだろうか。

　日本の職業は幅があるといわれる。どこからどこまでが自分の仕事かはっきりしていない。横にも縦にも幅がある。しかしこれは、自分の仕事で創意工夫できる余地、技を磨く余地があることを示している。一般的にはあまり魅力の無い「保安の職業」、「輸送・機械運転の職業」、「運搬・清掃・包装等の職業」であっても、創意工夫でき、技を磨ければ、魅力ある仕事になり得

53

る。社会の一定割合の人が「保安の職業」、「輸送・機械運転の職業」、「運搬・清掃・包装等の職業」のような仕事をせざるを得ないのであれば、周囲は、会社は、また社会は、そのような仕事であっても、創意工夫できる余地、技を磨く余地を積極的に残し、すべての人が仕事でやりがいを感じられ、充実した職業生活を送れるようにすべきと考えている。

　世界各地でテロ、しかも自爆によるテロが頻発している。生活や経済の格差は簡単には解消できないが、すべての人が仕事にやりがいを感じ、仕事で輝き、充実した職業生活であれば、テロのようなことは起きないのではないだろうか。幸い、日本は安定した社会である。その一つの要因が日本のはっきりしない仕事、横にも縦にも幅のある職業、それによる創意工夫できる余地、技を磨ける余地なのではないかと、筆者は考えている。

【参考文献】　※欧文アルファベット順、和文50音順

Autor, D. H., Levy, F., & Murnane, R. J.（2003）. The skill content of recent technological change: An Empirical exploration. *Quarterly Journal of Economics*, 118, 1279-1333.

Berman, E., Bound, J. & Griliches, Z.（1994）. Changes in the demand for skilled labor within U.S. manufacturing: Evidence from the annual survey of manufactures. *Quarterly Journal of Economics*, 109, 367-397.

Bound, J. & Johnson, G.（1992）. Changes in the structure of wages in the 1980's: An evaluation of alternative explanations. *American Economic Review*, 82, 371-392.

Goos, M. & Manning, A.（2007）. Lousy and lovely jobs: The rising polarization of work in Britain. *Review of Economics and Statistics*, 89, 118-133.

Katz, L. F. & Murphy, K. M.（1992）. Changes in relative wages, 1963-1987: Supply and demand factors. *Quarterly Journal of Economics*, 107, 35-78.

Spitz-Oener, A.（2006）. Technical change, job tasks, and rising educational demands: Looking outside the wage structure. *Journal of Labor Economics*, 24, 235-270.

池永肇恵（2009）.「労働市場の二極化―ITの導入と業務内容の変化について」,『日本労働研究雑誌』No.584, pp.73-90.

池永肇恵（2011）.「日本における労働市場の二極化と非定型・低スキル就業の需要について」,『日本労働研究雑誌』No.608, pp.71-87.

松本真作, 片岡博, 渡辺三枝子, 松本純平（1986）.「キャリアガイダンスのためのコンピュータシステム」,『雇用職業研究』No.25, pp.1-12.

労働政策研究・研修機構（2010）.『我が国における職業に関する資格の分析―Web免許資格調査から―』労働政策研究報告書No.121.

労働政策研究・研修機構（2012）.『職務構造に関する研究―職業の数値解析と職業移動からの検討―』労働政策研究報告書No.146.

第1章　職業構造の変化と現状―長期的な趨勢と就業者5万人の調査から有望な職業、輝く仕事

労働政策研究・研修機構（2014）．『職業相関表―2万人のデータからみた職業の類似性―』JILPT
　　資料シリーズNo.130.
労働政策研究・研修機構（2015）．『職務構造に関する研究Ⅱ―5万人の就業者Web職業動向調査
　　より、現状、変化、能力、生活のデータ分析―』労働政策研究報告書No.176.

第2章 生涯にわたるスキル形成

1 問題意識・目的・方法

（1）問題意識

　我が国における昨今のキャリア環境の激変に伴い、労働者の働き方、キャリア形成のあり方には大きな変化がみられる。特に、昨今の人口動態の大きな変化、非正規就労の拡大、雇用の流動化等を受けて、企業等で働く在職者と組織との関わり方は変質しており、以前にもまして重要な課題となっている。

　こうしたなか、生涯キャリア発達およびその支援は、従来から継続的な政策課題として検討されてきた。その一環として、例えば、「キャリア形成を支援する労働市場政策研究会」報告書（厚生労働省職業能力開発局, 2002）、「生涯キャリア支援と企業のあり方に関する研究会」報告書（厚生労働省職業能力開発局, 2007a）、「キャリア・コンサルタント制度のあり方に関する検討会」報告書（厚生労働省能力開発局, 2007b）、「キャリア健診研究会報告書（厚生労働省職業能力開発局, 2009）」等の一連の報告が取りまとめられてきた。

　また、海外に目を転じても、OECDおよびEU関連機関等において、公共政策としてのキャリア支援の重要性は一貫して指摘されてきた（OECD, 2004；CEDEFOP, 2011）。そして、失業者を中心とした公共職業サービスとは異なる一般成人向けの生涯キャリア発達に向けたキャリア支援サービスが手薄であり、何らかの直接的・間接的な政策的支援が不可欠であるという問題意識が示されてきた。

　このように生涯キャリア支援は国内外で注目されてきたが、現在、特に先進国では、総じて職業能力開発を含む成人の生涯学習を支える基盤としてキャリア支援を捉えることが多い。キャリア支援は、従来、おもにマッチン

56

グ政策の一つとして考えられることが多かった。しかしながら、現在、諸外国で注目を集めているのはスキル政策の一つとしてのキャリアガイダンスである。必要とされているスキルは何か、どのような方向性のスキル形成を促すべきなのか、各人がもつスキルをいかに活性化すべきか、具体的にどのような制度を利用し、どのような学習を行うべきなのか等について支援を行うものとして、改めて職業能力開発とキャリアガイダンスの関わりが注目されている。

　そこで、本章では、以下の三つの観点から検討を行う。

　第一に、スキル政策とキャリア支援の関わりを考えるにあたって、労働者が実際にどのようなスキルを身につけているのかを実測し、その結果をもとに不足しているスキル、習得すべきスキルを考えていこうとするアプローチがある（例えば、PIAACなど）。こうした実証的なスキル政策への志向性の背景には、国民のスキル形成に割ける公的なリソースは限られており、どのような対象層のどのようなスキルに優先的に投資すべきかであるとの判断がある（OECD, 2012）。その際、職業に直結する「職業特殊スキル」のみならず、「対人スキル（コミュニケーションスキル、認知スキル、感情スキル含む）」「基礎スキル（読み書き計算）」等を含む生活面での様々な活動を含めたライフスキルを検討対象とし、幅広く一国のスキル形成を考えていこうとする観点がある。日本においても、生涯にわたるキャリア支援を考えるにあたって、従来以上にスキル政策（職業能力開発政策）と接点を持つ必要がある。その際、日本の成人はいかなるスキルを持っているのかといった基礎的な情報収集は、議論の基盤として不可欠なものとして考えられたことから、まず、日本の成人の職業スキル・生活スキルを概観することとする。

　第二に、生涯にわたるスキル形成を考えるにあたっては、そのスキルをいつどの段階で習得すべきかという問題がある。学校で学ぶべき知識、就職してから学ぶべき知識、身につけるべき実務経験、さらには職場外での研修や学習などもある。スキルはいつどこで身に付けるべきなのか。この問いを考えるために、本章では、成人の学習経験についても焦点を当てる。また、同様の趣旨・目的から、成人の職業・キャリア上の後悔についてもデータを示す。成人が自らの経験と照らし合わせて、自身の学習経験の何を後悔してい

るのかを検討することで、翻って、どの段階でどのようにスキルを習得すべきなのを議論する手がかりが得られると考えられた。

第三に、これら成人のスキル形成に関するデータをもとに、生涯にわたるキャリア支援とスキル形成の関連はいかにあるべきなのかを考察したい。特に、OECD（2012）などに見られるスキル政策の議論では、若年から中高年に至る成人のキャリア発達をいくつかのセグメントに分けて、それぞれいかなるキャリア支援が必要なのかを論じている。日本においても、こうした「スキル形成」「キャリア発達」「キャリア支援」といった一連のキーワードを主軸に、成人のスキル政策の基本的な方向性や指針が得られるものと考えられる。本章では、そうした考察に向けて基礎的なデータを示したい。

（2）目　的

以上の問題意識から、本章では、改めて成人の職業スキル・生活スキルの実態に関する基礎的な情報収集を行った結果を以下に示す。具体的には、労働政策研究・研修機構（2013）『成人の職業スキル・生活スキル・職業意識』（JILPT調査シリーズNo.107）で行われた調査結果を示す。この調査は、性別×年齢×現在の就労状況を均等にした成人サンプルによるデータであるが、このデータを用いて日本の成人のスキルの実態を明らかにする。あわせて、スキル政策とキャリアガイダンスの関わりを検討するにあたっては、そもそも成人が自らのスキル形成についていかなる意識をもっているのかも密接に関わる。そこで、成人の学習経験および職業・キャリア上の後悔について検討を行う。

（3）方　法

調査は、調査会社のモニターを利用したインターネット調査で行った。調査対象は、調査会社のモニターである一般成人1,600名。内訳は、性別（男性・女性）×年齢（20代・30代・40代・50代）×状況（正規就労・非正規就労・求職者・無業その他）で均等に収集した（性別×年齢×現在の状況の2×4×4の各セルに50名ずつを均等に割り当てて1,600名を収集した）。なお、性別×年齢×現在の状況を均等に割り当てた有意サンプリングである

ため、実際の母集団の性別×年齢×現在の状況の比率を反映したものではなく、むしろ、各要因の影響を統制した条件群のような形でサンプリングがなされたものとなる点に注意が必要である。

主な調査事項は、以下のとおりであった。

- ・基本的属性（性別、年齢、扶養家族の有無、最終学歴、学校時代の専攻、取得資格など）
- ・現在の状況（世帯収入、現在の身分、勤務先の業種・職業・従業員数、現在の職位など）
- ・学校卒業後のキャリア（転職経験、失業・休職期間の有無、職業能力の評価など）
- ・これまでの職業や学習に対する意識（満足感、職業生活で役立ったこと、後悔など）
- ・職業スキル、生活スキルおよび自尊感情、抑うつ

図表 2-1　調査対象者の内訳

		20代	30代	40代	50代	合計
正社員	男性	57	55	55	56	223
		50.9%	49.1%	51.9%	51.4%	50.8%
	女性	55	57	51	53	216
		49.1%	50.9%	48.1%	48.6%	49.2%
非正社員	男性	55	55	57	57	224
		49.5%	51.9%	50.0%	51.4%	50.7%
	女性	56	51	57	54	218
		50.5%	48.1%	50.0%	48.6%	49.3%
求職者	男性	53	50	50	51	204
		50.0%	50.0%	46.7%	51.0%	49.4%
	女性	53	50	57	49	209
		50.0%	50.0%	53.3%	49.0%	50.6%
無業者	男性	54	57	57	55	223
		49.1%	48.7%	51.8%	46.6%	49.0%
	女性	56	60	63	53	232
		50.9%	51.3%	48.2%	53.4%	51.0%
合計		439	435	437	438	1749

2 成人の職業スキル─仕事上で自信のある事がら

まず、成人の職業スキルに関するデータを示す。このデータでは、成人の職業スキルを測定するにあたって図表 2-2 に示したような事柄 31 個を用意し、「あなたは、仕事上で、以下にあげるような事柄をうまくできる自信がありますか。うまくできる自信があるものを全てお選びください」という教示文を回答者に提示して評定を求めた。

なお、31 個の職業スキル項目は、労働政策研究・研修機構が過去に公開していた「キャリア・マトリックス」において職業特性を示す属性として用いられたものに準拠し、調査を行うにあたって若干の改変を行ったものである。

調査回答者が「仕事上で、うまくできる自信がある」と回答した割合が最も高かったのは、「人の話を聞くこと」（47.6 ％）であった。以下、「書類を

読むこと」（42.7％）、「人と協同で作業すること」（40.6％）、「計算したり、データを扱うこと」（32.1％）、「書類を書くこと」（31.7％）と続いていた（図表 2-2）。逆に、「仕事上で、うまくできる自信がある」と回答した割合が最も低かったのは、「危険な条件で作業すること」（1.9％）であった。以下、「機械やシステムを修理すること」（5.1％）、「体力的にきつい仕事をすること」（5.4％）、「プログラミングを行うこと」（6.6％）、「人やイベントのコーディ

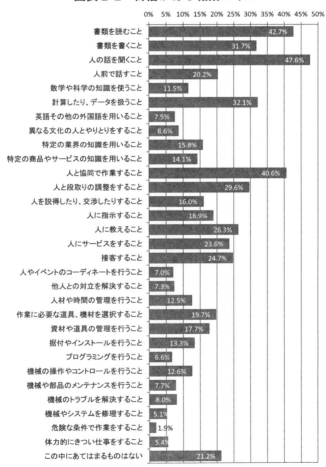

図表 2-2　自信がある職業スキル

ネートを行うこと」（7.0％）と続いていた。

　性別に検討した結果、図表 2-3 に示したとおり、男性の方が女性と比べて
「仕事上で、うまくできる自信がある」と回答した割合が最も高かったの
は、「機械の操作やコントロールを行うこと」であった。以下、「機械や部品
のメンテナンスを行うこと」「機械のトラブルを解決すること」「作業に必要
な道具、機材を選択すること」「据付やインストールを行うこと」と続いて
いた（図表 2-3）。また、「この中にあてはまるものはない」と回答した割合

図表 2-3　自信がある職業スキル×性別

	男性 N=881	女性 N=883	差	sig.
書類を読むこと	38.5%	46.9%	-8.4%	**
書類を書くこと	26.4%	36.9%	-10.5%	**
人の話を聞くこと	40.9%	54.2%	-13.4%	**
人前で話すこと	20.1%	20.4%	-0.3%	
数学や科学の知識を使うこと	15.2%	7.7%	7.5%	**
計算したり、データを扱うこと	32.5%	31.7%	0.8%	
英語その他の外国語を用いること	6.1%	8.8%	-2.7%	
異なる文化の人とやりとりをすること	8.6%	8.5%	0.1%	
特定の業界の知識を用いること	18.3%	13.4%	4.9%	**
特定の商品やサービスの知識を用いること	16.6%	11.7%	4.9%	**
人と協同で作業すること	36.0%	45.2%	-9.2%	**
人と段取りの調整をすること	27.6%	31.7%	-4.1%	
人を説得したり、交渉したりすること	18.0%	13.9%	4.1%	
人に指示すること	20.5%	17.2%	3.3%	
人に教えること	27.2%	25.4%	1.9%	
人にサービスをすること	19.8%	27.5%	-7.8%	**
接客すること	16.0%	33.3%	-17.3%	**
人やイベントのコーディネートを行うこと	5.9%	8.0%	-2.1%	
他人との対立を解決すること	7.8%	6.7%	1.2%	
人材や時間の管理を行うこと	12.7%	12.3%	0.4%	
作業に必要な道具、機材を選択すること	24.5%	14.8%	9.7%	**
資材や道具の管理を行うこと	19.5%	16.0%	3.6%	
据付やインストールを行うこと	18.2%	8.5%	9.7%	**
プログラミングを行うこと	9.9%	3.3%	6.6%	**
機械の操作やコントロールを行うこと	19.3%	6.0%	13.3%	**
機械や部品のメンテナンスを行うこと	13.8%	1.5%	12.4%	**
機械のトラブルを解決すること	13.2%	2.9%	10.2%	**
機械やシステムを修理すること	9.1%	1.1%	7.9%	**
危険な条件で作業をすること	3.5%	0.3%	3.2%	**
体力的にきつい仕事をすること	7.6%	3.3%	4.3%	**
この中にあてはまるものはない	27.0%	15.4%	11.6%	**

** p<.01　残差分析の結果、1%水準で有意に値が大きい箇所に網かけを付した。「差」は男性－女
　性の値。

も高かった。一方、女性の方が男性とくらべて「仕事上で、うまくできる自信がある」と回答した割合が最も高かったのは、「接客すること」であった。以下、「人の話を聞くこと」「書類を書くこと」「人と協同で作業すること」「書類を読むこと」と続いていた。

年齢別に検討した結果、図表2-4に示したとおり、年齢が高い方が、概して「仕事上で、うまくできる自信がある」と回答した割合が高かった。50代と20代で最も差が大きかったのは、「書類を書くこと」であった。以下、

図表2-4　自信がある職業スキル×年齢

	20代 N=440	30代 N=441	40代 N=441	50代 N=442	50代- 20代 （差）	sig.
書類を読むこと	36.6%	39.7%	43.3%	51.1%	14.5%	**
書類を書くこと	24.1%	27.7%	30.6%	44.3%	20.3%	**
人の話を聞くこと	43.0%	41.7%	51.2%	54.3%	11.3%	**
人前で話すこと	13.9%	17.2%	20.4%	29.4%	15.5%	**
数学や科学の知識を使うこと	11.1%	8.2%	8.6%	17.9%	6.7%	**
計算したり、データを扱うこと	27.0%	30.2%	32.2%	38.9%	11.9%	**
英語その他の外国語を用いること	7.3%	7.0%	7.0%	8.6%	1.3%	
異なる文化の人とやりとりをすること	6.6%	9.3%	7.7%	10.6%	4.0%	
特定の業界の知識を用いること	12.7%	12.5%	17.5%	20.6%	7.9%	**
特定の商品やサービスの知識を用いること	11.6%	14.1%	14.7%	16.1%	4.5%	
人と協同で作業すること	35.9%	37.4%	38.6%	50.2%	14.3%	**
人と段取りの調整をすること	21.8%	27.4%	30.6%	38.7%	16.9%	**
人を説得したり、交渉したりすること	11.8%	13.6%	15.4%	23.1%	11.3%	**
人に指示すること	13.4%	15.0%	18.8%	28.3%	14.9%	**
人に教えること	20.7%	22.4%	27.0%	35.1%	14.4%	**
人にサービスをすること	22.5%	21.8%	22.9%	27.4%	4.9%	
接客すること	24.8%	22.4%	21.5%	29.9%	5.1%	
人やイベントのコーディネートを行うこと	6.6%	6.1%	5.7%	9.5%	2.9%	
他人との対立を解決すること	6.1%	7.0%	6.6%	9.3%	3.1%	
人材や時間の管理を行うこと	8.9%	12.0%	10.9%	18.3%	9.5%	**
作業に必要な道具、機材を選択すること	17.3%	18.8%	14.3%	24.4%	7.2%	
資材や道具の管理を行うこと	13.6%	17.7%	16.8%	22.9%	9.2%	**
据付やインストールを行うこと	10.0%	14.1%	12.9%	16.3%	6.3%	
プログラミングを行うこと	5.0%	5.7%	8.6%	7.0%	2.0%	
機械の操作やコントロールを行うこと	9.3%	10.9%	15.9%	14.5%	5.2%	
機械や部品のメンテナンスを行うこと	6.6%	6.1%	9.3%	8.6%	2.0%	
機械のトラブルを解決すること	5.0%	7.5%	10.0%	9.7%	4.7%	
機械やシステムを修理すること	3.9%	4.8%	5.7%	6.1%	2.2%	
危険な条件で作業をすること	1.1%	2.3%	2.0%	2.3%	1.1%	
体力的にきつい仕事をすること	5.5%	6.2%	5.2%	4.5%	-0.9%	
この中にあてはまるものはない	25.0%	24.3%	20.6%	14.9%	-10.1%	**

** p<.01　残差分析の結果、1%水準で統計的に有意に値が高い箇所に網かけ、有意に値が低い箇所に下線を付した。

「人と段取りの調整をすること」「人前で話すこと」「人に指示すること」「書類を読むこと」と続いていた。逆に、「この中にあてはまるものはない」と回答した割合は、年齢が低い方が高かった（図表2-4）。

　最近1年間の税込み個人年収別に検討した結果、図表2-5に示したとおり、年収が高い者の方が、概して「仕事上で、うまくできる自信がある」と回答した割合は高かった。年収「600万以上」と「収入なし」で最も差が大きかったのは「人に指示すること」であり、以下、「人前で話すこと」「人と段取りの調整をすること」「書類を書くこと」「特定の業界の知識を用いること」と続いていた。

図表2-5　自信がある職業スキル×最近1年間の税込み個人年収

	収入なし N=523	~100万 N=408	~200万 N=253	~300万 N=196	~400万 N=143	~600万 N=126	600万~ N=115	差	sig.
書類を読むこと	39.4%	42.6%	41.1%	38.3%	45.5%	48.4%	59.1%	19.7%	**
書類を書くこと	27.0%	27.9%	32.0%	32.1%	34.3%	41.3%	51.3%	24.3%	**
人の話を聞くこと	44.2%	46.1%	52.6%	46.4%	49.7%	52.4%	51.3%	7.1%	
人前で話すこと	12.8%	16.2%	25.3%	21.9%	28.7%	24.6%	39.1%	26.3%	**
数学や科学の知識を使うこと	7.8%	9.8%	9.9%	10.7%	9.8%	24.6%	26.1%	18.3%	**
計算したり、データを扱うこと	27.5%	29.9%	31.2%	29.1%	32.2%	50.0%	47.8%	20.3%	**
英語その他の外国語を用いること	5.0%	6.6%	6.3%	11.2%	7.0%	8.7%	17.4%	12.4%	**
異なる文化の人とやりとりをすること	6.9%	4.7%	9.5%	11.7%	9.8%	7.9%	21.7%	14.8%	**
特定の業界の知識を用いること	11.9%	14.0%	17.4%	13.3%	17.5%	19.0%	35.7%	23.8%	**
特定の商品やサービスの知識を用いること	9.9%	14.0%	17.0%	18.4%	15.4%	14.3%	18.3%	8.4%	
人と協同で作業すること	38.0%	38.2%	45.8%	42.9%	39.9%	39.7%	47.0%	9.0%	
人と段取りの調整をすること	25.0%	25.0%	32.8%	33.7%	33.6%	32.5%	45.2%	20.2%	**
人を説得したり、交渉したりすること	10.3%	13.5%	15.4%	16.8%	23.8%	21.4%	34.8%	24.5%	**
人に指示すること	13.2%	15.4%	23.3%	17.9%	18.9%	25.4%	41.7%	28.5%	**
人に教えること	20.1%	22.5%	31.6%	28.6%	28.7%	31.7%	43.5%	23.4%	**
人にサービスをすること	19.7%	26.0%	25.7%	24.5%	25.9%	17.5%	31.3%	11.6%	
接客すること	24.3%	26.7%	28.5%	25.5%	24.5%	15.1%	20.0%	-4.3%	
人やイベントのコーディネートを行うこと	5.5%	6.1%	7.1%	8.7%	6.3%	6.3%	14.8%	9.3%	
他人との対立を解決すること	4.4%	6.1%	9.1%	9.2%	11.2%	7.1%	12.2%	7.8%	
人材や時間の管理を行うこと	9.6%	10.8%	13.4%	10.2%	16.1%	17.5%	24.3%	14.7%	**
作業に必要な道具、機材を選択すること	14.0%	19.1%	19.0%	29.1%	23.8%	25.4%	21.7%	7.7%	**
資材や道具の管理を行うこと	14.5%	16.9%	19.4%	23.0%	21.0%	17.5%	19.1%	4.6%	
据付やインストールを行うこと	8.8%	13.7%	13.8%	13.3%	15.4%	21.4%	20.0%	11.2%	**
プログラミングを行うこと	5.9%	4.7%	5.9%	3.1%	8.4%	15.9%	13.9%	8.0%	**
機械の操作やコントロールを行うこと	9.9%	10.3%	17.4%	9.7%	15.4%	17.5%	19.1%	9.2%	
機械や部品のメンテナンスを行うこと	6.9%	5.9%	7.5%	7.1%	9.8%	8.7%	14.8%	7.9%	
機械のトラブルを解決すること	5.9%	5.6%	8.7%	7.1%	11.2%	11.1%	19.1%	13.2%	**
機械やシステムを修理すること	4.0%	3.2%	4.3%	6.6%	7.0%	7.1%	11.3%	7.3%	**
危険な条件で作業をすること	1.7%	1.7%	1.2%	3.1%	2.8%	0.8%	3.5%	1.8%	
体力的にきつい仕事をすること	3.8%	3.9%	7.5%	7.7%	7.0%	4.0%	9.6%	5.8%	
この中にあてはまるものはない	25.4%	23.8%	16.6%	18.9%	17.5%	16.7%	16.5%	-8.9%	

** p<.01　残差分析を行った結果、1%水準で統計的に有意に値が高い箇所に網かけ、有意に値が低い箇所に下線を付した。
　「差」は「600万~」-「収入なし」。

これまでの職業生活やキャリアに対する満足感別に検討した結果、図表2-6に示したとおり、「おおむね満足している」と回答した者が、概して、「仕事上で、うまくできる自信がある」と回答した割合が高かった。「おおむね満足している」と回答した者と「全く満足していない」と回答した者で最も差が大きかったのは「人と協同で作業すること」であった。以下、「人の話を聞くこと」「人と段取りの調整をすること」「書類を書くこと」「人に教えること」「計算したり、データを扱うこと」と続いていた。なお、「とても満足している」と回答した者は「人に指示すること」「人やイベントのコーディ

図表2-6　自信がある職業スキル×これまでの職業生活やキャリアに対する満足感

	全く満足していないN=256	あまり満足していないN=394	どちらとも言えないN=820	おおむね満足しているN=268	とても満足しているN=26	差	sig.
書類を読むこと	34.4%	49.7%	38.4%	53.4%	42.3%	19.0%	**
書類を書くこと	23.0%	36.0%	27.7%	45.9%	30.8%	22.9%	**
人の話を聞くこと	36.7%	53.0%	43.9%	61.2%	46.2%	24.5%	**
人前で話すこと	10.2%	22.6%	18.8%	30.2%	26.9%	20.0%	**
数学や科学の知識を使うこと	5.9%	14.7%	8.7%	19.8%	19.2%	13.9%	**
計算したり、データを扱うこと	23.8%	36.5%	28.0%	46.3%	26.9%	22.5%	**
英語その他の外国語を用いること	4.7%	8.4%	5.7%	13.1%	19.2%	8.4%	**
異なる文化の人とやりとりをすること	6.2%	9.6%	6.8%	14.2%	11.5%	8.0%	**
特定の業界の知識を用いること	9.0%	16.8%	12.8%	28.7%	30.8%	19.7%	**
特定の商品やサービスの知識を用いること	9.4%	15.5%	13.5%	17.5%	23.1%	8.1%	
人と協同で作業すること	26.2%	45.2%	38.4%	54.1%	42.3%	27.9%	**
人と段取りの調整をすること	18.0%	31.7%	27.9%	42.2%	38.5%	24.2%	**
人を説得したり、交渉したりすること	8.2%	16.8%	14.4%	25.4%	34.6%	17.2%	**
人に指示すること	11.7%	20.8%	15.5%	31.3%	38.5%	19.6%	**
人に教えること	17.6%	30.5%	22.1%	40.3%	38.5%	22.7%	**
人にサービスをすること	16.4%	26.4%	21.6%	31.3%	38.5%	14.9%	**
接客すること	18.0%	26.1%	23.2%	32.1%	38.5%	14.1%	**
人やイベントのコーディネートを行うこと	5.1%	5.6%	7.1%	8.6%	26.9%	3.5%	**
他人との対立を解決すること	4.3%	8.9%	6.2%	9.7%	19.2%	5.4%	
人材や時間の管理を行うこと	7.8%	15.0%	10.7%	18.7%	15.4%	10.9%	**
作業に必要な道具、機材を選択すること	16.8%	21.1%	17.8%	26.1%	19.2%	9.3%	
資材や道具の管理を行うこと	13.3%	22.8%	15.7%	21.6%	7.7%	8.3%	**
据付やインストールを行うこと	13.3%	15.5%	11.1%	17.2%	11.5%	3.9%	
プログラミングを行うこと	6.6%	7.4%	6.6%	5.6%	3.8%	-1.0%	
機械の操作やコントロールを行うこと	10.9%	14.5%	11.3%	16.0%	7.7%	5.1%	
機械や部品のメンテナンスを行うこと	7.4%	9.4%	6.1%	10.1%	7.7%	2.7%	
機械のトラブルを解決すること	6.6%	9.9%	6.1%	12.7%	7.7%	6.1%	**
機械やシステムを修理すること	4.7%	6.3%	4.0%	7.1%	3.8%	2.4%	
危険な条件で作業をすること	2.7%	2.0%	1.7%	1.9%	0.0%	-0.8%	
体力的にきつい仕事をすること	5.9%	5.5%	5.4%	5.6%	0.0%	-0.3%	
この中にあてはまるものはない	35.9%	11.9%	25.0%	6.7%	46.2%	-29.2%	**

** p<.01　残差分析を行った結果、1%水準で統計的に有意に値が高い箇所に網かけ、有意に値が低い箇所に下線を付した。
「差」は「おおむね満足している」-「全く満足していない」。

ネートを行うこと」の割合が高かった。また、「あまり満足していない」と回答した者は「書類を読むこと」「資材や道具の管理を行うこと」の割合が高かった（図表2-6）。

ここまでの結果をまとめると、全般的に、成人が自信がある職業スキルは「人の話を聞くこと」「書類を読むこと」「人と協同で作業すること」「計算したり、データを扱うこと」「書類を書くこと」であった。逆に、自信がない職業スキルは「危険な条件で作業すること」「機械やシステムを修理すること」「体力的にきつい仕事をすること」「プログラミングを行うこと」「人やイベントのコーディネートを行うこと」であった。

これらのスキルは、読み書き計算などの基礎スキルや人と、他人と働くための対人スキルと整理できるが、こうしたスキルには約4割の人が自信をもっていた。成人であれば、多くの人が自信をもつスキルであることから、裏を返せば、成人がおおむね習得している標準的なスキルであると考察することができる。

また、性別・年齢・年収・満足感で比較検討した結果、どの要因で比較しても統計的に有意な差が示されたのは、「書類を読むこと」「書類を書くこと」「数学や科学の知識を使うこと」「特定の業界の知識を用いること」の4項目であった。これらの結果のみに基づいて考察した場合、書類の読み書き、科学的な専門知識、業界に特殊な知識は、人によって差がつきやすいスキルであるという捉え方ができる。

さらに、「人の話を聞くこと」「人前で話すこと」「人と協同で作業すること」「人と段取りの調整をすること」「人を説得したり、交渉したりすること」「人に指示すること」「人に教えること」などの対人スキルは、性別・年齢・年収・満足感のいずれか三つの要因で統計的に有意な差が示された。したがって、上述の書類の読み書き、科学的な専門知識、業界に特殊な知識ほどではないが、対人スキルも、人によって差がつきやすいスキルであるという捉え方ができる。

これらの結果で重要なのは、ここに挙がった人によって差がつきやすいスキルは、基本的には、年齢が高いほど、年収が高いほど、満足感が高いほど、自信があると回答したスキルであるという点かと思われる。すなわち、年齢

を経てスキルを蓄積するにあたって、ここで挙げられた「書類の読み書き」「科学的な専門知識」「業界に特殊な知識」「対人スキル」を習得していた場合、年収や満足感も高いという解釈もできる結果となっている。

　成人が身に付けるべき職業スキルの重要な要素が網羅されていると考えることができよう。

3　成人の生活スキル

　成人の生活スキルを測定するにあたって、調査では、図表 2-7 に示した質問項目（40 項目）を用意した。これらの項目に対して「普段の生活ではあなたは次の事柄をどの程度うまく行う自信がありますか。また、どの程度苦手に感じますか。それぞれの項目について、あてはまるものをお選びください」という教示文を回答者に提示して評定を求めた。

　図表 2-8 では、自信がある生活スキルを降順および昇順に並べ替えた。その結果、最も自信があると回答される割合が高かったのは「人との約束を守る（76.3 ％）」であった。以下、「社会人としてのマナーを守る（74.5 ％）」「あいさつをする（72.6 ％）」「パソコンで必要な情報を検索する（72.3 ％）」「朝、決まった時間にひとりで起きる（70.8 ％）」と続いていた。また、自信があると回答される割合が最も低かったのは「将来の職業生活に備える（22.3 ％）」であった。以下、「自分の人生設計を立てる（25.8 ％）」「自分の悪いところを直す（26.4 ％）」「将来の計画を立てる（26.8 ％）」「人と交渉する（27.8 ％）」と続いていた。

　性別に検討した結果、図表 2-9 に示したとおり、女性の方が、概して「自信がある」と回答した割合が高かった。男性と女性で最も大きな差がみられたのは「食事を自分で作る」であった。以下、「人と世間話をする」「決まったやり方でゴミを出す」「社会人としてのマナーを守る」「職場の目標やルールは大事にする」と続いていた。

第2章　生涯にわたるスキル形成

図表 2-7　自信がある生活スキル①

	かなり自信がある＋やや自信がある		かなり自信がある＋やや自信がある
朝、決まった時間にひとりで起きる	70.8%	友達をつくる	29.3%
食事を決まった時間にきちんと取る	60.1%	新たな職場環境になじむ	33.8%
部屋をこまめにそうじをする	38.3%	自分の主張をはっきり言う	33.7%
決まったやり方でゴミを出す	66.6%	なすべきことを一生懸命やる	65.3%
食事を自分で作る	56.2%	困難にあってもあきらめない	45.4%
定期的に適度な運動をする	31.5%	職場の目標やルールは大事にする	63.7%
家計簿をつける	35.1%	職場で必要な事柄を勉強する	60.5%
貯金をする	46.2%	職場で必要な技術を身につける	59.9%
日々の計画を立てて、計画を守る	38.7%	必要があれば新たな職場を見つける	36.3%
時間に遅れない	67.7%	必要があれば就職活動をうまく行う	28.5%
人との約束を守る	76.3%	ビジネスマナーを理解している	40.1%
社会人としてのマナーを守る	74.5%	自分の能力を正確に把握する	38.2%
あいさつをする	72.6%	自分の長所・短所を理解する	42.9%
人に力を貸す	58.6%	自分の悪いところを直す	26.4%
苦手な人ともうまく働く	34.5%	将来の計画を立てる	26.8%
人と交渉する	27.8%	自分の人生設計を立てる	25.8%
わからないことをたずねる	55.5%	将来の職業生活に備える	22.3%
人と世間話をする	43.6%	パソコンでメールのやりとりをする	64.4%
人の話をさえぎらずに聞く	54.0%	パソコンで必要な情報を検索する	72.3%
できないことは断る	42.2%	新しい道具や機能をうまく使いこなす	46.8%

図表 2-8　自信がある生活スキル②（降順および昇順に並べ替え）

降順に並べ替え	かなり自信がある＋やや自信がある	昇順に並べ替え	かなり自信がある＋やや自信がある
人との約束を守る	76.3%	将来の職業生活に備える	22.3%
社会人としてのマナーを守る	74.5%	自分の人生設計を立てる	25.8%
あいさつをする	72.6%	自分の悪いところを直す	26.4%
パソコンで必要な情報を検索する	72.3%	将来の計画を立てる	26.8%
朝、決まった時間にひとりで起きる	70.8%	人と交渉する	27.8%
時間に遅れない	67.7%	必要があれば就職活動をうまく行う	28.5%
決まったやり方でゴミを出す	66.6%	友達をつくる	29.3%
なすべきことを一生懸命やる	65.3%	定期的に適度な運動をする	31.5%
パソコンでメールのやりとりをする	64.4%	自分の主張をはっきり言う	33.7%
職場の目標やルールは大事にする	63.7%	新たな職場環境になじむ	33.8%
職場で必要な事柄を勉強する	60.5%	苦手な人ともうまく働く	34.5%
食事を決まった時間にきちんと取る	60.1%	家計簿をつける	35.1%
職場で必要な技術を身につける	59.9%	必要があれば新たな職場を見つける	36.3%
人に力を貸す	58.6%	自分の能力を正確に把握する	38.2%
食事を自分で作る	56.2%	部屋をこまめにそうじをする	38.3%
わからないことをたずねる	55.5%	日々の計画を立てて、計画を守る	38.7%
人の話をさえぎらずに聞く	54.0%	ビジネスマナーを理解している	40.1%
新しい道具や機能をうまく使いこなす	46.8%	できないことは断る	42.2%
貯金をする	46.2%	自分の長所・短所を理解する	42.9%
困難にあってもあきらめない	45.4%	人と世間話をする	43.6%

67

図表 2-9　自信がある生活スキル×性別

	男性 N=881	女性 N=883	差	sig.
朝、決まった時間にひとりで起きる	65.4%	76.2%	10.8%	**
食事を決まった時間にきちんと取る	52.6%	67.6%	15.0%	**
部屋をこまめにそうじをする	31.4%	45.1%	13.7%	**
決まったやり方でゴミを出す	57.1%	76.1%	19.0%	**
食事を自分で作る	39.2%	73.2%	34.0%	**
定期的に適度な運動をする	28.7%	34.2%	5.5%	
家計簿をつける	26.2%	43.9%	17.7%	**
貯金をする	37.3%	55.0%	17.7%	**
日々の計画を立てて、計画を守る	31.2%	46.1%	14.9%	**
時間に遅れない	63.7%	71.7%	8.0%	**
人との約束を守る	68.6%	84.0%	15.4%	**
社会人としてのマナーを守る	65.2%	83.9%	18.7%	**
あいさつをする	64.0%	81.2%	17.2%	**
人に力を貸す	50.1%	67.2%	17.1%	**
苦手な人ともうまく働く	26.2%	42.7%	16.5%	**
人と交渉する	26.0%	29.6%	3.6%	
わからないことをたずねる	47.0%	64.0%	17.0%	**
人と世間話をする	33.8%	53.3%	19.5%	**
人の話をさえぎらずに聞く	48.1%	59.8%	11.7%	**
できないことは断る	42.3%	42.1%	-0.2%	
友達をつくる	20.7%	37.8%	17.1%	**
新たな職場環境になじむ	26.3%	41.2%	14.9%	**
自分の主張をはっきり言う	31.6%	35.9%	4.3%	
なすべきことを一生懸命やる	57.0%	73.6%	16.6%	**
困難にあってもあきらめない	41.2%	49.6%	8.4%	**
職場の目標やルールは大事にする	54.5%	72.8%	18.3%	**
職場で必要な事柄を勉強する	52.7%	68.4%	15.7%	**
職場で必要な技術を身につける	52.4%	67.4%	15.0%	**
必要があれば新たな職場を見つける	28.8%	43.8%	15.0%	**
必要があれば就職活動をうまく行う	21.0%	36.0%	15.0%	**
ビジネスマナーを理解している	32.9%	47.2%	14.3%	**
自分の能力を正確に把握する	34.7%	41.7%	7.0%	**
自分の長所・短所を理解する	36.5%	49.3%	12.8%	**
自分の悪いところを直す	20.2%	32.5%	12.3%	**
将来の計画を立てる	20.8%	32.8%	12.0%	**
自分の人生設計を立てる	19.6%	31.9%	12.3%	**
将来の職業生活に備える	17.1%	27.4%	10.3%	**
パソコンでメールのやりとりをする	59.6%	69.2%	9.6%	**
パソコンで必要な情報を検索する	69.4%	75.2%	5.8%	**
新しい道具や機能をうまく使いこなす	46.2%	47.3%	1.1%	

** p＜.01　残差分析の結果、1％水準で有意に値が大きい箇所に網かけを付した。
　「差」は女性－男性。

第2章　生涯にわたるスキル形成

　年齢別に検討した結果、年齢が高い方が、概して「自信がある」と回答した割合が高かった。50代と20代で最も差が大きかったのは「朝、決まった時間にひとりで起きる」であった。以下、「食事を自分で作る」「ビジネスマナーを理解している」「食事を決まった時間にきちんと取る」「時間に遅れない」と続いていた（図表2-10）。

図表2-10　自信がある生活スキル×年齢

	20代 N=440	30代 N=441	40代 N=441	50代 N=442	差	sig.
朝、決まった時間にひとりで起きる	59.1%	66.2%	72.3%	85.5%	26.4%	**
食事を決まった時間にきちんと取る	52.3%	52.4%	62.1%	73.5%	21.2%	**
部屋をこまめにそうじをする	39.1%	35.6%	35.4%	43.0%	3.9%	
決まったやり方でゴミを出す	57.3%	67.8%	66.9%	74.4%	17.1%	**
食事を自分で作る	46.6%	52.4%	55.8%	69.9%	23.3%	**
定期的に適度な運動をする	32.5%	31.3%	37.3%	37.3%	4.8%	**
家計簿をつける	37.0%	35.4%	32.7%	35.3%	-1.7%	
貯金をする	52.3%	47.4%	40.8%	44.3%	-8.0%	**
日々の計画を立てて、計画を守る	38.6%	37.9%	35.8%	42.3%	3.7%	
時間に遅れない	60.0%	63.5%	68.3%	79.0%	19.0%	**
人との約束を守る	68.6%	73.7%	77.6%	85.3%	16.7%	**
社会人としてのマナーを守る	66.6%	72.3%	74.8%	84.4%	17.8%	**
あいさつをする	67.0%	67.1%	74.1%	82.1%	15.1%	**
人に力を貸す	53.6%	52.2%	58.7%	69.9%	16.3%	**
苦手な人ともうまく働く	33.9%	29.3%	32.7%	42.1%	8.2%	**
人と交渉する	23.4%	23.6%	25.2%	38.9%	15.5%	**
わからないことをたずねる	48.6%	51.5%	54.9%	67.0%	18.4%	**
人と世間話をする	39.1%	41.7%	41.7%	51.8%	12.7%	**
人の話をさえぎらずに聞く	49.1%	54.4%	50.1%	62.2%	13.1%	**
できないことは断る	33.4%	39.5%	45.4%	50.7%	17.3%	**
友達をつくる	27.3%	25.9%	25.2%	38.7%	11.4%	**
新たな職場環境になじむ	30.9%	29.0%	30.6%	44.6%	13.7%	**
自分の主張をはっきり言う	28.9%	32.0%	32.9%	41.2%	12.3%	**
なすべきことを一生懸命やる	60.2%	64.6%	66.4%	69.9%	9.7%	
困難にあってもあきらめない	42.5%	43.8%	45.3%	54.1%	11.6%	**
職場の目標やルールは大事にする	56.8%	61.9%	63.9%	71.9%	15.1%	**
職場で必要な事柄を勉強する	54.1%	55.6%	61.7%	70.8%	16.7%	**
職場で必要な技術を身につける	54.3%	54.6%	61.0%	69.7%	15.4%	**
必要があれば新たな職場を見つける	35.0%	36.1%	34.5%	39.8%	4.8%	
必要があれば就職活動をうまく行う	26.4%	29.9%	27.0%	30.8%	4.4%	
ビジネスマナーを理解している	30.7%	35.6%	40.8%	53.2%	22.5%	**
自分の能力を正確に把握する	34.5%	37.4%	34.9%	45.9%	11.4%	**
自分の長所・短所を理解する	37.3%	41.7%	41.7%	50.9%	13.6%	**
自分の悪いところを直す	25.0%	25.4%	23.4%	31.7%	6.7%	
将来の計画を立てる	29.8%	25.4%	20.9%	31.2%	1.4%	**
自分の人生設計を立てる	29.1%	24.0%	20.0%	30.1%	1.0%	**
将来の職業生活に備える	27.5%	21.3%	18.8%	21.5%	-6.0%	
パソコンでメールのやりとりをする	59.3%	63.0%	63.0%	72.2%	12.9%	**
パソコンで必要な情報を検索する	68.0%	74.4%	71.0%	75.8%	7.8%	
新しい道具や機能をうまく使いこなす	46.6%	45.4%	44.0%	51.1%	4.5%	

** p<.01　残差分析の結果、1%水準で有意で値が大きい箇所に網かけを付した。「差」は50代－20代。

最近1年間の税込み個人年収別に検討した結果、年収が高いほど、概して「自信がある」と回答した割合が高かった。特に「600万〜」と「〜100万」で最も差が大きかったのは「ビジネスマナーを理解している」であった。以下、「人と交渉する」「困難にあってもあきらめない」「自分の能力を正確に把握する」「定期的に適度な運動をする」と続いていた。なお、「収入なし」の者は「食事を自分で作る」に「自信がある」と回答した割合が高かった（図表2-11）。

図表2-11　自信がある生活スキル×最近1年間の税込み個人年収

	収入なし N=523	〜100万 N=408	〜200万 N=253	〜300万 N=196	〜400万 N=143	〜600万 N=126	600万〜 N=115	差	sig.
朝、決まった時間にひとりで起きる	66.9%	67.9%	72.3%	69.9%	77.6%	81.0%	77.4%	9.5%	**
食事を決まった時間にきちんと取る	62.0%	57.6%	58.1%	56.6%	60.1%	61.9%	68.7%	11.1%	
部屋をこまめにそうじをする	40.9%	37.0%	34.8%	38.3%	36.4%	33.3%	46.1%	9.1%	
決まったやり方でゴミを出す	69.6%	68.6%	66.0%	62.2%	62.2%	64.3%	62.6%	-6.0%	
食事を自分で作る	64.1%	57.6%	55.7%	49.0%	50.3%	45.2%	47.8%	-9.8%	**
定期的に適度な運動をする	30.4%	28.2%	25.7%	31.1%	37.1%	36.5%	48.7%	20.5%	**
家計簿をつける	36.7%	34.1%	31.6%	31.6%	37.1%	40.5%	36.5%	2.4%	
貯金をする	43.6%	44.1%	41.9%	47.4%	49.0%	60.3%	53.9%	9.8%	**
日々の計画を立てて、計画を守る	41.9%	34.8%	31.6%	33.7%	43.4%	40.5%	53.9%	19.1%	**
時間に遅れない	67.7%	65.4%	68.0%	64.8%	67.1%	72.2%	75.7%	10.3%	
人との約束を守る	77.2%	74.0%	75.9%	74.0%	76.9%	77.8%	82.6%	8.6%	
社会人としてのマナーを守る	74.4%	71.1%	76.7%	71.9%	76.9%	79.4%	79.1%	8.0%	
あいさつをする	71.9%	69.9%	74.3%	70.4%	75.5%	77.0%	77.4%	7.5%	
人に力を貸す	58.1%	53.2%	60.9%	59.7%	61.5%	57.1%	71.3%	18.1%	
苦手な人ともうまく働く	33.5%	29.2%	36.4%	33.7%	43.4%	31.0%	47.8%	18.6%	**
人と交渉する	23.9%	22.8%	28.1%	24.0%	35.7%	34.1%	52.2%	29.4%	**
わからないことをたずねる	51.8%	52.7%	59.3%	53.1%	63.6%	60.3%	62.6%	9.9%	
人と世間話をする	43.0%	41.9%	41.5%	38.8%	54.5%	44.4%	50.4%	8.5%	
人の話をさえぎらずに聞く	53.3%	53.4%	58.1%	50.5%	53.8%	54.0%	55.7%	2.3%	
できないことは断る	42.1%	40.2%	43.1%	37.8%	48.3%	42.9%	47.8%	7.6%	
友達をつくる	27.2%	24.8%	34.4%	28.6%	33.6%	30.2%	38.3%	13.5%	
新たな職場環境になじむ	31.4%	28.9%	37.2%	35.2%	38.5%	34.9%	45.2%	16.3%	
自分の主張をはっきり言う	31.9%	28.9%	34.0%	31.6%	36.4%	42.9%	48.7%	19.8%	**
なすべきことを一生懸命やる	65.0%	63.5%	69.6%	63.3%	65.7%	62.7%	69.6%	6.1%	
困難にあってもあきらめない	41.3%	41.9%	48.6%	41.3%	50.3%	51.6%	63.5%	21.6%	**
職場の目標やルールは大事にする	63.9%	59.8%	68.4%	59.7%	65.7%	62.7%	71.3%	11.5%	
職場で必要な事柄を勉強する	60.2%	58.8%	60.9%	56.1%	65.0%	61.1%	68.7%	9.9%	
職場で必要な技術を身につける	59.8%	57.1%	58.9%	54.6%	62.2%	68.3%	69.6%	12.5%	
必要があれば新たな職場を見つける	34.6%	36.0%	38.7%	34.2%	42.0%	34.9%	38.3%	2.3%	
必要があれば就職活動をうまく行う	26.0%	28.2%	26.9%	31.1%	33.6%	27.8%	34.8%	6.6%	
ビジネスマナーを理解している	35.4%	35.5%	38.7%	39.3%	49.7%	44.4%	65.2%	29.7%	**
自分の能力を正確に把握する	35.2%	33.8%	35.2%	36.2%	46.2%	50.0%	54.8%	21.0%	**
自分の長所・短所を理解する	40.2%	39.7%	44.3%	36.2%	49.0%	53.2%	56.5%	16.8%	**
自分の悪いところを直す	27.3%	24.0%	26.1%	21.9%	30.1%	19.0%	41.7%	17.7%	**
将来の計画を立てる	25.8%	24.3%	27.3%	22.4%	30.1%	29.4%	40.0%	15.7%	
自分の人生設計を立てる	24.9%	22.3%	26.9%	20.9%	29.4%	27.8%	41.7%	19.4%	**
将来の職業生活に備える	19.5%	20.8%	23.3%	23.0%	27.3%	18.3%	34.8%	14.0%	
パソコンでメールのやりとりをする	63.1%	62.5%	63.6%	57.7%	65.7%	77.0%	74.8%	12.3%	**
パソコンで必要な情報を検索する	69.8%	72.1%	72.7%	67.9%	74.1%	81.0%	79.1%	7.0%	
新しい道具や機能をうまく使いこなす	41.5%	45.6%	46.6%	45.4%	55.2%	57.1%	55.7%	10.1%	**

** p<.01　残差分析を行った結果、1%水準で統計的に有意に値が高い箇所に網かけ、有意に値が低い箇所に下線を付した。
　　「差」は「600万〜」－「〜100万」。

第２章　生涯にわたるスキル形成

　これまでの職業生活やキャリアに対する満足感別に検討した結果、「おおむね満足している」と回答した者が、概して「自信がある」と回答する割合が高かった。「おおむね満足している」と回答した者と「全く満足していない」と回答した者で最も大きな差があったのは「困難にあってもあきらめな

図表 2-12　自信がある生活スキル×これまでの職業生活やキャリアに対する満足感

これまでの職業生活やキャリア	全く満足していない N=256	あまり満足していない N=394	どちらとも言えない N=820	おおむね満足している N=268	とても満足している N=26	差	sig.
朝、決まった時間にひとりで起きる	54.7%	75.4%	70.1%	82.5%	61.5%	27.8%	**
食事を決まった時間にきちんと取る	47.3%	64.2%	58.0%	73.1%	53.8%	25.8%	**
部屋をこまめにそうじをする	30.5%	39.8%	35.6%	50.0%	53.8%	19.5%	**
決まったやり方でゴミを出す	59.0%	70.1%	64.1%	76.5%	65.4%	17.5%	**
食事を自分で作る	41.8%	59.6%	55.1%	66.8%	69.2%	25.0%	**
定期的に適度な運動をする	25.0%	36.0%	27.6%	41.0%	50.0%	16.0%	**
家計簿をつける	30.9%	37.6%	31.7%	44.4%	50.0%	13.5%	**
貯金をする	37.1%	51.5%	42.0%	60.1%	46.2%	23.0%	**
日々の計画を立てて、計画を守る	28.5%	41.6%	36.2%	50.0%	53.8%	21.5%	**
時間に遅れない	59.0%	70.3%	66.6%	76.5%	57.7%	17.5%	**
人との約束を守る	66.0%	78.2%	74.8%	89.6%	61.5%	23.6%	**
社会人としてのマナーを守る	59.8%	74.9%	74.6%	89.2%	61.5%	29.4%	**
あいさつをする	58.2%	73.6%	72.3%	86.9%	61.5%	28.7%	**
人に力を貸す	45.7%	60.2%	57.0%	73.9%	57.7%	28.2%	**
苦手な人ともうまく働く	22.3%	33.2%	32.2%	52.6%	57.7%	30.3%	**
人と交渉する	17.2%	28.4%	25.4%	41.8%	53.8%	24.6%	**
わからないことをたずねる	41.4%	57.1%	53.3%	72.8%	61.5%	31.4%	**
人と世間話をする	30.9%	46.2%	43.3%	52.6%	46.2%	21.7%	**
人の話をさえぎらずに聞く	47.3%	55.3%	51.8%	64.6%	57.7%	17.3%	**
できないことは断る	38.7%	43.7%	37.7%	57.1%	46.2%	18.4%	**
友達をつくる	18.0%	31.0%	26.8%	42.9%	50.0%	24.9%	**
新たな職場環境になじむ	21.1%	36.8%	30.2%	50.0%	57.7%	28.9%	**
自分の主張をはっきり言う	28.1%	34.3%	30.1%	47.4%	53.8%	19.3%	**
なすべきことを一生懸命やる	51.2%	72.8%	61.6%	79.5%	61.5%	28.3%	**
困難にあってもあきらめない	30.5%	49.7%	41.0%	65.3%	61.5%	34.8%	**
職場の目標やルールは大事にする	50.4%	68.5%	60.9%	78.0%	61.5%	27.6%	**
職場で必要な事柄を勉強する	48.4%	65.0%	56.8%	76.1%	69.2%	27.7%	**
職場で必要な技術を身につける	46.9%	62.7%	57.1%	76.5%	65.4%	29.6%	**
必要があれば新たな職場を見つける	26.2%	41.4%	33.7%	46.6%	38.5%	20.4%	**
必要があれば就職活動をうまく行う	16.4%	32.5%	26.5%	39.9%	34.6%	23.5%	**
ビジネスマナーを理解している	23.4%	44.2%	36.6%	57.8%	69.2%	34.4%	**
自分の能力を正確に把握する	25.8%	40.4%	33.2%	59.7%	65.4%	33.9%	**
自分の長所・短所を理解する	27.7%	44.4%	40.4%	61.6%	57.7%	33.9%	**
自分の悪いところを直す	18.0%	27.4%	24.3%	37.7%	42.3%	19.7%	**
将来の計画を立てる	18.0%	27.2%	23.3%	43.7%	46.2%	25.7%	**
自分の人生設計を立てる	16.0%	25.9%	22.9%	42.2%	42.3%	26.2%	**
将来の職業生活に備える	13.7%	22.8%	19.6%	35.4%	46.2%	21.7%	**
パソコンでメールのやりとりをする	54.3%	67.0%	62.4%	76.9%	57.7%	22.6%	**
パソコンで必要な情報を検索する	66.8%	72.8%	70.6%	83.2%	57.7%	16.4%	**
新しい道具や機能をうまく使いこなす	37.5%	48.7%	44.5%	59.3%	50.0%	21.8%	**

** p<.01　残差分析を行った結果、1％水準で統計的に有意に値が高い箇所に網かけ、有意に値が低い箇所に下線を付した。「差」は「おおむね満足している」－「全く満足していない」。

い」であった。以下、「ビジネスマナーを理解している」「自分の能力を正確に把握する」「自分の長所・短所を理解する」「わからないことをたずねる」「苦手な人ともうまく働く」と続いていた。その他、「とても満足している」と回答した者は「人と交渉する」「新たな職場環境になじむ」「将来の職業生活に備える」などにも「自信がある」と回答する割合が高かった。さらに「あまり満足していない」と回答した者は「なすべきことを一生懸命やる」と回答する割合が高かった（図表2-12）。

4 成人の学習経験

調査回答者が「これまでの職業生活やキャリアで役立ったと思う」と回答した割合が最も高かったのは「職場での実務経験」（56.1％）であった。以下、「職場での人間関係」（46.1％）、「職場での研修や勉強」（40.3％）と続いていた（図表2-13左）。

性別に検討した結果、女性の方が、概して「これまでの職業生活やキャリアで役立ったと思う」と回答した割合が高かった。特に「職場での人間関係」「学校でとった資格」「職場での研修や勉強」などが役立ったと回答する割合が高かった（図表2-13右および図表2-14）。

図表2-13　これまでの職業生活やキャリアで役立ったと思うもの
（かなり役立ったと思う＋やや役立ったと思うに回答した者の割合）（左）
およびこれまでの職業生活やキャリアで役立ったと思うもの×性別①（右）

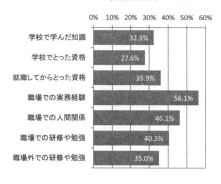
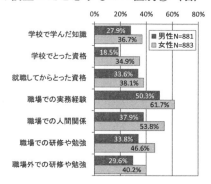

第 2 章　生涯にわたるスキル形成

図表 2-14　これまでの職業生活やキャリアで役立ったと思うもの×性別②

	男性 N=881	女性 N=883	差	sig.
学校で学んだ知識	27.9%	36.7%	8.8%	**
学校でとった資格	18.5%	34.9%	16.4%	**
就職してからとった資格	33.6%	38.1%	4.5%	
職場での実務経験	50.3%	61.7%	11.4%	**
職場での人間関係	37.9%	53.8%	15.9%	**
職場での研修や勉強	33.8%	46.6%	12.8%	**
職場外での研修や勉強	29.6%	40.2%	10.6%	**

** p<.01　残差分析の結果、1%水準で有意に値が大きい箇所に網かけ
　を付した。「差」は女性－男性の値。

　年齢別に検討した結果、年齢が高い方が、概して「これまでの職業生活や
キャリアで役立ったと思う」と回答した割合が高かった。50代と20代で最
も差が大きかったのは、「就職してからとった資格」であり、次いで「職場
での実務経験」と続いていた（図表2-15）。

　ただし、おおむね年齢にしたがってU字型に推移しており、「職場での人
間関係」「職場での研修や勉強」「職場外での研修や勉強」「学校で学んだ知
識」は30代を底とするU字型となっていた。また、「学校でとった資格」は
40代を底とするU字型となっていた（図表2-16）。

　最近1年間の税込み個人年収別に検討した結果、年収が高い者の方が、概
して「これまでの職業生活やキャリアで役立ったと思う」と回答した割合は
高かった。特に、①「600万以上」では「就職してからとった資格」「職場
での実務経験」「職場外での研修や勉強」が役立ったとする割合が高かった。
②「～600万」では「学校で学んだ知識」「職場での実務経験」「職場での人
間関係」「職場外での研修や勉強」が役立ったとする割合が高かった。③「～
400万」では「職場での実務経験」「職場外での研修や勉強」が役立ったと
する割合が高かった。④「収入なし」および「～100万」では「就職してか
らとった資格」「職場での実務経験」「職場外での研修や勉強」が役立ったと
する割合が低かった（図表2-17）。

73

図表 2-15　これまでの職業生活やキャリアで役立ったと思うもの×年齢①

	20代 N=440	30代 N=441	40代 N=441	50代 N=442	差	sig.
学校で学んだ知識	34.1%	28.1%	29.0%	38.1%	4.0%	**
学校でとった資格	30.1%	25.5%	21.7%	33.1%	3.0%	
就職してからとった資格	29.1%	35.9%	30.3%	46.3%	17.2%	**
職場での実務経験	49.3%	52.0%	56.3%	65.8%	16.5%	**
職場での人間関係	46.9%	42.1%	43.9%	51.5%	4.6%	
職場での研修や勉強	43.5%	34.9%	37.2%	45.8%	2.3%	
職場外での研修や勉強	38.0%	30.3%	32.9%	38.9%	0.9%	**

** p<.01　残差分析を行った結果、1%水準で統計的に有意に値が高い箇所に網かけ、有意に値が低い箇所に下線を付した。「差」は50代－20代。

図表 2-16　これまでの職業生活やキャリアで役立ったと思うもの×年齢②（図表 2-15 を図示）

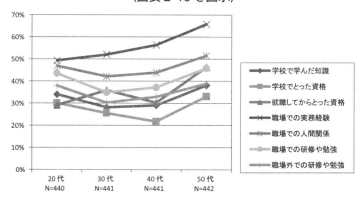

図表 2-17　これまでの職業生活やキャリアで役立ったと思うもの×最近１年間の税込み個人年収

	収入なし N=523	～100万 N=408	～200万 N=253	～300万 N=196	～400万 N=143	～600万 N=126	600万～ N=115	sig.
学校で学んだ知識	28.9%	30.8%	28.4%	30.4%	39.4%	44.4%	41.4%	**
学校でとった資格	26.8%	22.4%	28.4%	27.7%	32.1%	32.6%	35.4%	
就職してからとった資格	29.4%	28.8%	40.4%	36.2%	41.2%	46.9%	48.9%	**
職場での実務経験	50.6%	48.6%	55.4%	54.7%	68.1%	72.2%	74.1%	**
職場での人間関係	42.7%	41.4%	48.6%	42.9%	50.7%	59.5%	54.5%	**
職場での研修や勉強	38.4%	33.2%	38.9%	42.6%	48.5%	47.6%	50.9%	
職場外での研修や勉強	27.2%	28.7%	36.5%	34.0%	49.6%	47.4%	47.5%	**

** p<.01　残差分析を行った結果、1%水準で統計的に有意に値が高い箇所に網かけ、有意に値が低い箇所に下線を付した。

第2章　生涯にわたるスキル形成

　これまでの職業生活やキャリアに対する満足感別に検討した結果、「これ
までの職業生活やキャリアで役立ったと思う」と回答した割合は、「おおむ
ね満足している」と回答した者で高かった。「おおむね満足している」と回
答した者と「全く満足していない」と回答した者で最も差が大きかったのは
「職場での実務経験」であった。以下、「職場での人間関係」「職場での研修
や勉強」「就職してからとった資格」と続いていた（図表2-18）。

図表2-18　これまでの職業生活やキャリアで役立ったと思うもの
×これまでの職業生活やキャリアに対する満足感

	全く 満足して いない N=256	あまり 満足して いない N=394	どちら とも 言えない N=820	おおむね 満足して いる N=268	とても 満足して いる N=26	差	sig.
学校で学んだ知識	13.7%	33.7%	29.5%	53.6%	47.6%	39.9%	**
学校でとった資格	10.0%	30.6%	22.8%	48.7%	44.4%	38.7%	**
就職してからとった資格	18.3%	42.2%	28.8%	60.0%	35.3%	41.7%	**
職場での実務経験	31.9%	56.8%	53.0%	83.0%	63.2%	51.1%	**
職場での人間関係	28.2%	47.8%	40.8%	72.5%	52.6%	44.3%	**
職場での研修や勉強	20.8%	41.4%	35.8%	64.9%	55.6%	44.1%	**
職場外での研修や勉強	21.4%	34.7%	30.4%	58.1%	44.4%	36.7%	**

** p<.01　残差分析を行った結果、1%水準で統計的に有意に値が高い箇所に網かけ、有意に値が低い
箇所に下線を付した。「差」は「おおむね満足している」−「全く満足していない」。

5　成人の後悔

　図表2-19に示した質問項目で、成人の職業・キャリア上の後悔について
たずねた。最も多かった回答は「学生時代に英語の勉強を十分にしなかった
こと」（32.9％）であり、以下、「資格をとらなかったこと」（29.9％）、「学
生時代に実際の仕事に役立つ勉強をしなかったこと」（19.8％）と続いてい
た。なお、「後悔していることはない」（31.4％）も多かった。

　性別に検討した結果、図表2-20に示したとおり、男性は、女性よりも「就
職活動がうまくいかなかったこと」に後悔していた。

　年齢別に検討した結果、年齢が若い方が、概して「後悔する」と回答した
割合が高かった。20代は50代に比べて「学生時代に友達を多くつくらなかっ
たこと」「就職活動がうまくいかなかったこと」で後悔する割合が高かった。
また、50代は「学生時代に読み書き計算などの基礎的な勉強を十分にしな
かったこと」で後悔する割合が低かった（図表2-21）。

75

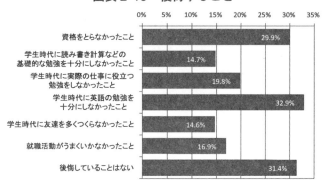

図表 2-19　後悔すること

図表 2-20　後悔すること×性別

	男性 N=881	女性 N=883	sig.
資格をとらなかったこと	27.8%	32.0%	
学生時代に読み書き計算などの基礎的な勉強を十分にしなかったこと	15.2%	14.2%	
学生時代に実際の仕事に役立つ勉強をしなかったこと	18.4%	21.3%	
学生時代に英語の勉強を十分にしなかったこと	30.6%	35.1%	
学生時代に友達を多くつくらなかったこと	16.3%	12.9%	
就職活動がうまくいかなかったこと	19.6%	14.2%	**
後悔していることはない	33.0%	29.8%	

** p<.01　残差分析の結果、1％水準で有意に値が大きい箇所に網かけを付した。

図表 2-21　後悔すること×年齢

	20代 N=440	30代 N=441	40代 N=441	50代 N=442	sig.
資格をとらなかったこと	28.9%	32.2%	29.9%	28.7%	
学生時代に読み書き計算などの基礎的な勉強を十分にしなかったこと	18.4%	15.9%	14.3%	10.2%	**
学生時代に実際の仕事に役立つ勉強をしなかったこと	22.5%	21.8%	20.2%	14.9%	
学生時代に英語の勉強を十分にしなかったこと	30.0%	32.0%	32.4%	37.1%	
学生時代に友達を多くつくらなかったこと	20.5%	17.7%	10.7%	9.7%	**
就職活動がうまくいかなかったこと	25.0%	20.2%	13.8%	8.6%	**
後悔していることはない	33.4%	29.0%	31.1%	32.1%	

** p<.01　残差分析を行った結果、1％水準で統計的に有意に値が高い箇所に網かけ、有意に値が低い箇所に下線を付した。

第2章　生涯にわたるスキル形成

　最近1年間の税込み個人年収別に検討した結果、年収の低い方が、概して「後悔する」と回答する割合が高かった。特に、①「収入なし」の者は「資格をとらなかったこと」「学生時代に読み書き計算などの基礎的な勉強を十分にしなかったこと」「学生時代に実際の仕事に役立つ勉強をしなかったこと」を後悔する割合が高かった。②「〜100万円」の者は「就職活動がうまくいかなかったこと」を後悔する割合が高かった。③「600万円〜」の者は「資格をとらなかったこと」「学生時代に実際の仕事に役立つ勉強をしなかったこと」「就職活動がうまくいかなかったこと」を後悔する割合が低かった（図表2-22）。

図表2-22　後悔すること×最近1年間の税込み個人年収

	収入なし N=523	〜100万 N=408	〜200万 N=253	〜300万 N=196	〜400万 N=143	〜600万 N=126	600万〜 N=115	sig.
資格をとらなかったこと	35.2%	30.4%	33.6%	30.6%	25.2%	18.3%	13.9%	**
学生時代に読み書き計算などの基礎的な勉強を十分にしなかったこと	18.9%	15.4%	16.2%	11.2%	9.1%	8.7%	8.7%	**
学生時代に実際の仕事に役立つ勉強をしなかったこと	23.7%	21.6%	20.6%	16.3%	13.3%	18.3%	10.4%	**
学生時代に英語の勉強を十分にしなかったこと	33.7%	31.4%	34.0%	33.2%	25.9%	34.9%	38.3%	
学生時代に友達を多くつくらなかったこと	16.1%	15.4%	14.6%	15.8%	13.3%	12.7%	7.0%	
就職活動がうまくいかなかったこと	18.5%	22.5%	19.0%	15.3%	9.8%	9.5%	4.3%	**
後悔していることはない	30.6%	27.5%	29.2%	31.6%	36.4%	34.9%	43.5%	

** p<.01　残差分析を行った結果、1%水準で統計的に有意に値が高い箇所に網かけ、有意に値が低い箇所に下線を付した。

　これまでの職業生活に対する満足感別に検討した結果、「満足していない」と回答した者ほど、概して「後悔する」と回答する割合が高かった。特に、「全く満足していない」と回答した者と「おおむね満足している」と回答した者で、差が最も大きかったのは「就職活動がうまくいかなかったこと」であった。以下、「資格をとらなかったこと」「学生時代に実際の仕事に役立つ勉強をしなかったこと」と続いていた。なお、「後悔する」と回答する割合が、概して低かったのは、「どちらとも言えない」と回答した者であった（図表2-23）。

77

図表2-23　後悔すること×これまでの職業生活やキャリアに対する満足感

これまでの職業生活やキャリア	全く満足していない N=256	あまり満足していない N=394	どちらとも言えない N=820	おおむね満足している N=268	とても満足している N=26	差	sig.
資格をとらなかったこと	46.5%	39.3%	25.4%	16.4%	7.7%	30.1%	**
学生時代に読み書き計算などの基礎的な勉強を十分にしなかったこと	25.8%	20.1%	12.1%	5.6%	0.0%	20.2%	**
学生時代に実際の仕事に役立つ勉強をしなかったこと	32.0%	29.7%	15.1%	9.7%	3.8%	22.3%	**
学生時代に英語の勉強を十分にしなかったこと	36.3%	40.9%	29.4%	30.2%	15.4%	6.1%	**
学生時代に友達を多くつくらなかったこと	22.7%	21.3%	11.0%	9.0%	7.7%	13.7%	**
就職活動がうまくいかなかったこと	39.5%	21.8%	11.6%	5.6%	3.8%	33.9%	**
後悔していることはない	17.2%	15.5%	38.7%	44.0%	53.8%	−26.8%	**

** p<.01　残差分析を行った結果、1%水準で統計的に有意に値が高い箇所に網かけ、有意に値が低い箇所に下線を付した。「差」は「全く満足していない」−「おおむね満足している」。

6　結果の概要

（1）成人の職業スキルに関する結果概要

　全般的に、成人が自信がある職業スキルは「人の話を聞くこと」「書類を読むこと」「人と協同で作業すること」「計算したり、データを扱うこと」「書類を書くこと」であった。逆に、自信がない職業スキルは「危険な条件で作業すること」「機械やシステムを修理すること」「体力的にきつい仕事をすること」「プログラミングを行うこと」「人やイベントのコーディネートを行うこと」であった。

　これらのスキルは、読み書き計算などの基礎スキルや人と、他人と働くための対人スキルと整理できるが、こうしたスキルには約4割の人が自信をもっていた。成人であれば、多くの人が自信をもつスキルであることから、裏を返せば、成人がおおむね習得している標準的なスキルであると考察することができる。

　また、性別・年齢・年収・満足感で比較検討した結果、どの要因で比較しても統計的に有意な差が示されたのは、「書類を読むこと」「書類を書くこと」「数学や科学の知識を使うこと」「特定の業界の知識を用いること」の4項目であった。これらの結果のみに基づいて考察した場合、書類の読み書き、科学的な専門知識、業界に特殊な知識は、人によって差がつきやすいス

キルであるという捉え方ができる。

　さらに、「人の話を聞くこと」「人前で話すこと」「人と協同で作業すること」「人と段取りの調整をすること」「人を説得したり、交渉したりすること」「人に支持すること」「人に教えること」などの対人スキルは、性別・年齢・年収・満足感のいずれか三つの要因で統計的に有意な差が示された。したがって、上述の書類の読み書き、科学的な専門知識、業界に特殊な知識ほどではないが、対人スキルも、人によって差がつきやすいスキルであるという捉え方ができる。

　これらの結果で重要なのは、ここに挙がった人によって差がつきやすいスキルは、基本的には、年齢が高いほど、年収が高いほど、満足感が高いほど、自信があると回答したスキルであるという点かと思われる。すなわち、年齢を経てスキルを蓄積するにあたって、ここで挙げられた「書類の読み書き」「科学的な専門知識」「業界に特殊な知識」「対人スキル」を習得していた場合、年収や満足感も高いという解釈もできる結果となっている。成人が身に付けるべき職業スキルの重要な要素が網羅されていると考えることができよう。

　一方で、これらのスキルは年齢が低いほど、年収が低いほど、満足感が低いほど、自信がないと回答したスキルでもあり、若年者で年収が低く満足のいく働き方ができていない対象層に対しては、これら「書類の読み書き」「科学的な専門知識」「業界に特殊な知識」「対人スキル」を習得すべく何らかの政策的な支援が検討される必要のある層でもあることを指摘しうる。

（2）成人の生活スキルに関する結果概要

　成人が自信がある生活スキルは「人との約束を守る」「社会人としてのマナーを守る」「あいさつをする」「パソコンで必要な情報を検索する」「朝、決まった時間にひとりで起きる」であった。一方、自信がない生活スキルは「将来の職業生活に備える」「自分の人生設計を立てる」「自分の悪いところを直す」「将来の計画を立てる」「人と交渉する」であった。

　約束を守る、あいさつをするといった社会人としてマナーについては、成人であれば総じて習得している生活スキルであると言える。ただし、職業ス

キルに対する指摘と同様に、それ故、こうした生活スキル面が十分でない場合には重大なマイナス点となりやすいと考えられる。

　一方で、将来の職業生活に備える、自分の人生設計を立てる、将来の計画を立てるなどについては、総じて自信があるという回答が少なかった。この結果から、端的に、将来の生活や計画、人生設計などのガイドや支援を提供する生涯キャリア支援の重要性は指摘しうる。また、さらに掘り下げて考察した場合、成人の約1/4しかこれらの項目に自信があると回答していないという結果からは、学校時代から成人期に至るまでの間に「将来の職業生活に備える」「自分の人生設計を立てる」「自分の悪いところを直す」「将来の計画を立てる」といった事がらについて十分な教育（≒キャリア教育）あるいは支援（キャリア支援）を受けていないということがうかがえる。しかしながら、これらのスキルは、成人が職業生活を含めた生活全体をより良いものにしていく上で不可欠とまでは言えないものの、あれば望ましいスキルであるとは言えるであろう。仮にそのように考えうるのであれば、当然に、そうしたスキル習得のための支援（あるいは教育）を提供すべきという根拠になりうる。

　なお、生活スキルについては、女性よりは男性、若年よりは中高年、低収入層よりは高収入層、満足感が低い者よりは高い者の方が、総じて高い。特に、マナーやルールを守る、生活リズムを守る、世間話・あいさつ・苦手な人と働くといったベーシックな生活スキルが高い。こうした対象層がもつ生活スキルは、職業スキルの基盤となるものと考えられ、職場における潜在的な職業スキルとして転用することが可能であり、適切な介入支援を行い、アクティベーション（活性化）する可能性を考えたい。一方で、若年男性などを中心にこうしたスキルを欠いている対象層には生活スキル習得に向けた適切な介入支援が必要となる。（cf. ライフスキル・プログラム）

（3）成人の学習経験
　生涯にわたるスキル形成について考える際に、どの段階で何を学習したのかという観点は重要である。本章の結果では、これまでの職業生活やキャリアで役立ったものとして「職場での実務経験」および「職場での人間関係」

が多く挙げられていた。この結果から、成人のスキル形成を考える際に、改めて職場における実務経験および人間関係が成人の学習に果たす影響を重視する必要があることがうかがえる。基本的に、成人は職場で学習するのであり、その際、職場にいる人々から影響を受けてスキルや知識を習得していく。

　しかしながら、一方で、これは学校で学ぶことの意義を、生涯にわたるスキル形成の観点から再び振り返る必要性を促す結果でもある。職場での実務経験や人間関係が、成人の職業生活にとって役立つものだと受け止められているとしても、その前段階の学校においても生涯にわたるスキル形成の基盤となるような学習を行うことは、その後の職業生活に良い影響を与えることは明らかである。望ましくは、学校時代に学んだ知識をベースに、その上で、職場の実務経験や人間関係によって、実践的なスキルへと磨き上げられることが理想となるであろう。このように考えた場合、学校で学ぶ知識、学校で習得する資格に対して労働政策の観点から関心を持つことは大いにありうることとなる。成人のスキル形成を考えるにあたって、学校卒業後のみならず、学校時代の学習経験も重視する必要がある。

　一方で、総じて過去の学習経験について「役立った」という評価が高いのは、男性よりは女性、20代・30代よりは50代、年収および満足感は高い層であった。様々な考察を許す結果であるが、むしろ逆に、男性、若年者、年収・満足感が低い層では、総じて過去の学習経験が役立ったと感じられないと解釈できよう。女性では就労状況と学習経験が直接的に結びつきやすい（学習による就労の機会の増大、資格取得による就労状況の改善等）ことがあるとも考えうる。若年者については、PISA等の結果では、ヨーロッパの一定割合の若者が職業に就き働く上で必要な基礎的スキル（読み書き計算）を持っていないとされるが、日本ではむしろ職業的スキルが欠けているという見方ができる。いずれにしても、職場における学習が中心の日本のスキル形成プロセスは、職場外にいる者に学習の機会が十分に提供されないことを意味する。職場外にいる者のスキル形成のための学習機会の確保が、日本におけるスキル政策の重要論点となる。

（4）成人の後悔

成人のスキル形成を考えるにあたって、少し変わった角度から質問を行うことによって、成人の学習経験を浮き彫りにしたいと考えたのが、この後悔に関する項目である。調査の結果、成人が最も後悔しているのは「学生時代に英語の勉強を十分にしなかったこと」であり、以下、「資格をとらなかったこと」「学生時代に実際の仕事に役立つ勉強をしなかったこと」と続いていた。ただし、「後悔していることはない」も多かった。

この設問については、個別の結果がみられており、男性では「就職活動がうまくいかなかったこと」を後悔する割合が、女性に比べて高かった。また、20代でも50代と比べて相対的に「就職活動がうまくいかなかったこと」を後悔する割合が高く、収入が100万未満でも高かった。まとめると、男性、20代、低収入の場合に就職活動がうまくいかなかったことを後悔していると言える。この対象層では、学校から職業への移行を支援する従来どおりの意味でのキャリアガイダンスが求められることが指摘できる。

もう一つ着目すべき結果としては、現在、収入なしの層では「資格をとらなかったこと」「学生時代に読み書き計算などの基礎的な勉強を十分にしなかったこと」「学生時代に実際の仕事に役立つ勉強をしなかったこと」といった基礎的な学習および、それを資格取得のように明確に他人に示せるような形にしておかなかったことへの後悔が回答された。ここでは、基礎的な学習が必要不可欠であり、さらに可能であれば、何らかの資格取得にニーズがあることが示される。なお、「資格をとらなかったこと」に対する後悔の背景には、「自らの職業能力を明確に示したい」「認証してほしい」「認証に値する職業能力を身に付けていない」といった様々な意識が伏在していると推測される。職業能力評価制度の充実、ジョブ・カード制度やそれに伴う職業訓練（職業能力形成プログラム）の必要性および適切なキャリアコンサルティングの必要性が改めて示される。

7　政策的インプリケーション

本調査結果から得られる政策的示唆は以下のとおりである。

（1）若年層のライフスキル

第一に、若年層（特に男性）の職業スキル・ライフスキル（ソーシャルスキル、認知スキル、感情スキル含む）形成の必要性である。本調査の結果、若年層の職業スキル・ライフスキルは低いことが改めて示された。特に、従来、ライフスキルに関しては十分な注意が払われてきておらず、今後の職業能力開発行政においてよりいっそうの検討が必要となる。ジョブ・カード制度における「橋渡し訓練」（職業意識啓発、コミュニケーション能力の向上、自己理解と仕事理解、ビジネスマナー能力の向上等）や地域若者サポートステーションにおける「生活支援等継続支援事業」（生活支援、学習支援等）等、ライフスキルに関わる施策のよりいっそうの拡充の可能性を議論する必要がある。特に、海外では研究の進んでいるライフ・スキル・プログラム等の導入などの可能性の検討はある程度、現実的な示唆となる。

（2）若年層の職業特殊スキル

第二に、若年層の職業特殊スキルも低いが、この点については、学校教育段階における一定の対応が必要となる。特に、日本においては、従来、学校教育段階において何らかの職業特殊スキルを身に付けさせることに消極的であり、むしろ学校卒業後の職場内におけるOJTを過度に重視する傾向があった。この点について短期的に抜本的な改革は難しいとしても、中長期的に一定の職業特殊スキルを身に付けさせて社会に送り出すという方向は模索されるべきである。また、こうした中長期的な施策の方向性とは別に、現段階では、十分に職場におけるスキル形成の機会を与えられない若年層を中心に、公的なスキル形成プログラムの提供の必要性はかなり高いものと見る必要がある。成人の職業能力向上施策においては、若年層を中心に上述したライフスキルと職業特殊スキルのベストミックスを模索する必要がある。

（3）中高年の職業スキル

第三に、中高年の職業スキルのアクティベーション（活性化）も重要な示唆となる。本調査の結果、改めて中高年の職業スキルの高さが示された。企業内における即戦力として若年層を期待する場合があるが、むしろ、一定以

上の蓄積がある職業スキルの高さを背景に即座の職種の転換が可能であるのは中高年であることが示唆される。中高年が持つ職業スキルの高さを可能な限り有効活用できる道筋を探り、社会全体で中高年の職業スキルを十分に使う方策を考える必要がある。本調査結果の随所で同一業種の異職種への転換は本人にとっても違和感なく、ポジティブに評価できる側面が高かったことから、同一業種異職種への転換がもっとも現実的な方向として考えうる。

（4）女性の職業スキル

　第四に、女性についても同様であり、特に、基礎的な生活習慣やルールやマナーを守るといった生活スキル面での一定以上のスキルの高さは、やはり社会全体での有効活用する道筋を考えたい。女性のスキルのアクティベーション（活性化）も、今後のスキル政策の重要な論点となる。

（5）職業能力開発行政におけるキャリアガイダンス施策

　最後に、上述の示唆は、いずれも従来以上に職業能力開発と一体化したキャリアガイダンス施策の展開を求めるものであり、職業能力開発行政におけるキャリアガイダンスのあり方を今後もとも模索していく必要がある。特に、今後の課題として、スキル政策の一環としてのキャリアガイダンス施策の具体的な展開を日本の実情にあった形で考える必要がある。若者を人柄やコミュニケーション能力などを基準に採用を行い、企業内でスキル形成を行うという従来型の日本のスキル形成モデルの延長線上に、どのような現実的・具体的なナショナルスキル形成モデルを構想できるかが焦点となると思われる。

【参考文献】　※欧文アルファベット順、和文 50 音順

CEDEFOP（2011）. Guidance policies in the knowledge society；Trends, challenges and responses across Europe: A synthesis report. Thessaloniki, Greece: CEDEFOP.

OECD（2004）. Career guidance and public policy: Bridging the gap. Paris: OECD.

OECD（2012）. Better skills, better jobs, better lives: A strategic approach to skills policies, Paris: OECD.

厚生労働省職業能力開発局（2002）.「キャリア形成を支援する労働市場政策研究会」報告書　厚

生労働省.

厚生労働省職業能力開発局（2007a）.「生涯キャリア支援と企業のあり方に関する研究会」報告書
　　厚生労働省.

厚生労働省職業能力開発局（2007b）.「キャリア・コンサルタント制度のあり方に関する検討会」
　　報告書　厚生労働省.

厚生労働省職業能力開発局（2009）.「キャリア検診研究会」報告書　厚生労働省.

労働政策研究・研修機構（2013）.『成人の職業スキル・生活スキル・職業意識』JILPT調査シリー
　　ズNo.107　労働政策研究・研修機構.

第3章　キャリア支援の国内外の動向

はじめに

　本章では、キャリア支援の背景として国内外の政策的な動向を把握し、その中から今後の生涯にわたるキャリア支援を考える上での示唆・含意を得ることを目的とする。

　おもに前半部分では日本国内のキャリア形成支援施策の動向を整理し、検討する。後半部分では欧州を中心としたキャリアガイダンス政策に関する議論の動向を紹介する。これら国内外のキャリア支援の動向を整理した後、今後の日本国内の生涯キャリア形成支援のあり方を考察し、若干の政策論的な示唆を行う。

　なお、前半部分で日本国内のキャリア形成支援施策の動向を取り上げるに際して、必ずしも編年体的な記述を行うのではなく、日本のキャリア形成支援施策を考える上で画期をなした重要な取り組みに焦点を絞って取り上げることとした。焦点を絞った整理を行うことで、かえって日本国内のキャリア形成支援施策の歴史的な経緯や動向、さらにはそこからの得られる示唆は明確になると考えられたためである。

　また、後半部分で海外のキャリアガイダンス政策を取り上げるにあたっては、2000年代にヨーロッパで数多く発刊されたキャリアガイダンス政策に関する報告書を参照する。これらの報告書は、おもにEUに属する各国がそれぞれいかなるキャリアガイダンスの体制を敷き、どのようにキャリアガイダンスを提供しているかといった観点から、各国の政策およびその実践についてレビューを行うものであった。しかしながら、これら報告書の多くは、これまで日本に十分に紹介されず、ヨーロッパにおけるキャリアガイダンス施策に関する議論を他の先進各国と共有しているとは言えない面があった。欧州キャリアガイダンス論の議論は、日本の現状にとっても有意義な議論を提供するため、特に、欧州キャリアガイダンス論の数多くある公的な報告

書のうち、特に生涯キャリアガイダンスに焦点を絞ったEUの報告書「From Policy to Practice: A systemic change to lifelong guidance in Europe」を取り上げる。この報告書は、労働政策研究・研修機構（2014）「欧州におけるキャリアガイダンス政策とその実践①政策から実践へ—欧州における生涯ガイダンスに向けたシステム全体の変化」（JILPT資料シリーズNo.131）で日本語訳を行い、既に発刊している。本章では、その中から特に重要なポイントを取り上げ、検討を行う。

1 キャリア支援の国内の動向

（1）2000年代以降のキャリアコンサルティング[1]施策の展開

本節では、まず、2000年代以降の日本のキャリア支援の推移を、おもにキャリアコンサルティング施策を中心に振り返る。

日本のキャリアコンサルティング施策は、厚生労働省職業能力開発局が立ち上げる「キャリア・コンサルティング研究会」で、例年、異なるテーマの調査研究を行い、その成果を報告書に取りまとめることで推進してきた経緯がある。こうした形で厚生労働省職業能力開発局によって作成された「キャリア・コンサルティング研究会」報告書は、2002年（平成14年）から2015年（平成27年）の14年間にわたって約30本が発刊されている。

図表3-1は、キャリアコンサルティング研究会報告書のタイトルをまとめたものである。

大まかに、キャリアコンサルティング研究会の議論の推移は、①キャリアコンサルティング制度の創設・整備、②キャリアコンサルティング制度のリフレクションと各領域への展開、③キャリアコンサルティング制度の企業への普及促進の三つに区分することができる。

1　本章では「キャリア・コンサルティング」と「キャリアコンサルティング」の「・」の有無の表記が混在する。これは、2015年10月の法改正に伴い、従来の「・」ありの表記が「・」なしに統一されたためである。したがって、原則的に、過去の文献の直接引用や関連する記述は「・」ありで表記するが、それ以外は「・」なしとする。なお、文脈によって混在する場合もあるが、上記の経緯から厳密な使い分けや統一に実質的な意味はないことを付記する。なお、本章においては「キャリアコンサルティング」と「キャリアカウンセリング」の違いについても、現在では相互に歩み寄る形で類似した活動内容を指示する用語となっていると考えており、そのため厳密な使い分けをしていない。

図表 3-1　キャリアコンサルティング研究会報告書のタイトル等

年度	基本制度	資質向上	能力要件	実態調査	実践での活用	特に若年	関連する施策	職業能力開発基本計画
2000	キャリア・コンサルティング技法等に関する調査研究報告書							
2001			キャリア・コンサルティング実施のために必要な能力等に関する調査研究報告書					第7次職業能力開発基本計画
2002	キャリア・コンサルタントに係る試験のあり方に関する調査研究報告書	キャリア・コンサルティングの効果的普及のあり方に関する研究会報告書（指導レベル、導入レベルの検討）						
2003	キャリア・コンサルタントの資質確保のあり方検討会報告書（→連絡協議会の設置）	キャリア・コンサルタントの資質向上に関する研究会報告書～指導レベルのキャリア・コンサルタントに係る調査研究				若年者向けキャリア・コンサルティング研究会報告書	若者自立挑戦プラン ヤングジョブスポット	
2004		熟練キャリア・コンサルタントに係る調査研究			キャリア・コンサルティング導入・展開事例に係る調査研究		ジョブカフェ	
2005	キャリコン協議会設立	キャリア・コンサルタントの資質確保体制の整備に係る調査研究（→スーパービジョンの検討）	キャリア・コンサルティング実施のために必要な能力体系の見直し等に係る調査研究		キャリア・コンサルティング導入・展開事例に係る調査研究		若者自立塾	
2006				キャリア・コンサルティング普及促進委員会（実態調査）	キャリア・コンサルタント資質確保体制整備委員会（実務研修制度の検討、実践力のあるキャリコンの明確化）		地域若者サポートステーション事業	第8次職業能力開発基本計画
2007				企業領域部会、教育期間領域部会		「若年者向けキャリア・コンサルティング研究会」報告書		
2008	2級キャリコン技能士検定開始	1級キャリア・コンサルティング技能士設定に向けた「指導レベル」の「キャリア・コンサルティング研究会」報告書				「若年者向けキャリア・コンサルティング研究会」報告書	ジョブ・カード制度	
2009					ジョブカードを活用したキャリア・コンサルティング部会	キャリア教育部会	緊急人材育成支援事業（基金訓練）キャリア検診事業	
2010			キャリア・コンサルタントに求められる能力要件等に関する検討部会	キャリア・コンサルティングに関する実態調査結果報告書		大学等キャリア教育部会	キャリア教育専門人材育成事業	
2011	1級キャリコン技能士検定開始	「キャリア・コンサルタント自身のキャリア形成のあり方部会」報告書				「大学等キャリア教育部会」報告書	求職者支援訓練	第9次職業能力開発基本計画
2012					「中小企業におけるキャリア・コンサルティング部会」報告書「職業訓練機関等におけるキャリア・コンサルティング部会」報告書		キャリア支援企業表彰	
2013		ジョブ・カードを交付する者に対する指導に必要な能力・スキル等に関する検討部会		キャリア・コンサルタントが有するキャリア・コンサルティング能力の実態等に関する検討部会				
2014					企業経営からみたキャリア・コンサルティングの意義や効果に関する工事例収集に係る調査研究報告書		専門実践教育訓練	
2015	キャリアコンサルタント登録制度（国家資格制度）の創設、およびその後の展望と課題報告書						労働者派遣法改正	
2016					（セルフ・キャリアドック導入支援事業推進委員会）		グッドキャリア企業アワード	第10次職業能力開発基本計画

第3章　キャリア支援の国内外の動向

　第一に、2000〜2005年のキャリアコンサルティング制度の創設・整備の時期である。まず、2001年5月に「キャリア・コンサルティング技法等に関する調査研究報告書」が発表された。ここでキャリアコンサルティングとは何をすることなのかといった具体的な内容・内実が明らかにされ、あわせて「キャリア・コンサルティングの6ステップ」など後まで引き継がれる重要な基礎概念が示された。次いで、2002年4月には「キャリア・コンサルティング実施のために必要な能力等に関する調査研究」報告書が発表され、キャリアコンサルタントが兼ね備えるべき能力体系が定義された。また、「キャリア・コンサルタントに係る試験のあり方に関する調査研究」報告書が発刊された。ここで、キャリアコンサルタントに係る資格試験の内容と体制が議論され、能力体系とその試験を行う仕組みが整備された。2003年3月には「キャリア・コンサルティングの効果的普及のあり方に関する研究会」報告書が発行された。この報告書で、より基礎的なキャリアコンサルタントである導入レベルのキャリアコンサルタントと、より専門的なキャリアコンサルタントである指導レベルのキャリアコンサルタントが示された。あわせて中間の標準レベルのキャリアコンサルタントも定義されたこととなる。2004年3月には「キャリア・コンサルタントの資質確保のあり方検討会」報告書によって、資格を取得したキャリアコンサルタントの資質を確保すべくそのサポートを行う連絡協議会の設立が提言され、後のキャリア・コンサルティング協議会の設立へとつながる。こうして現在にまで続くキャリアコンサルティング制度の根幹を支える具体的な内容、能力体系、試験体制、水準などが急ピッチで整備された。

　第二に、2006〜2010年はキャリアコンサルティング制度のリフレクションと各領域への展開である。①実態調査、②インターンシップ・スーパーバイズ・ポイント制、③企業・学校・需給調整機関など各領域への展開が検討された。具体的には、まず、2007年3月に「キャリア・コンサルティング研究会」報告書にあるとおり、キャリア・コンサルタント資質確保体制整備委員会を設けられ、それまでの制度の整備状況を振り返って実地訓練（インターンシップ）や指導（スーパーバイズ）の検討、およびそれらを組み合わせた実践力の向上支援を行う仕組みの検討を行った。また、この時期、制度

89

全体のリフレクションの試みとして、2006年および2010年にキャリアコンサルティングおよびキャリアコンサルタントに関する実態調査が行われた。その延長線上で、キャリア・コンサルティング技能士検定の2級が開始され、1級の検討がなされた。さらに、2008年3月の「キャリア・コンサルティング研究会」報告書では、各領域に向けたキャリアコンサルティングの検討がなされ、企業・教育機関それぞれのヒアリング調査がなされ、キャリアコンサルタントの専門性向上に向けた議論がなされた。なお、この時期のキャリアコンサルティングの特徴として、2000年代前半に整備された各種若年支援施策を受けて若年向けキャリアコンサルティングが集中的に検討がなされた。それらは2008年3月の「若年者向けキャリア・コンサルティング研究会報告書—若年者向けキャリア・コンサルティング実施に必要な能力要件の見直し等に係る調査研究」、さらには2009年の「若年者向けキャリア・コンサルティング研究会」報告書にまとめられた。あわせてキャリア教育への展開もなされた。

　第三に、2011～2015年は、改めてキャリアコンサルティング制度の企業への普及促進が図られた時期である。2013年3月に「キャリア・コンサルティング研究会—中小企業におけるキャリア・コンサルティング部会報告書」、2015年3月には「キャリア・コンサルティング研究会—企業経営からみたキャリア・コンサルティングの意義や効果に関する好事例収集に係る調査研究報告書」が発刊され、いずれも企業においてキャリアコンサルティングをいかに導入し、普及していくかが検討された。その他、関連する事業としてキャリア支援企業表彰がなされたのもの、この時期である。また、2011年から開始した求職者支援制度ではキャリアコンサルティングを受けることが含められ、2015年の労働者派遣法改正で希望者へのキャリア・コンサルティングが派遣元に義務づけられた。

　このように、キャリアコンサルティング施策は、その時々のキャリア環境あるいは政策的な文脈に対応・応答する形で様々な方向に向けて、その適用範囲を拡大してきたと言える。こうしたことが可能であるのは、そもそも「キャリア」概念そのものが多義的であるために、折々の社会的・経済的・政治的な動向によって、その内実を変化させながら展開することが可能であ

るからだと言えよう。特に、2015年、職業能力開発促進法の改正に伴い、キャリアコンサルティングに明確な法律的な位置づけが与えられて以降、他の施策・政策と組み合わせた運用・展開がよりいっそう容易になり、各方面からの様々な要請・要望に対応できるような制度的な枠組みが整備されたと言える。

　ただし、これは、そもそもキャリアコンサルティングとは何か、キャリアを支援するとはどういうことかという本質的な議論を惹起する。いかようにも拡張しうるゆえに、本来、何であったかというキャリア支援のアイデンティティの問題は、常につきつけられ、蒸し返されやすい。様々な領域を全体として取り込んでいく柔軟性は一つのメリットではあるものの、逆に、そのためにキャリア支援はその目的や内容が不明確になりやすい。日本のキャリアコンサルティング施策にまつわる議論や課題の多くは、限定されないが故に適用範囲が広いが、その結果、その本質がぶれやすいという側面に根ざしている。今後、キャリア支援の国内的な動向を考える上で、まず第一に押さえてきおきたい論点である。

（2）第7次職業能力開発基本計画

　国内のキャリアコンサルティング施策の直接の端緒は、よく知られているとおり、第7次職業能力開発基本計画（以下、第7次計画）である。具体的には、2001年5月に第7次計画が策定され、その基本的施策の一つとして「キャリア形成支援システムの整備」が示された。その前後の節立てを抜粋すると以下のとおりである。

Ⅴ職業能力開発の基本的施策
1　雇用の安定・拡大のための職業能力開発施策の枠組みの構築
(1)キャリア形成支援システムの整備
　　イ　キャリア・コンサルティング技法の開発
　　ロ　キャリア形成に関する情報提供、相談などの推進
　　ハ　民間におけるキャリア形成支援システムの確立及び人材育成
　　ニ　企業内におけるキャリア支援システムの確立

第7次計画では、特に労働者の適切なキャリア形成を促進するために講ずべき施策の筆頭として、「キャリア・コンサルティング技法の開発」が挙げられた。具体的には、キャリア形成支援システムの整備の前提として、キャリアコンサルティング技法の開発、官民連携によるキャリア形成に係る相談提供、相談等のための推進拠点の整備、さらにはキャリアコンサルティングを始めとしたキャリア形成支援を担う人材の育成を図ることとした。

この第7次計画の中で、「事業主がその雇用する労働者に対するキャリア・コンサルティングその他必要な相談、援助を行うことを促進する。その際、労働者が希望する場合には、外部の専門家・専門機関によるキャリア・コンサルティングを受けることができるよう、事業主に対して必要な支援を行う」としたことにより、本格的にキャリアコンサルティング制度導入への道筋が引かれた。

第7次計画では「労働市場が有効に機能するためのインフラストラクチャー（経済社会基盤）の整備」として、労働市場の基本的な構造に影響を与える施策という観点から職業能力開発政策が構想されたのも特徴である。この点で画期をなす計画として位置づけられている。特に「中長期的な視点に立って、官民共同で職業能力開発の枠組みを構築すること」および「労働力需給の動向に応じた雇用対策の一環として、機動的な職業能力開発を進めること」とした視点は重要であり、2000年代の職場におけるキャリア形成支援政策およびその重要な構成要素たるキャリアコンサルティング制度の整備拡充へと連なっていく。以下は、労働市場の五つのインフラ整備として図示されていたものを箇条書きのリストの形で整理したものである。

労働力需給調整機能の強化
　・求職者等による民間機関の利用促進を図る官民連携した雇用情報
　　システムである「しごと情報ネット」の構築
　・民間教育機関に対する民間職業紹介事業制度の周知・広報
　・紹介予定派遣の積極的活用
キャリア形成の促進のための支援システムの整備
　・キャリアコンサルティング技法の開発

・キャリア形成に係る情報提供、相談等のための推進拠点の整備
・キャリア形成支援を担う人材育成
・企業内におけるキャリア形成支援を推進するための情報提供、相談、助成金の支給等

職業能力開発に関する情報収集・提供体制の充実強化
・職業に関する基本的な情報、人材ニーズの動向情報
・教育訓練コースに係る情報
・能力評価に係る情報等の各情報について収集・整理及び企業や個人への効果的な提供システムの構築

職業能力を適正に評価するための基準、仕組みの整備
・民間委託を活用した技能検定制度の拡充、整備
・ホワイトカラーを含む適正な能力評価基準の設定
・実践的な職業能力評価手法の確立
・職業能力評価制度の適切な活用の促進

能力開発に必要な多様な教育訓練機会の確保
・民間における新たな教育訓練コースの設定の促進
・教育訓練給付制度に係る適切な講座指定等による大学、大学院等高度な内容の教育訓練の確保
・民間における教育訓練の質の確保・向上
・ニーズ把握、政策評価を通じた公共職業訓練の効果的実施

　上述のリストを俯瞰した場合、もとよりキャリアコンサルティングはキャリア形成支援システムの整備の一環としてあるものであり、さらには、その他の様々な制度的な連関の中に位置づけられていたものであることが、改めて認識される。特に、労働力需給調整機能の強化を基盤として、職業能力開発に関する情報提供、職業能力の適正な評価、職業能力を身に付けるべき教育訓練機会の確保など、一連の職業能力開発政策が一丸となることによって労働市場は有効に機能するのだとする主張が、この5本柱のリストには込められていると見るべきであろう。
　したがって、本来、キャリアコンサルティングはそれ自体を単体で議論す

べきものではなく、労働力－キャリア－職業能力をキーワードとした包括的な政策パッケージとして理解されるべきものであることも指摘できる。

（3）第6次職業能力開発基本計画

　直接的なキャリアコンサルティング施策に関する言及は、第7次計画であったとしても、その前段の議論は一つ前の第6次職業能力開発基本計画（以下、第6次計画）にもみられる。

　第6次計画は、その副題が「各人の個性を活かしつつ変化への対応を図る職業能力開発の実現を目指して」であるが、端的に個人主導の職業能力開発の環境整備の推進を目指すといった観点がより明確な形で示されている。問題意識がシンプルであり、「個人主導」をキーワードとした各種の施策に対する言及がみられる。

　この中に、現在のキャリアコンサルティング施策に連なる記述がみられる。例えば、ホワイトカラーの職業能力開発システムの整備として、「ビジネス・キャリア制度の活用により専門的知識の習得の支援」とともに「キャリアカウンセリングの推進」を行うことが挙げられている。特に、職業能力開発基本計画で「キャリアカウンセリング」の語句が極めて多く用いられた例は他には無く、その点、最もキャリアカウンセリングに関心を持った計画であるという位置づけも可能である。

　この第6次職業能力開発基本計画の段階で想定されていたキャリアカウンセリング施策は次のようなものである。

　・各人の持つ職業に関する能力、適性、関心等を把握すること
　・職業生涯にわたるキャリア形成についての実態分析を行うこと
　・職業能力開発プランの作成にあたって、専門的見地から助言等の援助を
　　行う

第6次職業能力開発基本計画（以下、第6次計画）は、その副題「各人の個性を活かしつつ変化への対応を図る職業能力開発の実現を目指して」が示すとおり、個人主導の職業能力開発の推進を目指したものであった。

　その中で、既に、後のキャリアコンサルティング制度に連なる施策への言及がみられる。以下に「キャリアカウンセリング」に関連する記述を抜粋

し、「キャリアカウンセリング」の語句に網かけを付した。順に見ていくと、
①離転職者に対するこれまでのキャリア・経験等をふまえた職業能力開発を
行うためのキャリアカウンセリング、②ホワイトカラーに対して職務内容の
変化への対応、専門知識の習得支援のためのキャリアカウンセリング、③労
働者の自発的な職業能力開発のためのキャリアカウンセリング、④若年者の
離転職に関わるキャリアカウンセリング、⑤高年齢者のためのキャリアカウ
ンセリングの５点におおむね整理される。すなわち、離転職者、ホワイトカ
ラー、労働者全般、若年者、高齢者を対象層と想定し、それぞれの職業能力
開発に向けた相談支援の重要な手段として、キャリアカウンセリングが期待
されていたことが分かる。

（以下、第６次職業能力開発基本計画より抜粋）

第３部　職業能力開発施策の基本的方向

１　雇用の安定・拡大を目指す職業能力開発の展開

(2)職業能力開発による産業間・企業間の労働移動の円滑化

　（前略）さらに、離転職者に対しては、これまでのキャリア・経験
等も踏まえた形で職業能力開発を行うことが効果的であることから、
関係機関との密接な連携を図りつつ、キャリアカウンセリングを含め
た相談援助の実施体制の整備を図る。（後略）

(3)ホワイトカラーの職業能力開発システムの整備

　ホワイトカラーについては、今後、特に企業の新分野展開等に伴う
職務内容の変化への対応が可能となるよう、ビジネス・キャリア制度
の活用により専門的知識の習得の支援を図るとともに、キャリアカウ
ンセリングの推進等により、ホワイトカラーの教育訓練体制の整備充
実を図る。（中略）

　①ホワイトカラーの教育訓練体制の整備充実（中略）

　②ビジネス・キャリア制度の拡充・推進（中略）

　③キャリア分析・キャリアカウンセリングの推進

　各人の持つ職業に関する能力、適性、関心等を把握した上で、職業
生涯にわたるキャリア形成についての実態分析の必要性と、その設計

のために必要な職業能力開発プランの作成について、専門的見地から助言等の援助を行う「キャリアカウンセリング」の必要性が、特にホワイトカラーを中心に高まっている。このため、ホワイトカラーの職業能力に関する診断・援助技法の研究・開発を行う。特に、生涯能力開発センター（仮称）においては、在職者や離転職者を対象に、関係機関とも密接な連携を図りつつ、キャリア分析・キャリアカウンセリングを具体的に実施するとともに、その実施状況を踏まえつつ技法の開発を一層推進する。また、企業や民間教育訓練機関にその普及を進めるため、カウンセリング担当者の養成・研修を行うとともに、ブルーカラーも含め幅広く活用が図られることにも留意しつつ、そのノウハウを広く提供する体制の整備を図る。（中略）

2　労働者の個性を活かす職業能力開発の展開
(1)個人主導の職業能力開発の推進
①能力開発プランの作成等の推進
　労働者が自発的な職業能力開発を行うに当たっては、キャリアカウンセリングを通じて、将来のキャリア設計に資する具体的な職業能力開発プランを作成することが必要となる。（中略）
(2)若年労働者の能力開発
　（中略）若年者の離転職が多い状況にあることにかんがみ、関係機関と連携しつつ、職業能力開発に関する各種情報の提供やキャリアカウンセリングを含めた相談援助等の充実強化を図る。
(3)高齢化に対応した能力開発
　高年齢者については、労働力人口の一層の増加が予想される中で、将来のキャリア設計に応じて早い段階からの職業能力開発を支援する必要がることから、各種の情報提供、キャリアカウンセリングを含めた相談援助、生涯能力開発給付金等の活用などにより、企業における教育訓練の支援や個人の自発的な職業能力開発を推進する。

　こうした基本構想のもと、具体的には、例えば、ホワイトカラーの職業能

力開発システムの整備として、「ビジネス・キャリア制度の活用により専門的知識の習得の支援を図るとともに、キャリアカウンセリングの推進等により、ホワイトカラーの教育訓練体制の整備充実を図る」ことが挙げられている。その上で、「企業や民間教育訓練機関にその普及を進めるため、カウンセリング担当者の養成・研修を行うとともに、ブルーカラーも含めた幅広く活用が図られることにも留意しつつ、そのノウハウを広く提供する体制の整備を図る」ことが示されている。これらの議論は、総じて、後のキャリアコンサルティング制度に先鞭をつけたものと位置づけることができる。

ただし、これら第7次計画、第6次計画に先立つものとして、やはり日本のキャリア形成支援政策の淵源は、1985年（昭和60年）に施行された職業能力開発促進法に求められる。職業能力開発促進法第14条に基いて設置された「職業能力開発サービスセンター」において、①専門的かつ具体的な相談、指導を担当する「職業能力開発プランナー」及び情報の収集、提供を担当する「職業能力開発相談員」を配置することが求められた[3]。

また、職業能力開発プランナー・職業能力開発相談員ともに、当時の時点では、職業能力開発に関する専門的な人材が十分ではなく、結果的に、民間企業や行政経験者など、当時の時点で専門的な知識・経験を有する人材が充てられた。

職業能力開発プランナーは「民間企業等において実際に教育訓練に従事した豊富な経験を有する者が任命されており、事業主、労働者等の要請に応じて専門的かつ具体的な相談、指導に当たっている」、職業能力開発相談員は「職業能力開発行政に関する経験を有する者等が任命されており、教育訓練に関する情報の収集、提供等を担当している」（宮川，1986　p.163）ことなどが当時の刊行物には記載されている。

1980年代の中頃に、職業訓練から職業能力開発へと大きな転換点を迎えた頃、あわせて、職業能力開発を行う上でのプランナー、相談員という構想が明確にあったことからは、既にしてこの時に、現在のキャリアコンサルティング制度にまで続く国内のキャリア形成支援のグランドデザインがなさ

3　1985年（昭和60年）労働省職業能力開発局長発通達第210号。

れていたという見方をすることも可能であろう。キャリアコンサルティグ施策は2000年代に登場した新しい政策のように見られがちであるが、1980年代に構想され、はるか30年以上の時を経て、国内に一定の存在感を持つに至ったという歴史的な経緯には、今いちど、改めて振り返るべきポイントが多々含まれるように思われる。

2 海外におけるキャリアガイダンス政策の動向

　海外とくに欧州においては、キャリアガイダンス政策に関する国際的なレビューが従来から数多くなされてきた。それらの研究は、おもにEUに加盟する欧州先進各国のキャリアガイダンス政策を相互に持ち寄り、比較検討して、良いところは相互に取り入れるという比較研究的な問題意識からなされたものが多い[4]。

　日本のキャリア支援のあり方を考える上で、そうした欧州の問題関心および議論の動向を知ることは有意義である。特に、同じ先進国でありながら、欧州各国のキャリアガイダンスの捉え方、受け止め方は当然ながら日本と異なる。その相違点が、日本のキャリアガイダンス政策を相対化し、客観的に把握するための手がかりとなる。

　ただし、日本と他の欧州の先進各国を比較した時、日本のキャリア支援の動向は必ずしも総じて遅れている訳ではない。その点、欧州各国の動向がそのまま先行事例となる訳ではない。しかしながら、部分的には、欧州における議論に見るべきものがある場合がある。それは、特に、キャリアガイダンスとは本来、何を誰にどのように提供すべきものなのかという概念的な整理、コンセプトにある。

　欧州キャリアガイダンス論の概念整理が、日本のキャリア支援を考える上で特に重要となるのは、伝統的なキャリアガイダンスの捉え方から一歩飛び

4　本節で紹介する報告書も「31カ国（当時のEU加盟国25カ国、新加盟国2か国（ブルガリア、ルーマニア）、アイスランド、ノルウェー、スイス、トルコ）のガイダンスの専門家に、ガイダンス決議の五つの重要分野でどの程度の取り組みを実施してきたかに関して報告を求めた（p.19）」ものである。この調査の回答を受けて、さらに「対面、電話、Eメールでのフォローアップインタビュー（p.20）」を行い、ヨーロッパ各国のキャリアガイダンスの現状を詳しく検討した。そうした調査をもとに作成された。

出し、生涯にわたるキャリアガイダンスということを主軸に置く点にある。日本においても、生涯にわたるキャリアガイダンスというコンセプトそのものは知られており、この是非そのものに議論はない。しかし、生涯キャリアガイダンスとは誰を対象に何をどのように行うことなのかについて、未だ十分なコンセンサスがあるとは言えない。

　そこで、本節では、欧州キャリアガイダンス論の数多くある公式文書のうち、特に生涯キャリアガイダンスに焦点を絞った報告書「From Policy to Practice: A systemic change to lifelong guidance in Europe」を取り上げ、日本語訳を行った労働政策研究・研修機構（2014）「欧州におけるキャリアガイダンス政策とその実践①政策から実践へ—欧州における生涯ガイダンスに向けたシステム全体の変化」（JILPT資料シリーズNo.131）から重要なポイントについて検討を行うこととする[5]。

　特に、欧州における生涯キャリアガイダンスの直接的な契機としては、2004年、欧州連合理事会の「欧州における生涯にわたるガイダンス」決議（以下、ガイダンス決議）があるが、ここでは「加盟国に対して、教育セクター、訓練セクター、雇用セクターでの各国のガイダンス提供の検討を促し、次の五つの重要分野を特定」した。そして、おもに「キャリアガイダンスの構想と提供のパラダイムシフト」および「伝統的モデルから生涯ガイダンスアプローチへの移行」が求められた。

　その五つの重要分野とは、以下の5点である。

(a)生涯ガイダンスシステム：市民の生涯にわたる教育と職業に関するガイダンスニーズに応える連携したサービス提供システムを実現する。

(b)キャリアガイダンスのアクセス拡大：市民がいつでもどこでも必要に応じて利用しやすいサービスを提供することで、ガイダンスへのアクセスを拡大する。

(c)キャリアガイダンスの質保証：ガイダンスサービス提供のあらゆる

5　なお、以下ページ数については、上述の資料シリーズのページ数であり、ご関心のある方はあわせてご参照いただきたい。

面（情報と製品を含む）に関して質保証のメカニズムを強化する。
　(d)キャリアガイダンスと学習：学習とキャリア開発の能力を強化する
　　ためにガイダンスの提供を改革する。
　(e)キャリアガイダンスと連携：全国・地域レベルでキャリア政策策定
　　とシステム開発の体制を強化する。

　すなわち、日本で、欧州の生涯キャリアガイダンスの議論を参照するに際しては、上述の五本の柱を軸に検討を行う必要がある。そこで、以下では、これら五つの柱のもとで、どのような議論が欧州で行われているのかを紹介していきたい。

3 生涯ガイダンスシステム

（1）生涯キャリアガイダンスに対する批判

　欧州の生涯キャリアガイダンスは、必要な時に必要な場所でガイダンスサービスを受けられる必要性を繰り返し強調してきた。例えば、欧州各国と欧州委員会による職業教育に関する共同宣言であるマーストリヒトコミュニケでもガイダンスを優先事項として取り上げ、生涯ガイダンスの仕組みを推進することを促している。これは、欧州社会憲章、ILOの人的資源開発勧告第195号、欧州雇用ガイドラインなどでも同様であり、類似の指摘を繰り返してきた。

　しかしながら、欧州の議論では、生涯キャリアガイダンスに対する批判的・懐疑的な主張も常に存在しており、生涯ガイダンスのシステムを考える大前提として、そうした批判的・懐疑的な主張に言及する場合がある。

　例えば、生涯キャリアガイダンスに対する批判的な見解とは、以下の3点のような主張である。

　まず第一に、現在、知識社会へと移行しつつあるために専門的で高度な知識を習得・維持するために生涯にわたって継続的に学習を行う必要があり、そのため生涯にわたるキャリアガイダンスが必要となるという基本的な考え方がある。この点に関する批判がある。具体的には、現在の労働市場でも専門的で高度な知識を必要としない「低技能職」があるのだから、知識社会化

100

が全員に当てはまるように論じるのは適切ではないというものである。そうしたいわゆる「低技能職」の者にとって生涯学習および生涯ガイダンスが本当に必要かという批判につながる。

　第二に、基本的に、生涯学習とキャリアガイダンスという構想そのものが「公共悪を個人の責任にする新自由主義的イデオロギーと倫理に基づいている（p.23）」とする批判がある。つまり、生涯学習およびキャリアガイダンス論では、生涯にわたり徹底して疲れ果てるほど学び続けることを強いられており、個人が自己責任で持続的に学習を続けなければならない。ここに問題があるとする批判がある。

　第三に、これら批判と表裏一体の形で、キャリアガイダンスは、改善すべき社会の問題や矛盾を放置し、本来、社会に向けられるべき批判や非難を個人に振り向けるものだとする。この種の批判は日本でもよくなされるが、キャリアガイダンスへの注目と社会問題への着目が両立しえないと考え、キャリアガイダンスをいわゆる自己責任論の一因とみなす。欧州でも、例えば、「ガイダンスとは、せいぜい自分が招いたのではない状況に個人が「対処」するのを助ける苦痛緩和剤に過ぎず、最悪の場合には、無意識のうちに既得権と結託して、人生でチャンスに恵まれないことに対する非難の矛先を経済から個人に移すサービスである（p.23）」と述べられている。

　これらの批判に対して、欧州の生涯キャリアガイダンス論は、キャリアガイダンスはこうした批判に対立するものではなく、むしろこれらの批判が問題と感じている事柄について、現実的な観点から貢献しようとするものであると主張する。例えば、全ての人が知識社会化の経済の中で高度な専門知識を継続的に更新する必要がある訳ではなく、また自ら持続的に学習を続けていくことができる人ばかりではないからこそ、ともすれば個人に負担がかかりやすい状況を未然に防ぎ、緩和し、適切に対応できるようにすべくキャリアガイダンスを提供する必要があると考えている。

　端的には、現在の我々の社会には、どこか高度で専門的な知識の習得へ不断に駆り立てる側面があるからこそ、そこから漏れ落ち、不利益を被る対象層には適切な支援が必要であると捉えられていると言えよう。

（2）「市民」に対するガイダンス

　こうした議論の背景には、キャリアガイダンスを市民に与えられたある種の権利として理解したいという考え方も常に潜在している。例えば、欧州のキャリアガイダンスの公式文書では、あえて「利用者（client）」ではなく「市民（citizen）」という用語を用いる場合がある。「市民」の用語を使うことで、市民には必要な時に必要な場所でキャリアガイダンスを受ける法的な権利があるといった議論も展開する。すなわち、新自由主義的な社会だからこそ相対的に不利益を被る層に対する支援を提供するものとしてキャリアガイダンスを考え、「市民」は本来的にキャリアガイダンスを受ける権利があるのだとする。そして、実際、「市民」をエンパワメントする施策であるという視点を持つことで、欧州の学校や公共職業安定機関でガイダンスが改善したことなども報告されている。日本では、諏訪（2017）のキャリア権の議論と類似した問題意識であり、キャリアガイダンスサービスは、必要なスキルと能力を習得させることによって「市民」に力を与えるエンパワメントという観点を重視することとなる。

　なお、これらの観点から、キャリアガイダンスは、①スキルの需要と供給を改善する仕組み（マッチング）、②摩擦的失業への対処に役立つツール（円滑な労働移動）、③労働市場から弾かれた「市民」に自信を与える戦略（「アクティベイト」）と考えられている。現在、欧州全域でキャリアガイダンスの活動の場があるのは確実であるとされており、それ故、生涯ガイダンスのコンセプトは多くの先進各国に受け入れられる必要があると考えられている。

（3）生涯ガイダンスに向けた連携・協力体制

　具体的な生涯ガイダンスの仕組みを形づくるにあたっては、全国レベル、地域レベル、地方レベルで相互のサービス提供機関の効果的な連携のもと、一貫性のある統合的なシステムということが強調される。これは、職務内容、教育および訓練の選択肢・経路、労働市場の需要と供給に関する情報など、様々な関連情報が結びつき、リンクされなければならないからである。また、有機的に連結されていない場合、無駄や非効率が生じ、結果的にコス

ト高なシステムになることも指摘されている。さらに、相互の連携がうまくいかない場合、キャリアガイダンスサービスを提供する専門人材の配置にも非効率が生じる。

それに対して、適切な連携や協力体制が組めた場合には、リソース・時間・費用を効果的に活用することができ、無駄な費用を押さえて対費用効果の高い生涯ガイダンスの仕組みを作ることができる。対費用効果に着目することで、生涯ガイダンスの実現、さらにはその維持はその分、容易になる。

この生涯ガイダンスに向けた連携・協力体制については、いくつか論点があるので紹介する。

第一に、現状では、欧州各国においても、関連するサブシステム間の連携は不十分であり、従来からの様々なサブシステムの寄せ集めになりがちであると指摘されている。

実際に、十分なシナジーを生み出すほどの適切なパートナーシップに向けて、どの程度の状態にあるかは、本章が依拠する欧州の報告書が発行された2010年の時点でも様々であった。例えば、ブルガリア、チェコ共和国、エストニア、マルタ、ポーランド、スロバキアでは、国内での戦略的な連携が実施計画段階にあった。より具体的には、イタリアでは、提供されるガイダンス地域間格差が懸念されており、地域レベルのネットワークサービスを提供する統括機関を設けることが計画された。フランスでは、複数のサービスを1ヶ所で提供するワンストップサービスを成人利用者に提供する雇用センターを設け、サービスを有機的に編成し、利用しやすくした。さらに、スペインでは生涯を通じたトータルなガイダンス・アプローチが検討され、雇用セクターと教育セクターが共同出資して「統合センター」を設けた。このセンターは、年齢を問わず幅広い利用者にキャリア情報の提供とガイダンスサービス、先行学習の認定（APL）サービスを提供している。

なかでも、キャリアガイダンス研究の分野で最も有名な生涯ガイダンスの取り組みは、イギリスの北部アイルランド、スコットランド、ウェールズの「全年齢」を対象としたサービス「キャリアスコットランド」である。好事例として文献に取り上げられることが多い。公共職業サービス機関、学校、企業など、様々な関連機関を連携させて、全年齢を対象とした文字どおりの

103

生涯キャリアガイダンスの仕組みを作り上げたこともさることながら、利用者数も多く、その一因として、ブランディング、マーケティングなど、行政サービスの広報や普及促進の好事例としても知られている。

　第二に、様々な関連機関の連携による生涯キャリアガイダンスの仕組みは、期限が切られた明確な目標をすべてのパートナーが合意した場合、さらに成果がモニタリングされている場合に実現しやすいとされる。

　例えば、オーストリアの全国的なガイダンスのコンソーシアムでは成功する見込みが高くなる条件として、以下のリストが挙げられている。

・ガイダンスとカウンセリングのサービスの重要性に対する共通認識。

・達成すべき目標の重要性に対する共通認識。

・各セクターの異なるレベルの問題を統合するトータルなアプローチ。

・ライフロング（生涯にわたる）でライフワイド（生活の様々な場面に及ぶ）な視点。

・様々な主体間の協力のための強力な政治的・行政的支援。

・キャリアガイダンスやカウンセリングが個人と国にとって利益になるという明白な証拠。

・多くの利害関係者をまとめることができるリーダーシップと協力の適正なバランス。

・システムが中央集権的であるか分権的であるかによって異なるという認識（目標が同じであっても、異なる戦略を採用しなければならない場合があるため）

・全国・地域・地方レベルで活動を協調する適切な戦略。

・明確な政策ビジョンに従った協力体制。

・利害関係者がキャリアガイダンスを重視し続けるのに必要な財政的支援。

・国のよって異なる法的枠組み。（欧州では国が違えば法的枠組みが異なるため）

　第三に、既に欧州で指摘された課題としては、概して公共職業サービス機関（PES）が重要な役割を担うと期待されているにもかかわらず、実際には、

PESの協力は各国ともに十分ではない点である。欧州では高止まりを続ける失業率に対応すべく、通常、PESは、政府から失業率の減少に資する短期的な目標設定が求められる。結果的に、長期的な能力開発のガイダンスよりも優先されることが多い。こうして「治療的」施策が「予防的」施策よりも重視されやすい状態があり、生涯ガイダンスに対する認識が相対的に後退することが多い。この点が課題として考えられている。

　また、類似の課題として、概して労働セクターと教育セクターでは連携が難しく、その根本的な理由として、労働セクターでは最短でできるだけ多くの人を仕事に就けることを目的とするのに対して、教育セクターでは長期的な視点から能力開発とスキル形成を考えることを目的とすることが指摘されている。この両者の基本的な視点の違いが、双方の連携や協力を難しくしており、この「制度的な文化の違い」がコミュニケーションを妨げるとしている。

　ただし、こうして様々な文化や目的意識を持つ各関連諸機関が相互に連携・協力するからこそシナジーが生じることが期待される面があり、生涯ガイダンスのコンセプトとは、こうした分断された諸機関を時間と労力をかけて統合していく試みであるという議論も多くなされている。

4　キャリアガイダンスのアクセス拡大

（1）欧州の先行事例

　ガイダンスのアクセス拡大に関する欧州の議論は、基本的にキャリアガイダンスに対するニーズは潜在的に高いという大前提が置かれている。

　その理由として、教育セクターおよび雇用セクターの双方で多様化・個人化が進んでおり、何らかの画一的な指針を示すことが、国・社会・組織のあらゆるレベルで困難になっていることがある。そのため、進学先の学部を選ぶにあたっても、就職をするにしても、そのために職業訓練を受けるにしても、こうすべきであるという大まかな方向性を示すことが難しく、それ故、個々人が自ら考え、自ら決定しなければならない機会が増えている。キャリアガイダンスに関する議論では、個人の自由が拡大し、個々人が自らのキャリアを自分で自律的に考える時代であることそのものは歓迎されるべきもの

と捉えることが多い。ただし、こうした時代であるからこそ、人々は自らのキャリアに迷い、悩み、苦しむことも増え、したがって、キャリアガイダンスのニーズは高まっていると認識されている。

　しかし一方で、ニーズが高まっているからとは言え、キャリアガイダンスを無制限に充実させることはできない。キャリアガイダンスに必要とされる人的リソース・物理的リソースは、どの国にあっても十分ではなく、公費削減の圧力は常に存在するためである。そして、ここに至って、潜在的にニーズが増えているキャリアガイダンスをいかに最小のリソースで最大の効果をあげるべく構想・構成できるのか論点が生じる。この制約下でいかにガイダンスに対するアクセスを拡大できるのかが重要なポイントになる。

　既に欧州で試みられた取り組みはいくつかある。

　第一に、サービス全般を拡大するためにセルフ・ヘルプ型サービスを拡大した国がある。2010 年段階では、チェコ共和国、フランス、ギリシャ、ハンガリー、リトアニア、オランダ、ノルウェー、ポーランド、ルーマニア、スペインなどの各国がそうした取り組みを行ったとしている。具体的には、インターネット上で閲覧できる情報サイト、テストサイトなどを充実させて、キャリアガイダンスサービスを求める人が自分で自力で情報を探索し、テストを受けて自己理解を深めるというサービスを拡充したものである。通常、日本では職業情報の整備の議論として受け止められているが、国際的なキャリアガイダンス論ではセルフヘルプサービスの充実として議論されている。セルフヘルプサービスは、さらにグループによる支援や 1 対 1 の面談による個別の支援を伴うことによって、ガイダンスシステムとして成立することになるが、その入り口にあたるセルフヘルプサービスを充実させることによって、全体の利用者数を拡大しようとしたことがポイントになる。

　第二に、キャリアガイダンスへのアクセス拡大の方策の一つとして、多様な地域でサービスを受けられるように、公共職業安定機関を増設するといったこともなされた（ブルガリア、デンマーク、キプロスなど）」。これは日本では既に以前から取り組まれてきたものであり、既存の機関では十分にカバーできない利用者層にとってアクセスしやすいように、人が集まる場所（駅や広場など）にアクセスポイントを増やす手法が一つである。また、

106

サービスを外注し、自治体や地域と連携することによってアクセスを増やすことも行われた。いずれも日本でも行われてきたことであるが、欧州では、ここでもPESを充実させることが、時にガイダンスのためのリソースを圧縮することにつながることが指摘されている。やはり予防的キャリアガイダンスよりも治療的就労支援サービスという優先順位がつけられることが多く、両者が競合するかのように捉えられることが問題視されている。そのため、生涯ガイダンスサービスとPESのサービスは統合すべきであることが主張されている。例えば、それがうまくいった事例として2010年段階ではベルギーの公共職業サービス機関の事例が成功事例として、よく紹介された。また、フランスの取り組みとして「スキル評価（bilan de compétences（職業能力確認））」もよく紹介され、公共職業サービス機関（および関連機関）において、スキルチェックや先行学習経験の認証などを行うことなどが、ガイダンスサービスとマッチングサービスの統合の象徴的な取り組みとして言及された。

　第三に、キャリアガイダンスのアクセス拡大のための方策・戦略として盛んに議論されたのは、職場でのキャリアガイダンスの提供である。これは日本で言うところの企業内キャリア形成支援の取り組みに対する政策的な支援の検討である。ただし、欧州では、2010年で、早々に、企業におけるキャリアガイダンスサービス提供の好事例は少ないとしている。企業の好事例として考えられる場合も、大企業に限定され、また対象者も全従業員ではなく管理部門、専門職スタッフなどのホワイトカラー層に限られるとしている。また、欧州が問題視するのは、おおむね企業内のキャリアガイダンスは、その企業の中でキャリアを高めることを目的としているため、企業外のキャリア機会を度外視することが多い点である。生涯キャリアガイダンスの視点からは、企業内外にバランスの良い支援を提供することが重要であると考えられている。そのため、むしろ労働組合、経済団体、職能団体などの中間組織に対する期待が高まっている。特に、労働組合は生涯キャリアガイダンスの担い手としてサービス提供を行うことによって、労働組合そのものの魅力を高めたという事例も紹介している。また、労働組合は、従業員に学習の機会やスキル形成の機会を提供するように交渉することが可能であり、その点で

もキャリアガイダンスの担い手として有望であることが指摘されている。ただし、やはり、欧州でもこれはアイディアレベルにとどまっており、実際のところはキャリアガイダンスサービスに大きな関心を示す労働組合はごく限られているという実情も記述されている。しかしながら、中間団体は、通常の企業内のキャリアガイダンスでは十分な視点が提供されない低技能者、低スキルの就労者を対象とすることができることから、今後の発展が注目されている。

（2）ターゲットを絞った取り組み

なお、キャリアガイダンスへのアクセス拡大の議論では、全年齢層を対象とした幅の広い生涯キャリアガイダンスシステムとは逆に、サービス対象層を特定のカテゴリーに絞り込む議論も多くなされた。例えば、高齢者、女性、障害者といった従来から政策的な支援がある程度なされてきた対象層の他、欧州においても「不利な境遇にある若者」「早期離学者（中退者）」などの若年者などにターゲットを限定してガイダンスサービスを構想した例は多い。これは、生涯キャリアガイダンスである以上、生涯の各ステージの利用者のニーズを考慮しなければならず、したがって、生涯全体を網羅するということは、同時に生涯全体の各段階の個別のニーズに対応するライフコースという視点をもつことでもあるからである。

こうした特別なニーズに対応しようとした国は多々ある。例えば、移民（ポーランド、フィンランド）、移動生活者（アイルランド、ルーマニア）、犯罪者（英国）などがある。日本でも、2000年代後半に、様々な対象層に就労支援サービスが拡大していった時期があるが、こうした諸外国の動向と軌を一にするものであったと言える。なお、現状は未だ少ないが、今後、充実が期待される分野として、欧州でも高齢者が指摘されている。重要な指摘として、高齢者を対象としたキャリアガイダンスサービスは「アクティブエイジング」を支えるものであるという認識である。そのため、フルタイムで働くことそのものというよりは、高齢者の個別のニーズや事情に応じて、パートタイムの仕事、ボランティア活動、余暇などを、本人の財政的な計画と柔軟に組み合わせられるような支援の必要性が指摘されている。

第3章　キャリア支援の国内外の動向

　ただし、概して、キャリアガイダンスのアクセスを拡大しようとするほど「マタイ効果」が生じているとの指摘がなされている。これは「持てる者はよりいっそう持ち、持たない者はよりいっそう持たない」と説明されるものであり、要するに、キャリアということに関心を持ち、自分でよく考えている者ほど、キャリアサービスの存在やメリットにも気づいており、そのため必要があれば支援を受ける。一方で、キャリア意識が低く、本来、キャリアガイダンスサービスを必要とする対象層ほど、キャリアサービスの存在そのものに気がついておらず、したがってサービスを利用しないということを示している。最もサービスを必要している人々が最もサービスを受けていないということが生じないように、サービスの構想・コンセプト、パッケージ、提供の方法と特定の利用者層との結びつきに、よりいっそうの配慮が必要であるとの指摘もなされている。

（3）ICTの活用

　ここまでの議論の流れから派生して大きく注目されてきたのが、広い意味でのICTの利用である。ICTの利用によって、理屈の上では、地理的・物理的な制約条件からは解放され、従来よりも格段に幅広い対象層に、情報やガイダンスのサービスを提供することができる。また、特定の場所を念頭に置く必要がないために、普段の生活の中にキャリアガイダンスを溶け込ませることもできるとされる。そのため、この10〜20年で、ICTを活用したキャリアガイダンスは格段に進歩しており、この点では、日本の状況に若干の遅れがみられている。

　例えば、以下の試みが、各国のキャリアガイダンス施策として検討されたもののリストである。

・フリーダイヤル（ベルギー−VDAB、フィンランド、ギリシャ、ハンガリー、アイルランド、イタリア、ノルウェー、ポーランド、スロベニア）。キャリアガイダンス担当職員との面談予約フリーダイヤル（イタリア）。広範なコールサービス（スウェーデン）。
・職業関心リストおよび個人のプロフィールと仕事とのマッチングを

109

含む、キャリアガイダンスや情報提供をセルフサービスで提供するためのインターネット（ほとんどの国）
・キャリアと情報提供の担当職員との電子メールでのコンタクト（ポーランド、スロベニア）
・利用者の登録と雇用アドバイザーや使用者との面談予約発行の迅速なサービスを可能にする生体認証登録システム（マルタ）
・求人情報を通信するためのSMS／携帯電話テキストメッセージ（リトアニア、ハンガリー、マルタ）
・ウェブカメラを使ったコンサルティング（ハンガリー）
・ビデオ会議を利用したリモートキャリアガイダンス（フランス、ハンガリーの電子キャリアイニシアティブ、ポーランド、スロベニア、スウェーデン）
・情報とメッセージを広めるためのテレビ：トークショー。「リアリティ番組」スタイル（ラトビア）、フィクションシリーズ（ベルギー）、広告（ベルギー）、文字放送サービス（ベルギー、スイス）を含む。
・求職活動でのアクセスと移動性を容易にするための携帯電話やスクーター（ベルギー、スペイン）
・使用者が求人を直接入力できるデータベース（ベルギー、アイルランド）

　これらICTの活用は、同時にセルフヘルプ方式の拡充をも意味しており、その点でもアクセス拡大に寄与している。ただし、やはり課題もあり、ICTに伴うデジタルリテラシーの格差には留意すべきであるとしている。

　こうした「ICTの利用増大は、セルフアクセス方式とセルプヘルプ方式の提供が新たに重視されていることと関連している（p.51）」。ただし、「問題なしと考えてはならない。デジタルリテラシー格差は、ICTをコミュニケーションの手段からアクセスの障害へと簡単に変えてしまう（p.51）」といったことも指摘されている。

　また、ICTの利用にあいまって浮上してきた論点として、公的なキャリアガイダンスのマーケティングの議論がある。これは、ICTのような遠隔的で

自律的な支援では、サービスの存在を知らせ、認知させ、使用してもらうための広報、宣伝戦略が極めて重要であることが分かってきたためである。

好事例として、よく紹介されたのは、イギリスの成人向けのキャリアガイダンスサービスを伴う「ラーンダイレクト」の取り組みであり、この「ラーンダイレクト」というサービスの名称のブランド認知度は、一時期、82％を誇った。この論点が浮上してくる背景として、従来のキャリアガイダンスはおもに学校から公共職業サービス機関で提供されていたことがある。学校では、キャリアガイダンスサービスが校内にあることを、それほど大々的に宣伝する必要がない。一方、公共職業サービス機関はどの国でも失業者に対する就労支援を行う組織としてよく知られている。これらに対して、特に成人を対象とした生涯キャリアガイダンスサービスは、その存在そのものを人々に知らせる必要がある。伝統的にイギリスはこの問題意識が高く、例えば、先述したスコットランドの公的なキャリアサービスである「キャリアスコットランド」はマーケティングの専門スタッフによる取り組みと相応の予算によって、その認知度が2002年3月から2003年4月にかけて37％から72％に上昇している。

なお、さらに興味深い論点として、政策策定者に対してもガイダンスのマーケティングをする必要があるということが議論されている。その理由として、生涯キャリアガイダンスという政策コンセプトそのものが、多くの政策策定者に知られておらず、このコンセプトによって得られるメリット、狙い、目的などについて、適切に伝達する必要があるためとしている。

5 キャリアガイダンスの質保証

（1）欧州の質保証の議論の現状

キャリアガイダンスの質保証の議論は、2010年以降、欧州で特に関心が持たれている話題である。これは、キャリアガイダンスの「サービス」としての側面が強調されたことによって、サービスの質がより市民≒消費者の視点から厳しく見られることになったためである。加えて、繰り返し述べるとおり、キャリアガイダンスの対費用効果が議論の俎上にのぼるようになったために、各方面のステークホルダーに予算の使途を適切に説明する必要性が

より強まった。結果的に、キャリアガイダンスにいかに効果があるのかが継続的に問われるようになったことがある。

　ただし、欧州においても、質保証の議論は手探りである。その重要性や必要性は繰り返し議論されるものの、取り組みそのものは限定的である。その最大の理由として指摘されているのが、キャリアガイダンスをある程度、整備したとしても、その成果をモニターするようなデータがそのものも収集されていないという点である。すなわち、効果云々という以前にその効果を検証するためのデータ収拾の仕組みが十分に整備されていない。さらに、この関連で指摘されているのは、外部委託を行うことが欧州においても一般的であるために、予算の提供者が直接、事業に取り組んでいないため、責任の所在が不明確となりやすく、また、その効果の検証も表面的なものとなりやすい。結果的に、質の保証が十分になされず、提供されているサービスが適切であるのか、効果的であるのかについてのチェックが曖昧になりやすい。

　次いで、質保証の議論で問題とされているのが、キャリアガイダンスが通常は、その他の様々な関連施策と組み合わせて提供されているために、純粋にキャリアガイダンスの効果が何だったのかを特定できない点である。そのため、質保証といっても、キャリアガイダンス単体の質の議論になりにくい。例えば、ある就労支援施策があり、その施策の一部に1対1の相談による個別キャリア支援サービスが含まれていた場合、通常、質保証の指標になるのは就労者数や就労率であり、そうした最終的な指標とキャリアサービスの間に単純な直線的な因果関係があるとは一般的には想定できない。結果的に、キャリアサービスそのものの効果は常に判然とせず、そのためキャリアガイダンスの質の議論は十分に突き詰められることが少ない。

　ただし、やはり最終的にはキャリアガイダンスの質は、労働市場との関連で論じられるべきであり、欧州においても大きな関心を払っている。いまだ欧州各国の多くのPESでは、キャリガイダンスサービスの基準を導入していないか、あるいは試験的に実施している段階である。特に、業務を外部に委託している場合に、そのサービス内容の最低基準を厳格に定めている国は多い（オーストリア、エストニア、イタリア、オランダ、ノルウェー、ポーランド、英国）。また、イタリアのようにこういった基準が法律で制定され

第3章　キャリア支援の国内外の動向

ているケースもあり、サービスがアウトソーシングされている場合、アウトソーシングの受託機関は、PESが定めた規定と基準に従わなければならない。イギリス、アイルランドとスロバキアなどでも、提供されるキャリアガイダンスサービスの品質には厳しい基準が課せられている。

（2）質保証へのアプローチ

キャリアガイダンスの質保証のアプローチとしては以下の三つが提案されている。

> ・行政中心
> ・実践者中心
> ・利用者中心

これらのうち、最も一般的なアプローチは「行政中心」のアプローチであり、各種のデータが公式の統計あるいは調査の形で収集されるものである。このアプローチが有効であるのは、トップダウンの中央集権的なアプローチによるキャリアガイダンスを整備している場合である。全国で一律の、偏りのない、平等なキャリアガイダンスサービスが提供されているか、正しくサービス提供の基準が守られているかなどが、いわば、モニタリング、アセスメント、検査の形で検証される。ある地域、組織、機関で十分にサービスが提供されていないことが判明した場合には、然るべき対策が立てられることになる。

しかしながら、今後は注目すべきアプローチとして、実践者中心のアプローチおよび利用者中心のアプローチがある。実践者中心のアプローチとは、キャリアガイダンスサービスを提供するカウンセラーなり、職員なりにたずねるアプローチである。このアプローチのメリットは、行政から指示を受け、かつ利用者に直接接する利用者は、間に挟まれる形でどちらのこともよく理解しうるポジションにあるという点である。したがって、本来、行政において中央集権的に構想された施策や取り組みが、利用者にどのように受け取られているのか、また改善点は何かなどに気が付きやすい。そのため、質保証に直接つながる情報を得やすいということになる。

113

ただし、目下、最も力を入れるべきであると見なされているのは、利用者中心のアプローチである。最終的には利用者のメリットになるようにキャリアガイダンスサービスは提供されるべきであり、したがって、利用者が実際にどのようなサービスを求めているのかは、利用者にたずねるべきであると考えられている。そして、実際、欧州全域で、公的なキャリアガイダンスの利用者に満足度をたずねたり、受けたサービスについて意見を求める傾向は強くなっている。利用者満足度調査を取り入れようとする国は多くなっているが、一方で、自らがどのようなキャリアサービスを受けるべきなのかについて、本人自身も十分に認識できない場合はあり、利用者のみの回答によって質保証を考える限界も指摘されている。

（3）質保証アプローチ実施の進展

　その他の質保証の議論に関する全般的な動向として、以下の諸点が指摘されている。以下に箇条書きで示す。

(a)すべての公共サービスにQAシステムを導入しようとする全般的傾向

(b)分権化政策を採用したことや民間雇用サービスを認めたことにより
　　サービス提供の公平性を遵守させる必要性

(c)ガイダンスへの公的支出を正当化する必要性

(d)ガイダンス提供の基本的考え方が変化し、利用者の主体的関与の推
　　進と利用者の満足がサービス設計の重要な要素になっていること

(e)ガイダンスの専門職化が進む傾向があり、実践者が専門職になる仕
　　組みの組織化（資格取得経路と免許の確立）と正式な基準、能力、
　　登録、行動基準の設定により、職業的アイデンティティ（および職
　　業専門化）を確立するようになっていること。

　あえて直訳調を残したが、(a)は全般的に質保証（QA）の何らかの仕組みを入れようとする傾向があること、(b)は業務委託を行うようになったためサービス提供の一定の基準を守らせる必要性が生じたことを述べている。(c)はたんにサービスの質を議論しているのではなく、公的な予算で支出する正当性を示す必要性があるということを述べている。(d)は、上述した利用者調

査の必要性、(e)はガイダンスの担当者の専門職化による質保証という点である。

　なお、最後のこのキャリアガイダンスサービスの専門職化による質保証のアプローチこそ、本章前半でみた日本のキャリアコンサルティング制度であり、日本は、特にこの専門職化に注力してきたということが言える。ただし、専門職化は多くの国が関心を持ち、手がけている一方で、たんに資格を付与することが必ずしも質保証につながらないことも指摘がなされている。資格取得後の継続的な能力開発、スキルの維持およびアップが適切に図られる必要があることが指摘されている。

　なお、各国の具体的な取り組みとしては以下のようなものがある。①QAのマニュアルとガイドラインの作成（デンマーク、アイルランド）、②質監査実施の成果を公共ウェブサイトに掲載することによる透明性の確保（デンマーク、アイルランド）、③サービスの特徴のまとめと継続的に精査が行われる一連の有効性指標の作成（デンマーク、フィンランド）、④E調査とその他のオンライン評価ツールを利用したフィードバックデータの収集とベンチマークの確立（デンマーク、フィンランド）。その他、イギリスでは、欧州品質管理財団（European Foundation for Quality Management, EFQM）とチャーターマーク（英国政府の優秀カスタマーサービスの全国基準）の基準に加え、マトリックス基準、集中検査、ケーススタディアプローチ、覆面調査（Mystery shopping）など、ガイダンス関連の問題とプロセスを対象としたより革新的なアプローチを用いている。

6　キャリアガイダンスと学習

　欧州の生涯キャリアガイダンスに関する議論は、生涯学習論と関連が深い。したがって、基本的に成人の生涯学習を支援するものとして生涯キャリアガイダンスを考えている。なかでも、内省的・省察的・自律的に学習を深めていける成人が自らの学習とキャリアを自己管理するというイメージを想定している。

　ただし、こうした最終的なイメージから、翻って重視されている事柄として、メタスキル、生活スキル、コンセプチュアルスキルのような、従来のス

115

キル観からはより抽象的で概念的なスキルが注目されている。

　メタスキルに重点を置いた例としては「カナダ生活／仕事設計ガイドライン（Canadian blueprint for life/work design）」がある。このガイドラインは、幼年期から成人期まで、生活とキャリアを効果的に管理するためにカナダ人に必要な能力を全国レベルで定めたものである。ガイドラインでは、三つの主要な能力（コンピテンシー）群を定めており、各能力群にはそれぞれ幾つかの具体的な能力（生活／仕事情報の発見と効果的活用）が含まれ、この能力は多様なアウトカム（成果）にさらに細分化する。

　以下に「カナダ生活／仕事設計ガイドライン」の三つの能力群を示す。（p.65）

(a)エリアA・自己管理
　　ポジティブな自己イメージの形成と維持
　　積極的・効果的な他者関係の形成
　　生涯にわたる変化と成長。
(b)エリアB：学習と仕事探索
　　生活／仕事のゴールと結びつく生涯学習への参加
　　生活／仕事情報の発見と効果的活用
　　労働と社会／経済との関係の理解
(c)エリアC：生活設計・職業設計
　　仕事の確保／創出と維持
　　生活／仕事改善の意思決定
　　バランスのとれた生活役割と仕事役割の維持
　　生活／仕事役割の性質の変化に関する理解
　　生活／仕事形成プロセスの理解、参加、管理

　これらメタスキル的なスキルへの着目の背景に、若干、注目すべき議論がなされているので紹介したい。まず、旧来のキャリアガイダンスは、一般的に医療的なモデルでイメージされていると述べる。例えば、専門家が、利用者を一連のテストや評価ツールを使って診断して、どのような進路を歩むべきかを軸にサービスを提供する。この場合、キャリアガイダンスの利用者

は、消極的なサービスの受け手と位置づけられている。

　これに対して、本章で述べる生涯キャリアガイダンスは、「市民」の「エンパワメント」を促進するものであるとする。すなわち、専門家は、キャリアガイダンスサービスの利用者を診断するのではなく対話をすることで利用者を側面的に支援する。一方で、利用者は専門家の力を借りながらも、自分でキャリアと学習を管理し、自分で内省を深め、自分で自律的にキャリアを形づくる働き方や学ぶ方を考えていかなければならない。

　このように自律的・自発的に学習する利用者イメージをいだいた場合、どうしても、利用者自身にある種の内省、自律性に象徴されるメタスキルが備わっている必要性があることを指摘できる。そして、そのために、各国ともに学校におけるガイダンスには従来以上の役割が求められるという問題意識を持ち、具体的には、自己認識や自己管理をする能力を開発するための教育をさまざまなレベルで導入している（ブルガリア、エストニア、フランス、キプロス、ラトビア、マルタ、ポーランド、ポルトガル、スロベニア、フィンランド）。特に、学習とキャリアの管理スキルの開発を支援する新しいカリキュラムガイドラインを発表したフィンランド、アイルランド、または11歳から19歳を対象としたイングランドのキャリア教育とガイダンスの全国的枠組みも好事例として紹介されている。

　そして、この脈略で論じられるのが、国際的にみた場合の「キャリア教育」の議論であるということになる。例えば、もとより曖昧で抽象的で目に見えにくいメタ認知スキルおよびその成果を目に見えるようにする取り組みが「ポートフォリオ」や「記録簿（logbooks）」と呼ばれるものであり、デンマーク、ルクセンブルク、フィンランド、スウェーデンなど、様々な国が導入している。そして、これは日本においてはジョブ・カード制度などにも連なる議論となる。

7　キャリアガイダンスと連携

　キャリアガイダンスと連携のテーマでは、キャリアガイダンスを支える何らかの機構・組織が議論されている。例えば、「ガイダンス提供者が全国レベルや地域レベルでまとまり、懸念、願い、戦略目標を組織的かつ果敢に共

有し、明確なビジョンを示して政策策定者や意思決定者に影響を及ぼす協力の方法を考案する場であるガイダンスフォーラムやガイダンス協議会を結成すること」が重要であるとする。

この担い手としては、必ずしも行政の機構が想定されている訳ではなく、職能団体や何らかの研究機関でも良いと考えられている。いずれにせよ、サービスの一貫性とその方向性を保証する取り組みにおいて中心的な役割を果たす仕組みが求められている。

全国・地域レベルでキャリアガイダンスを提供する仕組みを作るべく、様々な連携をとるにあたって、その担い手として、ガイダンスを提供する実践者の養成や訓練も論じられている。

例えば、デンマークでは、キャリアガイダンス専門知識・技能のナショナルセンターがあり、ガイダンス、品質開発、さまざまなタイプのガイダンスサービス間の協調に関する好事例の収集や、分析、調査等の活動がなされている。また、フィンランドやイギリスでは、大学の研究センターが全国的なキャリアガイダンス研究の方向性を示している。なかでも、イギリスのダービー大学のガイダンス研究センター（Centre for Guidance Studies, CeGS)は有名であり、幅広い研究、学習プログラム、情報サービスを提供し、生涯学習を支援する生涯キャリアガイダンスの理論的、実践的、政策的な橋渡しを行ってきた。

これらの機関は、キャリアガイダンスを提供する実践者の養成やそのための訓練プログラムの策定を行っている場合もある。例えば、デンマークでは新たなガイダンスシステムの導入に伴って、ガイダンス実践者の訓練プログラムを全面的に見直した。基本的にガイダンスを提供するスタッフの訓練は総じて以前より増加傾向にあるが、特に、公共職業サービスで提供する専門的なキャリアガイダンスは各国で拡大傾向にある。国によっては、公共職業サービスの職員にキャリアガイダンス関連の訓練が義務づけられている場合もある（チェコ共和国、オーストリア、ポルトガル）。これらの動向は、サービスの質保証の議論に関わるものであり、すべての「市民」が一定の能力をもつスタッフからサービスを受けられるようにする取り組みであり、各国で、ガイダンススタッフの資格要件、能力要件を定める取り組みがなされ

118

第3章　キャリア支援の国内外の動向

ている。なお、新たな動向としては、こうした実践者の訓練をITのプラットフォームで、すなわちe-learningでオンラインで行う国もみられている点である。例えば、ノルウェーではPESのスタッフに対するオンラインの基礎訓練コースがある。また、スウェーデン教育庁ではガイダンススタッフが情報、経験、知識を交換する交流サイトを設けている。

　ただし、キャリアガイダンスの全国レベル、地域レベルでの連携の重要性を指摘し、その連携の具体的な担い手としての専門家を養成するという道筋は、むしろ、日本のキャリアガイダンス政策である「キャリアコンサルティング制度」そのものでもある。すなわち、日本は、キャリアガイダンス政策に実践家の養成という観点から切り込んでいったのが特徴とも言える。そのため、今後は、専門家としての訓練を一定程度受けている実践家として、いかに全国レベル、地域レベルの連携を作り出すことができるかという観点を、より強調して考える必要があると言えよう。

8　キャリア支援の国内外の動向からみた今後の生涯にわたるキャリア支援に対する示唆

　本章では、キャリア支援の背景として国内外の政策的な動向を把握し、その中から今後の生涯にわたるキャリア支援を考える上での示唆・含意を得ることを目的とした。そして、前半部分では、日本のキャリアコンサルティング施策を中心に国内のキャリア支援の動向を整理した。後半では、欧州のキャリアガイダンス政策に関する報告書から生涯キャリアガイダンスに関する報告書を取り上げて検討を行った。

　前半部分で、日本のキャリアコンサルティング施策を検討した結果、2000年代以降の施策の展開は、おもに、①キャリアコンサルティング制度の創設・整備、②キャリアコンサルティング制度のリフレクションと各領域への展開、③キャリアコンサルティング制度の企業への普及促進の三つの時期に、大まかに区分できることが示された。少なくともここまでの経過をみる限り、制度立ち上げの段階を過ぎ、各領域へと大きく展開した後、現状ではその根本である「企業」の能力開発へと立ち返っている状況にあると言える。

119

また、キャリアコンサルティング制度の導入における根拠となった第7次職業能力開発基本計画では「労働市場のインフラ」としての面が強く意識されていたこと、そして、そのさらに前段の第6次職業能力開発基本計画では「個人主導」の職業能力開発が強く打ち出されていたこと、さらにその前段の1980年代の職業能力開発促進法の改正における「職業能力」というコンセプトには、既にして現在のキャリアコンサルティング施策に連なる思想や哲学が盛り込まれていたことも見て取ることができた。

　これら国内のキャリア支援の動向を改めて考え合わせた場合、一つの大きな示唆とは、これら一連の経緯と脈略の中から現代の生まれてきたキャリアコンサルティングの根幹・基礎を意識しつつ、常に根本へと立ち返る重要性であると思われる。キャリアコンサルティングは様々な施策と連結・連動させやすく、そうした柔軟性はキャリアコンサルティング施策の長所であると言える。しかしながら、一方で、それ故、キャリアコンサルティングは自らが依って立つ基盤、その独自の立ち位置というものを見失いやすい。その時、本章前半部分でみた「個人主導」の「職業能力開発」、「企業」の能力開発を中心としつつ「労働市場のインフラ」であるというキャリアコンサルティングの根底を支えてきた議論に常に立ち返り、参照し、展開していくということが、今後の生涯にわたるキャリア支援に対する政策的な示唆ということになろう。

　それでは、後半部分の海外のキャリアガイダンス政策に関する議論からは、どのような示唆を導くことができるか。第一に、最も基本的な問題意識として、生涯にわたって個人主導のキャリア発達を支援する生涯キャリアガイダンスというパラダイムの重要性が示唆される。日本では、言葉としてはよく知られている生涯キャリアガイダンスの仕組みについて、欧州では繰り返し継続的に議論を行っている。生涯キャリアガイダンスというコンセプトが、日本よりはまだしも真剣に受け入れられていると言えよう。

　その理由として、第二に、生涯ガイダンスシステムの実現にあたって、欧州では、人々には必要な時に必要な場所でガイダンスサービスを受ける法的権利があることが強調されることが多いからである。こうした点に関する議論は、諏訪（2017）の「キャリア権」の提唱に代表されるように、日本人

にとっても必ずしも新奇なものではない。しかしながら、「キャリア権」の
ような発想をベースに、キャリアガイダンス、キャリア形成支援、さらには
キャリアコンサルティングを考える動きは未だ限定的であると言わざるをえ
ない。今後は、「市民」のキャリアガイダンスサービスを受ける法的権利と
いうことを、よりいっそう意識しながら生涯にわたるキャリア支援を構想し
ていく必要性があるであろう。

　第三に、その際、より多くの人々にガイダンスを提供するために、日本に
おいても、従来以上にICTを利用したセルフヘルプ型サービス（自己啓発支
援）の拡大を企図すべきであることが示唆される。日本では、インターネッ
ト上に展開される職業情報サービスと、キャリアコンサルティングのような
対面的な相談サービスは、ひとまず切り離して議論されることが多い。し
かしながら、ICTを活用したセルフヘルプ型のキャリアガイダンスサービス
は、そこで提供される情報支援だけでは十分ではなく、よりいっそう深く綿
密な支援を求める対象層を適切にフォローしうる相談支援体制と相まって提
供される場合に、よりいっそう効果を発揮する。逆に、相談支援サービスは、
本来、情報支援を前提として成り立つものであり、情報支援で十分な対象層
に相談支援サービスを提供することは、端的に、対費用効果の面で問題とな
りやすい。このICTを活用した情報支援と、一対一の対面的な相談支援の相
補性については、今後の生涯にわたるキャリア支援を考える上で、極めて重
要なポイントとなる。

　第四に、生涯にわたるキャリア支援を考える際、欧州においては、日々の
生活を送っていくライフスキル、人と議論をしたり協力したりするヒューマ
ンスキル、より抽象的な洞察力や問題解決能力といったコンセプチュアルス
キルにも、適切に必要な注意を払う。日本では、概して目に見えるモノづく
りの技術に代表されるテクニカルスキルのみに、時に重きを置いて考える場
合がある。しかしながら、ライフスキル、ヒューマンスキル、コンセプチュ
アルスキルといった可視化しにくいスキルは、曖昧模糊としており、捉え所
のないからこそ、むしろそうしたスキルをいかに獲得し、伸長し、活用して
いくかを、重要なテーマとして考える。そして、職業能力開発の一環として、
自らのキャリアを管理できる能力等のメタスキルの習得にも一定の注意を払

うが、それらはこうした抽象的なスキルの集積によって構成されると考えられている。今後、生涯キャリア支援を適切に構想していくにあたって、ライフスキル、ヒューマンスキル、コンセプチュアルスキル、さらにはそうしたものを含むメタスキルをどのように組み入れていくのかは、考慮すべき重要な点となる。

【参考文献】　※50音順

諏訪康雄（2017）．『雇用政策とキャリア権—キャリア法学への模索』弘文堂.

宮川知雄（1986）．『解説職業能力開発促進法—未来を拓く人材開発』日刊労働通信社.

労働政策研究・研修機構（2014）．『欧州におけるキャリアガイダンス政策とその実践①政策から実践へ—欧州における生涯ガイダンスに向けたシステム全体の変化』JILPT資料シリーズNo.131　労働政策研究・研修機構.

| 第4章 | 企業内でのキャリアコンサルティングの展開 |

1 日本の企業内キャリアコンサルティング

（1）日本の企業内キャリアコンサルティング

　本章では、生涯にわたるキャリア形成支援のあり方を、日本の企業内でのキャリアコンサルティングの展開という観点から検討する。

　日本は、世界の先進各国と比較した場合、企業内キャリアカウンセリングを比較的スムーズに受け入れ、着実に定着させてきた国である。特に、企業内でキャリアカウンセリングをどう展開するかといった議論は、むしろ日本は世界に先行している面がある。

　背景には、企業内キャリアカウンセリングに関する数多くの先駆的業績がある。例えば、日本の産業カウンセリング導入の端緒は、1954年（昭和29年）に、日本電信電話公社（現NTT）がカウンセラー制度を試験的に導入したことである。その後、1956年（昭和31年）に国際電信電話株式会社（現KDDI株式会社）にカウンセラーが置かれ、1957年（昭和32年）に松下電器産業、明電舎、神戸製鋼などの会社が続いた[1]。

　こうした企業内キャリアカウンセリングの導入段階を経て、1960年代には、労働省およびその関連機関から「産業カウンセリング制度」に関する公的な文献が相次いで発刊された。例えば、労働省婦人少年局（1965）「年少労働者のための産業カウンセリング制度」、労働省婦人少年局（1967）「産業カウンセリング制度普及状況調査結果報告書」、日本労働協会（1968）「働く若人の悩みを解く方法─産業カウンセリング制度」などが代表的なものである。当時の労働省婦人少年局長であった高橋展子によれば「婦人少年局で

1　ただし、杉渓（1963）によれば、「企業内におけるなんらかの相談活動は、戦前からも行なわれていた。たとえば八幡製鉄所では遠く大正の中ごろから、従業員の福祉のための相談をはじめているし、その後も東邦電力や通信省中央電信局の親睦機関が人事相談を行っていた（p.26）」。

123

は、心身ともに成長の過程にある年少労働者が、職業人としてあるいは人間としてもつ諸々の悩みについて、個別的に相談に応じ、広範な視野から解決の援助をなすことにより、職場内外における適応と人間成長を高め、生産性の向上に資することを目的」としていた。その上で、当時の問題意識として、その頃の職場に未だ残っていた日本の封建主義的な監督者―従業員の関係を見て取り、そのため管理監督者に「カウンセリング精神」を身につけてもらい、職場の人間関係全体を改善しようという問題意識があったのが特徴的である[2]。

　これら前史を背景として、70年代後半頃からは、企業内キャリアカウンセリングの一つの形として「キャリア研修と一体化した企業内キャリアカウンセリング」が少しずつ広がりを見せ、90年代にはおおむね定着した。

　一般的には「キャリア開発プログラム（CDP）」「キャリア開発ワークショップ（CDW）」「キャリアカウンセリング（CC）」が一体となったプログラムが知られている。これは比較的普及した日本的な企業内キャリアカウンセリングの一つの形である。具体的には、組織目標に即したキャリアに関する一定のキャリア理念やモデルとなる複数のキャリアパスを掲げ、その理念やモデルに向けた組織内の計画的な人材配置・昇進を行う。その際、自己申告制・社内公募制のような従業員自らが希望を言える制度も伴う場合もある。こうした一連のキャリア開発の仕組みを前提に、それに向けた階層別研修その他の研修プログラムを提供する。そして、この研修プログラムの一環として、自らのキャリアについて考える機会を提供するワークショップを行う。ワークショップは1泊2日、もしくは2泊3日の宿泊型の研修であり、その研修期間中に何らかの形でキャリアカウンセリングを提供する。こうしたCDP‐CDW‐CCの一連の枠組みが、日本企業ではよく知られた企業内キャリアカウンセリングの基本的な姿であった。

2　そのための講習会も昭和39年度から開かれており、「昭和三十九年度から実施している講習会は主として、中小企業主およびその団体を対象としたもので、なによりも、まず、未経験者あるいは初心者を対象としています。したがって、中小企業の方をできるだけ優先し、現在、労務・相談業務を担当している方で、企業主または中小企業団体代表者の推せんを受けた人を対象としています。昭和四十三年三月末で、受講修了者は約八〇〇名にたっしています」（日本労働協会，1968　pp.42-43）との記録が残っている。

124

これは60年代、70年代のアメリカのCDPを日本で独自に進化させたものであり、横山（1999；2004）、小野田（2011）などの著作に詳しい。人事面談、目標管理制度、社内公募制などの一連のCDP的な取り組みとキャリアカウンセリングを連結させることで、各種の人事施策の効果をより高めることを目的としたものである。企業の人材に対してIn-house（企業内）でキャリアカウンセリングを行うことを追究してきたのは日本の大きな特徴であり、特に「キャリア」を会社ぐるみで支えようとする意識が、相対的に他国に比して強かったと言えよう。

2 欧州キャリアガイダンス論における企業内キャリアカウンセリング

当然ながら、欧州においても、企業内キャリアカウンセリングには一定の問題関心が払われてきた。ただし、おもに公共政策論的な観点から、公的なキャリアガイダンスを盛んに議論する欧州では、企業内のキャリアカウセリングに対する関心の払い方も独特であった。日本の企業内キャリアコンサルティングの特徴を考えるに際して、その比較対象として、欧州のキャリアガイダンス論[3]における企業内キャリアカウンセリングがどのように捉えられてきたかを紹介したい。

まず、欧州における公的なキャリアガイダンス論は、キャリアガイダンスのコストに対する問題意識が高い。特に、現状においてキャリアガイダンスは、公的な費用を用いて公共職業サービス機関等の公的機関で提供されるのが圧倒的に多いという認識がある。しかしながら、欧州の先進各国においても財政状況は厳しく、そのため、公的なキャリアガイダンスに対する公費負担を軽減することが重要なテーマとなってきた。こうした議論の流れから、

---

3 ここでは「キャリアガイダンス」という用語を、キャリアコンサルティング、キャリアカウンセリング、職業相談、職業情報提供、テスト・検査、その他のキャリア発達支援を含む個人の職業およびキャリアに関するあらゆる支援・サポートを全て含めた総称して用いる。これは、OECD（2004）の「キャリアガイダンス」に倣った定義であり、あらゆる職業・キャリアに関する支援・サポートを同じ枠組み内で捉えることにより、社会におけるキャリアガイダンス政策全般を様々な角度から捉えようとしたものである。欧州においてはキャリアカウンセリングを取り出してそれだけを論じることは少なく、キャリアカウンセリングを含めた全体のキャリア形成支援施策を論じることが多いため、ここではそうした欧州の研究動向をふまえて「欧州のキャリアガイダンス論」と記述した。

いわば公的なキャリアガイダンスのデリバリー（伝達）の手段の一つとして企業の社会の公器たる側面に期待することとなる。企業を通じてキャリアガイダンスを提供できれば、その分、公的なキャリアガイダンスにかかるコストを低減できる。加えて、通常、公的なキャリアガイダンスの枠組みではアプローチさえ難しい在職者支援のルートとしても期待できる。このように企業内キャリアカウンセリングへの関心の高さには独特の問題意識と背景がある。

　しかし、実際には、企業内キャリアカウンセリングは、欧州において最も研究が立ち遅れている分野である。その最大の理由は、企業内キャリアカウンセリングに一定の期待をしつつも、実態として従業員にキャリアカウンセリング的なサービスを十分に提供できるのは、欧州の先進各国においても一部の大企業のみだからである。また、そうした先進的な大企業にあっても、個別の相談援助は、専門職・技術職・幹部候補のエリート社員向けのプログラムと認識されている（OECD, 2004）。結局、企業内のキャリアカウンセリングへの期待は高いものの、事実上、大きな広がりはなく、ごく一部の体力のある大企業のみが、専門性の高い一部の従業員に向けて提供するものであると考えられている。

　この点、キャリアカウンセリングの導入が大企業中心であるのは日本も同様だが、日本では、これをキャリアカウンセリングの重要性がよく知られていないという周知の問題と考えやすい。それに対して、欧州では、はっきりとキャリアカウンセリングは実現が容易でないキャリア形成支援策であると考え、そのため大企業から中小企業に至るありとあらゆる企業がキャリアカウンセリングを導入できるとは考えていないということになる。

　かわりに、大きく期待されているのが、労働組合、業界団体、経済団体のような中間団体・中間組織である。本来が、一企業の枠を超えて、広く労働者や業界、産業界に貢献すべく作られた団体組織であり、キャリアカウンセリングなどの相談サービスの主体として性質が似ている。その上、一つの企業だけではコスト的に見合わない場合でも、複数の企業で集合すれば一定の負担である程度の相談サービスを提供する見込みが立つ。企業内キャリアカウンセリングに大きな期待を寄せつつも、現実的な展開を考えた場合、労働

第4章　企業内でのキャリアコンサルティングの展開

組合、業界団体、経済団体のような中間団体・中間組織の方がカウンセリングサービスを提供しやすいのではないかというのが、欧州のキャリアガイダンス論の暫定的な結論と言える。

３　企業内キャリアコンサルティングの日本的特徴

ここまで、企業内キャリアコンサルティングの日本と外国における経緯や考え方に相違があることを示した。

端的に言えば、企業内のキャリアカウンセリングを有意義なものとして、あくまで企業内での相談支援に意義を見出し、これを社内の多くの従業員に提供し、有効に機能させ、自社内の人的資源管理および人材育成に活かしていこうとする日本と他の先進国では、企業内キャリアカウンセリングに対する意識は異なる。

本章では、こうした企業内キャリアコンサルティングに関する日本と外国の捉え方の違いには、「日本的」と捉えられてきた雇用慣行や企業風土が密接に関連している可能性が高いと考える。すなわち、「日本的」な慣行や風土が企業の中にあるために「日本的」な企業内キャリアコンサルティングには独特の特徴があるものと想定される。そして、こうした議論の延長線上に、日本のキャリア環境や政策的な文脈に即した生涯キャリア支援の今後の展開を見ることが可能となるのではないかと考える。

そこで、以下では、おもに企業内のキャリアコンサルタントを対象とした自由記述調査やインタビュー調査の結果を示しつつ、企業内のキャリアコンサルティングの日本的特徴について検討を行いたい。具体的には、労働政策研究・研修機構（2015）『企業内キャリアコンサルティングとその日本的特質―自由記述調査およびインタビュー調査結果』（労働政策研究報告書No.171）に示されたデータおよび結果を示す。この報告書では二つの調査を行った。第一に自由記述調査であり、インターネットに専用サイトを設けてキャリアコンサルタントに企業内キャリアコンサルティングに関する事例について投稿を依頼した。第二にインタビュー調査であり、企業内キャリアコンサルタントに話を聞いた。以下に詳細な手続きについて述べる。

自由記述調査では、キャリアコンサルタント43名から、①おもにキャリ

127

アコンサルタントとして活動している企業等の概要、②従業員個人にとって有効だった事例、③組織にとって有効だった事例について自由に記述を求めた。③その他、キャリアコンサルティングを企業に普及させていく上での課題や、その解決のために必要なこと、重要なこと、政策的に行うべきことについても情報収集を行った。各設問とも 1,000 字以上の記述を求めた。

インタビュー調査では、大企業で働くキャリアコンサルタントおよび企業領域で働くフリーのキャリアコンサルタントにインタビューを行った。10社前後の大企業もしくは大企業子会社の事例について総計 20 名前後のキャリアコンサルタントに話を聞いた。1 回のインタビューはおおむね 1 時間半前後であった。上述した自由記述調査とおおむね同様の内容の他、企業内キャリアコンサルティングの特徴や自社における進め方、企業内で働くキャリアコンサルタントに求められる能力、企業内の他の部署や制度との連携など、幅広いテーマについて多岐にわたって情報収集を行った。

上記、自由記述調査とインタビュー調査を行った結果、企業内キャリアコンサルティングの日本的特徴は、図表 4-1 に示した「リテンション機能」「関係調整・対話促進機能」「意味付与・価値提供機能」の三つの機能に整理・集約することができた。

以下、この三つの機能を中心に、日本の企業内キャリアコンサルティングについて述べる。

図表 4-1　日本型の企業内キャリアコンサルティングの三つの機能

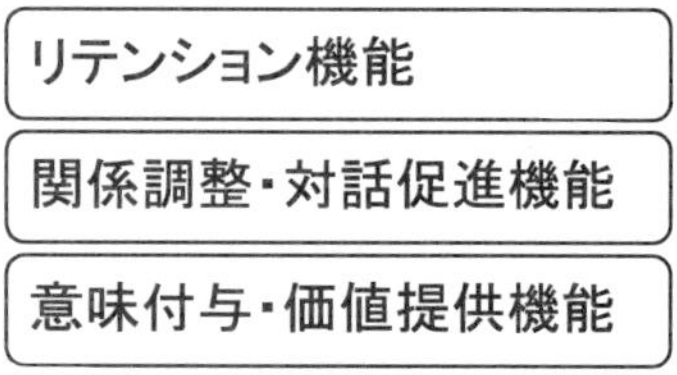

> リテンション機能
>
> 関係調整・対話促進機能
>
> 意味付与・価値提供機能

4　企業内キャリアコンサルティングのリテンション機能

リテンション機能とは、組織内の人材を引き止め、保持する機能である。日本の企業内キャリアコンサルティングは、基本的に人材を社内に留める方向で介入支援を行う傾向が強い。

例えば、事例 1 では、当初は「転職も視野に入れて、今後の人生やキャリアを考えたい」として相談に訪れながら、最終的に「今の仕事を続けながら、

自分が望む職場を探すこととなった」。こうした事例は、比較的、多く寄せられた。そして、この過程で、過去を振り返り、自分の向き不向きを考え、自らの長所・短所等を含む自己理解を深めるといった介入支援を行うのが、日本の企業内キャリアコンサルティングの一般的なあり方である。

【事例1】大手電機メーカー、研究・開発職、30代後半男性。

①現在の仕事でモチベーションが上がらない。このまま漠然と仕事をしていることに不安を感じる。もっと自分にとってやりがいがある仕事があるのではないか？ 転職も視野に入れて、今後の人生やキャリアを考えたい。

②今まで自分がしてきたことで、どういうことに楽しさ、やりがい、面白みを感じるのか、仕事に関してのみならず、趣味、私生活、学生時代の振り返りなども含めながら棚卸し。同じ仕事を13年間してきた中で、向いていること向いていないことの項目を出してもらい、その理由も考えてもらう。

③性格的に単調な作業や同じことの繰り返しが苦手なことも見えてきた。できなくはないが向いていないことを長年続けてきたことが明確になった。

④まだ今の職場をすぐに去らなければならない程の苦痛を感じているわけではないので、今の仕事を続けながら、自分が望む職場を探すこととなった。

例えば、事例2も、人材の引き止め策として機能した事例である。当初は「働く意欲を失っており退職の意向が強い」状態だったにもかかわらず、最終的には「会社に戻り、従来と違った仕事内容や新たな人間関係を構築できる環境が作れるかどうか、選択の幅を広げることができた」状態に至る。この場合、当初の状態と最終的な状態を媒介したのは、「退職と就業し続ける二つの気持ちに耳を傾け」る、いわゆる傾聴であり、その結果、「自分の人生にとって何が望ましいのかを確認する」ことが可能となった。

【事例2】20代前半、女性、役職なし。

①退職を申し出た社員が上司と健康管理センターに来たことからのリファー。働く意欲を失っており退職の意向が強い。

②幼い頃から人間関係を構築するのが得意ではなく、仕事の繁忙期によるストレスから先輩社員と口論になったことで、一気に今までの退職意欲が増進。

③複雑に絡まった想いを他者へ相談することもできなかったことから、退職と就業し続ける二つの気持ちに耳を傾け、客観的に自分の人生にとって何が望ましいのかを確認する。

④結果的に、退職するかどうかの二者択一ではなく、会社に戻り、従来と違った仕事内容や新たな人間関係を構築できる環境が作れるかどうか、選択の幅を広げることができた。

　企業内キャリアコンサルティングでは、何らかの意味で「外に出たい」という相談があった時、その意志・意図を徹底して確認し、基本的には組織内に留める方向で話を進める。少なくとも、従業員のキャリアの相談に乗る担当者に相談が持ち込まれた場合、積極的に「外に出す」という方向で話を進める事例はほとんどない。

　また、「外に出たい」という相談があり、意志確認をした結果、最終的に外に出たいという意志が固い場合、あるいは外に出ざるを得ない場合、可能な限りスムーズに滑らかに移動できるよう介入支援を行う。その際、社外のアウトプレースメント会社にリファー（紹介）する場合もあるが、それは、あくまで「従業員のキャリアの相談に乗る相談室」とは別物として分離していることが多い。

　人員の削減等に伴うアウトプレースメント的な個別相談が必ずしも無い訳ではないが、こうした相談は企業内キャリアコンサルティングとは別の文脈で、別の範疇で位置づけられている。この点では、企業内キャリアコンサルティングを外に積極的に押し出すようなアウトプレースメント的なカウンセリングと短絡的に結びつけることはできない。

　労働移動を促進する担い手としての役割をキャリアコンサルタントに期待

される場合があるが、転職に向けて組織から押し出す機能を、従業員のキャリア相談に乗る担当者であるキャリアコンサルタントが中心的に担っていることは少ない。

5 リテンション機能と類似の受け入れ局面における働き

　労働移動に関して、企業内キャリアコンサルティングが果たす重要な機能として今回の調査で確認されたものとしては、「受け入れ局面」での働きがある。具体的には、新卒入社・中途入社に関わらず、新たに企業内に参入してきた者に対するケア・支援・介入である。

　まず、新入社員の定着とキャリアコンサルティングについてであるが、従来から新入社員の定着は各方面で課題となっており、当然ながら、企業においても、新入社員を企業内に引き止める方向で対応することが多い。採用段階で厳しい選抜を経て入社してきた以上、その新入社員が社内で必要な人材であるとみなされたことは確実である。そうであるならば、何らかの理由で一時的にモチベーションを落とし、退社の意向を持つ新入社員に積極的に介入支援を行い、社内で十分に力を発揮できる環境を見つけることが重要となる。そのため、入社数年後から、長ければ20代全般ぐらいの若い社員に対しては、現在の職場における問題を解決・解消する方策、そのためのものの考え方や課題の整理の仕方を提示し、かつ、社内の様々な制度、オプション、将来展望などを示す。

　例えば、事例3では、入社1年目の女性に対する介入支援が提供されているが、いくつかの問題を抱えたために「勤務中の表情が暗く」なるという状況がみられた。それに対して、文字どおりの傾聴を行うことによって、クライエント自身に問題状況を整理させ、気づきを促すということを行っている。

【事例3】20代前半女性、入社1年目。
①クライエントの女性が入社1年を迎えるころに、職場内で勤務中の表情が暗くなりがちなことが気になって、周りのスタッフも心配していたため、少し時間をとって話をすることとした。
②本人のイメージと仕事の成果に大きなかい離があるということに加

え、周りの先輩の役に立てていないのではないかという不安、もうすぐ後輩が入ってくるのに自分が指導できるのかといったことに不安を強く感じているようであったので、まずはしっかりと傾聴を行った。
③話す中で、入社前の動機や目標を思い返しながら、日常の仕事の作業面ばかりに目が行っていた自分自身に気付いたようで、1年間で自分自身が成長できてきたことについて正しく認知ができるようになった。

次に、キャリアコンサルタントの受け入れ局面での第二の働きとして、中途入社とキャリアコンサルティングがある。企業にとってのニューカマーは、新入社員のみならず、中途入社の社員も含まれる。調査では、中途入社の社員に対するキャリアコンサルティングに言及がなされる場合も多かった。

まず、中途入社で参入してきた従業員は、新入社員の頃からの人間関係の蓄積がないため、周囲から孤立しやすい。また、途中から入社したために目立ちやすく、浮きやすく、その意味でも周囲の人間関係で不適応を起こしやすい。さらに仕事の進め方の細部において慣れず、馴染まず、周囲と葛藤を起こしやすい。そのため、事例4にあるように、「入社1ヶ月と6ヶ月を目安にインタビューを実施」するなど、仕組みとしてキャリアコンサルティングを組み込んでいる場合がある。中途入社の従業員に直接会って話をすることによって、問題点や改善点を事前に把握しようとする狙いがある。

【事例4】
・中途採用では、入社1ヶ月と6ヶ月を目安にインタビューを実施します。入社前後のギャップや、会社側が改善すべきと感じること、現在の目標などを教えてもらい、上長にフィードバックします。社歴が浅くても自社の一員であることを自覚して欲しいのと、社歴が浅いからこそ鮮度が高いうちに改善提案があればして頂きたい、という主体性の発揮がねらいです。

また、事例5では、中途入社後、何年かを経て社内で不適応の状態に陥る。4〜5年の間は問題がなかったが、その後、問題が複合的に生じることとなっ

第4章　企業内でのキャリアコンサルティングの展開

た。中途入社の従業員は、ある程度、順風満帆である場合には問題が表面に
出ないが、ひとたび問題を抱えた場合に、社内にそれを解決する人的なリ
ソースを持たない場合が多い。つまり、中途入社であるが故にもともと問題
を抱えやすい状態にある上に、問題が生じた場合にはなかなか解決しにくい
ということが言える。

　そのため、人間関係や人的なネットワークの不足を補うべく、キャリアコ
ンサルタントが相談に乗り、話を聞き、アドバイスをするといった役割を果
たす。ここではキャリアコンサルタントが具体的にどのような介入支援を
行ったかは明示されていないが、傾聴することで様々な事がらについて「打
ち明けてくれる」状態を作り出したと想定される。結果的に、職場内の雰囲
気が緩和された。

【事例5】30代女性、中途入社5年目、大学卒、エリア専任社員。
①他業種からの転職組。中途入社後数年はある程度の実績を残すもの
　の、4年目、5年目となると伸び悩み、本人の高いプライドが邪魔を
　して拠点の中で浮いた形となってしまう。
②経験年数の長さとプライドが邪魔をして仕事に対する打開策などを人
　に聞けない苦悩などを吐露し、現状に不満を持っていること、会社に
　対しても申し訳なく思っていること、本当は自分も前向きに変わって
　行きたいことを打ち明けてくれる。
③結果的に、和気あいあいとまではいかないが、拠点内部の雰囲気も緩
　和され全体的に意識や統一感も出て改善がみられた。

　このように労働移動の観点から、企業内キャリアコンサルティングを考え
た場合、特に受け入れ側のキーパーソンとしての機能を果たすということが
言える。モデル化するならば、組織から外部へと押し出す機能を果たすキャ
リアコンサルティング、組織と組織を媒介する機能を果たすキャリアコンサ
ルティング、外部から組織へと受け入れる機能を果たすキャリアコンサル
ティングの三つのタイプのものを想定することができる。そして、現在、日
本で行われている企業内キャリアコンサルティングは、明らかに、この三つ
めの受け入れ側の機能を果たしていると整理できる。

133

6 企業内キャリアコンサルティングの関係調整・対話促進機能

　日本の企業内キャリアコンサルティングの特徴の２点目として、「関係調整・対話促進機能」を指摘できる。これは、端的に、職場内の関係調整（特に上司との対話促進等）に向けて介入支援を行うものである。

　事例６に示したとおり、上司とのコミュニケーションに齟齬が生じた場合が典型的な事例として挙げられる。この事例でキャリアコンサルタントが行ったこと、もしくは行ったであろうことを列挙すれば、以下のとおりとなる。

　(1)気持ちが高ぶっているクライエント（部下）に対処した。

　(2)上司との話し合いを促した。

　(3)クライエントの依頼を受けて上司と面談した

　(4)上司との面談内容をクライエント（部下）に伝えた。

　まずは、感情的な反応を鎮めることで何らかの介入支援が可能となる状態を整え、その後、目下の問題である上司との話し合いを促す。この段階で、どのように上司と話し合うか、何を言うかなど、上司の話し合いをどのように行うかの相談に向かう場合も多い。例えば、後に示す事例8-1では、年に２回行われるキャリア面談に向けての示唆などを行っている。

　ただし、この事例では、クライエントが強く拒否し、キャリアコンサルタントに上司と話すことを依頼したため、上司と面談をすることとなった。

【事例６】30代男性、クライエントと上司とのコミュニケーションが課題。

①４年ほど前に現在の部門に異動。今の部門では役に立たないから異動させることにしたと言われた。納得いかない。

②会社や管理職に不満や疑問があって、少々気持ちがたかぶっていたので、一旦面談を打ち切り、少し時間をおくことにした。

③２回目の面談では、前回の話の続きを聴いた。まだ納得いかない様子だったため、上司と話し合ってみてはどうか、と促したものの、それを強く拒んだ。

第4章　企業内でのキャリアコンサルティングの展開

④『あなたが話してください』と発言したため、A部門の課長と面談することにした。その課長の話を聴いたところ、役に立たないから異動したわけではないこと、新たな職場で気持ちをリフレッシュしたり、業務の幅を広げたりすること、異動先の部門は人員が不足していたことなどを総合的に考えての異動であったことを説明した。

⑤その後、3回目の面談でそのことを伝えたところ、少し安心した様子だった。

クライエントの支援のみならず、その上司とも面談するか否かは、今回の調査研究においても分かれるところであり、企業内のキャリアコンサルタントの機能を大きく分ける要素の一つでもあった。ただし、概して言えば、クライエントの側だけの支援に徹するという、いわゆる「カウンセリング」的な対応をする場合は限られており、目下のところ、日本型の企業内キャリアコンサルティングにおいては、求めに応じて（またはクライエントの許可を得て）クライエントの上司と話をするのが一般的である。この点は、企業内の融和的な関係の維持を目的とする日本の企業内キャリアコンサルティングの特質の一つとして指摘しうる。

このように、関係調整や対話促進の担い手として、企業内キャリアコンサルタントは機能している場合は多いが、その背景として、従来の従業員構成に比べて格段に職場内の多様性が高まっていることがある。現在、従前のような男性正社員を中心とした従業員構成から、女性や非正規社員など多様な従業員が働くようになっている。そのため、以前のようなある種の同質性を前提に「以心伝心」でコミュニケーションをスムーズに行うことは難しい。結果として、上司・同僚の真意が伝わらず、誤解や葛藤が生じやすくなる。第三者が、相互の関係調整に乗り出す必要が生じていると想定される。

また、こうしたコミュニケーションの不全、人間関係の不調は、同じ企業内にあっても同じ価値観を共有していないために生じていると言える。従業員構成の多様化は、各人が仕事に求めるものが多様化しているということでもある。相互の価値観をすりあわせるにあたって対話を促す機能は組織内に必要となり、その担い手として企業内キャリアコンサルタントが期待される

135

面がある。価値観や方向性の共有が難しく、それ故、職場内の人間関係に深刻な問題が生じやすくなっているという問題状況がある。

　なお、関係調整や対話促進が必要となる背景には、企業が上意下達で組織目標を従業員に浸透させることが難しくなっている現状もある。組織が示す目標をどのように受け止め、それを自らの将来の仕事やキャリアとどう合わせていくかが一様ではなくなっている。そのため、個々の従業員は「自律的なキャリア」を常に考える必要があるが、だからこそ、個々の従業員が思い描くキャリアは、相互に齟齬や葛藤を生じることもあり、結果として関係調整や対話促進の機能が求められることになる。個々の従業員に「自律的なキャリア」を求める背景と、相互の関係調整・対話促進の機能は表裏一体であることは確認しておきたい。

　事例7では、上司と部下の関係調整に乗り出すキャリアコンサルタントの活動の一端が示されている。一般的には、上司と部下の関係調整といった場合、先に事例6で示したようなクライエントと上司との問題と考えがちとなる。しかし、現在、上司の側からみて「手に負えない部下」「どのように指導して良いかわからない部下」は存在しており、上司の側からみた関係調整の役割も求められている。これも、従来型の上意下達の組織コミュニケーションが崩れ、命令や指示といった形でのコミュニケーションだけでは十分に部下との関係が築けないためであると考察することができる。

【事例7】東京都・ITコンサルティング・従業員数 3,500 名。
・相談者本人の問題解決のみならず、現場上司から部下育成における相談も受け付けており、実際に利用者もいる。手に負えない部下やどのように指導すれば良いかわからない部下に対する育成や指導のフォローを担うことが出来ている。場合によってはキャリアカウンセラーが対象部下と面談し、問題行動の裏側にある思いや考え、聞き、対応にあたっている。

　なお、関係調整や対話促進の担い手としてのキャリアコンサルタントも、先の事例6のように、上司と部下の間に割って入り、直接、調整に乗り出す場合ばかりではない。

第4章　企業内でのキャリアコンサルティングの展開

　むしろ、より一般的なのは、社内に既にある「キャリア面談」のような制度をうまく活用することである。具体的には事例8-1にあるように、キャリア面談の機会にうまく自らの意思を上司に伝えられるように、あらかじめ話をまとめてもらい、アドバイスを与え、練習してみるといったことを行うことが多い。この点については、やはりキャリアコンサルティングも、クライエント個人を支援するいわゆる「カウンセリング」の範疇にあり、あくまでクライエントである部下なり上司なりの対応の仕方に働きかけることが多い。

【事例8-1】女性35歳前後、社内のスタッフ部門に在籍、既婚、子供あり。

①産休・育休の復帰ごとに違う部署・異なる職務に配置され、言い方は悪いが使い走りのような周辺的な業務が多かった。

②これまでの仕事でやりがいを感じたり熱中した仕事は何かを聞いた。不満や不安も伴っていたので、受容・共感しながら聴き取ったところ、社内の品質改善のための調査の仕事が面白く、やりがいを感じたとのことだった。上司とは半年に2回のキャリア面談があるので、そこで、上司にもっと中心的な仕事をしたいという意思表示をしていく必要がありますねということを示唆した。本人も理解をして終わった[4]。

　関係調整や対話促進の際、より直接的に、部下と上司の双方から話を聞き、相互の誤解を解いたり、相互の言い分を伝達するといった動き方をする場合もあれば、上司と部下の関係調整のために人事担当の然るべき部署に話をし、関係調整への道筋をつける場合もある。どの場合もクライエントの求めに応じて、より積極的な介入支援が求められることがあり、その際には、直接、関係者・第三者に情報提供を行い、改善を図るという具体的な行動を取る。

4　本事例（事例8-1および事例8-2）はインタビュー調査データのキャリアコンサルタントI氏の発言から引用。

なお、職場内での対話・会話を促すことを目的とする企業内の施策は、欧州などのキャリアガイダンス研究の文献にも登場するようになっている。この「Career conversation（Borgen, Lalande, Butterfield, Gray, Jacklin & Taheri-Tabriz, 2010）」「Career discussion（Hirsh, Jackson & Kidd,2001；Kidd, Hirsh & Jackson, 2004）」系の取り組みは、上司と部下の対話を行うことによって、組織と従業員の価値観・目標のすり合わせを狙うものである。むしろ、日本においては、定期的に、上司と部下が面談を行う仕組みは比較的定着している面もあり、さほどの目新しさがない。この点も、内部労働市場の調整を前提とした日本のキャリアコンサルティングの特徴として整理することができる。

7　企業内キャリアコンサルティングの意味付与・価値提供機能

　日本型の企業内キャリアコンサルティングについては、意味付与・価値提供機能も注目に値する。企業内で働く従業員が何らかの理由で自社内で働く意味を見失ったり、何のために働くのかという基本的な価値観に動揺を生じさせた際に、別の角度から意味を見出すことを手助けしたり、価値を考えなおす支援を行ったりすることである。この「意味」と「価値」への介入を、企業内キャリアコンサルタントの多くは自覚的に行っているか、または暗黙に手がけている場合が多い。例えば、一時的にやる気やモチベーションが落ちていたり、些細なことで葛藤やストレスを抱えたりする状態は、おおむね従業員自身の働く意味や何のために働くのかという価値観に動揺が生じているためであると見なし、そこに直接的な介入を行う。したがって、心理面、精神面、意識面に直接関わるという意味では、普通、イメージされるところのいわゆる心理的な「カウンセリング」と近い。

　事例8-2は、上述した事例8-1に続く後日談的な事例となるが、クライエントに対する支援が十分ではなかったのではないかということから、再度、クライエントに関わる。その際、「意欲を感じる源泉」「仕事に対する価値観」に着目し、価値観を掘り下げることを目標としている。ツールや技法を駆使して、最終的にクライエント本人の価値観を明らかにすることで大きな成果を得ている。結果的に、仕事に対する積極性という形で、具体的に業務

第4章　企業内でのキャリアコンサルティングの展開

のパフォーマンスに結びつけている。

【事例 8-2】女性 35 歳前後、社内のスタッフ部門に在席、既婚、子供あり。

①その後、少し足りなかったのではないかと感じて、再度、クライエントに声をかけて、話をすることにした。

②もっとも意欲を感じる源泉とはどこなのか、仕事に対する価値観をもう少し理解した方が、本人のモチベーションという意味で良いと思ったので、価値観まで見ていこう、掘り下げようと考えて臨んだ。ツールとして、バリューカード、価値観が書かれてあるカードを使って、カードソート技法を行った。

③最終的に、これです、これです、という価値観が明らかになった。この最終的に出てきた価値観を紙に書いて渡した。その紙をみて、これだ！と気づいて、その紙を大事にもって帰っていった。

④その後、彼女はすごく積極的に仕事をするようになった。周辺的な仕事をやる人たちは、どうしても与えられた仕事をこなすという形になりがちだが、その後は、与えた時にも積極的に「やります」という形でやるようになった。

このような形での「意味」「価値」への介入は、最近の日本の企業内キャリアコンサルティングで重視されている。その理由として、現在のキャリア環境の激変がある。

例えば、情報化・グローバル化・知識社会化・サービス経済化など、様々なキーワードで語られるキャリア環境であるが、それが意味する共通項は、外的な環境変化が激しいため、企業にあっても将来を見通すにあたって一定の方向感というものを示しにくくなっているという点にある。したがって、ある一定の成長イメージを基盤に、従業員に将来に向けてどのような仕事をどのように続けていけばどうなるということを示すことが難しくなっている。

また、仮に、そういう方針や指針を示せたとしても、従業員の側でも雇用形態の多様化およびニーズや価値観等の多様化が進み、企業が示す方向性

139

を、まさに自分が進むべき道として受け取ることが難しくなっている。長期雇用・終身雇用を信じ、企業組織内に漠然としながらもある程度は確固たるキャリアパス・キャリアルートを見通すことができた時代と異なり、企業の側から示される「意味」や「価値」を何の疑いを差し挟むことなく信じ続けることが難しくなっている。

　このように、企業の側からも一定の方向感を示しにくく、従業員の側でもそれを指針としにくい時、改めて、その企業で働く「意味」や「価値」を見失う従業員が出てくることになる。こうした大きな社会経済的な動向とそこから派生するキャリア環境の変化に対応することが、現在のキャリアコンサルティングに求められていると言える。

　なお、企業内キャリアコンサルティングにおいて、意味付与・価値提供機能が重視される理論的な背景としては、2000年代以降のキャリア理論の動向も密接に関わっている。

　キャリア理論では、50年に一度パラダイムシフトが生じ、大きな理論的転換を迎える。目下、21世紀に入って、従来の「発達的」なキャリア理論から、それとはまったく異なるキャリア理論へと転換したとキャリア理論家はみなしている（Savickas, 1995）。その特徴は、「物語的、文脈的、構築的」（narrative, contextual, constructive；Niles & Harris-Bowlsbey, 2002）と整理される。言い換えると、外的基準を欠くため、自分なりの意味を付与した「物語」が必要だが、それには自分が置かれた「文脈」を捉え直すことで、自分のキャリアを自ら「構築」していかなければならないとされる。

　こうした考え方が出てくる背景には、上述したような人々の働き方をめぐる社会経済的な変化、およびそれに伴うキャリア環境の変化がある。例えば、長期雇用・終身雇用を信じ、比較的、人生全般にわたって安定的に働けるという見通しが立つ場合には、企業や組織の側から、何をすべきか、何を良しと考えるべきかという規範や基準が提供される。したがって、それに寄りかかる形で働き続けても良いと言えた。実際にどうであったかはともかく、働く上でのある種のカバーストーリーを信じることができた。

　しかし、社会全体の各所で安定的なシステムが崩れ、確固たる規範や基準を欠いた状況が出現しやすくなった現状では、各人、外側から基準が与えら

れない状況で、自分のキャリアを考えなければならない。結局、企業組織の内外に関わらず、そもそも何をどのように考えるべきかという段階から働く意味や価値を見失う恐れがあるのが現状であり、それゆえに求められてきたのが個別キャリア支援であり、新たなタイプのキャリアコンサルティングであるといえる。そして、このキャリア支援なりキャリアコンサルティングでは、もはや外側にもとめても見つからない意味や価値を提供し、自分で探し出せるように支援を行うことを一つの重要な機能として持つに至ったと考察することができるであろう。

　現在、海外のキャリアカウンセリング研究の領域では、ナラティブ、コンストラクティブといった用語が、いわば流行語として用いられているが、こうしたキーワードの流行は必ずしも軽佻浮薄なものではなく、現在の意味不在・価値不在のキャリア環境に可能な限り対応しようとする極めてシビアで現実的な認識が示されている。現在、意味や価値にアプローチするキャリア理論が本流となっているのも、現実社会の問題意識をきちんと受け止めた形で展開しているためである。

　最後に、意味付与・価値提供機能と、前項の関係調整・対話促進機能との相補的な関係について若干の指摘を行いたい。上述したとおり、現在、外的な基準、価値規範といったものを欠くために、それ故、以前にもまして、働く人々は意味や価値を見失いがちになる。そして、こうした状況は、自分なりにこれが働く意味であり価値であるという何らかの実感をつかんだとしても、それがどの程度、確かで望ましいものなのかの判別もつかない状況でもある。したがって、結果的に、自分が思い描く働く意味や価値は、何らかの社会的な関係性を通じて、他者と対話する中で確認をしていかざるをえない。職場の中で大小様々なコンフリクトが生じるのは、各人の意味や価値が容易に確認されず、そればかりか時に他者によって否認され、退けられるからである。この点が、職場内のコンフリクトの解消の難しさの背景にあり、たんに職場内の利害の調整を行い、損得の問題に解消するだけでは十分な問題解決にならない所以でもある。こうして、職場内の上司部下の人間関係の調整や対話の促進も、大きな意味では、意味付与・価値提供の機能を果たしているという指摘ができよう。

141

8 日本の企業内キャリアコンサルティングと日本的雇用システム

（1）結果のまとめ

ここまで日本型の企業内キャリアコンサルティングの特徴を、おもに企業内で果たしている機能という側面から、(1)リテンション機能（引き止め機能）、(2)関係調整・対話促進機能、(3)意味付与・価値提供機能の3点に集約して述べた。

リテンション機能とは、企業内の人材を引き止め、維持する機能である。基本的に、日本型の企業内キャリアコンサルティングは人材を社内に押しとどめる方向で介入支援を行う。まれにキャリアコンサルティングに人員削減を行うアウトプレースメント的なカウンセリングを期待する場合がある。しかし、今回の調査結果で見る限り、そうした役割を果たすのは限られた場合のみであり、基本的には、組織内にいる人材を外に出さないようにするのが、日本的な企業内キャリアコンサルティングの一つの姿である。したがって、キャリアコンサルタントが労働移動を促進する役割を果たす場合があるとすれば、むしろ、外から入ってきた中途採用者を受け入れたり、なじませたりする場合である。途中から入ってきた従業員を職場内に適応させる面で力を発揮する。あくまで企業内部に相談サービスを提供するのが、企業内キャリアコンサルティングであり、今後の日本的なキャリア・コンサルティングのあり方を考えるにあたっても、この点は常に留意する必要がある。

関係調整・対話促進機能は、職場内の関係調整（特に上司との対話促進）に向けて介入支援を提供するものである。日本型の企業内キャリアコンサルティングの一つの特徴は、クライエントである従業員が問題を抱えた場合に、上司と面談したり話をする点である。守秘義務があるため、相談に訪れた部下に許可を得た上でという限定つきではあるが、職場の上司に話をして直接的な問題解決を図る。また、直接、上司と話をしない場合でも、多くの企業では何らかの形で上司と部下が話し合う機会が設けられている。そのため、クライエントである部下に対して、うまく上司に自らの意思を伝えられるように支援をするのも一般的である。従来に比べて、職場内の価値観は極めて多様になっており、上司部下の意思疎通は以前にも増して難しくなって

おり、職場内の難しい関係調整が多分に含まれるようになっている。日本型の企業内キャリアコンサルティングが果たす役割には、昭和30年代の導入の当初から、職場内の人間関係調整の機能が期待されていたが、管理者のキャリア形成支援に係るマインド・知識・スキルを習得させることの支援といった方向性に何らかの支援を行うことは、今後、十分に検討されるべき課題となるように思われる。

　意味付与・価値提供機能は、自分が働く意味や何のために働くのかという基本的な価値観に動揺が生じている従業員に対して、再び意味や価値を取り戻す支援介入を提供するものである。意味や価値という語句は、少し抽象的で、その内実が捉えにくい。しかし、一時的に仕事に対するやる気やモチベーションが落ちている場合や、さらに進んでストレスや抑うつなどのメンタルヘルスに問題を抱える場合、その多くはクライエント自身が働く意味や価値を見失っている。したがって、モチベーションやメンタルヘルスなどの職場における具体的な問題は、基本的には意味付与や価値提供を行うことによって解決される。このように説明した場合、この意味付与・価値提供機能が、もっとも本来の意味でのカウンセリングに近いものであることが分かる。そして、この本来的な意味でのカウンセリング的な支援が、日本型の企業内キャリアコンサルティングでは、現在、まさに求められるようになっている。以前のようなキャリアルートやキャリアパスが明確ではなくなった現在においては、一時的に、意味や価値を見失いがちとなる。結果的に、もっともカウンセリングの本質に近い機能でありながら、同時に現代的な課題とも符合するのが、ここでの意味付与・価値提供機能となる。

（2）日本の企業内キャリアコンサルティングの背景

　章頭で、日本では企業内キャリアコンサルティングを比較的無理なく受容してきたことを述べた。なぜ日本では比較的受容が進み、ある程度普及するのかについて、リテンション機能、関係調整・対話促進機能、意味付与・価値提供機能の三つの機能を前提とした場合、一つの仮説が得られる。それは、いわゆる日本的な雇用システムが企業内キャリアコンサルティングの成立にあたって有利な条件を提供したのではないかというものである。

143

いわゆる日本的雇用システムを、ここでは長期雇用、年功賃金、さらにはそこから帰結する比較的低調な労働移動として考える。こうした日本的雇用システムを維持している大企業では従業員が外に転出してしまうことが、従業員のみならず企業にとってデメリットとなる。従業員にとって社外に転出することは賃金の低下、福利厚生の低下を意味することが多い。企業にとっても当該従業員を採用したコスト、従業員が蓄積した企業内における特殊スキル、企業に対するロイヤリティなどを考えた場合、決して単純に社外に放出してしまうことは利益につながらない。そのため、企業内に身を置き、従業員個人にサービスを提供することを旨とする企業内キャリアコンサルタントは、従業員・企業双方に利益のある引き止め策（リテンション）を念頭に置くこととなる。

　また、日本的雇用システムを維持している大企業では、グループ全体までも視野に入れれば多種多様な職種がある。必ずしも社外への転出を図らなくとも社内で有効活用する道は考え方次第ではかなり想定しうる。また、各種のキャリア形成支援制度が整っていることが多いため、制度を有効活用することによって企業内にあって、自らが思うようなキャリアを作り上げていくことは可能となる。したがって、上司や同僚との折り合いが一時的に悪くても必ずしも社外へ転出する理由とはならず、むしろ、上司や同僚との関係改善や対話促進を促す方がクライアントである従業員にとっても企業にとってもメリットがあることになる。

　さらに、おおむね同様の理由で、一時的に働く意味や価値を見失ったとしても、すぐさま企業外への転出を促すということにならない。社内に様々な支援制度が手厚くあり、様々な職種・仕事がある以上、キャリアコンサルタントの適切な介入支援によって働く意味や価値を取り戻すことで、形を変えて働き続けることも可能になる。自分が今いる職場で一時的に意味や価値を喪失したとしても、直ちに社外に意味や価値を求める必要がない。企業内キャリアコンサルタントはメンタルヘルスの問題を抱えた従業員の支援の後を引き継いで関わることが多いが、保健管理スタッフによる医療的な支援サービスの後で、働く意味や価値を再構築するために行われると言えるであろう。

第4章　企業内でのキャリアコンサルティングの展開

　そして、ここまでに指摘した背景は、同時に、なぜ大企業以外では企業内キャリアコンサルティングの導入が難しいのかの理由にもなる。一般的には、大企業以外で企業内キャリアコンサルティングが成立しにくい理由として、多大なコストがかかることが挙げられることが多い。しかしながら、それに加えて、企業内もしくはグループ内で異動して、職種や仕事を変えられるほどに充実した企業内労働市場が必要となる。また、企業内労働市場を支える様々な仕組み、特に充実したキャリア形成支援制度が必要となる。これらの条件を兼ね備えない場合、企業内でキャリアコンサルタントが十分に機能しないということになる。結果的に、中小企業では、費用面の問題もさることながら、むしろ企業内キャリアコンサルタントが機能する条件が十分に整わないために導入が難しいということになる。

　企業内キャリアコンサルティングが日本で成立するにあたっては、日本ならではの雇用システム、およびそれによって形成される規模の大きな企業内労働市場、さらには、その企業内労働市場を機能させるキャリア形成支援制度が前提となるということが言えるであろう。日本における企業内キャリアコンサルティングと日本的雇用システムの関わりについては、日本の手厚い福利厚生、本社の強い人事部権限（直属の上司の人事権が相対的に弱い）、厳しい解雇規制等との関わりが想定されるが、今後も引き続き検討すべき課題である。

９　日本の企業内キャリアコンサルティングのその他の論点

　日本の企業内キャリアコンサルティングと今後の生涯キャリア支援の展開を考える上で、ここまで取り上げた結果以外のその他の論点について３点に整理して述べる。

（1）企業内キャリアコンサルティングの相談内容

　調査では、企業内キャリアコンサルティングの相談内容は、①異動や昇進に伴う仕事内容の変化、②モチベーションの低下、③キャリアアップ、④時短勤務・有期契約で働く女性の問題、⑤メンタルヘルスと関連するキャリア問題、⑥その他に分類された（図表4-2参照）。

145

基本的には、異動や昇進に伴う仕事内容の変化がきっかけで相談に訪れることが多いが、そうした重大なきっかけがなくとも、モチベーションが低下したという相談内容で訪れることも多い。一方で、ＭＢＡを取りたい、海外に行きたいといったより積極的な相談内容で訪れる従業員

図表 4-2　企業内キャリアコンサルティングの相談内容

①異動や昇進に伴う仕事内容の変化
②モチベーションの低下
③キャリアアップ
④時短勤務・有期契約で働く女性の問題
⑤メンタルヘルスと関連するキャリアの問題
⑥その他

もいる。クライエントの属性という観点からは、女性の従業員による固有の相談内容も多々みられる。結婚、出産、育児と様々なライフイベントが重なりやすい女性は、働き方やキャリアとの関わり合いに思い悩む場合が多い。そのための相談も一定の割合を占める。古くて新しい問題としては、メンタルヘルスと関連するキャリア問題に関する相談内容は多い。従来、キャリアコンサルティングはメンタルヘルスの問題を扱わないことを強調する議論もみられたが、現実には、その切り分けは極めて難しい。現在の企業内キャリアコンサルティングの現状を見渡した時、ごく自然に、キャリアコンサルタントはメンタルヘルス関連の専門知識をもって相談活動に当たる必要があることを指摘できる。

①異動や昇進に伴う仕事内容の変化
・若い25歳ぐらいの方だったが、全員、カウンセリングを受けて下さいというところでした。必須というか強制で受けるところでした。本人が希望していない部署に配属になって、本人は開発系の仕事に就きたかったが、そうではない部署にまわってしまい、何となくモチベーションがあがらず、自分はこういう仕事しかできないのかということを思っていました。(H社)
②モチベーションの低下
・この方は、努力が評価されないことに悩む男性で20代後半でした。常にいろいろな部署に移されて、評価が上がらない、自分でも成果がだせていない、モチベーションも下がっている、もう30歳近くなっ

てきて、このままではいけない、と自分で思った、資格も取らなきゃとわかっている。でも、どう行動がよくわからないということで、相談があった例です。（B社）

・30代後半女性。だんだん仕事が面白くなくなってきた。以前は結構面白かった。今も嫌いではないのだが、面白みが減ってきた。これからどうしようかと言ってきました（キャリアコンサルタントI氏）。

③キャリアアップ

・これは20代後半の若手で、異動ではないですが、研究職で入った人間が、研究職だけれどもMBAを取りたいと相談に来ました。アメリカのMBAに留学したい。しかし、今、社内の中では、研究職にはMBAを利用できる制度はないんですね。（中略）もしそれが社内で認められないなら、退職してでも留学したいと思っているという話が来たんです。（F社）

④時短勤務・有期契約で働く女性の問題

・成果を出していないと感じている時短勤務の女性ですが、この方は、キャリア面談をしたときに、短時間勤務で自分が成果を出していない感じを持っていらっしゃいました。自分のキャリアってどういうふうになっていっていいかわからないという表現をされていました。（B社）

・有期契約の女性社員のケースがありました。いわゆる正社員として採用されたのではなくて、3年間の有期契約で入った。たまたまその人と私が知り合いになりまして、あるとき、「私、こんどで節目（有期の満了）になるんです。契約が継続になるかそこで切れるかわからない」といったことを言っていました。（E社）

⑤メンタルヘルスと関連するキャリア問題

・入社から半年程で具合が悪くなって、鬱病を発症したと診断されて休職しました。その方には、会社に残れないのではないかという不安がありましたが、早くお医者さんに行ったのが良かったのか、しばらくしてお医者さんから復職していいということになりました。復職の意

147

> 欲はとてもある方で、人事と職場の上司から「ぜひその復職に向けて支援をしてほしい、話を聞いていろいろアドバイスすることがあったらしてほしい」という依頼がありました。それで、お会いするようになりました。(キャリアコンサルタントJ氏)
>
> ・上司の方からの相談というのがあったが、うつ病の部下がいて、その部下が復帰のためにトライアルで出社してきている状況がありました。しかし、その上司には、その勤務態度が復帰しているようには見えないということがありました。服装などの外見も少し奇抜で真剣に見えなかった。そこで、上司の方からキャリアアドバイザーに話をしてこいということで、その部下がクライエントとして来ました。(キャリアコンサルタントI氏)

（2）企業内キャリアコンサルティングの相談過程

　企業内キャリアコンサルティングは、現在、様々な機能・役割を果たしているが、現状においても1対1で個別に相談に乗ることが、やはり中心的な役割となる。ここでは、企業内キャリアコンサルティングのプロセスをいくつかの部分に分けて整理し、その具体的なプロセスを示す（図表4-3参照）。

　まず導入部分では「聴く」「質問する」という一般的なカウンセリングの基礎に則った相談支援がなされていた。この段階で守秘義務を厳格に守ることが適切に伝えられ、あわせてクライエントの信頼関係（ラポール）を作り上げる。基本的に導入部分に関する限り、むしろ一般的なカウンセリングと同質であるということが、ここでは大きな知見となる。

図表4-3　企業内キャリアコンサルティングのプロセス

第4章　企業内でのキャリアコンサルティングの展開

- ・最初はやはり話を聞くことが多いと思いますが、後半からは、どちらかというと話をすることも多くなってきます。こういう時、例えば1時間だとしたら30分ぐらいは、とにかく聞いてることが多いという感じです。（F社）
- ・まず心を整えることから入らなければいけないので話を聴きました。「どんなことがきっかけだったんだろうか？」「新しい会社に来てどんなことがあったんだろうか？」「ちょっと振り返ってみようか」ということでお話ししてもらいました。（キャリアコンサルタントJ氏）
- ・今回は資格をとるときに学んだ原点に戻って、基本に戻ってやろうと思い、しっかり傾聴するというのを基本に考えて、ご本人にしゃべっていただいていこうと考えました。（D社）

　次に、整理部分では「整理する」「説明する」「リファーする」がなされていた。職場の様々な問題が持ち込まれるキャリアコンサルティングでは、クライエントの真の課題が何であり何を解決すべきなのかが不明瞭である場合がある。そのため客観的・専門的な視点からクライエント自身が解決すべき問題を整理することが重要となる。その過程で、社内の様々な制度について説明することも重要であり、それによってクライエントの問題解決の糸口が明らかとなる。また、社内の制度やキャリアコンサルティング的な介入支援では解決が難しい問題については、然るべき専門的な部署や機関にリファーする。

- ・それで、その人に「ご自身でどんな課題があると思う？」「これから職場に戻ったら、自分でどんなことに心がけなければいけないのかな？」といったことを整理してみようと言いました。一つひとつ、これから心がけることを整理してもらうことにしたんです。（キャリアコンサルタントJ氏）
- ・本当に必要なことなのか、一番やらなくてはならないことは何なのか、部署の他の人たちが、同じようなツールを作っている可能性はないか、などの会話をしながら整理をしていきました。（B社）

149

・あなたが思い描いているキャリアの方向を実現するためには、バックボーンである金銭面の生活資金設計を考えようねと。そこが確立されてないのであれば、ライフプラン相談室に相談して、年金などの基本の生活資金設計をした上で、キャリア相談室に戻ってきて、じゃこれがやりたい、あれがやりたいって話を聞きますよということで、リファーしてるケースが多いです。(G社)

　さらに展開部分では、クライエント本人の意志を徹底して確認していた。また、クライエントがもつスキルや興味などを確認していた。このような作業を通じて、クライエントに自信や将来に向けた展望を持たせるといった支援がなされていた。さらに、こうした支援を掘り下げる形で働く意義や価値観などの確認に相談過程を深めていく場合がある。こうした意味づけを通じて、やはり自信、自己肯定感、喜びといったものを提供する。ただし、実際には、そうしたクライエント本人の意識面への介入支援とほぼ同様の重みをもって、上司や人事への働きかけも行われていた。そうした働きかけを通じて、クライエント本人の問題解決を図るだけでなく、場合によっては上司自身に対する支援、さらには、職場や組織全体へ介入といった方向へ進む。

・転職したいという方に対しては、どれくらい本気かというのを確認します。たんにすごく好きだというのではなく、どれだけ準備しているのか、どれだけ活動しているかという行動面を確認します。(キャリアコンサルタントI氏)
・あなたはどんな仕事がやれるんですか、好きなんですかと話していく中で、かなりこんな仕事もできる、あんな仕事もできるということがあがってきました。実際にあげてみると、今やっている仕事だけでなくて、それ以外にも20から30ぐらいの仕事がありました。(H社)
・組織介入という言い方をしたりしますが、その他に「どう？　自分で言える？」という確認もしたりするわけです。本人が言えればベターです。自分のことなんだから、自分で考えて、自分がちゃんと言えるというのは本当にいいことだと思うんですね。ただ「ちょっとお願い

します」ということであれば、私が代わって言いましょうということもあるわけです。（キャリアコンサルタントＪ氏）

・ちょっと心配になったところがあったので、ご本人に確認をして、通常、我々は守秘義務を守るんですけれども、上司と連絡をとってもいいですかと聞きました。（Ｄ社）

（3）企業内キャリアコンサルティングの体制と運営

　企業内のキャリアコンサルティングの体制と運営については、従来、議論が多々あったが、現在、以前に比べれば一定の方向に議論は集約されつつある。これは、2000年代前半に企業内にキャリアコンサルティングが導入されてから、10年という期間を経て相応の経験を蓄積したためである。どのような体制を組み、どのように運営すれば企業内にキャリアコンサルティングを定着させやすく、また、様々な部門との相乗効果を出しやすいのか。試

図表4-4　企業内キャリアコンサルティングの体制と運営―まとめ

	要点1	要点2
①人事部門との連携	現在でも、守秘義務の問題をめぐって人事部門からは完全に独立した存在であるべきとの議論はある。	ただし、現状では企業内で有効に機能するためには、人事部門の中にあって独立性を保つのが望ましいとされる。
②様々な従業員支援部門との連携	企業内には様々な従業員支援部門があるが、現状で最も密な連携をとっているのは産業医などの健康管理部門であり、看護師・保健師・臨床心理士・カウンセラーなど様々な専門家と連携をとる。	そのため、企業内の様々な関連部署との連携・コーディネーションのスキルも重要となる。
③アウトプレースメント機能との連携	アウトプレースメント的な機能との厳密な切り分けは強く意識されているが、連携をとる必要がある場合には、本人の意思確認、社内活用の可能性の検討などいくつかのステップを踏む。	アウトプレースメントと連携するキャリア・コンサルティングは概して難しく相当の技量を要する。
④上司に対する支援	取り扱う相談内容によってはクライエントの了解を得て上司に連絡をとって支援を行う。その過程で上司そのものに支援を提供する必要が生じる場合がある。	この延長線上に職場全体を支援する組織介入・組織開発の取り組みがある。個人を取り巻く環境への介入についてのスキルも求められる。
⑤キャリア研修との連携	宿泊型のキャリア研修の夜の時間帯に相談を行うのが一般的であるが、後日、一定期間を経た後に行うこともある。	年代別のキャリア研修の要所に相談が組み込まれる形が1つの形となっている。
⑥その他のキャリア形成支援施策との関わり	社内公募制度・FA制度・目標管理制度などの様々なキャリア形成支援施策との関連が指摘されるが、これら社内の様々な制度の説明も相談場面ではよく行われる。	こうした諸制度を前提として企業内キャリア・コンサルティングは成立している面がある。
⑦企業内キャリア・コンサルティングの普及に向けて	普及に向けて、ライン長、マネージャー、チームリーダー層に体験してもらう重要であるが、何より経営層の理解が必須となる。	相談に対する一般の理解が進まないなか、公的な表彰制度などは意味がある。

151

行錯誤を行い、それを互いの企業が相互に参照し合い、洗練させていくなかで、おおむね合理的・効果的なキャリアコンサルティングの置きどころが定まったためである。

①人事部門との連携
・当初は、どう考えてもキャリア相談室は人事部の中にあるべきだっていうような意見がありました。いろいろ検討の末、人事部とは切り離して考えるという結論になったと聞いています。（G社）
・キャリアアドバイザーは人事グループと現場との中間に配置されているとちょっと弱い感じがします。やはり、それは人事グループ内でないとだめだと思います。人事部としっかり連携をとらないと影響力が弱い。本来人事グループがやるべきことを、キャリアアドバイザーという機能を使って、現場と向き合うことだと思っています。（C社）

②様々な従業員支援部門との連携
・当社の場合、相談窓口は実はいろいろあるんです。いろいろな相談窓口があって、労組もあるし、セクハラ問題やパワハラ委員会、コンプラ推進室もあります。逆にいうと、我々はコンシェルジュで、もし何かパワハラ的なことだったら、それはパワハラ、いわゆるコンプライアンスのほうに行ったほうがいいんじゃない？と言う。（F社）
・弊社では、主治医のほかに産業医、人事とか健康管理室の保健師がいて厚いサポート体制をとっています。（B社）

③アウトプレースメント機能との連携
・再就職支援の領域もサービスとしてはありますので、ご本人の意思が固いときには、リソースの一つとしていろいろ制度などを紹介したりします。（A社）

④上司に対する支援
・この事例に限らず本人よりも、上司をケアすることが過半です。だから、ライン職（役員・部長・課長）の大半を知るように努めてきました。まだリレーションがとれていないライン職もいるので、これを開発していくのが仕事の基盤づくりになります。（C社）

第4章　企業内でのキャリアコンサルティングの展開

・場合によっては、本人に承諾をとって上司にフィードバックをして、その本人だけでなくて、環境に対して働きかけをしてサポートを厚くしていきます。そうして定着を図るような取り組みをしていきます。（H社）

⑤キャリア研修との連携

・キャリア研修は2日間やりますが、研修の最後に、アンケートを後で送るのでそれに今回の研修でいろいろ気づいたことを書いてください、そして、半年以内ぐらいにフォロー面談を希望される人は「希望する」と書いてくださいと言います。これで半分ぐらいの受講者が希望します。（E社）

⑥その他のキャリア形成支援施策との関わり

・ちゃんとした制度がありますので、自己申告制度とか社内公募とかいろんなオプションがあるんですけれども、本人にはそれが見えてないわけです。それを客観的に情報提供する。（F社）

・社内公募やFAのサイトにリンクをしていますが、単に異動ではなく、その前にまず自分でじっくり考えようねというスタンスで、今、相談室があります。ですから、社外を考えている人も一旦、まずじっくりと考えてみようという形でかかわっています。（A社）

⑦企業内キャリアコンサルティングの普及に向けて

・キャリア・コンサルティングなどが会社にとってメリットがあるということを経営者に理解してもらうというのが一番大きい。（キャリアコンサルタントI氏）

・企業内でのキャリア・コンサルティングの普及を考えるには、いちばんの課題は経営陣の理解を得ることとなります。経営陣の理解を手っ取り早く得るには、経営指標で示してあげるのが良い。今はそういうことができないが、キャリアカウンセリングをやると売り上げがあがる、利益があがる、会社にこういう数値面でいいことがあるということを言えると良い。今はそれができません。（H社）

本来、企業内キャリアコンサルティングも、企業組織の中で行われる活動

153

である以上、一定の経済合理性が求められる。企業内キャリアコンサルティングの効果を何らかの量的な指標で示すことは一般的には困難である。したがって、企業内キャリアコンサルティングを一定の経済合理性をもって考えていく場合、意識するにせよしないにせよ、可能な限り効果的・効率的に運営することによって総体的なコストを下げるという方向へと進むことになる。例えば、企業内キャリアコンサルティングも、クライエントの個別の相談に乗る以上、本来であれば守秘義務を厳格に守るべく人事部門とは完全に独立した形でありたい。そして、実際、当初はそのような形で始まる場合が多いのであるが、いずれ時を経て人事部門と連携して企業内の他の様々な従業員支援サービスと連動して動くに至る。また、キャリア研修と連携したり、社内公募制度などのキャリア形成支援施策と連動する形でキャリアコンサルティングを位置づけるに至る。したがって、どちらかと言えば、企業外に人材を出すアウトプレースメント的な機能との連動には消極的であり、むしろ上司を巻き込んだ支援、上司そのものに対する支援からさらに進んで、組織全体を支援する組織開発へと最近の論点は移りつつある。

　今から10年前の企業内キャリアコンサルティングの導入期にあっては、いわゆる「リストラ」と結び付けられやすく、アウトプレースメント的な機能との混同がみられた企業内キャリアコンサルティングであったが、現在、多くの先進的な企業の試行錯誤の中で、その体制と運営は、企業内の様々な機能と連動して、最終的には組織全体への介入を行っていくものとして進化したと言えるであろう。

10　日本の企業内キャリアコンサルティングからみた今後の生涯キャリア支援の展開

　今後の生涯キャリア支援を考えるにあたって、まず、その相談内容に着目する必要がある。図表4-2に示したとおり「異動や昇進に伴う仕事内容の変化」「モチベーションの低下」「キャリアアップ」などの、従来から企業内のキャリア相談に期待される問題や課題に適切に対応・対処するようなキャリア支援は引き続き提供されるべきであろう。特に、キャリアコンサルティングの中核にある一対一の個別相談は、むしろ個別相談でしか対処できない

第4章　企業内でのキャリアコンサルティングの展開

問題であるからこそ、相談場面に持ち込まれてきたのだという認識は強く持ちたい。仮に、社内のその他の人事制度を利用することによって問題の解決が可能であったのであれば、クライエントは個別相談には訪れない。訪れた以上は、そこには個別に対応を求めざるを得なかった事情があったのだと考えるべきであり、個別の問題に対する個別の相談は、今後も生涯企業内外のキャリア支援を考える上で重要課題である。図表4-2には「時短勤務・有期契約で働く女性の問題」「メンタルヘルスと関連するキャリアの問題」なども挙がっていたが、これらが個別の事情に基づく個別のキャリアの問題の典型的な事例ということにもなろう。

　その際、図表4-3に示したキャリアコンサルティングのプロセスも示唆的である。このプロセスモデルからは、個別相談の基盤となるものが従来どおりの「聴く」「質問する」であることが確認される。こうした個別相談にまつわる基本的なスキルは、今後の生涯キャリア支援の展開を考える上でも引き続き重視しておきたい。一方で、実際にクライエントが抱えた問題を解決するにあたっては、社内の制度を説明したり、然るべき専門的な部署や機関にリファーすることが重要となっていた。こうした個別のキャリア相談の周辺を取り巻く社内の様々な制度、関連する部署・機関との連携のイメージも重要である。欧州キャリアガイダンス論が好んで論じる一方で、日本のキャリア支援論が重視しない論点として、キャリア支援およびそれに関連する施策を相互に有機的に結びつけたキャリアガイダンスのネットワークという議論がある。関連する制度・機関の連携によるある種のセーフティネットとしての生涯キャリア支援のイメージは、今後の展開を考える上で重要である。そして、その議論の延長線上に様々なタイプの解決のゴールがある。それは、個人の働く意義、価値観、自信、自己肯定感などのような心理的なものである場合もあれば、社内の上司や人事に対する働きかけなどの具体的な問題解決である場合もある。さらには、職場や組織全体の問題を解決する組織開発的なゴールもある。一般にキャリア支援は、それが個人の職業やキャリアに直接的に良い影響を与えるものでなければならないと必要以上に考えられやすい。その狭く限定されたゴールを想定することによって、キャリア支援そのものも狭く限定された問題意識のもとに構想されやすい。しかしなが

155

ら、ここまで延べてきたとおり、個人が個別の事情を背景として抱える個別の職業・キャリアの問題は極めて多様であるため、個人の職業やキャリアに直接関連のあるものに限定して考えた場合には、おおむねクライエントのニーズを満たさなくなる場合が想定される。結果的に、キャリア支援を狭く限定して考えた場合には、狭く限定されたニーズしか満たさず、十分な展開を見せない。もともと生涯キャリア支援が潜在的にカバーする領域は広く、その広がりに応じた構想を持つ必要がある。

　そして、それを実現する上での生涯キャリア支援についても、企業内キャリアコンサルティングの体制と運営のあり方は参照しうる。図表 4-4 に示したとおり、基本的には、社内の人事部門その他の様々な従業員支援部門との連携が中心となり、場合によってはアウトプレースメント的な社外の機能と連携をとる。上述したとおり、生涯キャリア支援を要する個人も、その個人が抱える問題も、そしてその解決のゴールも多様である以上、様々なネットワークによる支援が不可欠となる。そして、問題解決にあたってのキーパーソンとなる「上司」の支援も考える必要があり、これは生涯キャリア支援を求めるクライエントの周囲の人全体を支援の対象とするシステム論的な発想にも連なってくる。また、企業内のキャリアコンサルティングではキャリア研修その他のキャリア形成支援施策との連携・関わりが重要となる。これは、生涯キャリア支援においても、そうした制度的な支えが必要になることを端的に示すものであろう。

　このように企業内のキャリアコンサルティングのあり方が、それ以外のキャリア支援のあり方を考える上でも重要な手がかりを与える理由として、企業内のキャリアコンサルティングが、社内の希少なリソースを可能な限り有効活用しつつ、従業員に適切なサービスを提供すべく試行錯誤の結果が蓄積されているからであろう。今後、公共政策として生涯キャリア支援を考えるにあたっても、少ないリソースのもと、最大限のサービスを提供するという視点は変わらないのであり、今後の展開を占う上で重要な知見となりうると思われる。

【参考文献】 ※欧文アルファベット順、和文 50 音順

Borgen, B., Lalande, V., Butterfield, L., Gray, M., Jacklin, D., & Taheri-Tabriz, M.（2010）. Career conversations: The development, implementation and evaluation of an innovative human resource intervention for small to medium businesses. Ottawa, ON: Canadian Career Development Foundation.

CEDEFOP（2011）. Career development at work: A review of career guidance to support people in employment. Thessaloniki, Greece: CEDEFOP.

Hirsh, W., Jackson, C., & Kidd, J.（2001）. Straight talking: effective career discussions at work. Cambridge, UK: NICEC.

Kidd, M. J., Hirsh, W., & Jackson, C.（2004）. Straight talking: The nature of effective career discussion at work. Journal of Career Development, 30, 231-245.

Niles, S. G., & Harris-Bowlsbey, J.（2002）. Career development interventions in the 21st century. Upper Saddle River, NJ: Merrill Prentice Hall.

OECD（2004）. Career guidance and public policy: Bridging the gap. Paris: OECD.

Savickas, M. L.（1995）. Current theoretical issues in vocational psychology: Convergence, divergence, and schism. In W. B. Walsh, & S. H. Osipow（Eds.）, Handbook of voactional psychology（2nd.）pp. 1-34. Hillsdale, NJ: Erlbaum.

小野田博之編（2011）.『キャリア開発 24 の扉』生産性出版.

下村英雄（2013）.『成人キャリア発達とキャリアガイダンス─成人キャリアコンサルティングの理論的・実践的・政策的基盤』労働政策研究・研修機構.

杉渓一言（1963）.『職場のカウンセリング─部下指導の心理と技術』誠信書房.

日本労働協会（1968）. 働く若人の悩みを解く方法─産業カウンセリング制度　日本労働協会.

横山哲夫編（1999）.『事例キャリア・カウンセリング』生産性出版.

横山哲夫編（2004）.『キャリア開発／キャリア・カウンセリング』生産性出版.

労働省婦人少年局（1965）.「年少労働者のための産業カウンセリング制度」労働省

労働省婦人少年局（1967）.「産業カウンセリング制度普及状況調査結果報告書」労働省

労働政策研究・研修機構（2015）.『企業内キャリア・コンサルティングとその日本的特質─自由記述調査及びインタビュー調査結果』労働政策研究報告書No.171　労働政策研究・研修機構.

第 5 章 企業内プロフェッショナルと専門職制度

　本章では、知識基盤社会における労働生産性引き上げにおいて、企業内プロフェッショナルの存在が重要になっている中で、キャリア支援として、企業内プロフェッショナルの育成や専門職制度の有効性と課題を考察する。

　企業内プロフェッショナル人材の重要性が増す中、日本の雇用システムの中でのプロフェッショナル人材の位置づけやその育成のあり方等を検討するため、2015 年 9 月に労働政策研究・研修機構に「企業内プロフェッショナル人材研究会」が設置された。2015 年度の研究成果の一つとして、先行研究をレビューし、企業内プロフェッショナルの特徴として、「企業や組織の一員として、所属企業・組織の枠を超えて社会的に通用する汎用性のある高い専門性を有しながら、自律的に職務遂行を行い、担当職務の意思決定に中心的な役割を果たす」ことなどが整理された（労働政策研究・研修機構、2016a）。

　一方、企業内プロフェッショナルを巡る近年の動きをみると、プロフェッショナル人材の育成の必要性が提言されてきたが、能力開発基本調査によると、人材育成に問題ありとする企業や主体的なキャリア開発に問題ありとする労働者がともに 7 割に上るなど課題がみられる。

　最近の労働経済白書においても、労働生産性向上に向けた課題として、企業が行う人的資本投資や自己啓発に注目し、独米と比べて人的資本投資が少なくなっていることや、自己啓発の実施割合の伸び悩みが指摘されている。

　これらの分析は、企業内プロフェッショナルにも当てはまるものと思われるが、これまで企業内プロフェッショナルの人的資本投資や自己啓発に関する研究の蓄積はあまりなされてこなかった。

　このため、本章においては、企業内プロフェッショナル等に対するインタビュー調査等を行い、その人的資本の蓄積、自己啓発、専門職制度等の現状と課題を明らかにし、最後に政策への提言と今後の課題を示したい。

第1節　はじめに

1　問題意識

2013年、産業競争力会議「雇用人材分科会」（中間整理2013年12月）において、「従来の日本的雇用システムは、高度経済成長の原動力となったが、外部労働市場や教育・訓練システムの活用化が図られず、またグローバルに通用するプロフェッショナルの育成にも不向きであった。このため、企業ニーズと個人の能力の効果的なマッチングが図られる企業外部の労働市場、個人が企業外でもキャリアアップできる教育・訓練システムを備えた、『企業外でも能力を高め、適職に移動できる社会』を目指す。」として、外部労働市場や教育・訓練システムを活用したプロフェッショナルの育成の必要性が提言された。

しかしながら、人材育成や主体的なキャリア開発には依然として課題が多い。能力開発基本調査（厚生労働省）の企業調査によると、企業の教育訓練費の割合は1990年代以降低下傾向にあり、また2013年度で人材育成に問題ありと回答した企業の割合は約7割に上っている。また同個人調査では、主体的なキャリア開発[1]を行った割合は正社員で約4割であり、また主体的なキャリア開発に問題ありと回答した労働者も約7割に上っている（図表5-1参照）。

こうしたことから、最近の労働経済白書では、労働生産性向上に向けた課題として、企業が行う人的資本投資や自己啓発に焦点を当てて分析している。その2015年版（厚生労働省編、2015）では、労働生産性向上のためには人的資本投資が必要であるが、その割合は独米と比べて低くなっており、将来の人的資本の蓄積が懸念されると指摘している。2016年版（厚生労働省編、2016）では、我が国の自己啓発の実施割合は正社員で約4割から5割程度で、このところ横ばいで推移していると分析している。

これらの分析は、企業内プロフェッショナルにも当てはまるものと思われ

1　職業能力を自主的に開発し、向上させるための活動をいう。

図表 5-1 人材育成や自己啓発の状況

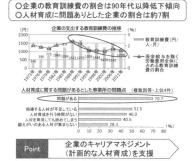
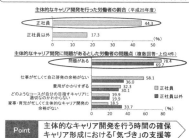

出所）産業競争力会議雇用・人材・教育WG（第3回）（2015年1月）厚生労働省提出資料より抜粋。調査は平成25年度能力開発基本調査（厚生労働省）

るが、これまで企業内プロフェッショナルの人的資本投資や自己啓発に関する研究の蓄積はあまりなされてこなかった。

このため、企業内プロフェッショナルに焦点を当て、職種別の分析や企業内プロフェッショナル等に対するインタビュー調査を行い、民間ビジネススクール[2]による企業内プロフェッショナル育成の可能性、企業内プロフェッショナルを対象とした専門職制度の有効性と課題等を明らかにする。

2 本章の研究の対象と方法

調査研究の対象と方法は、以下のとおりである。

① 労働政策研究・研修機構（2016b）『「人材（人手）不足の現状等に関する調査」（企業調査）結果及び「働き方のあり方等に関する調査」（労働者調査）結果』（JILPT調査シリーズNo.162）のデータを用いた自己啓発の職種別分析
② インタビュー調査（質的調査）
　ア．大学院に入学する社会人が量的に頭打ちの中、民間ビジネススクー

---

[2] 大学院レベルの高度な専門教育が科目単位で受講でき、学習期間も短い民間教育機関が運営するビジネススクール。詳しくは第3節で解説する。

ルの受講者を対象に、企業内プロフェッショナルを志向する労働者の社外学習の機会として、民間ビジネススクールの活用の可能性と課題を調査

イ．企業側担当者、企業内プロフェッショナルを対象に、従来のOJT、Off-JT、自己啓発の枠組みで人的資本の蓄積がなされるか、企業内プロフェッショナルを対象とする専門職制度は人的資本の蓄積に資するか、課題はあるか等を調査

なお、インタビュー調査にあたっては、企業内プロフェッショナル全般を対象とするのではなく、一定の類型を援用して対象を選び、分析した。

その中でも、谷内（2007）の類型は、図表5-2に示すように、プロフェッショナルを専門性の適用範囲（狭⇔広）、事業との直結性（低⇔高）により、テクノクラート型、ファンクショナル型、プロデュース型に分けている。

テクノクラート型は、専門性の適用範囲は狭いが、事業との直結性は高く、ファンクショナル型は、事業との直結性は低いが、専門性の適用範囲は

図表 5-2　プロフェッショナル人材の類型化[3]

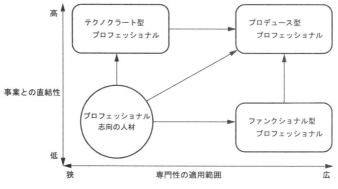

出所）谷内（2007）

3　テクノクラート型：　特定分野の技術開発や研究開発、戦略的思考に基づくソリューション的営業が担えるプロフェッショナル人材。
　　ファンクショナル型：企業に必要なファンクション、例えば人事、財務・経理、法務などの職能分野における高度な専門性を有したプロフェッショナル人材。
　　プロデュース型：　自分の専門分野における高度な専門性と経営センスを兼ね備えたプロフェッショナル人材。

広い。また、プロデュース型は、事業との直結性が高く、専門性の適用範囲
も広い。従前の研究においては、プロフェッショナルには経営のプロフェッ
ショナルは含まれていないが、谷内の提案した類型は、事業創造や新たなビ
ジネスモデルで事業展開を行えるような次世代の経営を担うリーダー（経営
のプロ）をプロデュース型として類型化しているところに特徴がある。

　企業内プロフェッショナルは事業と切り離して論じることが困難であり、
本研究においては、主にこの谷内の類型を参考にした。

第2節　職業別の自己啓発の状況

　企業内プロフェッショナルの自己啓発の状況を明らかにするため、労働政
策研究・研修機構（2016b）のデータ[4]を用いて、職種別の分析を試みた。

1 自己啓発の実施状況

　現在、自己啓発（会社や職場の指示によらない自発的な勉強）を行ってい
るかどうかを、職種別に示したものが、図表5-3である。

　自己啓発の実施状況は、全体的に職種によって違いがみられた。

　最も自己啓発を行っている職種が「医療・介護、教育関係の専門職」
（46.0％）、次いで「研究、技術、開発、設計等」（37.8％）であった。また、
事務系の職種で自己啓発を行っている割合は「総務、広報、人事・労務等」
が34.9％、「会計、経理、財務、法務等」が31.0％、「その他の一般事務等」
が22.9％となっていた。これら事務系の職種の中でも、「総務、広報、人事
・労務等」や「会計、経理、財務、法務等」が、「その他の一般事務等」より
も自己啓発を行っている割合が高く、より専門性を求められていることが考
えられる。

　自己啓発を「行っている」割合が、「行っておらず今後の予定もない」の
割合を上回っているのは、「医療・介護、教育関係の専門職」と「研究、技

4　この調査は、300人以上企業の勤続3年以上の正社員を対象に、男女や年齢に極端な偏りが出
　ないよう留意して実施されたものである。

162

第5章　企業内プロフェッショナルと専門職制度

図表5-3　現在の自己啓発の実施状況

（単位：%）

		現在自己啓発を行っているか				
		行っている	今後、行う予定がある	行っておらず今後の予定もない	無回答	N
		(N=2334)	(N=1526)	(N=3310)	(N=285)	(N=7455)
	職種計	31.3	20.5	44.4	3.8	100.0
現在の職種	総務、広報、人事・労務等	34.9	22.8	38.6	3.7	2126
	会計、経理、財務、法務等	31.0	25.1	41.1	2.9	806
	その他一般事務	22.9	19.0	54.9	3.1	859
	営業、企画、購買等	32.9	21.6	41.1	4.3	975
	販売、接客サービス等	31.6	16.3	49.4	2.7	443
	研究、技術、開発、設計等	37.8	21.6	35.7	4.9	487
	製造・生産、工程管理等	23.0	15.3	58.5	3.2	661
	建設・作業、現場の管理・監督等	30.6	20.8	44.8	3.8	317
	輸送・運転、物流等	19.3	12.9	62.0	5.8	295
	警備・清掃等	29.4	14.7	52.9	2.9	68
	医療・介護、教育関係の専門職	46.0	16.6	32.5	4.9	326
	その他	26.1	20.7	42.4	10.9	92

出所）労働政策研究・研修機構（2017）（以下本章における図表の出所はこれによる）

術、開発、設計等」の2職種のみで、他の職種は、「行っておらず今後の予定もない」の方が高かった。「行っておらず今後の予定もない」が最も高いのは、「輸送・運転、物流等」（62.0％）、次いで「製造・生産、工程管理等」（58.5％）、「その他の一般事務」（54.9％）であった。

2　自己啓発の目的

　次に、自己啓発を行う目的を示したものが図表5-4である。

　自己啓発を行う目的は、職種間で順位に大きな違いはみられなかった。すなわち、ほとんどの職種で、「現在の仕事に必要な知識や技能を身につけるため」が最も高く、次いで「将来の仕事やキャリアアップ（昇進・昇格含む）に備えるため」、「一般教養として」と続いた。しかし、目的ごとに最も高い職種をみると、「現在の仕事に必要な知識や技能を身につけるため」では「医療・介護、教育関係の専門職」が、「将来の仕事やキャリアアップに備えるため」では「研究、技術、開発、設計等」が、「一般教養として」では「その他一般事務」が、それぞれ最も高くなっているなど違いがみられた。

163

図表 5-4 自己啓発の目的

(単位：%)

		自己啓発を行う目的（複数回答）								
		現在の仕事に必要な知識や技能を身につけるため	将来の仕事やキャリアアップに備えるため（昇進・昇格含む）	昇給等をアップさせたいため	転職や独立のため	学歴や資格を身に付けるため	一般教養として	その他	無回答	N
		(N=2578)	(N=1538)	(N=555)	(N=523)	(N=663)	(N=1193)	(N=11)	(N=37)	(N=3860)
職種計		66.8	39.8	14.4	13.5	17.2	30.9	0.3	1.0	100.0
現在の職種	総務、広報、人事・労務等	66.9	41.0	10.9	13.0	17.9	33.7	0.2	1.0	1227
	会計、経理、財務、法務等	64.6	35.8	9.3	14.6	19.5	30.1	-	0.7	452
	その他一般事務	58.1	33.6	11.9	11.4	20.0	36.4	0.8	0.8	360
	営業、企画、購買等	66.0	44.7	16.9	14.1	13.7	33.6	0.2	1.1	532
	販売、接客サービス等	67.0	43.9	25.5	17.9	9.4	32.1	-	0.5	212
	研究、技術、開発、設計等	70.2	46.0	18.0	14.2	17.6	29.1	1.0	-	289
	製造・生産、工程管理等	69.6	39.1	16.6	15.4	17.0	21.3	-	1.2	253
	建設・作業、現場の管理・監督等	67.5	39.3	25.2	14.1	24.5	16.6	-	1.8	163
	輸送・運転、物流等	64.2	35.8	21.1	8.4	12.6	34.7	-	2.1	95
	警備・清掃等	83.3	26.7	30.0	13.3	13.3	26.7	-	-	30
	医療・介護、教育関係の専門職	78.4	33.8	10.8	12.7	18.1	22.1	-	1.5	204
	その他	65.1	32.6	14.0	4.7	7.0	32.6	2.3	2.3	43

3 自己啓発の方法

　自己啓発をどのように行っているか（行う予定か）について尋ねた結果を、図表5-5に示す。

　最も多いのは、どの職種においても「自学・自習」であり、全体の3分の2を占めている。次に多いのは、事務系職種では、「通信教育の受講」、それ以外の職種では、「その他の講習会やセミナーの傍聴」や「自主的な勉強会や研修会への参加」となっている。「公的な職業能力開発講座の受講」は6.7％と少ないが、特に事務系の職種が少ない。事務系の職種が少ないのは、公共職業訓練の事務系のコース設定状況が影響している可能性が考えられる。「専修・専門、各種学校の講座の受講」（3.8％）、「大学・大学院の講座の受講」（1.9％）はさらに少ないが、事務系の職種と「医療・介護、教育関係の専門職」が比較的多く、「研究、技術、開発、設計等」は平均にも満たなかった。

図表 5-5 自己啓発の方法

(単位:%)

自己啓発はどのように行っているか(行う予定か)(複数回答)

	大学・大学院の講座の受講	専門・各種学校の講座・専門講座の受講	公的な職業能力開発の講座の受講	セミナーや講習会の傍聴	その他の講習会や研修会への参加	自主的な勉強会や研修会への参加	通信教育の受講	自学・自習	その他	無回答	N
	(N=73)	(N=146)	(N=260)	(N=1085)	(N=1078)	(N=903)	(N=2522)	(N=12)	(N=40)		(N=3860)
職種計	1.9	3.8	6.7	28.1	27.9	23.4	65.3	0.3	1.0		100.0
現在の職種 総務、広報、人事・労務等	2.4	5.1	5.8	28.9	25.7	29.3	64.0		0.6	0.8	1227
会計、経理、財務、法務等	2.7	5.3	2.9	21.2	18.6	26.1	67.7		0.4	1.5	452
その他一般事務	1.4	4.2	7.2	23.3	21.4	29.2	63.6		0.3	0.3	360
営業、企画、購買等	2.3	3.4	7.0	32.0	30.1	21.8	62.4	–		1.3	532
販売、接客サービス等	0.9	3.3	6.6	28.8	32.5	21.2	64.2	–		1.4	212
研究、技術、開発、設計等	–	2.4	5.5	22.8	31.8	14.9	77.5		0.3	0.3	289
製造・生産、工程管理等	0.4	–	11.9	32.4	28.9	17.4	66.0		0.4	–	253
建設・作業、現場の管理・監督等	0.6	1.8	9.8	28.2	25.2	8.0	70.6	–		1.8	163
輸送・運転、物流等	1.1	–	12.6	22.1	35.8	14.7	69.5	–		3.2	95
警備・清掃等	–	3.3	6.7	33.3	46.7	10.0	63.3	–		–	30
医療・介護、教育関係の専門職	4.9	2.9	10.8	43.6	52.0	18.1	53.4	–		1.0	204
その他	–	4.7	2.3	14.0	30.2	14.0	79.1	–		–	43

4 自己啓発の課題

自己啓発を行う上での課題について尋ねた結果を、図表5-6 に示す。

自己啓発を行う上での課題は、職種間で順位に大きな違いはみられない。「時間の確保が難しい」(55.6 %)が最も割合が高く、2 番目が「費用負担

図表 5-6 自己啓発の課題

(単位:%)

自己啓発を行う上での課題(複数回答)

	費用負担がかかる・大きい	時間(仕事等)の確保が難しい	行うべき内容が分からな	行うべき手法(教育機関含む)が分からない	関心・目的を見い出し難い	特に課題はない(行わない理由はない)	その他	無回答	N
	(N=2466)	(N=4144)	(N=560)	(N=415)	(N=375)	(N=622)	(N=54)	(N=1349)	(N=7455)
職種計	33.1	55.6	7.5	5.6	5.0	8.3	0.7	18.1	100.0
現在の職種 総務、広報、人事・労務等	35.0	58.6	5.4	4.4	4.7	7.5	0.6	17.2	2126
会計、経理、財務、法務等	36.0	56.7	4.6	4.5	5.3	8.1	0.5	16.9	806
その他一般事務	31.8	49.5	10.4	7.0	5.4	7.6	0.5	22.5	859
営業、企画、購買等	33.0	57.8	7.4	5.8	4.0	8.0	1.2	17.5	975
販売、接客サービス等	31.8	54.6	9.9	7.2	4.5	8.1	0.5	18.5	443
研究、技術、開発、設計等	29.4	61.4	7.6	6.6	6.0	10.1	0.4	11.7	487
製造・生産、工程管理等	27.2	49.0	11.5	7.3	7.1	10.0	1.2	19.2	661
建設・作業、現場の管理・監督等	33.1	57.1	8.2	3.2	4.7	9.1	0.9	16.7	317
輸送・運転、物流等	24.4	41.0	11.5	8.5	6.8	15.6	1.0	24.4	295
警備・清掃等	30.9	52.9	8.8	10.3	4.4	2.9	1.5	19.1	68
医療・介護、教育関係の専門職	43.3	62.6	4.9	3.4	3.4	5.2	0.9	17.2	326
その他	35.9	48.9	9.8	3.3	3.3	9.8	–	25.0	92

がかかる・大きい」（33.1％）となっている。職種別にみると、「医療・介護、教育関係の専門職」は他の職種と比較して、「時間の確保が難しい」「費用負担がかかる・大きい」の割合が最も高い。

5 小 括

　企業内プロフェッショナルの自己啓発の状況をみるため、「働き方のあり方に関する調査」を用いて職種別の分析を行った。

　この調査は、企業内プロフェッショナルのみを対象とした調査ではないので、その職種にどれだけの割合で企業内プロフェッショナルが含まれているのか明らかでないが、一般的に企業内プロフェッショナルが多く含まれると推察される職種は、「医療・介護、教育関係の専門職」「研究、技術、開発、設計等」「総務、広報、人事・労務等」「会計、経理、財務、法務等」などである。

　これらの四つの職種と他の職種との違いに着目すると、おおむね他の職種より自己啓発を行っている割合が高かった。また、「自学・自習」以外の自己啓発の方法として、「医療・介護、教育関係の専門職」「研究、技術、開発、設計等」は、「自主的な勉強会や研修会への参加」が多いのに対して、「総務、広報、人事・労務等」「会計、経理、財務、法務等」は、「通信教育の受講」が多かった。

　それ以外の自己啓発の目的や自己啓発の課題については、他の職種との大きな違いはみられなかった。

　なお、これらの職種を谷内（2007）の類型に当てはめ、「総務、広報、人事・労務等」と「会計、経理、財務、法務等」をテクノクラート型に、「研究、技術、開発、設計等」をファンクショナル型に類型化し、考察を行うことも検討したが、それぞれの職種に占める企業内プロフェッショナルの割合が明らかでないため適切でないと判断した。

第3節　民間ビジネススクールによる企業内プロフェッショナル育成の可能性と課題
―慶應丸の内シティキャンパスでのビジネスパーソンの社外学習を事例として―

　（本節の研究は、齊藤弘通 産業能率大学経営学部准教授が実施したものである。詳しくは労働政策研究・研修機構（2017）を参照願いたい。）

1　問題意識と調査方法

（1）問題意識
　我が国では、労働者の専門的な職業能力開発は、個別企業・組織における計画的OJTとそれを補完するOff-JTによって担われてきた。その中心は計画的OJTであり、それが個別企業・組織で働く上での「企業特殊能力」の開発に有用であったことはよく知られるところである。

　しかし、企業内プロフェッショナルの育成には、所属企業・組織の枠を超えた高い専門性の蓄積が必要となるため、個別企業・組織内での計画的OJTを積み重ねていくだけでは不十分であることが推察される。

　このことについて、知的財産・企業法務分野の企業内プロフェッショナルのキャリア形成について質的な調査を行った労働政策研究・研修機構（2016）の報告によれば、知的財産・企業法務分野の企業内プロフェッショナルはそのキャリア形成過程において、外部の専門団体や集まりへの参加や講演など職場外での活動を通してプロフェッショナルとしての専門知識を増やす努力を行っていることや、そうした職場外での学習活動をしやすくするための勤務環境が整っているとの指摘がなされている。

　また、企業内プロフェッショナルに類似する概念として「組織内専門人材」の存在を主張する石山（2013）によれば、組織内専門人材[5]の専門性

5　石山（2013）は組織内専門人材について以下の特徴を挙げる。
　・組織内における一定の育成期間を経て、専門性の発達を遂げてきた人材タイプである。
　・個別企業へのコミットメントを有しながら、特定の専門職種よりは緩やかな範囲において、自らの専門性の発達を志向する人材タイプである。
　・組織内で醸成される専門性と組織外で醸成される専門性の双方を重視している。
　・組織コミットメントとプロフェッショナル・コミットメントの二重コミットメントを有する。

の発達においても個別企業・組織の外での「越境的能力開発」が有効であったことが指摘されている。

　企業内プロフェッショナルやそれを志向する人材が、その専門性を培う上で有用な社外の教育基盤の一つとして考えられるのが、高度専門職業人を育成することを目的に設立・運営されている専門職大学院や社会人を対象とした大学院修士課程である。

　文部科学省の「学校基本調査」をもとに、「修士課程」、「博士課程」、「専門職学位課程」に毎年度入学する社会人大学院生の総数を調べると、平成23年度以降で、合計約16,500人～17,500人前後の範囲で推移している。うち、「大学院修士課程」に入学した社会人大学院生数は、平成18年度は8,161人となっているが、平成23年度から平成28年度まで約7,500～7,800人の間を推移しており、大学院修士課程における社会人入学者数は約8,000人前後で飽和状態を迎えている。「専門職学位課程」の社会人入学者数は約3,000人～3,500人前後で推移しており、大幅な増加傾向は見られない。唯一、「博士課程」への社会人入学者数が平成23年度から平成28年度まで増加傾向にあるものの、「修士課程」「専門職学位課程」への社会人入学者数に関しては、量的に頭打ちの状態にあるとも言える。

　こうした大学・大学院での社会人学生の比率は、諸外国と比べ極めて規模が小さい。

　OECDの統計（OECD　Education at a Glance，2014）によれば、正規の教育システムにより編成される学習活動（大学・大学院等）に参加した日本成人はわずか2％であり、データの存在するOECD加盟国の中で最も低い割合（OECD平均は10％）となっている。

　このように、国際比較の観点から見ると、日本の成人の高等教育参加度は未だ低い水準にとどまっている。

　大学院での社会人の学習が進展しない背景として、多大な時間的・費用的コストを支払う割に、「大学院での学修成果や学位が企業にあまり評価されない、処遇にほとんどいかされない」（大森，2009）ことが我が国の特徴として挙げられ、このことを示す研究も多い。また、我が国では経営管理全般を学ぶ総合型のMBAコースが中心を占め、一部の大学院において、総合型

のMBAの中に「人材・組織マネジメントコース」などの専攻が設置されている[6]程度であるなど、学位の修得と職業の結びつきは薄く、限定的である。

他方、学位の修得と職業の連動がより意識されたものとして、総合型MBAとは別に、会計職・ファイナンス職を対象とした専門職大学院（会計専門職大学院）が2005年に10校設立され、その後17校に拡大したが、現在、そのうちの数校は学生募集の停止を決め、存続している大学院でも入学定員が満たない状況が発生しているという（高田，2014）。

こうした点を踏まえると、専門職大学院や社会人を対象とした大学院修士課程は、企業内プロフェッショナルやその志向性を持つビジネスパーソンを数多く育成する機関として十分な役割を果たし得ていない状況が推察される。

こうした中、近年、大学院レベルの高度な専門教育が科目単位で受講でき、学習期間も短い民間教育機関が運営するビジネススクール（以下「民間BS」という。）が、ビジネスパーソンを中心に多くの受講者を集めるなど、社会人大学院を代替あるいは補完する機能として注目されている。

例えば、株式会社グロービスが運営する、グロービス・マネジメント・スクールはその代表例である。同校では、経営戦略やマーケティング、アカウンティング、ファイナンスなどの経営管理知識や、論理的思考（クリティカルシンキング）などのコンセプチュアルスキルを学ぶことができる単科講座を社会人向けに開講し、これまで延べ約10万人が学んだとされる我が国では最大規模のNon-degree型経営教育プログラムと言える。

また、従来の大学も別会社として社会人教育機関を設立し、社会人教育事業に乗り出している。例えば、学校法人慶應義塾の社会人教育機関である「慶應丸の内シティキャンパス（以下、慶應MCCと呼称）」はその代表例である。

2001年4月に開講した同校は、「知的基盤能力プログラム」（ビジネスプロフェッショナルのコアスキルとして、実践的な「仕事の方法論」を身につける講座群）、「先端・専門プログラム」（経営機能に対応した高度専門知識

6　例えば法政大学大学院経営学研究科人材・組織マネジメントコースや早稲田大学大学院経営管理研究科夜間主プロフェッショナルマネジメント専修「人材・組織マネジメント」モジュールなど。

や戦略課題をテーマに取り上げ、専門性を深める講座群）といったカテゴリの中で、「経営戦略」、「マーケティング」、「アカウンティング」、「人事・人材・キャリア」、「リーダーシップ」、「論理思考」、「ビジネスコミュニケーション」などに関する多様な社会人教育プログラムを提供している。

　慶應MCCは正規の大学院ではないため、これらの講座を修了しても修士号などの学位は取得できないが、年間2万人の社会人がこれらの講座を含む慶應MCCの提供する各種プログラムで専門知識の習得や能力開発を図っている。

　このことは、修了までに2年間という長い時間と高い費用がかかる大学院での学び直しを躊躇していた社会人の潜在的な需要が掘り起こされている可能性を示唆するものである。

　こうした民間BSでの学習効果について調査したものに、小方・福留・串本（2005）の調査研究が挙げられる。

　この調査研究は、ある民間BS[7]の修了者に対して質問紙調査を行ったもので、社会人大学院と民間BSの学習効果（学習によって身についた知識や能力）等について、社会人大学院の修了者を調査した本田編（2003）との比較を試みたものである。

　これによれば、民間BSでの学習を通じて獲得した能力として相対的に高い評価を得ている上位項目に、「課題を理解し設定する力」「幅広い視野を持つこと」「情報を収集し分析する力」「自己啓発力」「柔軟に思考したり対処する力」があり、この点は本田編（2003）が行った社会人大学院修了者に対する調査結果と共通性があることが確認されている。ただ、この研究では、企業内プロフェッショナルとの関連付けはなされていない。

（2）調査方法

　以上を踏まえ、本研究では、インタビューによる探索的な調査を通して、

7　調査対象となった民間スクールとの関係で、名前は明らかにされていないが、この民間BSは経営学系の教育を行い、1科目を3ヶ月間の受講で修了することになっており、1科目からの受講が可能であるほか、所定の科目を積み重ねていけば修了し、MBAプログラムにもつながるルートを用意しているとしている。（小方他（2005）、p.2）

ビジネスパーソンの民間BSにおける学習実態を明らかにし、企業内プロフェッショナルやその志向性を持つビジネスパーソンが自らの専門性を培う場として民間BSを活用し得る可能性と課題について検討を行った。

　具体的には、民間BSの代表的な教育機関である慶應MCCの受講者10名に対して、インタビュー調査を実施した。調査期間は2016年7月から10月である。調査対象者の多くが受講している講座は、就業時間後の「18：30 − 21：30」の3時間×6回で行われており、その価格は約16万円である。インタビューの内容は、①インタビュー対象者の属性、②受講の動機、③学習内容の詳細と業務との関連性、④学習したことの効用、⑤学習したことの活用状況や今後の活用見通し、⑥今後のキャリア展望と学習プラン、⑦社外学習コミュニティへの期待やニーズの7項目である。この他に、慶應MCC運営事務局へのインタビューも実施された。

2　リサーチクエスチョン、調査結果、考察

　以下、三つのリサーチクエスチョン（RQ）について、インタビュー結果とそれに基づく考察を展開する。

　前述のように、社会人大学院と民間BSでは、得られる学習効果に共通性があり、民間BSは高度な専門職業人を育成する機関として、社会人大学院を代替あるいは補完する機能を持ちえている可能性が示唆される。
　また、民間BSでは、職種に関わる専門知識に加え、経営管理知識についての講座も多く開講されていることから、様々なタイプのプロフェッショナルを志向する人材が集まっている可能性も示唆される。そこで、以下のRQ1を設定した。

　RQ1：企業内プロフェッショナルやその志向を持つ者の学習の場として、民間BSが活用されている実態はあるのか。活用されている場合、どのようなタイプの企業内プロフェッショナルを目指す者にとって有用な学習の場となっているのか。

　インタビュー調査の結果、齊藤は、慶應MCCが、谷内（2007）の「ファ

ンクショナル型」のうち、経営企画職や人事・人材育成職の企業内プロフェッショナルやその志向を持つ者が専門性を深めるための学習の場として機能している可能性がある反面、マーケティング職の企業内プロフェッショナルやその志向を持つ者が専門性を深めるための場とはなり得ておらず、その役割は公益社団法人日本マーケティング協会など、マーケティング領域に特化して教育・研修事業を行う専門団体にて行われている可能性があることを指摘している。併せて、慶応MCCがプロデュース型（次世代を担う経営リーダー）を志向する者にとって有益な学習の場になりうる可能性も指摘している。

上記の指摘に加え、齊藤は、我が国のビジネススクール（大学院）の中心が「総合型MBA」であり、諸外国のビジネススクールに比べて学位の修得と特定職種の結びつきが高くないことを踏まえ、人事・人材育成、マーケティングなど、特定職種に関する専門知識を深く習得する際には、総合的なビジネススクールを活用するよりも、特定職種に関する専門講座が充実した民間BSを活用したほうが、教育効果が高い可能性を示唆し、これらを特定職種の企業内プロフェッショナル人材を育成する際の選択肢として視野に入れるべきと提言している。

続いて、企業内プロフェッショナルやその志向を持つ者にとって、民間BSでの学習は専門性を深めていく上で有用かどうかに関して検討するため、以下のRQ2を設定した。

RQ2：民間BSでの学習はどのような効果をもたらしているのか。また、そうした効果は企業内プロフェッショナルの育成において有用と言えるのか。

今回調査対象となった10名の受講者A〜Jが、慶應MCCでの学習を通してどのような効果があったと認識しているかについて類型化を行うため、インタビューデータのうち、主に慶應MCCでの学習を通じて獲得されたと考えられる知識や能力、その効用について述べられた発言を抽出し、その意味を考えながら、佐藤（2008）の「質的データ分析法」を参考に定性的コー

ディング[8]を行った。

　その結果、慶應MCCでの学習効果として、図表5-7に示すように、「①自社と異なるモノの考え方・意思決定の仕方の理解」「②自社ができていないことへの気づき」「③課題設定や仮説立案の際に有用な分析の枠組みや観点、分析プロセスに関する理解」「④自社・自業界での業務経験だけでは得にくい知識や新たな視点、視座の獲得」「⑤自己の能力の相対化」の五つが確認された。

　上記に加え、次世代経営リーダー育成をめぐる先行研究の動向を踏まえ。齊藤はこうした効果は、特に「プロデュース型」（経営のプロ）の育成において有用である可能性があることを指摘している。また、こうした学習効果が異業種の社員との豊富なディスカッションによってもたらされている可能性も示唆されたことから、齊藤は、次世代リーダーの育成を自社内だけで完結させるのではなく、民間BS等を活用した社外学習の場などを設定し、他社の次世代リーダー候補者とのディスカッションの機会を盛り込むなどの工夫が有用と提言している。

図表5-7　慶應MCCでの学習を通して認識されている効果

学習効果	具体的な内容	発言者
①自社と異なるモノの考え方・意思決定の仕方の理解	他社の受講者とのディスカッションを通して自社とは異なるモノの考え方や意思決定の仕方に触れ、刺激や気づきを得たことを指す	B, C, D, F, J
②自社ができていないことへの気づき	他社の事例に触れたり、分析手法の本来の使い方を知る中で、自社ができていないことに気づかされたという経験を指す	C, E, I
③課題設定や仮説立案の際に有用な分析の枠組みや観点、分析プロセスに関する理解	論理的に課題や仮説を設定していく方法や分析の際の枠組み、観点、分析プロセスに関する理解が深まったとすることを指す	A, B, C, D, E, J
④自社・自業界での業務経験だけでは得にくい知識や新たな視点、視座の獲得	他社の先進事例や情報に触れたことで、自社あるいは自業界で仕事をしているだけでは得にくい知識や新たな視点、視座を獲得できたことを指す	C, D, F, H, I
⑤自己の能力の相対化	他社の受講者の考えや講師の持つ豊富な情報量に触れる中で、自分自身の能力が不十分であることを自覚し、能力向上の必要性を感じたことを指す	A, E, J

注）それぞれの能力は相互排他的なものではなく、同一人物が複数の学習効果を認識しているケースもある。

8　調査対象者の一人目のデータに対して定性的コーディングを行い、二人目以降の調査対象者のデータについては、既に付けた小見出しに照らし合わせながら、類似例かどうかを判断し、類似例と判断されたデータについては同じ小見出しを付けていった。

最後に、企業内プロフェッショナルが継続的に自身の専門性を深めていくための社会的教育基盤のあり方について検討を行う。

　前述のように、我が国の社会人大学院の量的規模は諸外国に比べ小さく、大学院のような高等教育機関での社会人の学び直しは十分行われているとは言えない状況にある。

　一方で、民間BSの提供する教育プログラムは、実務に直接的に有用な知識やスキルがユニット化されているため社会人にとって短期間で学びやすく、大学院に比べ費用も相対的に安価であるため、これまで大学院での学び直しを躊躇していた社会人の潜在的な需要が掘り起こされている可能性が指摘できる。

　ただし、企業内プロフェッショナルとして専門能力を維持あるいは深耕していくためには、一過性のユニット学習に留まらず、それを契機に、その後複数のユニット学習、更には、大学院等でのより専門的・発展的な学習へと学習活動が継続的につながっていくことが望まれる。そこで、以下のRQ3を設定した。

RQ3：民間BSにおける学習が契機となり、さらに社会人大学院などでのより専門的・発展的な学習につながる可能性はあるのか。また、それを妨げる要因があるとすればそれは何か。

　調査の結果、慶應MCCにおける学習を契機に大学院でのより体系的・発展的な学習を積極的に志向している者は確認できなかったものの、慶應MCC運営事務局に対する聞き取りからはそうした学び直しの事例も確認されており、民間ビジネススクールは社会人大学院（MBAプログラム）の潜在的な顧客層を開拓している可能性も示唆される。

　そのことを踏まえ、齊藤は、優れた経営教育を行う民間教育機関と国内の社会人大学院（MBAプログラム）と単位互換を前提とした連携を図り、社会人が大学院（MBA）にチャレンジしやすい環境を整備するなどの施策を提言している。また、両者の有機的な連携を検討する際には、両者の教育上の「強み」を明らかにし、それぞれの役割について議論する必要性を指摘している。さらに、慶應MCCが地方在住者のためにネットを利用したサービ

第5章　企業内プロフェッショナルと専門職制度

スの拡充を進めていることを踏まえ、地方の企業内プロフェッショナル等に
対して高度な専門教育を提供するためのネットを用いた教育基盤のあり方
や、コンテンツ作りへの支援のあり方の検討を提言している。

第4節　企業内プロフェッショナルの人的資本の蓄積、および専門職制度の有効性と課題

　（本節の研究は、石山恒貴 法政大学大学院政策創造研究科教授が実施し
たものである。詳しくは労働政策研究・研修機構（2017）を参照願いたい。）

1　問題意識と調査方法

（1）問題意識

　前節までに述べられてきたとおり、日本の労働生産性引き上げのためには
人的資本の蓄積が喫緊の課題である。知識基盤社会への変化が進む中におい
ては、とりわけ企業への付加価値をもたらす専門性の高い人材の人的資本蓄
積が重要であろう。しかしながら、専門性の高い人材（企業内プロフェッ
ショナル）がいかにして人的資本の蓄積を行うのか、ということについては
従来の日本の人的資源管理に関する一連の研究においては、やや看過されて
きたと言える。

　日本の雇用システムの特徴の一つである「おそい選抜」という日本の昇進
基準には、人事評価、とりわけ具体的な職務遂行能力や専門性への評価を曖
昧にしてしまう特徴が内包されている。幅広い専門性という呼称が冠され
ているといっても、実質的には社員の大多数は幹部候補生であり、総合職
（ジェネラリスト）としての育成のみに重点が置かれてきた。それゆえ専門
性の高い人材（企業内プロフェッショナル）をいかに育成していくのか、と
いう観点の研究は、人的資源管理の領域において、従来は蓄積されてこな
かったと言えよう。

175

（2）調査方法

　以上を踏まえ、本研究では、企業内プロフェッショナル等[9]に対してインタビューを行い、企業内プロフェッショナルの人的資本の蓄積、企業内プロフェッショナルを対象とする専門職制度の有効性と課題の検討を行った。

　具体的には、調査対象者はA〜Xの24名で、調査期間は2015年10月から2016年7月である。企業内プロフェッショナルに対するインタビューの内容は、①今までのキャリアと現在の担当職務、②企業内プロフェッショナルの人材像の定義、③企業内プロフェッショナルとして重要な専門性に該当するものは何か、④専門性を培うために重要だった学びの要素、⑤企業内プロフェッショナルとしての準拠集団、職業倫理、役割コンフクリトの有無、⑥専門職制度など企業における育成の仕組みの評価、　⑦今後のキャリア展望などである。

❷ リサーチクエスチョン、調査結果、考察

　以下、三つのリサーチクエスチョン（RQ）について、インタビュー結果とそれに基づく考察を展開する。

　企業内プロフェッショナルの定義には、個別企業の領域を越えて社会に通用する高度な専門性を有することが含まれている。であれば、高度な専門性は組織外で培われることになり、これは従来のOJTとOff-JTという枠組みには収まり切れないと言えよう。他方、企業内プロフェッショナルにとって、企業特殊技能の効用が少ないとも言い切れない。あくまで、高度な専門性を発揮する場は、属する組織内であるからだ。

　以上のことを踏まえると、企業内プロフェッショナルが獲得している技能は具体的にどのようなものであり、その技能を従来型のOJT、Off-JTの枠組みで獲得することはできるのか、という点について解明することの意義は大きいと考える。そこで、次のRQ1を設定した。

　9　「テクノクラート型」として技術開発者、IT技術者、機械設計技術者、回路設計技術者を、「ファンクショナル型」として人事職を、また専門職制度の仕組みなどを確認するため、企業の人事担当者等を対象に実施した。

第5章　企業内プロフェッショナルと専門職制度

RQ1：企業内プロフェッショナルが人的資本蓄積において獲得してい
　る技能はどのようなものか。その技能は、OJT、Off-JTという従来
　型の育成枠組みで獲得できるのか。

　RQの分析は、佐藤（2008）の「質的データ分析法」に準拠して行った。
　分析の結果、企業内プロフェッショナルの技能は、OJT、Off-JTという
従来型の育成の枠組みだけでは不十分という結論が導かれた。企業内プロ
フェッショナルの技能は、「経験領域の統合による全体観」と「ハイジェネ
リックスキル」に大別できるが、その技能は、「複数領域での経験、ローテー
ション」、「社内での逸脱行動」、「暗黙知をはらむ社内人脈の構築」、「社内
塾、マネージャー活動」、「社外最新情報（形式知）の収集」、「暗黙知をはら
む社外人脈の構築」、「社外専門職集団との交流」などの経験により培われて
いた。このうち「複数領域での経験、ローテーション」は従来のOJT、「社
外最新情報（形式知）の収集」は従来の自己啓発に該当するが、その他の経
験は従来のOJT、Off-JTの育成枠組みでは捉えきれていない内容である。

　専門職集団を準拠集団とする者が同時に組織に属すると、専門職としての
役割と組織で求められる役割がコンフリクトを起こすことがある。この役割
コンフリクトという概念は、Gouldner（1957,1958）が唱えたローカルとコ
スモポリタンという人材像から発展している。ローカル、コスモポリタン、
いずれも前提としては組織に所属する。ローカルは、所属組織へのコミット
メントは高いが、自らの専門性へのコミットメントが低い人材である。コス
モポリタンは逆に、自らの専門性へのコミットメントは高いが、所属組織へ
のコミットメントは低い。このようにGouldnerは、組織へのコミットメン
トと専門性へのコミットメントを二律背反的に捉えており、その観点からは
企業内プロフェッショナルの役割コンフリクトの発生は不可避となろう。
　しかし、その後の研究では、二律背反という捉え方を必ずしも支持してい
ない。実証的な研究において、組織に所属する人材が、組織と専門性に同時
にコミットすることがあり、またその場合に業績や転職意思などにおいて組
織に好ましい結果をもたらすことがある。

以上から、企業内プロフェッショナルにとって、組織と専門性へのコミットメントは必ずしも二律背反ではなく、準拠集団ですら両立する可能性がある。他方、専門職集団への準拠性は、プロフェッショナルとしての自律性と職業倫理の礎になる重要な要素と考えられる。プロフェッショナルとしての自律性と職業倫理があるからこそ、企業内プロフェッショナルは所属組織の思惑を超越した観点から、コンプライアンスなどに資する助言を組織に行うこともできるだろう。他方、労働政策研究・研修機構（2016）の企業内プロフェッショナルの定義では、企業内プロフェッショナルは、伝統的プロフェッショナルに比べて、職業団体への準拠性、職業倫理の影響が弱いとされる。企業内プロフェッショナルにおいて準拠性はどの程度両立しているのか、また準拠性はどの程度職業倫理に影響を与えているのか、この実態を解明することは企業内プロフェッショナルの実態解明の鍵となろう。そこで、次のRQ2を設定した。

　RQ2：企業内プロフェッショナルの専門職集団への準拠性、職業倫理はどのように形成されるのか。また所属企業の価値観との役割コンフリクトには、どのように対処しているのか。

　分析の結果、企業内プロフェッショナルにおける専門職集団への準拠性、職業倫理、役割コンフリクトについては、テクノクラート型もファンクショナル型も、一部の例外を除き、専門職集団への準拠性、職業倫理を強く有さないことが明らかになった。その理由として、プロフェッショナルが社外の学習資源の必要性を認識していないことや、プロフェッショナルを含めて組織全体の離職率が低いことを挙げている。ただ、ファンクショナル型は、社外人脈を構築することは重視しており、テクノクラート型との差異がある（図表5-8参照）。

　企業内プロフェッショナルを育成する効果的な仕組みを組織内に構築することは重要であろう。その仕組みのひとつとして、専門職制度が考えられる。専門職制度は1960年代後半から大企業を中心に導入が進み、90年代に企業における導入比率は20％弱に達したが、その後増加率は停滞している。専門職制度を企業が導入する目的は、高度専門能力の育成のみならず、組織

第5章　企業内プロフェッショナルと専門職制度

図表 5-8　RQ2 に関する事例―コード・マトリックス

グループ	具体的な内容	発言者
Ⅳ．準拠集団、職業倫理、役割コンフリクト	17. 社外専門職団体の学習資源・準拠集団としての認識の希薄さ	B, C, F, N, O, P, Q, R, S, V, W, X
	18. 希薄な職業倫理と役割コンフリクト	B, C, F, N, O, P, Q, R, S, V, W, X
	19. 離職率の低さ	A, B, C, F, H, N, O, P, Q, R, S, V, W, X
	20. 社外学習資源としての専門職集団の重視	T, U

の効率化やポスト不足対策にあるとされる（谷田部,2013）。

　高度専門能力を育成することで、企業内プロフェッショナルを支えるはずの専門職制度は、管理職として登用されなかった人々の処遇の仕組みという認識が定着してしまい機能していないとされる（労働政策研究・研修機構,2016）。これは、谷田部の指摘する、組織の効率化やポスト不足対策という導入目的が、専門職制度の本来の目的を歪める方向で作用したためと考えることができよう。

　しかしながら激変する社会環境において企業が革新的な商品・サービスを具現化するには、組織内における創造性の発揮が求められており、創造性の発揮には専門知識、創造性スキル[10]、動機づけの3要素が必要とされる（Amabile, 1996；開本・和多田, 2012）。この3要素は、専門性の高い企業内プロフェッショナルの育成において重要と考えられ、そうであれば、一般社員とは異なる創造性の喚起に資する育成の仕組みが必要と考えられる。

　専門職制度、あるいはそのような呼称に含まれないとしても、企業内プロフェッショナルの育成に寄与する効果的な仕組みはどのようなものであろうか。この点の解明は、人的資源管理論の実務的な側面において、意義が大きいと考えられる。そこで、次のRQ3を設定した。

RQ3：専門職制度などの企業内プロフェッショナルを対象とした人事
　　　制度は、人的資本蓄積に資するものであるのか、課題はあるのか。

10　アイディアを創出するための経験や、労働の進め方などを意味する。

179

分析の結果、調査対象各社の専門職制度は、高度専門職の任用を厳格に行っており、専門職が管理職になれなかった者の処遇の仕組みと認識されない制度にしている。専門職制度が効果を発揮するには、専門職が孤立してしまわないように、常にラインと交流する工夫を埋め込む必要がある。具体的には、ラインからの限定的なリソース（人材・資金・設備など）を高度専門職に付与する、高度専門職が試行的に行うプロジェクトには、リソースを付与し高度専門職をプロジェクトリーダーにするなどの工夫である。

　また、石山は、本研究で得られた理論的意義として、次の4点をあげている。①プロフェッショナルはエキスパートと比較して、事業目標への貢献意識が存在し、広い専門領域に基づくハイジェネリックスキルを有している（図表5-9参照）。②自らの意図に基づく経験である「社内での逸脱行動」と「社内外の人脈構築による暗黙知の獲得」が、プロフェッショナルの育成に大きな役割を果たしている。③テクノクラート型とファンクショナル型は社外との関わりの差異があり、ファンクショナル型は熱心に社外から暗黙知を収集している（図表5-10参照）。④高度専門職制度の任用要件を厳格にすることで、従来の専門職制度にみられた管理職になれなかった者の受け皿という課題を乗り越えることができ、さらに高度専門職とライン業務の関わりを増加させる仕組みを埋め込むことにより、より機能を発揮することができる。

　さらに、石山は、実践的含意として、次の4点をあげている。①企業内プロフェッショナル（関連する領域を経験し、ハイジェネリックスキルを習得し、事業目標への高い貢献意識を持つ）を人材育成の目標に設定することにより、より多くのプロフェッショナル人材を効率的に育成できる。②「社内での逸脱行動」と「社内外の人脈構築による暗黙知の獲得」を可能にする企業文化の維持が必要である。③社外の専門職集団の組織化のための公的な支援が必要であり、公的な職業能力開発において、専門職集団の形成支援をメニューに加えてはどうか。④高度専門職の担当業務をライン業務と必要以上に分離せず、ライン業務と密接な関係を維持する方向で高度専門職を設計する必要がある。

第5章　企業内プロフェッショナルと専門職制度

図表5-9　プロフェッショナルとエキスパートの差異

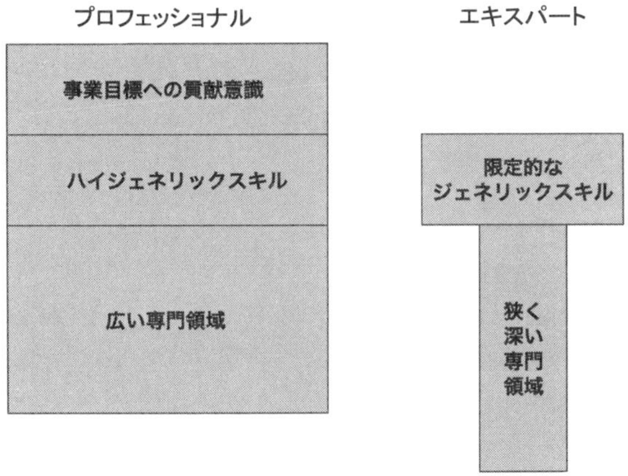

プロフェッショナル　　　　　　　　エキスパート

事業目標への貢献意識

ハイジェネリックスキル

限定的な
ジェネリックスキル

広い専門領域

狭く
深い
専門
領域

図表5-10　テクノクラート型とファンクショナル型の社外との関わりの差異

タイプ	社外最新情報（形式知）の収集	社外人脈の構築（形式知と暗黙知の獲得）	社外専門職集団との交流（形式知と暗黙知の獲得）
テクノクラート型	○	×	×
ファンクショナル型	○	○	×

注）×には少数の例外あり

第5節　おわりに

　第3節において、民間ビジネススクールが特定職種の企業内プロフェッショナルやその志向を持つ者の有益な学習の場となる可能性が指摘されたが、第2節において、自己啓発を行う上での課題として、時間の確保や費用負担を挙げる者が多かった。

　慶應MCCの学習プログラムは、就業時間後に、かつ短期間で設定され、大学院に比べ費用も安価で、社会人にも利用しやすくなっている。これに加え、受講日の残業免除や受講費用の補助があれば、さらに利用が進むと思わ

れるので、事業主の取組みの拡大が望まれる。

　また、慶應MCCの学習プログラムは、雇用保険の教育訓練給付の対象講座に指定されていないが、教育訓練効果の高い民間ビジネススクールの講座については、習得目標や成果についての一層の客観化が図られた上で、指定基準を緩和して対象講座に指定することができれば、費用負担の軽減につながるものと思われる。

　さらに、石山は、日本社会では多くの職種で専門職集団が発展していないことから、ある人材派遣会社のマネージャー活動[11]を参考に、社外の学習資源の一つとして専門職集団の意義を見い出し、その形成を促進するための公的支援の必要性を提言している。

　我が国においては、これまでの人材育成は、内部労働市場としての企業に負うところが多く、助成も企業向けが中心であった。しかしながら、本研究により、企業内プロフェッショナルの育成は、それだけでは不十分であるということが明らかとなった。今後は発想を転換して、能力開発施策の一環として、専門職集団の設立を支援し、その後も様々な助成を行い、専門職集団の発展を促すことが求められよう。

【参考文献】　※欧文アルファベット順、和文50音順

Amabile, T.M.（1996）. *Creativity in Context: Update to the Social Psychology of Creativity*, Westview Press.

Gouldner, A.L.（1957）. "Cosmopolitan-Locals: A Factor Analysis of the Construct," *Administrative Science Quarterly*, Vol.2, pp.223-235.

Gouldner, A.L.（1958）. "Cosmopolitan-Locals: Toward an Analysis of Latent Social Roles," *Administrative Science Quarterly*, Vol.2, pp.444-480.

石山恒貴（2013）.『組織内専門人材のキャリアと学習―組織を越境する新しい人材像―』公益財団法人日本生産性本部生産性労働情報センター．

大森不二雄（2009）「経済教室　雇用・教育一体改革今こそ」,『日本経済新聞』2009年10月23日朝刊29面.

11　派遣会社から様々な企業に派遣されている技術者達は、派遣会社の地域毎にマネージャー活動と呼ばれる勉強会を自主的に運営していた。今回の調査では、この技術者同士の自主的な勉強会での交流が、プロフェッショナルの育成において重要な役割を果たしていることが明らかになった。

第5章　企業内プロフェッショナルと専門職制度

小方・福留・串本（2005）の調査研究（『民間ビジネススクールに関する研究』2005年3月、広島大学高等教育開発センター.

厚生労働省編（2015）.『平成27年版 労働経済白書—労働生産性と雇用・労働問題への対応—』.

厚生労働省編（2016）.『平成28年版 労働経済白書—誰もが活躍できる社会の実現と労働生産性の向上に向けた課題—』.

佐藤郁哉（2008）.『質的データ分析法』新曜社.

産業競争力会議（2013）.「雇用・人材分科会」中間整理～「世界でトップレベルの雇用環境・働き方」の実現を目指して～.

産業競争力会議雇用・人材・教育WG（第3回）（2015年）. 厚生労働省提出資料.

高田敏文（2014）.「会計大学院の現状と将来」,『会計大学院協会ニュースNo.18』2014.

谷内篤博（2007）.「プロフェッショナルの人材マネジメント」『経営論文集』Vol.17, No.1, pp.63-78.

開本浩矢・和多田理恵（2012）.「クリエイティビティ・マネジメント—創造性研究とその系譜—」白桃書房.

本田由紀編（2003）.『ISS Research Series 社会人大学院修了者の職業キャリアと大学院教育のレリバンス‐社会科学系修士課程（MBAを含む）に注目して一分析編』東京大学社会科学研究所研究シリーズNo.8, 東京大学社会科学研究所.

谷田部光一（2013）.『専門・プロ人材のマネジメント』桜門書房.

労働政策研究・研修機構（2016a）『企業内プロフェッショナルのキャリア形成—知的財産管理と企業法務の分野から—』JILPT資料シリーズNo.178.

労働政策研究・研修機構（2016b）.『「人材（人手）不足の現状等に関する調査」（企業調査）結果及び「働き方のあり方に関する調査」（労働者調査）結果』JILPT調査シリーズNo.162.

労働政策研究・研修機構（2017）.『企業内プロフェッショナルのキャリア形成Ⅱ—社外学習、専門職制度等に係るインタビュー調査—』JILPT資料シリーズNo.192.

183

第6章 職業相談・紹介プロセスと求職者支援

第1節　研究の目的

　ハローワークにおける職業相談・紹介は、その担当者（以下「職員」という。）と求職者の間のコミュニケーションが大きな比重を占める仕事である。キャリア支援部門では、第Ⅰ期（2003年10月～2007年3月）から第Ⅱ期（2007年4月～2012年3月）、そして第Ⅲ期（2012年4月～2017年3月）にかけてのプロジェクト研究[1]において、研修研究の枠組みのもと、当機構の研修部門である労働大学校と連携し、このコミュニケーションをより効果的かつ効率的に進めるための研修プログラムの開発を進めてきた[2]。

　研修研究とは、労働大学校における労働行政機関の担当者を対象とした研修において、研究員による研究成果を研修に反映させ、研修内容の充実を図り、その結果をさらに研究に活用していく、当機構の事業である（労働政策研究・研修機構，2012）。

　研修プログラムの開発の中心的な考え方は、職員が自らの職業相談・紹介のプロセスを意識できるようになる（以下「職業相談・紹介プロセスの意識化（conscientization of vocational counseling & employment placement process）」という。）ことにより、求職者との＜ことば＞のやりとりにおいて、自身の応答をどのように変えればより良くなるかを検討できるようになり、この実践を通して相談業務を改善できるようになるというものであった。

1　独立行政法人通則法（1999年法律第103号）第29条第一項に基づき、独立行政法人労働政策研究・研修機構が達成すべき業務運営に関する目標（「中期目標」）で示された、我が国が直面する中長期的な労働政策の課題に係る労働政策研究を指す。
2　研修プログラムの開発に当たっては、大関義勝氏（HRDファシリテーションズ代表、元・キャリアコンサルティング協議会理事・事務局長）から様々な示唆と助言をいただいた。改めて、こころからの敬意と謝意を表する。

第Ⅰ期と第Ⅱ期のプロジェクト研究では、職員が自身の担当した職業相談・紹介における求職者との＜ことば＞のやりとりを中心に文字に起こした逐語記録を活用して、そのプロセスを意識化し、求職者の発言に対する自身の応答の改善点を検討する研修プログラムである「事例研究」を開発した（労働政策研究・研修機構，2007，2009）。事例研究の開発当初の段階で、職員が自身の応答の改善点を検討する際、職業相談・紹介モデルとして、キャリアをストーリーと見立てるキャリア・ストーリー・アプローチ（career story approach；第3節「2　キャリア・ストーリー・アプローチ」参照）を採用した（以下「旧事例研究」という。）。

第Ⅲ期は、事例研究において、求職者の発言に対する自身の応答の改善点を検討する際、それまで採用していたキャリア・ストーリー・アプローチから問題解決アプローチ（problem solving approach；第3節「1　問題解決アプローチ」参照）へと職業相談・紹介モデルを変更し、同アプローチの観点を取り入れた研修プログラム（以下「新事例研究」という。）の開発に取り組んだ。

このように14年間に亘るプロジェクト研究の経緯をふり返ると、職業相談・紹介モデルの活用により、一貫した方針のもと、効率的に研修研究に取り組むことができたと言えよう。しかし、職業相談・紹介モデルを含め、カウンセリング・モデルは抽象度の高い概念に過ぎない。このため、カウンセリングの実態から乖離する危険性も考えられる。

本章では、プロジェクト研究において採用した二つの職業相談・紹介モデルをふり返り、それらのモデルを活用した新旧の事例研究の効果の検証から、同モデルの妥当性を検討する。そして、今後の課題として、これらのモデルの妥当性を検証する方法論を中心に考察する。手順は次の通りである。

第一に、ハローワークにおける求職者サービスにはどのようなものがあるのかを説明する（第2節「ハローワークにおける求職者サービス」参照）。

第二に、求職者サービスのうち、職員と求職者の間のコミュニケーション業務に絞り、それらの職業相談・紹介モデルを説明する。

同モデルは、カウンセリングやキャリアコンサルティングの研究からモデルの基本となるプロセスを取り入れ（第3節「職業相談・紹介の基本的プロ

セス」)、それから求職者サービスとしての特色を付加した（第4節「職業相談・紹介のモデル」参照）。

　第三に、職業相談・紹介モデルの妥当性を検討するため、新旧の事例研究に参加した職員を対象としたアンケート調査から、研修プログラムの効果を検討する（第5節「職業相談・紹介モデルの妥当性の検討」参照）。

　第四に、今後の課題として、職業相談・紹介モデルの更なる妥当性の検討を目的として、実際の窓口で行われている職業相談・紹介について、そのプロセスを把握するための方法論を検討する。

第2節　ハローワークにおける求職者サービス

　厚生労働省職業安定局の一般職業紹介業務取扱要領（以下「要領」という。）によると、求職者サービスは次の三種類に大別して考えることができる。

> ①求人情報提供サービス
> 　　求職者に求人情報を提供するサービス。求人情報提供端末を利用した「公開求人の閲覧」が一般的。
> ②課題解決支援サービス
> 　　求職者が就職する上で解決すべき課題を把握し、その解決のために必要な支援を行うサービス。「職業相談」がその中心的な手法。
> ③あっせんサービス
> 　　求職者に具体的な求人をあっせんするサービス。「職業紹介」がその中心的な手法。
>
> 出所）厚生労働省職業安定局（2016）

　要領では、①〜③の関係について次のように説明をしている。

> 　安定所を利用する求職者は、就職を実現するために何らかの課題・阻害要因を有している者が多く、そのため就職を実現するためには、一般的に「（課題解決）支援サービス」を必要とし、その上で「あっせんサー

> ビス」を受けることを必要とする場合が多い。そして、「(課題解決) 支援サービス」受ける前には、まず自主的に求人を閲覧する「求人情報提供サービス」を受けることを希望する場合が多い。
> 注) ( ) 内は筆者が加筆。

出所）厚生労働省職業安定局（2016）

　この説明から暗黙のうちに前提とされている職業相談・紹介業務の構造は図表 6-1 のようになると考えられる。求職者は自主的に求人を閲覧する求人情報提供サービスを受ける。ここで自身が希望する求人を見つけることができなかったり、あるいは見つかったとしても書類選考や面接試験等で不調が続く場合、職員との対面サービスである課題解決支援サービスへと移行する。そして就職を実現するための何らかの課題・阻害要因が解決もしくは解決の目途が着いたら、あっせんサービスへと移行する。

図表 6-1　職業相談・紹介業務の構造

出所）厚生労働省職業安定局（2016）をもとに作成。

　現実の職業相談・紹介業務を考えると、求職者は就職を実現するための潜在的な課題・阻害要因を抱えていたとしても、それらの要因に気づくことなく、「自分に合った求人を見つけたい」という意識で職員との対面サービスへ移行することも考えられる。

　職員も、求職者の潜在的な課題・阻害要因に気づいていたとしても、まずは求職者の「自分に合った求人を見つけたい」という要望に応える必要があり、課題解決支援サービスよりも、あっせんサービスを提供すると考えられる。

　書類選考や面接試験の不調が続けば、求職者はいずれ自身の潜在的な課題・阻害要因に気づくことになる。たとえば、「自分に合った仕事のイメージがはっきりしていない」「求人者にアピールする職務経歴書が書けていな

い」「面接試験でアピールする自身の強みや長所がわからない」などである。しかし、これでは求職活動の長期化は防げない。

このため、課題解決支援サービスでは、職員が求職者の願望・ニーズを把握することにとどまらず、その願望・ニーズを妨げているものまで深く話を聴くとともに、求職者に自身の潜在的な課題・阻害要因への気づきを促す働きかけも行うことが想定されている。

第3節　職業相談・紹介の基本的プロセス

三種類の求職者サービスのうち、職員との対面サービスである課題解決支援サービスとあっせんサービスに絞って、職業相談・紹介モデルを検討する。その基本的プロセスとして、カウンセリングとキャリアコンサルティング[3]の研究を参考とする。

1 問題解決アプローチ

（1）コーヒーカップモデル

課題解決支援サービスは、求職者の就職する上での障害と、その解決の支援策に焦点を当てているという意味で、問題解決アプローチと言うことができるだろう。日本では國分のコーヒーカップモデルが代表的である（図表6-2参照）。

國分（1979：3）はカウンセリングを、「言語的および非言語的コミュニケーションを通して行動の変容を試みる人間関係である」と定義する。コーヒーカップモデルによると、カウンセリングのプロセスは、問題解決の観点から初期、中期、後期と三つの段階に分かれる。

3　キャリアコンサルティングとは、「我が国雇用政策の一環として広く行われるようになったキャリア・ガイダンス」（木村，2016：14）である。そのキャリア・ガイダンスとは、「キャリアに関する情報の収集と理解、啓発的経験、意思決定とその実行、選択したキャリアへの適応という一つのプロセス」の支援である（同上：14）。職業相談は、職業安定行政において展開されているキャリアコンサルティングである（同上）。

188

> 初期とは導入期である。つまり、リレーションづくりが主題になる時期である。中期とは問題の本質に肉薄する時期である。つまり、満たされない欲求（問題）は何であるか。クライエントはどうなりたいのか（目標）をつかむ時期である。いわば面接の天王山である。後期は問題を解決する段階である。つまり、目標達成のためには何をすればよいのかを考え実践する時期である。
>
> 出所）國分（1979）

　コーヒーカップモデルでは、クライエントの問題が何かをつかむことが重視される。國分（1996）は、問題を「何らかの事情があって欲求不満状態が続いている」（同上：10）状態とし、カウンセリングでは、その「欲求不満状態の除去さえ援助すれば十分である」（同上）と説明している。そして、目標とは「クライエントはどうなりたいのか」（同上：74）であり、欲求が満たされた状態であるという。つまり、問題と目標が表裏一体の関係にあると理解できる。

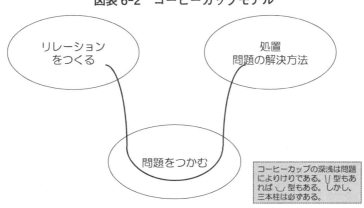

図表6-2　コーヒーカップモデル

出所）國分（1996）

　問題の把握にはクライエントの視点（以下「ＣＬ視点」という。）が重視される。國分は、CL視点について、「一時的に自分の価値観を捨て、手ぶら

になって相手の世界に入っていかねばならぬ」（同上：29）と説明した。

　さらに問題の核心に迫るにはカウンセラーの視点（以下「CO視点」という。）も必要とされる。國分は自らの立場を「精神分析を核にした折衷主義」（國分，1979：i）と説明した。このため、國分の著作では問題解決のための目標を立てる際、この精神分析の視点からの説明が多い。たとえば、クライエントに面接の抵抗がうかがわれる場合、その抵抗に触れないと、クライエントの問題の核心には迫れないと説明している（國分，1996）。

　このように問題解決アプローチでは、CL視点からの問題の把握とともに、専門家としてのCO視点からの問題の把握があって、その核心に迫ることができると考える。それから、カウンセラーとクライエントが協力して問題解決に向けた目標を設定し、目標を達成するための方策を立てることになる（國分，1979）。國分は、カウンセリングにおける「問題解決法」や「対策、処方箋」をまとめて「処置」（treatment）と呼んだ（國分，1979；1996）。

　ここで考えておかなくてはならないことは、カウンセラーとクライエントの両視点で問題の把握に違いが見られる場合である。問題の把握が一致していたとしても、処置の段階で違いが見られる場合も考えられる。

　両視点で問題の把握が違う場合、國分（1979：52）は、カウンセラーが「受容・支持・繰り返し・明確化・質問の基本となる技法を駆使・展開」し、リレーションをつくりながら問題の核心に迫れと説明している。これは、カウンセラーがクライエントの話をただ傾聴し、CL視点の問題の把握と目標を理解せよという意味ではない。國分は次のように説明している。

　私が思うに、カウンセリングというのは二人で考える作業である。二人が一人になる作業である。（カウンセラーとクライエントの間で意見が違う場合、カウンセラーは、）「たしかに君の言うとおりだ。しかし、私は・・・というわけで××できないのだ。何かいい方法はないかなあ」と言えばよい。

　　注）（　）内は筆者が加筆。

出所）國分（1979）

このように両視点で問題の把握が違う場合、カウンセラーは「敵対するのではなく一緒に考えるスタイル」（同上：37）が重要であると考える。

両視点で処置の段階で考え方が違う場合、國分はアドバイスを例に挙げ、次の3点を留意点として挙げている。

---

① （クライエントが）その問題を解くために今までどんなことをしてみたか、その結果はどうであったかを（カウンセラーが）全部聴くことである。

② （カウンセラーは）案がいくつか定まったら一度に全部アドバイスしないで、1回に一つだけ提示してみる。

③ （カウンセラーは）クライエントが遠慮なく断れるようにものを言うことである。

注）（　　）内は筆者が加筆。

出所）國分（1979）

これらの留意点によると、カウンセラーはクライエントが問題解決のため、今までどのような方法をとってきたのかを理解し、それらをヒントに解決方法を考える（①）。解決方法が思いついたら、クライエントが断れるような言い方でアドバイスをする（②）。アドバイスは一つ出してはクライエントの反応を見て、もし乗り気でなかったら次のアドバイスをする（③）。これらを繰り返し、手持ちのアドバイスがなくなったら、「再び、アドバイス前のリレーションに戻って、二人一緒に漂えばよい」（同上：68）。この理由として、繰り返しになるが、「カウンセリングとは二人でひとつの問題を背負う共同作業である」（同上）からであり、カウンセラーが一人で解決方法を考える責任を負う必要はないと説明している。

（2）キャリアコンサルタント視点の問題把握

木村（2015）は、キャリアコンサルティングにおける問題解決アプローチを強調する。

> キャリアコンサルタントに対応する相談者は、単に傾聴し、共感し、受容することによって元気を出し、自ら問題を解決するに至るとは限らない。相談者の問題は何か、目標の設定と共有、目標達成のための方策の選定と実行、成果の評価などを計画的に行わなければならない。これは一般に「キャリア・ガイダンス」と言われる。
>
> 出所）木村（2015）

　木村（2016）のキャリアコンサルタントの視点（以下「CC視点」という。）は、國分のCO視点と本質的には同じである。どちらもCL視点と一線を画し、専門家の立場からクライエントの問題を把握する。両者の違いは、その力点の置き方にあり、次の三つのことが指摘できる。

　第一に、扱う問題がCO視点では広くジェネラルであり、CC視点はキャリアや就職など限定されスペシフィックである。しかし、問題把握の段階では、キャリアコンサルタントもジェネラルな態度が必要であるとされる（同上）。クライエントの抱える問題がキャリアや就職の問題であったとしても、その背後に家族や地域などの問題が根差していることも考えられるからである。

　職業相談・紹介の場合、求職者の問題は、あっせんサービスでは求人と求職のマッチングの側面に限定されるのに対し、課題解決支援サービスは、その背景にある問題まで対象となり、よりジェネラルな視点から問題の把握が行われる必要があると考えられる。

　第二に、國分（1979）は、自らのカウンセラーとしての立場を、精神分析を核とすると説明していることから分かるように、クライエントの情動（emotion）の側面をより重視する[4]。これに対し、木村は認知（cognition）の側面をより重視すると考えられる。

　木村（2016）は、CC視点として「自己理解」「職業理解」「啓発的経験」「カウンセリング」「方策の実行」「追指導・職場適応」などキャリア・ガイダン

4　國分（1979）は自身が経験したカウンセリング事例を記述している。進路選択の相談で、クライエントが音楽系の学校に進学する気になった際、國分は、その選択がシブリング・ライバリティ（同胞競争）に由来していると解釈し、その精神分析的解釈をクライエントに説明している。

スの6分野を重視する。各分野の説明をまとめた図表6-3を見て分かるように、職員は、「自己理解」や「職業理解」など労働市場や自身の強みや弱みなどの理解をクライエントに促し、「カウンセリング」により、それらの知識をもとに職業やキャリアの選択に関わるクライエントの判断や意思決定を支援する。また、「啓発的経験」や「追指導・職場適応」のように、クライエントが実際に就職活動をしたり職場で働いたりするなどの経験を促すだけでなく、その経験から「自己理解」や「職場理解」を深めるため、それらの経験を評価することを重視する。

このように、キャリアコンサルタントはクライエントの自己や職業に関する知識の獲得、進路や仕事の選択に関する判断や意思決定、仕事経験や職場適応の評価など、クライエントの認知に働きかける支援が中心であると言えよう。

図表6-3　キャリア・ガイダンスの6分野

①自己理解	進路や職業、キャリア形成に関し、クライエントが「自分自身」を理解するよう援助すること。
②職業理解	進路や職業、キャリア・ルートの種類と内容を、クライエントが理解するよう援助すること。
③啓発的経験	選択や意思決定の前に、クライエントがやってみることを支援すること。
④カウンセリング	必要なカウンセリングを行い、選択や意思決定を行うことを援助すること。
⑤方策の実行	進学、就職及びキャリア・ルートの選択など、意思決定したことを実行するよう援助すること。
⑥追指導・職場適応	それまでのガイダンスとコンサルティングを評価し、クライエントの適応の援助すること。

出所）木村（2016）をもとに作成。

第三に、國分はクライエント個人を中心とした支援の視点をより重視するのに対し、木村（2017）はクライエント個人と組織の双方を支援する「公」の視点をより重視する。

> 「公」（public）の視点とは、公的機関であろうと民間企業であろうと、個人と組織の真んなかに立ってどちらにも偏らず、双方を支援することである。
>
> 出所）木村（2017）

労働者のキャリア問題は、事業主が「雇い」、労働者が「雇われる」雇用関係を背景として生起する。雇用とは、他人に雇われて労働をする働き方であり、働くのは賃金や手当などの報酬をもらうためである（諏訪，1999）。その報酬は、労働者にとって所得の主要な源泉となるが、事業主にとってはコストになる（白井，1992）。このように両者は本質的には利害関係にある。

　木村（2017）の言う「公」の視点とは、この利害関係にあって、キャリアコンサルタントは中立的な視点が重要であるという意味と解釈できよう。

　職業相談・紹介の場合、「雇いたい」求人者と「雇われたい」求職者のどちらかの利益に偏った支援ではなく、中立的な視点から双方を支援するという考え方である。要領では次のように説明されている。

　労働力の需給調整（求職と求人の結合）を効果的に進めるためには、<u>事業主に比べて相対的に弱い立場に置かれている労働者に対する保護の観点を踏まえつつ</u>、

　①求職者に対して、後記（2）に留意してそのニーズに応じた支援を行うことにより就職の可能性を高めること

　②求人者に対して、後記（3）に留意して各種サービスの提供と働きかけを行うことにより雇用機会の量的・質的拡大に努めることが必要である。そして、これらを通じてミスマッチの解消を図りつつ、

　③求人と求職の接触の機会を拡大して両者の結合を促進することを積極的に推進していくことが必要である

注）下線は筆者が加筆。

出所）厚生労働省職業安定局（2016）

　下線部分の説明から分かるように、職業相談・紹介の場合、やや求職者寄りのスタンスになる。このスタンスは労働力の需給状況によって変化し得ると考えられる。このため、職員はこういった社会的なバランス感覚も求められると言えよう。

　ハローワークは労働基準監督署・雇用環境・均等部（室）と連携し、求職者・求人者のいずれか一方から苦情が寄せられた場合は、「他方に対し、事の真偽を確認するとともに、必要に応じて指導を行うもの」（厚生労働省職

業安定局，2016）とされている。職業相談・紹介の相談業務では、求職者から求人に関する苦情が多いが、「求職者からの指摘内容とその事実確認、その後の指導状況を踏まえ、必要と判断される場合には、速やかに提出されている求人を非公開又は紹介保留等として取り扱う」（同上）とされており、公的機関による環境への介入による問題解決も用意されている。

（3）目標の設定と方策の実行

　木村（2016）は、問題解決に向けた目標の設定について、システマティック・アプローチ（systematic approach）を参考としている。このアプローチは要約すると次の六つのプロセスをとると説明している。

①カウンセリングの開始
　カウンセリング関係を樹立する。温かい雰囲気の中で、クライエントが安心して話のできる信頼関係を樹立する。
②問題の把握
　来談の目的、何が問題なのかを明確にする。それをカウンセラーとクライエントが相互に確認し、その問題の解決のためにクライエントが行動する意志を確認する。
③目標の設定
　解決すべき問題を吟味し、最終目標を設定する。そのプロセスは、まず、クライエントの悩みや阻害要因に気づかせる。次に具体的ないくつかの方策を選択し、それを一連の行動ステップに組み立てる。契約を結ぶことによって、クライエントのコミットメントを確かにする。
④方策の実行
　選択した方策を実行する。主な方策は、意思決定、学習、及び自己管理である。
⑤結果の評価
　実行した方策とカウンセリング全体について評価する。クライエントにとって方策は成功したか。目標は達成したか。ケースを終了してよいか。カウンセラーにとってどうか。

⑥カウンセリングとケースの終了

　カウンセリングの終了を決定し、クライエントに伝える。成果と変化を相互に確認する。問題があれば再び戻ってこれることを告げる。カウンセラーはケース記録を整理し、完結する。

出所）木村（2016）

　システマティック・アプローチを参考にすると、キャリアコンサルタントとクライエントの共同作業のもと、「②問題の把握」が行われ、解決すべき問題を吟味して「③目標の設定」を行い、その目標の実現に向け「④方策の実行」へと移ると説明しており、基本的な考え方は國分（1979）のコーヒーカップモデルと同じであると言ってよいだろう。

　システマティック・アプローチもコーヒーカップモデルと同様、「③問題の把握」と「④目標の設定」を中心として、カウンセラーとクライエントの二つの視点に分けて考える。

　たとえば、システマティック・アプローチの「②問題把握」における「来所の目的や何が問題なのかを明確にする」はCL視点の問題把握に相当する。これに対し、「③目標の設定」では、そのプロセスの最初の段階で「クライエントの悩みや阻害要因に気づかせる」と説明されており、これはCO視点の問題把握からの働きかけと言えよう。

　では、キャリアコンサルタントとクライエントの間でこれら両視点が違う場合、キャリアコンサルタントはどのように対応するのだろうか？基本的な考え方はコーヒーカップモデルと同じと考えてよいだろう。キャリアコンサルタントは、クライエントとの間で協力して意思決定をしようとする心理的雰囲気のもと、何が問題なのかを確認し合い、目標を立て方策を選択するのである（木村，2016）。

2 キャリア・ストーリー・アプローチ

（1）キャリア・ストーリー・アプローチの背景にある理論

　キャリア・ストーリー・アプローチとは、キャリアをストーリーと見立てるキャリア・カウンセリング技法の総称である。このアプローチでは、「過

去があるから現在がある、現在があるから未来がある」と過去の経験を意味
づけて現在の立ち位置を明らかにし、その現在の延長線上に未来の希望をつ
くるという考え方をする（労働政策研究・研修機構，2007）。

　このアプローチは、カウンセリングの世界ではナラティブ・カウンセリン
グ（narrative counseling）とも言われる。筆者は過去の仕事経験と、これか
らの仕事をつなぐキャリア・ストーリーづくりを強調する意味で、キャリ
ア・ストーリー・アプローチと命名した。代表的な研究者として、Cochran
（1997）、Chen（1997）、Jayasinghe（2001）、Savickas（2002）を挙げる
ことができる。

　現在、キャリア・ストーリー・アプローチの背景にある理論は、社会構成
主義（social constructionism）からの説明が中心である。しかし、筆者は認
知科学（cognitive science）の視点からキャリア・ストーリー・アプローチ
を説明する方が適切であり、生産的であると考えている（榧野，2015a；労
働政策研究・研修機構，2017）。

　社会構成主義では、私たちの経験する世界は、ありのままの現実ではない
と考える。象徴化によって、私たちの経験する世界はつくられていると考え
る。その象徴化の代表的なものが＜ことば＞である。

　このように考えると、職業相談・紹介の窓口業務で職員と求職者が経験す
る世界も、ありのままの現実ではない。たとえば、求人情報や求職者の語る
職歴は＜ことば＞による象徴化によって構成された概念である。

　社会構成主義では、＜ことば＞によって経験の世界が構成される際、その
構成は個人の認知活動を前提としない。深尾（2005）は次のように説明し
ている。

　社会構成主義では、心も外的世界も言語によって形成され、社会的交
渉によって変化しているものであると考える。また、心理的構成主義が
知識の源泉を個人の心のプロセスに求めるのに対して、社会構成主義は
人間行為の源泉を関係性に求め、個人の行動の理解のためのコミュニ
ケーションの重要性を強調する。

出所）深尾（2005）

心理的構成主義（constructivism）では、＜ことば＞によって経験の世界が構成される際、その構成には認知の働きが重要であると強調する。たとえば、グラスに残った半分の水を見て、客観的な事態は一つでも、「半分もある」と言うことができれば、「半分しかない」と言うこともできる。どちらの言い方をとるかは、真か偽かという論理の問題ではなく、事態をどのように捉えるかという問題であると考える（大堀，2002）。

　社会構成主義では、個人の認知活動を前提としない。たとえば、求職者がある求人事業所の就職試験を受け、不合格の通知を受けたとする。心理的構成主義では、「不合格の通知を受けた」という出来事が求職者の＜こころ＞の外で起きたと考える。求職者の＜こころ＞のなか、つまり内部にある経験世界において、「悔しい」と感じたり、「新たに求人を探そう」と思ったりする。

　社会構成主義では個人の＜こころ＞の内と外を分けない。「不合格の通知を受けた」という出来事が起きたことを自明視しない。「不合格の通知を受けた」出来事も、求職者が「悔しい」と感じたり、「新たに求人を探そう」と思うことも、すべて＜ことば＞、つまり記号に過ぎない。

　その記号が求人事業所の採用担当者と求職者の間で使われる時、その機能として「雇用関係は成立しない」。職業相談・紹介の担当者と求職者の間で使われる時、その機能として「新たに求人を探す」きっかけになるかもしれない。このように＜ことば＞は関係性における機能として理解されるべきものということにある（サトウ，2013）。

　筆者は、＜ことば＞のやりとりを基盤とするカウンセリング、キャリアコンサルティング、そして職業相談・紹介を研究する際、個人の認知活動を前提とした理論が適切であり、研究を進める上でも生産的であると考えている（榧野，2015a；労働政策研究・研修機構，2017）。

　実際の相談業務を想像してほしい。カウンセラーはクライエントの＜ことば＞を手がかりとして、クライエントの＜こころ＞を理解し、その＜こころ＞に響く＜ことば＞を探して応答する。このように個人の認知活動を前提として、＜ことば＞のやりとりは行われていると考えた方が自然であろう。また、認知活動を前提としたキャリア・ストーリー・アプローチの採用により、神経科学、認知心理学、認知言語学、認識論といった＜こころ＞を扱う認知

科学の諸分野と連携がとれるようになり、より生産的に研究を進めることができるようになると考えられる。

なお、本論文では、あっせんサービスの職業相談・紹介モデルを検討する際、認知活動を前提としたキャリア・ストーリー・アプローチを採用する。

（2）主観的検討と客観的検討

キャリア・ストーリー・アプローチには、次の三つの特徴が考えられる（榧野，2015a）。

①出来事から一貫性や連続性を抽出

　ストーリーをつくる（あるいは、つくる支援をする）際、過去や現在に起こった出来事のなかから、一貫性（coherence）や連続性（continuity）を抽出することである（Savickas, 2011）。たとえば、職員が求職申込書の職歴欄を見て、求職者が離転職を繰り返しつつも、職種が経理で一貫しているならば、これからも経理の仕事をするだろうと予測することである。

②ストーリーを固定的なものとして考えない

　個人は取り上げる出来事により、無数にストーリーをつくることができると考えることである。このため、ストーリーを現実に試してみて、うまくいかなければ、違う出来事を取り上げ、新たにストーリーをつくり直せばよいと考える（Savickas, 2011）。Peavy（1992）は、こういった試行をくり返すことによって、より有益で生産的な考え方や気持ちのあり方を意識できるようになり、その結果、選択肢の幅が広がり、将来について柔軟に考えられるようなるという。

③他者との対話を通してキャリア・ストーリーは社会化

　Savickas（2001）は、キャリア・ストーリーは、個人によってつくられ、対人関係によって調整されると述べている。具体的には、個人がキャリア・ストーリーを言語化し、他者に説明したり、他者からのフィードバックを受けることにより、より多くの人が理解できたり、納得できるストーリーへと書き換えることができるようになると考える。

出所）榧野（2015a）

あっせんサービスでは、職員は、求職者が自身の就職の希望に沿い、かつ就職の可能性の高い求人を選択する支援をする。キャリア・ストーリー・アプローチの観点からあっせんサービスを捉えると、求職者が主に職歴を中心とする過去の経験をふり返ってキャリア・ストーリーをつくり、その延長線上に、これからの仕事である求人を選択するという考え方をする。

　求職者が求人を選択できたら、職員は求職者と一緒になって求人の内容を吟味し、そのキャリア・ストーリーの実現が可能かを検討する支援に移る。これをモデル化したものが図表6-4になる。キャリア・ストーリーは、求職者が自身の思いや考えを語り、＜ことば＞にした概念である。つまり、求職者が当事者として感じている、思っている、考えていることであり、これを主観的（subjective）という（池上, 2011）。

図表 6-4　キャリア・ストーリーの主観的検討と客観的検討

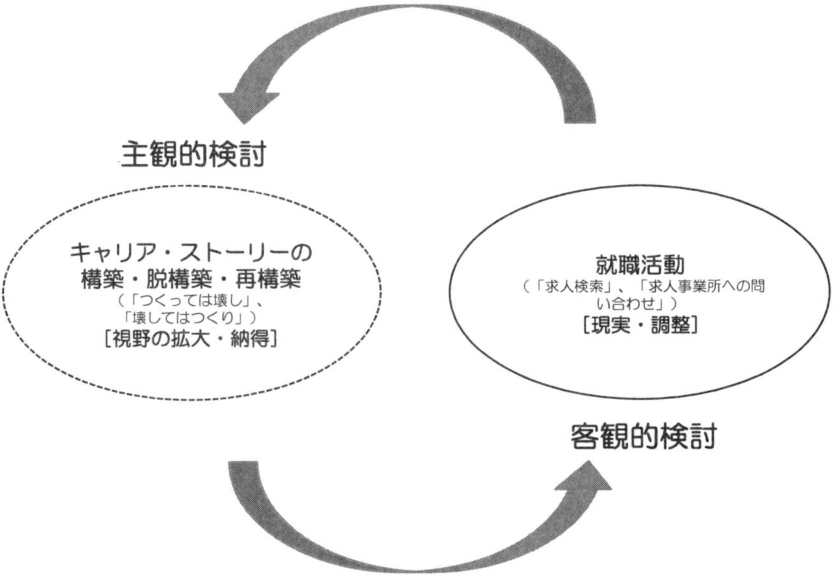

出所）榧野（2014）

キャリア・ストーリーをつくったり、つくり直したりすることは、求職者が自身の感じ方や考え方といった主観を検討することであり、これをキャリア・ストーリーの「主観的検討」という。たとえば、次のような窓口業務でのやりとりを想像してほしい。

①職　　員：一般事務の仕事で探されているんですか？
②求職者：そうです。
③職　　員：先月、退職されたのですね？
④求職者：はい。
⑤職　　員：直前の仕事も事務をされていたのですね？
⑥求職者：はい。
⑦職　　員：事務の仕事は長いんですか？
⑧求職者：学校卒業してから、ずっと事務の仕事をしています。

　職員は求職者の発言から、「これまでずっと一般事務の仕事をしてきており、今は失業中だが、これからも一般事務の仕事がしたい」という求職者の主観的なキャリア・ストーリーが理解できる。
　職員は求職者の主観的検討に、直接、働きかけることはできない。感じ方や考え方は、その人の自由だからである。その代わり、職員は求職者の就職活動の支援を通じて、客観的（objective）な視点からキャリア・ストーリーを検討するように促す。これをキャリア・ストーリーの「客観的検討」という。
　客観的とは、求職者が自身の思いや考えを、自分とは違う第三者の視点から見ることである（池上，2011）。就職支援を目的とした職業相談・紹介の場合、第三者とは主に求人事業所の採用担当者であり、求人情報提供端末を活用した求人検索の結果も含まれる。職員は、求職者が自身の視点から離れ、第三者の視点からキャリア・ストーリーの実現性を検討するように促す。

⑨求職者：一般事務の求人はありますか？

⑩職　　員：ちょっと調べてみますね。

　　　　　　＜求人情報提供端末を活用して求人検索。30秒＞。

　　　　　　うーん、今のところ一般事務での求人はきてないですね。

　求職者は、一般事務の求人がないことが客観的に理解できたので、キャリア・ストーリーをつくり直す必要性が出てくる。職員は、求職者が過去・現在の仕事経験のなかから新たなキャリア・ストーリーが展開できるように支援する。

⑪職　　員：経理とかのご経験はありませんか？
⑫求職者：経理はですね、数カ月ぐらい経験したことがあります。高校時代に簿記の資格を取っていたので・・・

　求職者は、一般事務のキャリア・ストーリーから、高校時代に取得した簿記の資格を活かして経理の仕事を探すという新たなキャリア・ストーリーへとつくり直す可能性が出てくる。

　このようにキャリア・ストーリー・アプローチをあっせんサービスに適用すると、求職者は、客観的検討から自身の主観的なキャリア・ストーリーの実現性が乏しいと判断した場合、自身の過去の仕事経験をふり返り、新しいキャリア・ストーリーをつくる主観的検討へと移る。

　職員は、＜ことば＞のやりとりを通して、職業紹介による就職の可能性が高まるように、主観的検討と客観的検討を交互に促し、求職者がキャリア・ストーリーをつくり、壊し、そしてつくり直すことを繰り返す支援をする。

第4節　職業相談・紹介のモデル

　カウンセリングやキャリアコンサルティングのプロセスから、職業相談・紹介の基本となるプロセスを検討した。本節では、そのプロセスに求職者サービスの特色を付加し、職業相談・紹介モデルへと展開する。

1 問題解決アプローチ

（1）職業相談・紹介業務への応用

　問題解決アプローチは、日本では國分（1979）のコーヒーカップモデルが代表的であると説明した（第3節「1　問題解決アプローチ」参照）。國分は、より日常的な現象としてカウンセリングで扱う「問題」を捉えており、「何らかの事情があって欲求不満状態が続いている」（國分，1996）と説明している。さらに國分（1979）は、カウンセリングには治療的カウンセリング（therapeutic counseling）と開発的カウンセリング（developmental counseling）の2種類があるとし、それぞれの目標について以下のように説明している（國分，1996）。

> 　治療的カウンセリングは、人生の途上、誰でも体験しがちな問題の解決を援助するものであり、精神疾患の治療をねらいとするサイコセラピー（psychotherapy）とは異なります。開発的カウンセリングは問題の意識化をねらいとし、いわゆる悩みがあるわけではないが、人間として、あるいは職業人として成長するのを援助します。
>
> 出所）國分（1996）

　この考え方を職業相談・紹介に当てはめると、目の前の就職の問題にのみ注意が向く求職者に対し、たとえば、「ご家族の方はあなたの就職について、どのようにお考えですか？」「10年後の自分を想像して、これからどのようなキャリアを歩みたいと思いますか？」「まだ早いと思われるかもしれませんが、退職してからの生活をどのようにお考えですか？」と問うのが開発的カウンセリングに相当すると考えられる。この場合、問題というより、求職者の生涯キャリアを見据えた、職業発達上の課題の意識化をねらいとすると言えよう。

　國分の問題の捉え方は、職業心理学でも同様の考え方がある。Crites（1969）は、図表6-5に示す職業適応プロセスのモデルを提出している。このモデルは、適応心理学の研究から生まれたShaffer & Shoben（1956）

の適応プロセスのモデルと同じである[5]。求職者を例に、このモデルを説明すると次のようになる[6]。

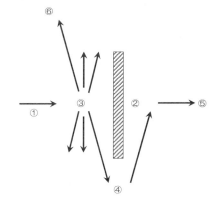

図表6-5　職業適応プロセスのモデル

出所）Crites（1969）

①求職者は、内的もしくは外的からの双方の刺激によって、求職活動をすることが動機づけられる。たとえば、内的刺激とは、「家族から尊敬されたい」「友人・知人から認められたい」「もっと裁量性の高い仕事がしたい」など、求職者の心理が深く関わっている。これに対し、外的刺激とは、賃金水準、労働時間、通勤時間など物理的要因や求職者の置かれている環境が深く関わっている。

②しかし、①の動機づけによる求職活動が、なんらかの事情で妨げられてしまうことがある。たとえば、「介護や子育ての負担で求職活動の時間が十分にとれない」「体の調子を崩し、思うような求職活動ができない」「希望する求人が見つからない」「希望する求人に応募しても書類選考で落とされてしまう」などの事情である。この状態を欲求不満状態という。また、こういった事情が複合的に起こり、何から手をつけたらよいのかわからないといった葛藤状態により、求職活動が妨げられることもある。

5　Shaffer & Shobenの適応プロセスのモデルは、一般心理学におけるDashiell（1949）の適応モデルを参考としている（Crites, 1969）。
6　例を作成する際、藤本（1971）の翻訳を参考とした。

第6章　職業相談・紹介プロセスと求職者支援

③そこで求職者は、「地域包括支援センターに相談して介護の負担を軽くする」「医者に診てもらって健康状態を把握する」「ハローワークに行って相談にのってもらう」など積極的に妨害条件を排除するとか、「友人に愚痴をこぼす」「気晴らしをいて気持ちを落ち着ける」など内心に起こる不安・緊張を和らげることによって、再適応しようと試みる。

④もし、その反応が効果をあげれば・・・

⑤求職者は求職活動を続けることができ、希望する求人への就職につながる。

⑥もし、その反応が失敗であれば（一時的なやり方にせよ、あるいはまた恒久的なやり方にせよ、とにかく失敗であれば）、求職者は欲求不満状態か葛藤の状態から抜け出ることができず不適応を起こす。したがって、求職者は自身の動機づけを修正して（現実吟味による修正）①に戻るか、あるいは求職活動そのものを断念することになる。

（2）職業相談・紹介モデル

　問題解決アプローチを職業相談・紹介モデルへと展開すると図表6-6になる。この図を説明すると、まずは職員がCL視点である求職者の視点から問題を把握（以下「求職者視点」という。）する。そのため、求職者が訴える不平・不満のみならず、その背景にある求職者の「願望・ニーズ」と、それを「妨げているもの」まで聴き取るようにする。

　たとえば、求職者が求人情報提供端末を使い、自身の希望する求職条件で求人を探しても適当な求人が見つからなかったとする。あっせんサービスでは、職員は求人情報提供端末を使って、求職者と一緒に希望する求職条件に合った求人がどうすれば見つかるかを検討したり、求人検索をかけて、求職者の求職条件では適当な求人が見つからない現実を知ってもらうなどして、求職者が自ら求職条件の緩和などを考えてもらうように促す。

　このように、あっせんサービスでは求職者の希望に合う求人の有無に焦点を当てる。要領では、あっせんサービスの前に課題解決支援サービスがあ

205

図表 6-6　問題解決アプローチを取り入れた職業相談・紹介モデル

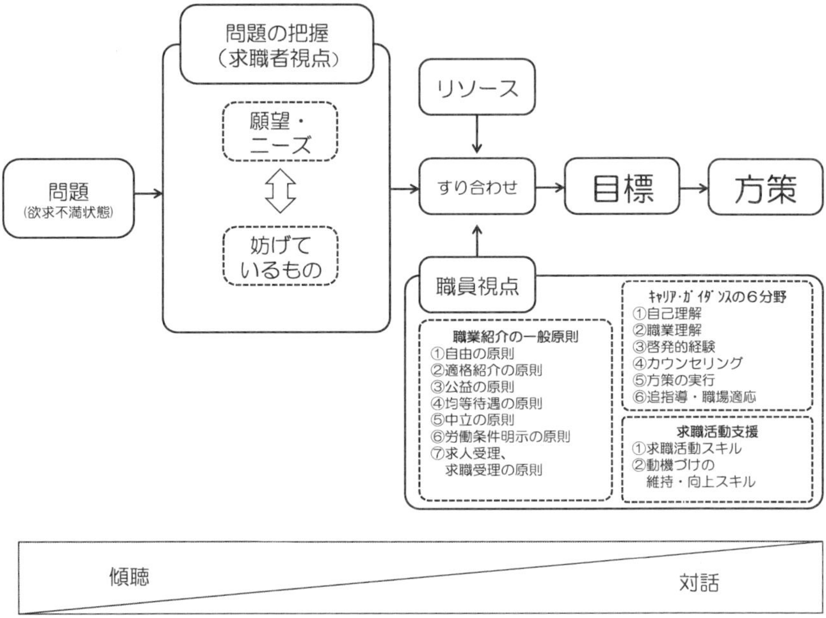

出所）労働政策研究・研修機構（2017）

り、あっせんサービスの段階では、就職を実現するための何らかの課題・阻害要因が解決もしくは解決の目途が着いているとされるからである（図表6-1参照）。

　このため、課題解決支援サービスでは適当な求人が見つからない背景にある求職者の「願望・ニーズ」、そして、それを「妨げているもの」まで聴き取ることになる。たとえば、求職申込書に希望する就業時間が午前11時から4時と記入されていた場合、職員は、求職者が本当はフルタイムで働きたい「願望・ニーズ」があるのではないか、さらに、子どもが小さいため働く時間が自由にならないのではないかなど、それを「妨げているもの」まで注意を向けるようにする。このため職員は、求職者が求職活動を進めるに当たり、はっきりと＜ことば＞にはしていないが、他に何か困ったことがあるのではないかという姿勢で臨むことになる。

206

こういった求職者視点の問題の把握とは別に、CO視点に相当する職員の視点からも問題を把握する（以下「職員視点」という。）。職員が専門家としての視点から求職者の問題を把握する際、図表6-7に示す職業紹介の一般原則が適用される。

図表6-7　職業紹介の一般原則

原　則	内　容	該当する職業安定法の条文
①自由の原則	何人も、公共の福祉に反しない限り、職業を自由に選択することができる。	第二条、施行規則第三条
②適格紹介の原則	求職者に対しては、その能力に適合する職業を紹介し、求人者に対しては、その雇用条件に適合する求職者を紹介するように努めなければならない。	第五条の七
③公益の原則	ハローワーク等の行う職業紹介は、求職者または求人者の一方のみの利益に偏ることなく行われなければならない。	第五条
④均等待遇の原則	職業紹介に当たっては、人種、国籍、信条、性別、社会的身分、門地、従前の職業、労働組合員であること等を理由として、その取り扱いを差別してはならない。	第三条
⑤中立の原則（労働争議に対する不介入）	労働争議に対する中立の立場を維持するため、同盟罷業または作業所閉鎖の行われている事業所に求職者を紹介してはならない。	第二十条
⑥労働条件明示の原則	職業紹介に当たり、求職者及び求人者は、その従事すべき業務の内容、賃金、労働時間その他の労働条件を明示しなければならない。	第五条の三
⑦求人受理、求職受理の原則	いかなる求人も、いかなる求職も受理しなければならない。ただし、その申し込みの内容が法令に違反すぐとき、もしくは著しく不当なとき、労働条件を明示しないときはその限りではない。	第五条の五、六

出所）木村（2016）

　図表6-4に示したキャリア・ガイダンスの六分野も、職員が求職者の問題解決を支援する際、重要な視点を提供するものである。
　その他に、求職活動支援（job search intervention）の視点も重要であると考えられる（梶野，2016）。求職活動支援とは、在職者や失業者などを含む求職者を対象として、限られた期間の中で求職活動を進める上でのスキル開発や動機づけの維持・向上を支援する訓練プログラムである。ハローワーク

では雇用保険受給者を対象とした求職活動支援セミナーや生保事業における就労支援メニュー（職業相談、キャリアコンサルティングを含む）が該当する。

図表6-8に求職活動支援プログラムを構成する要素を示す（Liu, Wang, & Huang, 2014）。支援対象者が効果的に求職活動を進めるための「スキル開発」と、その活動を継続するための「動機づけの維持・向上」に大別され、前者は「求職活動のスキルの指導」と「自己提示の改善」へ、後者は「自己効力感の助長」、「自発的積極性の奨励」、「目標設定の促進」、「ソーシャルサポートの獲得」、「ストレスマネジメント」へと、合計7種類の基本構成要素に分類される。

求職活動の「スキル開発」と「動機づけの維持・向上」は相互に促進し合う関係にあると考えられる。求職活動のスキルが上達すれば、求職活動に取り組む動機づけも向上し、動機づけが向上すれば求職活動のスキルを活用する機会が増え、そのスキルの習熟につながると考えられる。求職活動支援プログラムに「スキル開発」と「動機づけの維持・向上」の両方を取り入れると就職の実現が促進されることが明らかされている。

図表6-8　求職活動支援プログラムの基本構成要素

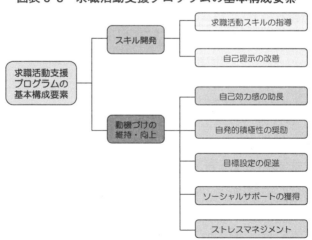

出所）Liu, Wang, & Huang（2014）

第6章　職業相談・紹介プロセスと求職者支援

　求職者視点と職員視点の間で問題の認識に違いがある場合、職員は求職者と協力してすり合わせを行い、問題の解決に向けて目標の設定を行う。目標とは、「人が望んでいる状態の意識的な表現」（Austin & Vancouver,　1996）と定義される。目標の設定には幅があり、問題が完全に解決される状態から、ある程度、解決される状態まで様々であると言えよう。このため、どこまで問題を解決しようとするのか、求職者と職員の間で目標を共有する必要がある。このように考えると、問題と目標は密接な関係にあり、問題の認識のすり合わせと目標の共有は明確に区別できるものではなく、同時進行で進められると考えられる。

　すり合わせの注意点は二つある。第一に、職員は求職者視点と職員視点を混同しないようにする。そうしないと、自身の視点から把握している問題を、求職者も当然、そう思うだろうと押し付けてしまうことになるからである。

　第二に、職員視点では求職者の気づいていない問題に注意を向けることになる。しかし、そればかりでは問題の解決につながらない。このため、職員は求職者のよい点にも注意を向け、問題解決に役立つ可能性のある材料を幅広く、多面的に探る必要がある。こういった材料をリソースという。リソースには、知識、技能、職歴、資格、適性、職業訓練受講歴、学歴、家族・親族の支援、人脈、所得・資産、通勤可能地域、経験、興味・趣味、資格、学歴などを様々なものが考えられる。求職者自身が意識していないことも多く、職員はこうした埋もれたリソースも、求職者と協力して見つけていくようにする。

　職員は傾聴を主として、求職者視点と職員視点のすり合せを行いながら、リソースの利用まで視野に入れて目標が共有できるように努力する。職員は目標が共有できたら、求職者と話し合い、つまり対話を通して方策を選択する。方策とは、求職者の置かれている現状と、目標で掲げた願望・ニーズが実現した状態との間の隔たりを埋めるための効果的なプロセスのことを言う（Bezanson, Decof & Stewart,　1982）。

　なお、これらの問題解決のプロセスについては労働政策研究・研修機構労働大学校（2015）を参考としている。用語については職業指導系専門研修

209

の教材である「相談分析シート（Ver.3.05）」と、その活用上の注意が書かれた「『相談分析シート』を用いた相談の分析・検討について」（労働政策研究・研修機構労働大学校，2016）に準拠している。

2 キャリア・ストーリー・アプローチ

（1）職業相談・紹介業務への応用

あっせんサービスは、職員が求職者に具体的な求人を紹介し、雇用関係の成立をあっせんする職業紹介サービスである。相談業務では、職員は求人情報提供端末を活用しながら、求職者が自身の希望する求人を選択する支援をする。

キャリア・ストーリー・アプローチは「過去があるから現在がある、現在があるから未来がある」と、過去の経験を意味づけて現在の立ち位置を明らかにし、その現在の延長線上に、未来の希望をつくるという考え方をすることは説明した。これを求人選択のプロセスに応用すると、求職者が自身の過去の仕事の経験をふり返り、その延長線上から求人を選択する見当をつけるためのキャリア・ストーリーをつくるという考え方をする。

求職者が＜こころ＞のなかでつぶやくだけでは、個人的なストーリーに止まる。求職者が求人事業所の採用担当者に自身のキャリア・ストーリーを語り、採用担当者がそのストーリーを聞いて、「そういう過去の経験があるのだったら、仕事が頼めそうだな」と受け止めると、求職者と求人事業所をつなぐキャリア・ストーリーになる。このようにキャリア・ストーリーが現実の就職環境のなかで効果を発揮することを「キャリア・ストーリーが機能する（function）」という。

キャリア・ストーリーが求職者の置かれている就職環境の現実にそぐわないと、適当な求人が見つからなかったり、求人が見つかっても書類選考や面接試験の段階で不調に終わる可能性が高くなる。

求職者が現実の就職環境に合わせ、自身のキャリア・ストーリーを柔軟に変えていく必要がある。このため、このアプローチでは、職員は、求職者が過去の仕事経験から新たな意味をつくり、別のキャリア・ストーリー（another career story）へと書き換える支援をする。

第6章 職業相談・紹介プロセスと求職者支援

キャリア・ストーリーは、求職者が自身の思いや考えを語り、＜ことば＞にした概念である。これを「主観」（subjective）と言う。つまり、キャリア・ストーリーの書き換えには、求職者によるキャリア・ストーリーの「主観的検討」が、その中心にある（図表6-4参照）。

職員は、求職者の主観的検討に、直接、働きかけることはできない。感じ方や考え方は、その人の自由だからである。このため、求職者が感じていること、考えていることを＜ことば＞にしてもらう必要があり、キャリア・ストーリー・アプローチの場合、中心的な職業相談・紹介の技法は傾聴技法になる。

しかし、求職者は、その主観的な検討が現実に実現が可能かどうかを検討する必要がある。職員は、求職者の就職活動の支援を通じて、客観的な視点から、キャリア・ストーリーを検討するように求職者に働きかける。キャリア・ストーリーの「客観的検討」とは、求職者が自身の思いや考えを、自分とは違う、第三者の視点から見ること、つまり視野を広げることである（図表6-4参照）。

職業相談・紹介の場合、第三者とは、主に求人事業所の採用担当者になる。職員は、求職者が自身の視点から離れ、採用担当者の視点からキャリア・ストーリーを検討するように促す。求職者の視点は、主に自身のこれまでの仕事経験（過去・現在）の延長線上で、これからの仕事（未来）、つまり求人の仕事内容を見ている。採用担当者は、これとは逆で、してほしい仕事内容（未来）ができるかどうかという視点で、求職者の仕事経験（過去）を見る。前者は主観的検討であり、後者は客観的検討に相当する。

職員は求職者に両検討の繰り返しを促し、その結果、求職者は自身が納得でき、かつ就職の可能性の高い求人を選択できるようになると考えられる。

（2）職業相談・紹介モデル

図表6-9に、キャリア・ストーリー・アプローチの観点から作成した職業相談・紹介モデルを示す。このモデルでは職員は次の四つのことを支援する。まず、求職者の「アキャリア・ストーリーの構築・脱構築・再構築」内の構築であり、求職者はキャリア・ストーリーが構築できたら、そのキャリ

211

図表 6-9　キャリア・ストーリー・アプローチを取り入れた職業相談・紹介モデル

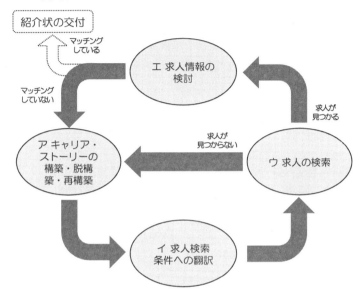

出所）労働政策研究・研修機構（2017）

ア・ストーリーに合った求人情報があるか、求人情報提供端末を活用して、「ウ　求人の検索」をする。その際、自身の仕事の希望について、求人情報提供端末における「イ　求人検索の条件への翻訳」を行う。

　希望の求人が見つからなかった場合、アに戻り、キャリア・ストーリーの再構築をする。希望の求人が見つかった場合、「エ　求人情報の検討」を通して、自身が求人事業所の求める人材かどうかを検討する。自身と求人がマッチングしている場合、紹介状の交付に進む。マッチングしていない場合、「ア　キャリア・ストーリーの構築・脱構築・再構築」に戻り、そのキャリア・ストーリーを一旦壊す脱構築から再構築へと進む。

　図表 6-4 のキャリア・ストーリー・アプローチと比較すると、アが主観的検討であり、イ～エが客観的検討になる。例を交えながら、ア～エごとに職業相談・紹介モデルを説明する。

第6章　職業相談・紹介プロセスと求職者支援

ア．キャリア・ストーリーの構築

　職員は求職者から、その職種の希望に至るキャリア・ストーリーを＜ことば＞にしてもらうように働きかける。求職者は、キャリア・ストーリーを語ることにより、その職種を希望する理由を、はっきりと意識できるようになる。

> キャリア・ストーリーの構築の例
> 　Ａさんの求職申込書の「希望する仕事」の欄には、「企画」と記入されています。職員は、「希望するお仕事ですけども、企画ということでいただいていますが、前の会社で、ご経験があるということでしょうか？」と尋ねます。
> 　Ａさんは、「前の会社で、販売戦略とか、営業企画の仕事をしていたんで、そういった関係の仕事がいいかなと思って。」と、企画の仕事を希望するキャリア・ストーリーを語ります。

イ．求職条件への翻訳

　職員は、求職者からキャリア・ストーリーを聴くことができたら、求人情報提供端末を活用し、そういった求人があるか、求人検索をかけて探す。その際、求職者の仕事の希望を、求人情報提供端末における求人検索の条件に翻訳する手伝いをする。

> 求人検索条件への翻訳の例
> 　職員は、求人情報提供端末の画面を見せながら、求人検索をかける。「求人情報の種類」の欄を見せ、「ここで、『一般（フルタイム）』と『一般（パート）』に分かれていますが」と話すと、Ａさんは、「希望はできたら正社員だから『フルタイム』」と話します。

　職員は、Ａさんの仕事の希望を、求人情報提供端末の求人検索の条件に当てはまるように翻訳する手伝いをする。この例では、職員が求職者のイメージする「正社員」はどのようなものかを尋ね、正社員とフルタイムの一般的な意味の違いを説明することも考えられる。雇用形態だけでなく、就業場

213

所、就業時間、賃金などの他の求職条件の希望についても、Aさんの個人的な思いから求人検索の条件に当てはまるように翻訳するプロセスを経て、職員と求職者の間で共有できるようになる。こういったプロセスの副次的な効果として、Aさんは求人事業所の採用担当者に理解できる＜ことば＞で、求職条件の希望を説明できるようになることが考えられる。

ウ．求人の検索

求人検索をかけると、求職者は、客観的な視点からキャリア・ストーリーを検討できるようになる。求人検索の結果、求人が1件もヒットしない場合がある。求職者は、今のままでの求職条件では求人が見つからない現実を目の当たりにする。求職条件を緩和するか、キャリア・ストーリーそのものを書き換えるか、考えなければならならい。

求職者が、検討しきれないぐらい求人がヒットする場合もある。職員は、求職者が、一つひとつの求人の内容が検討できるぐらいまで、求人を絞り込む支援をする。

求人の検索の例

　職員が県内で「フルタイム」で検索すると、5,264件の求人がヒットしました。職員は、「『就業場所』を通勤圏内に絞って、『職種』を入力すると、だいぶ数が減りますよ」と助言します。Aさんは、「『就業場所』を『市内』で、でも『職種』で企画の選択肢がないから・・・」と話すと、職員は、「『職種』は『企画・調査事務員』が該当するかもしれませんよ」と勧めます。Aさんの住む市内で、「職種」を「企画・調査事務員」で検索をかけると、30件の求人がヒットします。職員は、「ある程度、件数が絞ることができたら、この『求人一覧』のボタンを押すと、『会社名』とか『職種』とかの一覧表で出てきます」と説明します。

エ．求人情報の検討

求職者が求人を絞り込んだら、その求人情報を職員と一緒に見ながら、職場環境や仕事内容をイメージし、そこで働くことができるかを検討してもら

う。たとえば、職員は、求人事業所の採用担当者の視点から、求人の仕事内容に応えるだけの仕事経験があるかを検討するように、求職者に働きかける。

> 求人情報の検討の例
> 　Aさんは、求人一覧のなかから、CM関係の求人を指さして、「『テレビ、CMでご存知のB社』、これなんか、やれるかな？」と話します。職員は、その求人情報の詳細をモニターに映して、「CM関係の企画の仕事になりますね？」と確認します。Aさんは、「以前、販売促進でコマーシャルを作ったことがあって、それを全部、統括していたから。やっぱり経験があるから」と、B社の求人を希望するキャリア・ストーリーを語ります。
> 　職員は、求人情報の「仕事の内容」に目をやり、「ここ、『ホームページの企画・開発』と記載されていますね？」と話すと、Aさんは、「インターネットとか疎いからなぁ」と、つぶやきます。

オ．キャリア・ストーリーの脱構築・再構築

　求職者が希望する求職条件に合っており、また求人事業所や採用担当者が希望する求人条件に合う求人が見つかった場合、職員は、その求人への応募の意思を求職者に確認する。求職者が応募する意思があるならば、紹介状を交付して、応募の準備を支援する。

　希望する求職条件で求人検索をかけても求人がなかったり、求人があったとしても、その求人条件で働くことが難しい場合、求職者は求職条件を緩和したり、キャリア・ストーリーそのものを書き換える必要性に迫られる。

　求職者のなかには、その必要性に迫られていることは理解できるが、そこから先、どうしたらよいのか、わからない場合がある。職員は、そのタイミングを逃さず、提案や助言をして、新しいキャリア・ストーリーをつくる支援をする。

キャリア・ストーリーの脱構築・再構築の例

　Aさんは、食品メーカーのC社に応募すると話します。C社は、企画・営業スタッフを二人募集しています。職員がハローワークシステムを使って、C社の応募状況を確認します。「今まで30人応募があって、えっと、一人決まってて、26人が不採用ですね」と話します。Aさんは、「30人も応募して、26人落ちているんか？」と驚きます。それから、「応募しても難しいんかな」、「企画の仕事自体がないもんな」と弱気な発言を繰り返します。このタイミングで職員は、「退職された会社で、入社されてから、ずっと営業の仕事をされてますよね。営業の求人も考えてみてはいかがですか？」と提案します。Aさんは、しばらく考え込みます。「営業というのは、今更なあ、もういいなあ」と話します。職員は、Aさんの話に、「うん、うん」と、うなずいて、その思いを受け止めます。そうするとAさんは、「でも、なかなか適当が求人が見つからないし、営業の仕事も、少しがんばって探してみようかな」と話し始めました。

第5節　職業相談・紹介モデルの妥当性の検討

1 事例研究の概要

（1）事例研究の目標

　第Ⅰ期から第Ⅲ期のプロジェクト研究では、研修研究の枠組みのもと、新旧の事例研究の開発を通して、次のような手順で職業相談・紹介モデルの妥当性を検証してきた（労働政策研究・研修機構，2017）。

①職員に対し、職業相談・紹介モデルに基づく研修プログラムである事例研究を提供し、さらに相談業務での改善策を提案する。

②アンケート調査を実施し、事例研究の有用性を尋ねたり、改善策が相談をより良くするのか、そして相談業務での活用が難しいかを聞く。

③改善策については、研修の修了後、職員が現場に戻ってから、その実

第6章　職業相談・紹介プロセスと求職者支援

> 践活動を労働大学校へ報告する仕組みをつくり、実践面での有用性を
> 検討する。

　新旧の事例研究の目標は同じである。それは、職員が自らの職業相談・紹
介プロセスを意識できるようになり、求職者の発言に対する自身の応答の改
善点を検討できるようになることにある。この目標を分解すると、次の①職
業相談・紹介プロセスの意識化、②職業相談・紹介の改善の検討、③職業相
談・紹介の改善活動の3種類の下位目標になる。

> ①職業相談・紹介プロセスの意識化
> 　　職員が自身の担当した職業相談・紹介のやりとりを文字に起こした
> 逐語記録を活用して、求職者との＜ことば＞のやりとりを意識できる
> ようになること。
> ②職業相談・紹介の改善の検討
> 　　職員が求職者の発言に対し、自身の応答をどのように工夫すれば職
> 業相談・紹介をより良くすることができるのかを検討すること。
> ③職業相談・紹介の改善活動
> 　　研修の終了後、自主性に任せる形式で、その工夫を相談の窓口で実
> 践すること。

　新事例研究と旧事例研究の違いは、職業相談・紹介プロセスの改善点を検
討する際、旧事例研究はキャリア・ストーリー・アプローチを、新事例研究
では問題解決アプローチをそれぞれ採用していることにある（労働政策研
究・研修機構，2017）。

（2）事例研究のスケジュール

　事例研究は、労働大学校において、2005年度から職員の高度な職業指導
技術の習得を目的とする研修コースのカリキュラムの一つとして組み込まれ
てきた。2016年度12月現在の時点で、これまで26回実施され、参加者総
数は1,048人になる。
　労働大学校における事例研究に要する総時間数は7時間40分である。二

217

日間に亘って実施され、1日目と2日目の間には1～2週間程度の間隔が置かれる。

図表6-10に旧事例研究のスケジュール例を示す。職員は、1日目に職業相談・紹介の理論と発話分類の基準（第6節「考察」参照）を学習し、2日目にはキャリトークを活用して、自身の担当した職業相談・紹介の逐語記録を分析し、その改善点を検討する。この流れは新事例研究も同様である。

図表6-10 旧事例研究のスケジュール例

出所）榧野（2015b）

2 研修プログラムの効果

（1）アンケート調査の実施方法

新旧事例研究の効果を検証するため、次の二つの職業指導系専門研修コースで実施された新旧の事例研究について、参加者を対象にアンケート調査を実施した。一つは2016年度の研修コース（2016年12月5日～12月16日）であり、参加した職員は57人であった。旧事例研究は、それと時期的にも近い2015年度の研修コース（2015年6月29日～7月17日）で実施されたものを選定した。参加者は48人であった。

アンケート調査は、新旧の事例研究ともに1日目と2日目にそれぞれ実施された。1日目のアンケート調査票は「ア　参加者の個人属性」、「イ　研修プログラムの効果」、「ウ研修プログラムの感想」の三つのパートから構成される。2日目のアンケート調査票は「ア参加者の個人属性」を除く「イ　研修プログラムの効果」と「ウ　研修プログラムの感想」から構成される。両アンケート調査には研修生を特定する研修生番号の記入を求め、両データをつないで分析が可能となるようにした。

事例研究の効果の測定として、カークパトリックの研修効果測定の4段階モデルを参考にした（Kirkpatrick、D.L.1979）。このモデルでは、4段階の

第6章　職業相談・紹介プロセスと求職者支援

レベルで研修の効果を把握する。

> レベルⅠ（反応）：参加者は研修に対し、どのような反応をしたのか？
> レベルⅡ（学習）：参加者は何を学習したのか？
> レベルⅢ（行動）：参加者は研修を受けることにより、どのように行動
> 　　　　　　　　　を変えたのか？
> レベルⅣ（結果）：参加者が行動を変えることにより、どのような成果
> 　　　　　　　　　があったのか？

　アンケート票はこのモデルを参考としている。新事例研究のアンケート票の質問項目は次の3項目である。1日目と2日目では学習の内容の力点が異なるため、アンケート調査ではレベルⅡの質問項目の内容を変えている。

> レベルⅠ（反応）：事例研究を体験したことに満足をしている。
> レベルⅡ（学習）：（1日目）CL視点とCC視点に分けて「問題把握」を
> 　　　　　　　　　する考え方が理解できた。
> 　　　　　　　　　（2日目）「方策・対処」の考え方が理解できた。
> レベルⅢ（行動）：職業相談を進める上で、役に立つ情報やノウハウを
> 　　　　　　　　　得ることができた。

　レベルⅠは、参加者が研修を気に入ったかどうか、といった参加者の反応を評価するレベルである。Kirkpatrickによると、参加者が研修を気に入ると、その研修から最大限の恩恵を受けられるという（Kirkpatrick, 1979）。つまり、レベルⅡ以降の効果的な学習や行動の変容に結びつくと考えた。アンケート票では、研修を体験したことに満足をしているかを尋ねた（レベルⅠ：以下「研修への満足感」という。）。
　レベルⅡは、参加者が何を学習したかという視点で評価するレベルである。新事例研究の場合、問題解決アプローチの考え方や技法を学習する。1日目はクライエントの問題の把握に焦点を当てる。そのポイントはCL視点とCC視点に分けて、クライエントの問題を把握することであり、その理解ができたかを尋ねた（レベルⅡ：以下「問題把握の理解」という。）。2日目

219

は、問題解決に向けた目標の設定と方策の選定に焦点を当てる。その理解ができたかを尋ねた（レベルⅡ：以下「方策・対処の理解」という。）。

旧事例研究では両日ともに逐語記録を検討する重要性が理解できたかを尋ねた（レベルⅡ：以下「逐語記録検討の理解」という。）。

レベルⅢは、参加者が研修で学んだ知識や技能を、実際の仕事で、どの程度、反映させたのか、つまり研修による職場での行動の変化を評価するレベルである。今回の調査では、職業相談を進める上で役に立つ情報やノウハウを取得できたかを尋ねて、レベルⅢの効果に代替することにした（レベルⅢ：以下「有用な情報・ノウハウの取得」という。）。

レベルⅣは、研修後、参加者が現場に戻ってから、レベルⅢの行動の変化により、職場で、どのような成果をあげたかを評価するレベルである。研修プログラムの終了時に実施するアンケート調査では、このレベルでの評価の把握ができないことから、今回は、このレベルでの効果の検証をしなかった。

研修プログラムの終了後、参加者は、レベルⅠからレベルⅢの評価について、「まったくあてはまらない」、「あてはまらない」、「あまりあてはまらない」、「どちらとも言えない」、「ややあてはまる」、「あてはまる」、「とてもあてはまる」までの7段階のうち、当てはまる段階に一つ丸をつけるように求めた。「まったくあてはまらない」から「とてもあてはまる」の段階ごとに1点から7点をそれぞれ付与し、評価得点とした。

職業相談の業務を進める上で有用な情報・ノウハウを得ることができたかを聞くレベルⅢの質問項目については付問を設定した。「あてはまる」もしくは「ややあてはまる」と選択した参加者には、「それは、どのような情報やノウハウですか？」と、その内容を具体的に記入するように求めた。「あてはまらない」、「あまりあてはまらない」、「どちらとも言えない」のいずれかを選択した参加者には、相談業務を進める上で、「職員にとって、どのような情報やノウハウの取得が大切であるとお考えですか？」と、その内容を具体的に記入するように求めた。

第6章 職業相談・紹介プロセスと求職者支援

(2) アンケート調査の結果
　ア．研修への満足感（1日目）
　「研修への満足感」は、両事例研究ともに肯定的評価（94.7％、93.8％）が9割台半ば程度を占める。
　内訳を見ると、新事例研究と旧事例研究ともに「あてはまる」（57.9％、41.7％）が最も高く、ついで「とてもあてはまる」（19.3、35.4％）が続く。

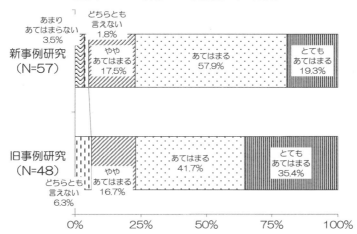

図表6-11　研修への満足感（1日目）

イ．問題把握／逐語記録検討の理解（1日目）

　研修プログラムの効果としての学習は、両事例研究ともに肯定的評価
（98.2％、98.0％）が9割台半ば程度を占める。

　内訳をみると、新事例研究における「問題把握の理解」は「あてはまる」
（57.9％）が6割弱を占め最も高く、ついで「ややあてはまる」（33.3％）
が3割強を占める。旧事例研究における「逐語記録検討の理解」は「とても
あてはまる」と「あてはまる」がどちらも4割強（43.8％）を占め最も高い。

図表 6-12　問題把握／逐語記録検討の理解（1日目）

| 問題把握の理解（N=57） | どちらとも言えない 1.8% | ややあてはまる 33.3% | あてはまる 57.9% | とてもあてはまる 7.0% |

| 逐語記録検討の理解（N=48） | どちらとも言えない 2.1% | ややあてはまる 10.4% | あてはまる 43.8% | とてもあてはまる 43.8% |

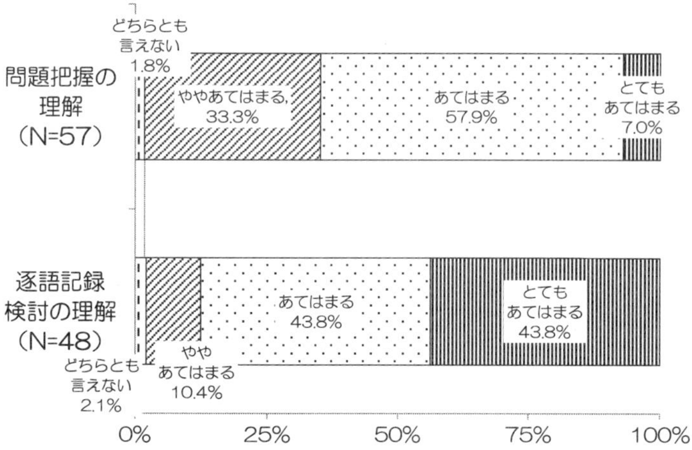

ウ．有用な情報・ノウハウの取得（1日目）

「有用な情報・ノウハウの取得」は、両事例研究ともに肯定的評価（96.5％、95.8％）が9割台半ばを占める。

内訳をみると、新事例研究では「あてはまる」（57.9％）が6割弱を占め最も高く、ついで「ややあてはまる」（24.6％）が2割台半ば、「とてもあてはまる」（14.0％）が1割台半ばと続く。旧事例研究でも「あてはまる」（47.9％）が5割弱と最も高いが、ついで「とてもあてはまる」（27.1％）が3割弱、「ややあてはまる」（20.8％）が2割程度と続き、順序が逆になる。

図表6-13　有用な情報・ノウハウの取得（1日目）

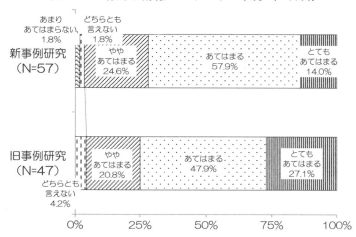

エ．研修への満足感（2日目）

「研修への満足感」の肯定的評価は、新事例研究（94.7％）が9割台半ばを占めるのに対し、旧事例研究（87.6％）は9割弱を占め、やや低くなる。

内訳をみると、新事例研究では「あてはまる」（49.1％）が5割弱を占め最も高く、ついで「とてもあてはまる」と「ややあてはまる」がともに2割強程度（22.8％）で続く。旧事例研究では「ややあてはまる」（41.7％）が4割強を占め最も高く、ついで「あてはまる」（39.6％）も4割弱と続く。肯定的評価の程度は旧事例研究よりも新事例研究の方が強い。

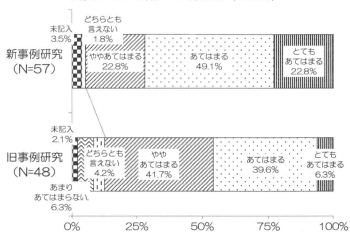

図表6-14　研修への満足感（2日目）

オ．方策・対処の理解／逐語記録検討の理解（2日目）

　研修プログラムの効果としての学習は、肯定的評価をみると、新事例研究における「方策・対処の理解」（96.6％）は9割台半ばを占めるのに対し、旧事例研究における「逐語記録検討の理解」（87.6％）は9割弱とやや低い。

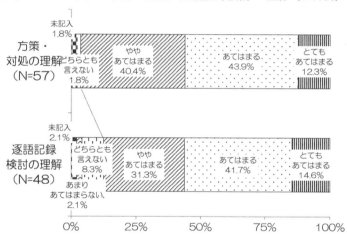

図表 6-15　方策・対処の理解／逐語記録検討の理解（2日目）

　内訳をみると、新事例研究における「方策・対処の理解」は、「あてはまる」（43.9％）が4割強を占めて最も高く、ついで「ややあてはまる」（40.4％）が4割程度、「とてもあてはまる」（12.3％）が1割強で続く。旧事例研究における「逐語記録検討の理解」は「あてはまる」（41.7％）が4割強を占めて最も高く、ついで「ややあてはまる」（31.3％）が3割強であり、「とてもあてはまる」（14.6％）が1割台半ばで続く。

カ．有用な情報・ノウハウの取得（2日目）

「有用な情報・ノウハウの取得」の肯定的評価は、新事例研究（96.5％）が9割台半ばを占めるのに対し、旧事例研究（91.7％）は9割強に止まりやや低い。

内訳をみると、新事例研究では「あてはまる」（45.6％）が4割台半ばを占め最も高く、ついで「ややあてはまる」（26.3％）が2割台半ば、「とてもあてはまる」（24.6％）が2割台半ばと続く。旧事例研究では「ややあてはまる」（41.7％）が4割強を占め最も高いが、ついで「あてはまる」（35.4％）が3割台半ば、「とてもあてはまる」（14.6％）が1割台半ばと続く。肯定的評価の程度も旧事例研究よりも新事例研究の方が強い。

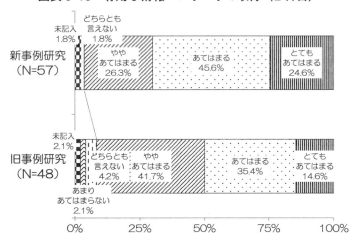

図表6-16　有用な情報・ノウハウの取得（2日目）

第6章　職業相談・紹介プロセスと求職者支援

（3）小　括

新旧の事例研究に対する肯定的評価の割合をみると、1日目の評価は「研修への満足感」（新 94.7 %、旧 93.8 %）、「問題把握の理解／逐語記録検討の理解」（新 98.2 %、旧 98.0 %）、「有用な情報・ノウハウの取得」（新 96.5 %、旧 95.8 %）と、いずれも 9 割以上を占めた。

2日目の評価になると、「研修への満足感」（新 94.7 %、旧 87.6 %）、「方策・対処の理解／逐語記録検討の理解」（新 96.6 %、旧 87.6 %）、「有用な情報・ノウハウの取得」（新 96.5 %、旧 91.7 %）と、新事例研究は 9 割台半ば、旧事例研究は 9 割前後を占めた。

これらの結果から、研修の参加者は新旧の事例研究のともに満足し、問題解決アプローチや逐語記録検討の考え方が理解できるようになり、職業相談業務に有用な情報・ノウハウを得ることができたと言えよう。これらの背景として、新旧の事例研究が採用している職業相談・紹介モデルが受け入れられていることが考えられよう。

第6節　考　察

職業相談・紹介モデルの更なる妥当性の検討には、そのプロセスを把握する方法論を開発する必要性がある。プロジェクト研究では二つの手法の開発に取り組んできた。

一つは職業相談・紹介の逐語記録の分析である。職員と求職者の間の＜ことば＞のやりとりを中心に、そのプロセスを分析する。職業相談・紹介にとって重要な＜ことば＞の＜すがた＞として、①主観表現、②時間表現、③質問表現に注目し、発話[7]単位で、これらの表現が含まれているかいなかを判断する発話分類の基準を開発している（労働政策研究・研修機構,

---

7　発話とは、「あるまとまった意味を表す一続きの言葉」と定義される。具体的には、逐語記録において、次のいずれかに該当するものを一つの発話とする。①話し始めてから句点「。」もしくは「？」のあるところまでを一つの発話とする。②話し始めてから話し手が交代したところまでを一つの発話とする。③言葉のやりとりが 5 秒以上の間隔で途切れた場合、それを一つの発話として扱う。

227

2017）。この分類の基準を利用して、逐語記録における＜ことば＞のやりとりを発話分類することにより、職業相談・紹介プロセスが数量化することができる。

　しかし、これらの分類基準は、筆者が研修研究の経験から作成されたものが元になっており、理論的に十分に整備されたものではなかった。最近になり認知言語学（cognitive linguistics）の観点から一貫した説明が試みられている（榧野，2015b）。今後は分類基準をさらに洗練化させ、逐語記録の発話分類データを蓄積し、実際の職業相談・紹介のプロセスを明らかにするとともに、カウンセリングやキャリアコンサルティングの理論に基づく職業相談・紹介モデルとの比較をしていく必要がある。

　もう一つは、勘コツインタビュー（第7章参照）による分析である。勘コツインタビューは、認知的タスク分析の手法を取り入れ、職員に過去の相談における求職者とのやりとりを想起してもらい、どのタイミングで、どういった重要な判断や意思決定をしたのかを明らかにする面接手法である（労働政策研究・研修機構，2016a；2016b）。

　実際の相談ではモデル通りの進行に合うものは少ないと予測される。求職者の発言により、相談の流れが絶えず変化するからである。しかし、この勘コツインタビューを用いると、職員がどのような意図を持って相談を進めていたのかが理解できるようになる。その結果、職員の意図の背景にどのような職業相談・紹介のモデルがあったのかが検討できるようになるだろう。

　職業相談・紹介モデルを含めカウンセリング・モデルのほとんどは、特定のカウンセリング理論のもとに構築され、モデル間で共通する研究枠組みのもと、そのプロセスを実証的に研究できる方法論が確立されてこなかったと言えよう。これまでのプロジェクト研究では、より汎用性の高い認知言語学や認知的タスク分析といった認知科学の知見を利用し、そのプロセスを捉える方法論の開発に取り組んできた。第Ⅳ期のプロジェクト研究（2017年4月～2022年3月）では、こういった方法論を活用し、実際の職業相談・紹介がどのようなプロセスで実施されているのかを明らかにし、そして、どのような点を改善していけばよいのかを検討することになる。

228

第 6 章　職業相談・紹介プロセスと求職者支援

【参考文献】　※欧文アルファベット順、和文 50 音順

Austin, J. T., & Vancouver, J. B.（1996）."Goal constructs in psychology: Structure, process, and content." *Psychological Bulletin*, 120, pp.338-375.

Bezanson, M. L., Decof, C. A. & Stewart, N. R.（1982）."*Individual Counselling -A Systematic Approach.*" Ottawa: Canada Employment & Immigration Commission[8].

Chen, P.C.（1997）."Career Projection: narrative in context." *Journal of Vocational Education and Training*, Vol.49（No.2）, pp.311-326.

Cochran, L.（1997）. *Career counseling: A narrative approach.* Thousand Oaks, CA: Sage Publication.

Crites, J. O.（1969）."The meaning of vocational." *Vocational psychology: The study of vocational behavior and its development.* New York: McGraw-Hill, pp.325-356.

Dashiell, J. F.（1949）. *Fundamentals of general psychology*（3rd ed. ed.）Houghton Mifflin, Oxford.

Jayasinghe, M.（2001）. *Counselling in Careers Guidance.* Open Univ. Press.

Kirkpatrick, D. L.（1979）."Techniques for Evaluating Training Programs." *Training and development journal*, June, pp.178-192.

Liu,S., Wang, M., & Huang, J. L.（2014）."Effectiveness of job search interventions: A meta-analytic review" *Psychological Bulletin*, 140, pp.1009–1041.

Peavy, R. V.（1992）."A Constructivist Model of Training for Career Counselors." *Journal of Career Development*, 18（3）, pp.215-228.

Savickas, M. L.（2002）."Career Construction: A Developmental Theory of Vocational Behavior." In D. Brown & Associates（eds.）, *Career choice and development*（4th eds.）, San Francisco, CA: Jossey-Bass, pp.149-205.

Savickas, M. L.（2011）. *Career Counseling*, Washington DC: American Psychological Association.

Shaffer, L. F., and Shoben, J. E.（1956）. *The psychology of adjustment: A dynamic and experimental approach to personality and mental hygiene*（2nd ed.）. Boston: Houghton Mifflin.

池上嘉彦（2011）.「日本語話者における〈好まれる言い回し〉としての〈主観的把握〉」,『人工知能学会誌』26（4）, pp.317-322.

大堀壽夫（2002）.『認知言語学』東京大学出版会.

框野潤（2014）.「激動の時代のキャリア・カウンセリング―もう一つのマッチングモデル」,『Business Labor Trend』2014 年 5 月号, pp.38-41.

框野潤（2015a）.「キャリア構築カウンセリングの理論とプロセス―職業発達理論からキャリア構築理論へ」渡部昇平（編）『社会構成主義キャリア・カウンセリングの理論と実践』福村出版株式会社.

框野潤（2015b）.「職業相談のアクションリサーチ―効果的な研修プログラムの研究開発」,『日本労働研究雑誌』No.665, pp.32-47.

框野潤（2016）.「生活保護受給者の就労支援の研究―自己制御理論に基づく求職活動の支援研究からの考察―」『JILPT　Discussion Paper Series』DP16-05 ＜ http://www.jil.go.jp/institute/discussion/2016/documents/DP16-05.pdf ＞（2017 年 4 月 8 日）.

8　著者はこの文献を入手できていない。この文献の情報は渡辺（2002）の著作を参考としている。本研修資料の方策の説明については、この文献の翻訳書と考えられる雇用職業研究所（1982）の「第 4 章　方策の実行」（82-91）を参考としている。

229

木村周（2015）．「これからのキャリア・コンサルティングに求められるもの」，『日本労働研究雑誌』No.658，pp80-82.

木村周（2016）．『キャリアコンサルティング　理論と実際　4訂版　カウンセリング、ガイダンス、コンサルティングの一体化を目指して』一般社団法人雇用問題研究会.

木村周（2017）．「キャリアとは一心理学の観点から」『日本労働研究雑誌』No.681，pp.73-74.

厚生労働省職業安定局（2016）．『一般職業紹介業務取扱要領』.

國分康孝（1979）．『カウンセリングの技法』誠信書房.

國分康孝（1996）．『カウンセリングの原理』誠信書房.

雇用職業総合研究所（1982）．『雇用カウンセリング　体系的アプローチ（翻訳）』職研資料シリーズⅢ-32.

サトウタツヤ（2013）．「心理と行動に関わる理論」やまだようこ・麻生武・サトウタツヤ・能智正博・秋田喜代美・矢守克也（編）『質的心理学ハンドブック』新曜社，pp.98-114.

白井泰四郎（1992）．『現代日本の労務管理』東洋経済新報社.

諏訪康夫（1999）．『雇用と法』放送大学教育振興会.

中村陽吉（1972）．『心理学的社会心理学』光生館.

深尾誠（2005）．「＜研究ノート＞社会構成主義の理論と実践について」『大分大学経済論集』56（5），大分大学経済学会，pp.141-154.

藤本喜八（1971）．『職業の世界一その選択と適応』日本労働協会.

労働政策研究・研修機構（2007）．『職業相談におけるカウンセリング技法の研究』労働政策研究報告書No.91，労働政策研究・研修機構.

労働政策研究・研修機構（2009）．『職業相談におけるアクションリサーチ』労働政策研究報告書No.107，労働政策研究・研修機構.

労働政策研究・研修機構（2012）．『独立行政法人労働政策研究・研修機構中期計画（第3期）』<http://www.jil.go.jp/outline/houki/documents/keikaku3.pdf>（2015年10月14日）.

労働政策研究・研修機構（2016a）．『職業相談の勘とコツの「見える化」ワークショップの研究開発―認知的タスク分析を取り入れた研修研究―』労働政策研究報告書No.182，労働政策研究・研修機構.

労働政策研究・研修機構（2016b）．『職業相談の勘とコツの「見える化」ワークショップ―マニュアルVer.3.0.』労働政策研究・研修機構.

労働政策研究・研修機構（2017）．『職業相談・紹介業務の逐語記録を活用した研修プログラムの研究開発―問題解決アプローチの視点から―』労働政策研究報告書No.198，労働政策研究・研修機構.

労働政策研究・研修機構労働大学校（2015）．平成27年度第1回職業指導Ⅰ専門研修「ハローワークにおけるキャリア・コンサルティングの意義と必要なスキル」.

労働政策研究・研修機構労働大学校（2016）．職業指導系専門研修教材「相談分析シート」「『相談分析シート』を用いた相談の分析・検討について」.

渡辺三枝子（2002）．『新版カウンセリング心理学―カウンセラーの専門性と責任性』株式会社ナカニシヤ出版.

第7章 職業相談におけるアクションリサーチ
—「職業相談の勘とコツの『見える化』ワークショップ」の研究開発

　職場で職業相談の技能を伝承する難しさは、どこにあるだろう？ものづくりの技能は、指先の器用さ、すばやい手の動き、無駄のない体全体の動き、これらを活用した成果である製作物などを観察して理解できる。しかし、職業相談のプロセスは、職業相談の担当者（以下「職員」という。）と求職者の間のコミュニケーション、主に＜ことば＞のやりとりが中心である。この＜ことば＞のやりとりを通して、やる気や意欲など、観察できない求職者の＜こころ＞を扱う。このため、製作物や作業など観察が可能なものづくりの技能と比較して、「これが職業相談の技能だ！」と見せることができない。それだけに技能伝承は難しいと言えよう。

　勘コツワークショップは、職員がグループで協力して実際の職業相談のプロセスを図にまとめ、観察できない職業相談の技能を「見える化」し、職員同士でその技能を分かち合い、職場の相談力を向上させる研修プログラムである[1]。

　本章では、①勘コツワークショップの内容を具体的に紹介し、その理論的な背景を解説する。②勘コツワークショップの効果を把握し、その改善の方向性を検討する。そして、③職業相談の実践と認知的タスク分析の研究における本研究の意義を検討する。

1　研修プログラムの開発に当たっては、大関義勝氏（HRDファシリテーションズ代表、元・キャリアコンサルティング協議会理事・事務局長）から様々な示唆と助言をいただいた。改めて、こころからの敬意と謝意を表する。

第1節　研究の目的

1 アクションリサーチと研修研究

　ハローワークにおける職業相談は、職員と求職者の間のコミュニケーションが大きな比重を占める仕事である。本研究の目的は、アクションリサーチ（action research）の考え方に倣い、このコミュニケーションをより効果的かつ効率的に進めるための研修プログラムを開発することにある。

　アクションリサーチとは、「実践的問題と基礎的研究との結合によって、両者の循環的刺激で学問の進歩と社会改善とが相互扶助的に進むことをめざす学問の方向」（中村，1972）と定義される。本研究は、その実践的問題と基礎的研究をつなぐ要として、「研修」を位置づける。

　なお、労働政策研究・研修機構キャリア支援部門では、当機構の研修部門である労働大学校との連携のもと、2003年度から継続して研修研究を進めてきた。研修研究とは、労働行政運営の中核となる行政職員を対象とした研修において、研究員による研究成果を反映させ、研修内容の充実を図り、その結果をさらに研究に活用していくことである[2]。この組織的な枠組みのもと、これまで職業相談の研修研究を進めてきた。

2 職業相談プロセスの意識化

　研修プログラムの開発に当たり、その基本的な考え方として、職員が自らの職業相談のプロセスを意識できるようになることを目標とする（労働政策研究・研修機構，2009）。これを「職業相談プロセスの意識化（conscientization of vocational counseling process）」と呼ぶ。これにより、

2　労働政策研究・研修機構中期計画（第Ⅲ期：2012年度〜2016年度）では、研修と研究の連携について、「研究員が研修に参加するなど研修の場を通じて、また、研修生に対するニーズや問題意識等に関するアンケート調査の実施等を通じて、労働行政の現場で生じている問題や第一線の労働行政機関の担当者の問題意識を吸い上げ、研究に生かす」とし、さらに、「特に、職業指導等（筆者注：ハローワークにおける職業相談業務が含まれる）に関する研究など第一線の業務に密接に関連する分野の研究については、研修の実施に参加しつつ、研究を実施する」と説明されている（労働政策研究・研修機構，2012）。

求職者との＜ことば＞のやりとりにおいて、自身の応答をどのように変えれば、よりよくなるかを検討できるようになり、この実践を通して、職業相談を改善できるようになると考える。

これまで研修研究として、職業相談のプロセスの意識化を促す二つのアプローチを採用してきた。第一に、2003年度から取り組んで来た、職業相談のやりとりを文字に起こした逐語記録[3]を活用した研修プログラムの研究開発である。手や腕、体全体を使う技能労働は、その動作をビデオに録画して、無駄な動きがないかを検討できる。逐語記録は、このコミュニケーション版である。研修プログラムでは、職員は実際の職業相談の逐語記録を作成し、その逐語記録を活用して、求職者の言動に対し、どのような応答を、どういうタイミングでしていたのかをふり返り、応答上の改善点を検討する（榧野，2015a；労働政策研究・研修機構2007，2009，2017）。

第二に、職業相談における職員の応答の背景にある重要な判断や言動の選択を＜ことば＞にして職員同士で共有し、職場の相談力を向上させる研修プログラムの開発である。このため、2012年度から、認知的タスク分析（cognitive task analysis）を取り入れた「職業相談の勘とコツの『見える化』ワークショップ」（以下「勘コツワークショップ」という。）の研究開発に取り組んできた。認知的タスク分析とは、仕事における働く人の判断や選択などの「＜こころ＞の働き（working minds）」に焦点を当てた分析手法である。

職員はグループワークを通じて、①グループのうちの一人が、自身の実際の職業相談における判断や選択を意識して＜ことば＞で表現し、②それらのなかから、＜こころ＞の働きである重要な判断と選択を図に整理して、職員同士で共有する体験をする。③①と②から、職場で職業相談における重要な判断や選択を共有するノウハウを体験学習する（榧野，2015b）。

本章では、後者の勘コツワークショップの研究開発に係るアクションリサーチに焦点を当てる。

3　逐語記録とは、実際の職業相談場面でのやりとりを、所定の様式に従って、一字一句漏らさずに文字に起こしたものである。言語的表現だけでなく、表情、しぐさ、姿勢などの非言語的表現も記録する。

3 研究プログラムの研究開発の手法

　研修プログラムの研究開発の手法として、アクションリサーチを採用した。その創始者であるLewin（1935）は、「『実践（action）』、『研究（research）』、『訓練（training）』は一つの三角形のようなものであり、どれか一つでも欠けてはならない」と述べた。そして、具体的に現場で理論を展開するには訓練が必要であり、研究、訓練、実践が三位一体となってアクションリサーチを進めていくことを提唱した。図表7-1は、グループダイナミックスの研究者である広田君美が、これらのプロセスを図式的に表現したものである（小集団研究所, 1990）。

図表7-1　アクションリサーチのモデル

出所）Lewin（1948）を訳出の上、小集団研究所（1990）を参考に作成。

　本研究も、このLewinのアクションリサーチの考え方に倣う。まず、研修プログラムである「勘コツワークショップ」の開発では、その基盤となる認知的タスク分析（cognitive task analysis）の考え方と手法を明らかにした上で、職業相談の研修プログラムへの応用を検討する（研究:「第2節　研修プログラムの背景にある理論」参照）。

　ついで、認知的タスク分析の考え方と手法を取り入れ、職業相談における重要な判断と働き方の選択を職員同士で共有化する研修プログラムを開発する。ハローワーク等の職員を対象とした研修コースで、この勘コツワークショップを実施する（訓練:「第3節　研修プログラムの概要」参照）。

　実践については、勘コツワークショップの修了後、職員が相談の窓口業務に戻ってから、職業相談がどの程度、改善したかを把握すべきところである。しかし、今回は、勘コツワークショップの終了の直後に、アンケート調査により、職員が、このワークショップを体験して、職業相談の窓口業務を進める上で、どの程度、役に立つ情報やノウハウを得ることができたと思う

第7章　職業相談におけるアクションリサーチ—「職業相談の勘とコツの『見える化』ワークショップ」の研究開発

かを聞いて、現場を想定した勘コツワークショップの効果を検討した（実践：「第4節　研修プログラムの効果の検討」参照）。

　これらの研究→訓練→実践のサイクルを回していくことにより、認知的タスク分析の考え方と手法を応用して、より効果的な研修プログラムを研究開発し、実践を通して、更なる職業相談の改善を進めていく。

第2節　研修プログラムの背景にある理論

1　認知的タスク分析[4]

　認知的タスク分析の目的は、専門性の高い、実際の仕事で働かせている、働く人の認知（cognition）の研究にある。特に、仕事がうまく成し遂げられた際の、働く人の認知を研究する。

　認知とは、人が、対象を知覚し、その状況を理解したり、さらに情報や知識を活用して判断したり、その判断に基づいて行動を選択するなどの＜こころ＞の働きである。

　認知的タスク分析における「タスク（task）」とは、伝統的な「課業」の概念とは違う意味合いを持つ。ここで言うタスクとは、「人が成し遂げようとしている成果（the outcome people are trying to achieve）」（Crandall et.al.2006）と定義される。働く人が、成果をどのように感じ、どう受け止めるかによって、タスクの内容や意味合いは変化する。

　認知的タスク分析は、認知的タスク分析を専門とする専門家が行うとされている。認知的タスク分析の専門家は、働く人に調査協力を依頼し、調査協力者が仕事をしている間、何を考えているのか、どこに注意を向けているのか、どのような意思決定をしているのか、どのような戦略を活用しているのか、何を成し遂げようとしているのか、仕事の進め方について何を知っているのか、といったことを理解し記述しようとする。

4　認知的タスク分析の説明は、「Working Minds: A Practitioner's Guide to Cognitive Task Analysis」（Crandall, B. Klein, G. and Hoffman, R. R., 2006）を参考にしている。

235

認知的タスク分析に期待される効果は、仕事の効率性を上げることにある。認知的タスク分析によって、調査協力者の熟練した仕事に関わる基本原理を記述する[5]。認知的タスク分析の専門家は、その基本原理をもとに、彼らがミスや失敗をしそうな時、あらかじめ、どういうミスや失敗をしそうなのかを説明しなければならない。

2 認知的タスク分析の構成要素

認知的タスク分析は三つの要素から構成される。「知識の引き出し（knowledge elicitation）」、「データの分析（data analysis）」、「知識の表現（knowledge representation）」である。

「知識（knowledge）」とは、オクスフォード英語辞典によれば、「経験と教育によって獲得された、事実、情報、技能。ある主題についての理論的または実用的な理解」と定義される。これらの知識は、働く人個人のなかに感覚や記憶として保持されている。認知的タスク分析では、こういった働く人個人のなかにある知識を表出させ（知識の引き出し）、引き出した情報を分析し（データの分析）、他者にわかりやすく伝わるように表現する（知識の表現）。

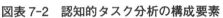

図表7-2　認知的タスク分析の構成要素

出所）Crandall et.al.（2006）をもとに作成。

認知的タスク分析は、北米を中心に、様々な手法が開発されている。これらの手法は、「どのように仕事を調査するのか？」と「仕事のどの側面を調査するのか？」の二つの視点から整理される（図表7-3参照）。

「どのように仕事を調査するのか？」には、「面接」、「自己報告」、「観察」、「自動情報収集」の四種類がある。「自動情報収集」とは、たとえば、インターネットで特定の情報を探す際、見つけるまでの閲覧履歴を辿ることによ

5　職業相談の場合、その効果や効果に及ぼす要因について様々な変数が考えられる。そのため、基本原理の特定が難しいと言えよう。

第7章　職業相談におけるアクションリサーチ─「職業相談の勘とコツの『見える化』ワークショップ」の研究開発

図表7-3　認知的タスク分析の手法の分類表

仕事の どの側面を調査するのか？ ＼ どのように 仕事を調査するのか？	面接 (interview)	自己報告 (self-report)	観察 (observation)	自動情報収集 (automated capture)
①いつの仕事の話？ （過去／現在／未来）				
②実際の仕事の話？ （実際の仕事/シミュレーションor シナリオ）				
③仕事の困難さは？ （ルーチンワーク／ チャレンジングな仕事）				
④一般的な話？ （抽象的な知識／ 特定の出来事）				

出所）Crandall et.al.（2006）を訳出の上、転載。

り、どのようなプロセスで情報を絞り込んだのか、といった＜こころ＞の働きが理解できる。

「仕事のどの側面を調査するのか？」には、認知的タスク分析の対象を、「①いつの仕事の話？」、「②実際の仕事の話？」、「③仕事の困難さは？」、「④一般的な話？」の四種類の評価軸から分類する。

「①いつの仕事の話？」は、認知的タスク分析の対象となる仕事が、過去、現在、未来のいつの時点の話か、によって分類される。

「②実際の仕事の話？」は、現実の職場での仕事かどうかを見る。「実際の仕事」ではない場合として、「シミュレーション」もしくは「シナリオ」といった仮想的に設定された職場や仕事の場面が考えられる。

「③仕事の困難さは？」は、「ルーチンワーク」のように、ほぼ日常的に行っており、判断や意思決定などを特に意識せずにできる仕事か、あるいは「チャレンジングな仕事」のように、トラブル対応などの非日常的な経験であり、意識的に注意をして対応しなければならない仕事かによって分類される。

237

「④一般的な話？」は、仕事の話が、抽象的か具体的かどうかをみる。その仕事が、実際に起こった出来事の場合、「特定の出来事」であり、実際に起こった出来事でなく、一般的な仕事の話の場合、「抽象的な知識」として分類される。

3 重要意思決定分析法

　勘コツワークショップは図表 7-4 に示す六つのパートからなる。所要時間の標準は 6 時間である。これらのうちグループワークのパートでは、参加者同士が職業相談における重要な判断や選択を共有するため、認知的タスク分析の手法[6]のうち、重要意思決定分析法（Critical Decision Method）を参考にする。グループワークの標準時間は 3 時間 50 分であり、30 分の休憩時間を含む。

（1）重要意思決定分析法の特徴

　重要意思決定分析法では、その専門家が、調査協力者に、構造化された面接調査をして、過去に実際に経験した、ルーチンワークではない仕事の話を聞き、その経験のなかで、どのような重要な判断や選択をしたのかを明らかにする。

　図表 7-3 の認知的タスク分析の手法の分類表を活用すると、重要意思決定分析法は、図表 7-5 に示す特徴に整理される。

　重要意思決定分析法の調査協力者は、その調査のテーマとなる分野の「主題専門家（subject matter expert：SME）」と言って、研究の対象とする仕事の分野における専門家や熟練者になる。たとえば、調査のテーマが職業相談ならば、職業相談の窓口業務で一目置かれているベテラン職員が考えられる。

　図表 7-5 の「①いつの仕事の話？」では「過去の話」に分類されており、重要意思決定分析法では、調査協力者に過去の仕事の話について回想して話してもらう。この回想法に特徴があり、次に説明する三つの特徴を持つ。

6　重要意思決定分析法の他に、タスクに必要とされる認知能力や認知的技能に関する情報を収集する応用認知的タスク分析（Applied Cognitive Task Analysis：Militello & Hutton, 1998）、階層的にタスクを分析する階層的タスク分析（Hierarchical Task Analysis: Stanton, 2006）などがある。

第7章　職業相談におけるアクションリサーチ―「職業相談の勘とコツの『見える化』ワークショップ」の研究開発

図表7-4　勘コツワークショップのスケジュール

項　　目		所用時間
1 はじめに	(1)目的 (2)スケジュール	10分
2 勘コツの「見える化」	(1)勘コツの「見える化」とは？ (2)職場の相談力の向上	14分
3 認知的タスク分析の応用	(1)認知的タスク分析とは？ (2)ニコラ・テスラの明細書 (3)認知的タスク分析の構成要素	6分
4 グループワーク	(1)グループワークの進め方 (2)グループワーク 　セクション1：相談でのやりとり 　セクション2：その時の気持ち 　セクション3：重要な判断・選択 　セクション4：「今、ここ」での判断・選択	230分 (休憩時間30分を含む)
5 勘コツの分かち合い（オプションメニュー）	グループ発表、クロス・グループ・インタビュー等	85分
6 実践を考える	(1)実践を考える (2)まとめ	15分

出所）労働政策研究・研修機構（2016b）

図表7-5　認知的タスク分析の手法の分類表

仕事の どの側面を調査するのか？／どのように 仕事を調査するのか？	面接 (interview)		調査協力者に面接調査をして、 仕事の経験を聞く
①いつの仕事の話？ （過去／現在／未来）	過去の話		実際の仕事の経験を分析の対象とする
②実際の仕事の話？ （実際の仕事／シミュレーションor シナリオ）	実際の仕事		
③仕事の困難さは？ （ルーチンワーク／ チャレンジングな仕事）	チャレンジングな 仕事		調査協力者の記憶を頼りとするため、記 憶の喪失や歪みを受けにくい仕事の経験 に焦点を当てる
④一般的な話？ （抽象的な知識／ 特定の出来事）	特定の出来事		一般的な話でなく、 具体的な仕事の経験の話に焦点を当てる

出所）Crandall et.al.（2006）をもとに作成。

　第一に、仕事の経験は、ストーリー（story）の形式で記憶されていると
考える。このことから、重要意思決定分析法では、調査者が、調査協力者に、
仕事の経験に関するストーリーを語ってもらうように働きかける。

　ストーリーとは、出来事が起こった時間に沿って並べ、それらの出来事間
のつながりを意味づけた言語活動である。たとえば、「1年前に王様が亡く
なった」と「半年前に王妃が亡くなった」という二つの出来事を、時間の流
れに沿って並べる。「1年前に王様が亡くなり、半年前に王妃が亡くなった」
となる。二つの出来事の間につながりができ、一つのストーリーとなる。ち
なみに、プロット（plot）とは、この出来事のつながりを説明するものであ
る。「1年前に王様が亡くなり、悲しみのあまり、半年前に王妃が亡くなっ
た」。この「悲しみのあまり」の部分がストーリーのプロットになる。

　Klein（1998）は、私たちは仕事の経験をストーリー化（story telling）す
ることにより、その経験を、これからの経験に生かすことができ、他者と共
有できるようになると説明している。

　第二に重要意思決定分析法では、調査者が調査協力者から、まず特定の仕
事の経験について、その事実関係を聞き出す。ついで、調査協力者の＜ここ

ろ＞の働きを聞き出す。このように構造化された面接調査を行う。

　調査協力者に事実だけを語ってもらっても、＜こころ＞の働きである重要な判断や選択は明らかにならない。反対に判断や選択といった＜こころ＞の働きだけを語ってもらっても、どのタイミングで判断し、選択したのかがわからない。このため調査者は、調査協力者に段階を踏んで、仕事の経験のストーリーを語ってもらうことにより、重要な判断や選択を浮き彫りにする。図表7-6に重要意思決定分析法の手順について解説を掲載する。

図表7-6　重要意思決定分析法の手順の解説

第1段階：選択と出来事

　調査者は、調査協力者と協力して、分析の対象となる仕事の経験を選択する。

第2段階：時間記録の作成

　調査者は、調査協力者から、第1段階で選択した仕事の経験について、時間の流れに沿って、どのような出来事があったのか、具体的に話を聞き出す。あくまで、実際に起こった出来事、つまり事実を中心に話を聞き出す。

第3段階：深化

　調査者は、第2段階で明らかにした出来事の背景で、調査協力者が何を知ったのか、いつそれを知ったのか、何を手がかりとして、それを知り、それをもとに、何をしたのかを聞き出す。

第4段階："たられば"質問（仮定の質問）

　調査者は、仮定の質問を使って、第2段階で調査協力者から聞き出した、仕事の経験のストーリーとは別のストーリーの可能性を聞き出す。たとえば、ベテランの調査協力者から聞き出した事例で、もし、職業相談の担当者が、自分のようなベテランではなく、初心者だったならば、職業相談を進める上で、どのような見落としや失敗をしてしまうかを聞く。第4段階では、こういった、うまくいかなくなるストーリーを聞き出す仮定の質問が中心になる。

出所）Crandall et.al.（2006）をもとに作成。

（2）重要意思決定分析法と勘コツワークショップ

　勘コツワークショップのグループワークに、認知的タスク分析の手法のうち、重要意思決定分析法を参考にする理由は三つある。

　第一に、重要意思決定分析法は、少なくとも二人以上の参加者が＜ことば＞を交わす面接法であり、グループワークに取り入れやすい。

　第二に、グループワークの参加者は、職業相談の窓口業務の担当者、もしくは経験者を想定している。彼らは、実際に職業相談を経験しており、重要意思決定分析法の対象となる相談事例を容易に想起しやすいと考えられる。

　第三に、重要意思決定分析法では、その意思決定のモデルとして、「再認主導意思決定モデル（recognition-primed decision model）」（Klein 1998）が採用されている。職業相談の窓口業務では、職員は迅速で適確な判断や選択を行うことが求められる。次節で説明する再認主導意思決定モデルは、こういったタイプの意思決定を説明するに適切なモデルと考えられる。

4 　再認主導意思決定モデル

（1）再認の効果

　重要意思決定分析法では、意思決定の考え方として、再認主導意思決定が採用されている（Klein 1998）。ここで言う「再認」とは、心理学の専門用語の意味で使われている。心理学では、物事を想起するプロセスを、「再認（recognition）」と「再生（recall）」という言葉で区別して活用することがある（北岡 2005）。

　「再認」は、物事を知覚した際、それが以前に経験した物事と同じであると、記憶をもとに判断するプロセスである。それに対し、「再生」とは、以前、経験した物事を、そのまま想起するプロセスである。たとえば、「あなたは昨日、誰に会いましたか？」と聞かれ、「Aさん」と答えるプロセスは、Aさんに会った経験を想起する「再生」である。目の前にAさんがいて、その人がAさんであると識別するプロセスは、以前、Aさんに会った記憶をもとに判断する「再認」である[7]。

　7　一般的には、再認は再生よりも容易であるとされる（北岡 2005）。

再認主導意思決定モデルでは、「再認」という用語が使われていることからわかるように、意思決定の要として再認のプロセスを取り入れている。この再認のプロセスでは、意思決定者は、状況の変化に気づくと、その状況から、次に何が起こるのか、理解しようとする。つまり、記憶を頼りに、過去の経験で同じようなタイプの状況を想起しようとする。過去の経験はストーリーとして記憶されている。過去の経験から、目の前で展開している状況と同じようなタイプの経験が想起できると、その経験のストーリーから、これから起こる出来事が予期できるようになる。出来事の予期ができると、自身の活動の選択肢が想像できるようになる。

　図表7-7は、再認主導意思決定モデルの統合版である。クラインは、この統合版再認主導意思決定モデルから、「適切な過去の経験が想起できる場合」、「適切な過去の経験が想起できない場合」、「メンタルシミュレーション」の三つのバリエーションに分け、その基本戦略を説明している（Klein 1998）。詳しくは労働政策研究・研修機構（2016a）を参照してほしい。

図表7-7　統合版再認主導意思決定モデル

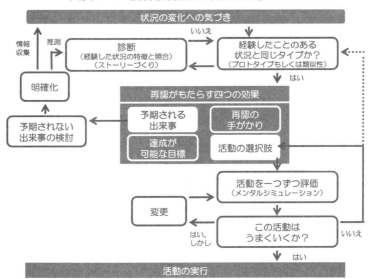

出所）Klein（1998）を訳出の上、転載。

このモデルの中央に「再認がもたらす四つの効果」が記述されている。図表7-8にそれらの解説を掲載する。

図表7-8　再認がもたらす四つの効果

①再認の手がかり

　意思決定者は、自身が直面している状況が、以前、経験した状況と同じタイプと認識できる、情報の手がかりを意識できる。

②予期される出来事

　意思決定者は、自身が直面している状況から、これから起きる出来事が予期できる。

③達成可能な目標

　意思決定者は、自身が直面している状況に対処するため、何を目標として活動すればよいかを理解できる。

④活動の選択肢

　意思決定者は、自身が直面している状況から、③の目標を達成するため、どのような活動を実行すべきか、活動の選択肢を想像できる。

出所）Klein（1998）をもとに作成。

（2）職業相談と再認主導意思決定モデル

　再認主導意思決定は、自然主義的意思決定モデル（naturalistic decision model）の研究の流れに属する（稲垣 2003）。自然主義的意思決定モデルの研究では、緊急の判断や状況の変化など、現場で実際に起こりやすい問題状況において、エキスパートが、どのような意思決定を行うのか、その特徴を明らかにし、モデル化しようとする。

　稲垣（2003）の論文によると、「自然主義的（natualistic)」という用語が用いられる背景には、「エキスパートの意思決定プロセスをあるがままに観察・記述しようとする基本姿勢」が込められているという。そして、意思決定者がエキスパートであるとは、「素人ではなく、対象とする問題に対してある程度の経験を有する」（Kaempf and Klein1994）ことを意味する。

稲垣（2003）は、図表7-9に示すように、この自然主義的意思決定の研究によって得られた代表的な知見を四つに整理している。そして、再認主導意思決定モデルは、こういったエキスパートの意思決定のプロセスの特徴を表現しようとすると説明している。

図表7-9　自然主義的意思決定研究による代表的な知見

①まず「今何が起きているか」、状況を特定することが最重要である。

②状況が特定できれば、それに対応する行為はほとんど自動的に定まる。

③最初に想起された行為代替案が満足できるものであれば、その行為を採用する。それ以外の代替案を探索することはない。採用した代替案が最適であるか否かも検討しない。

④想起された行為代替案が満足できないことが判明してから、はじめてつぎの代替案が生成される。すなわち、｛ひとつの行為代替案生成・評価・採否決定｝を単位とし、この操作が逐次的に行われる。複数の代替案を列挙し、それらを同時に比較しようとすることはない。

出所）稲垣（2003）を転載。

自然主義的意思決定モデルの特徴は、伝統的意思決定モデルと比較すると、より明らかになる。ジャニスとマンは、伝統的意思決定モデルの観点から、図表7-10に示す、よりよい意思決定のための処方を示している（Janis and Mann1977）。

図表7-10　よりよい意思決定のための処方

①活動の選択肢について、幅広く徹底的に調べる。

②一つひとつの選択について、その選択によって成し遂げられる、あらゆる目標、そしてその目標が含意する価値観を調べる。

③一つひとつの選択肢について、その結果がうまくいった場合だけで

なく、結果がよくなかった場合についても、意思決定者が理解している、どんなコストやリスクも、注意深く勘案する。

④一つひとつの選択肢について、さらに深い評価をするため、集中的に新しい情報を調べる。

⑤意思決定者は、当初、選択した活動について、それを支持しない新しい情報や専門的な判断に接しても、それらを正確に理解し、配慮する。

⑥最終的な選択をする前に、意思決定者が理解している、すべての選択肢について、再度、うまくいく場合と、うまくいかなかった場合を検討する。

⑦選択した活動を実行したり、成し遂げるため、様々な既知のリスクが起きることを想定し、その状況に対応した活動計画に特別な注意を払い、きめの細かい準備をする。

出所）Janis and Mann（1977）を訳出の上、転載。

　伝統的意思決定モデルでは、意思決定者は、考えられる限りの活動の選択肢を挙げる。その選択肢の一つひとつを、かかるコストやリスクといった一定の基準から評価する。そして、それらのうち、最も評価が高い選択肢を選択する。

　これに対し、再認主導意思決定モデルでは複数の選択肢を比較検討しない。意思決定者は、迅速に状況を判断する。そこから導き出される活動の選択肢について、「この活動をしたら、こうなるだろう」と、その活動の結果を一つずつシミュレーションする。適当な選択肢が見つかったら、それ以上、他の選択肢を検討しない。こういったシミュレーションができる背景には、意思決定者がエキスパートであるという前提がある。

　クラインは、再認主導意思決定モデルは「単数評価法（singular evaluation approach）」に分類し、伝統的意思決定モデルは「比較評価法（comparative evaluation approach）」に分類して区別した。次のような例えをあげて、両者の違いを説明している。

246

第7章　職業相談におけるアクションリサーチ──「職業相談の勘とコツの『見える化』ワークショップ」の研究開発

> 　比較評価法と単数評価法を区別するのは難しくない。あなたが、メ
> ニューを見て料理を注文する場合、メニューに掲載されている料理を比
> 較検討して、最も自分の望む料理を見つけるだろう。これは比較評価を
> していることになる。なぜならば、ある料理が、他の食べ物よりもおい
> しそうかどうか、考えるからである。それに対し、あなたが、慣れない
> 土地でドライブをしており、車のガソリンが足りなくなったとしよう。
> あなたはサービスステーションを探し始める。そして、一番初めに目
> に入った、ガソリンが妥当な価格のサービスステーションが見つかった
> ら、そこに入る。あなたは、その町で、一番安いサービスステーション
> を見つける必要はない。

出所）Klein（1998）を訳出の上、転載。

　この例えのように、単数評価法では、「一番初めに目に入った、ガソリン
が妥当な価格のサービスステーションが見つかったら、そこに入る」選択を
する。
　再認主導意思決定モデルでは、意思決定者は目の前の状況から過去の経験
を再認する。状況が再認できたら、活動の選択肢が想像できるようになる。
その活動を選択すると、どうなるか想像し、うまくいきそうならば、その活
動を実行する。うまくいきそうでないならば、他の活動の選択肢を当たる。
まさに単数評価法と言えよう。
　職業相談は、職員と求職者の間のコミュニケーションが大きな比重を占め
る仕事である。求職者の発言に対し、瞬時の応答が要求される。そのため、
迅速な判断や、効果的な情報や助言を瞬時に選択するといった意思決定が重
要であり、比較評価法よりも単数評価法の再認主導意思決定モデルが当ては
まりやすいと言えよう。
　もちろん現実の職業相談の窓口業務では、求職者が希望する複数の求人を
比較検討する、伝統的意思決定モデルである比較評価法も活用されている。
しかし、比較評価法は意識的に行われる手法であり、意思決定者が比較的コ
ントロールしやすい。それに対し、単数評価法は、意思決定者が瞬時に行っ

247

ており、後でふり返って、意識化することが難しい。それだけに、単数評価法の意識化は職業相談の改善に効果を発揮すると言えよう。

　ただし、職業相談において比較評価法も重要であることから、勘コツワークショップでは、参加者には、職業相談における比較評価法の重要性を説明するとともに、グループワークのなかに、比較評価法の意識化を排除しない配慮が必要と考えられる。

第3節　研修プログラムの概要

1　勘コツワークショップの目的

　勘コツワークショップの目的は、目に見えない職業相談の勘とコツを「見える化」し、職員同士で、その勘とコツを共有して、職場の相談力を向上させることにある。そのため、認知的タスク分析を取り入れたグループワークを実施する。具体的には、参加者は、図表7-11に示す次の三つの体験が期待される。

図表7-11　勘コツワークショップの目的

①職業相談の勘とコツを意識できるようになり、＜ことば＞で表現する。
②①の勘とコツを、図に整理して、「勘コツマップ」を作成し（これが、勘コツの「見える化」になる。）参加者同士で共有する。
③①と②から、職場で勘とコツを共有するノウハウである「勘コツインタビュー」を体験的に学習する。

出所）労働政策研究・研修機構（2016a）

2　勘とコツの関係

　勘コツワークショップにおける「勘」とは、職業相談における職員の状況の判断や言動の選択などの＜こころ＞の働きであり、「コツ」とは、求職

248

第7章　職業相談におけるアクションリサーチ―「職業相談の勘とコツの『見える化』ワークショップ」の研究開発

者とのやりとりのなかでタイミングよく選択された言動を実行することである。

　具体的には、職員は、①表情、しぐさ、話していることなどから、求職者の＜こころ＞を理解しようとし、②求職者の問題は何か？どうすれば、その問題の解決に向けた支援ができるのか？を考えながら、③求職者に伝えたいことについて、最もうまく表現できる＜ことば＞を探そうとする。勘とは、こういった＜こころ＞の働きを瞬時に行うことである。コツとは、④③で探した＜ことば＞を、相談の流れのなかで、タイミングよく、音声として表出、つまり「発話」することである。

　図表7-12に示す職業相談の場面を例に挙げて説明すると、求職者は医療事務の職業訓練のコースの受講を希望しつつも、職業訓練の申込書の提出に躊躇している。求職者は思いつめた表情をして、「がんばったら、ついていけますか？」と職員に話している。職員は、その＜ことば＞や表情などから、求職者の＜こころ＞を理解しようとする。「求職者は思いつめた表情をされている。授業についていけるかどうか、とても不安なのかもしれない」。これが上述した①の求職者の＜こころ＞を理解しようとする、職員の＜こころ＞の働きである。そして、職員は、「求職者は、どこが授業についていけないのか冷静に考えられないから、漠然と不安を感じているかもしれない」と考える。これが、職員が②の求職者の問題を考えることであり、さらに、③の問題の解決に向けた支援として、「求職者が何に不安を感じているのか、もっと、はっきりと意識してもらった方がいいかもしれない」と考える。勘とは、これら①～③の＜こころ＞の働きが瞬時に行われることである。

249

図表7-12 勘とコツの関係

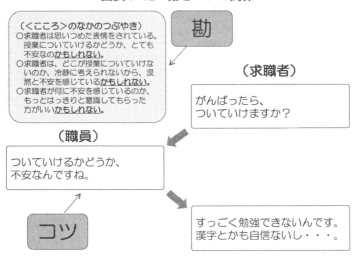

出所）労働政策研究・研修機構（2016a）

　このようにして、問題の解決に向けた支援の方針が決まると、職員は、③の求職者に伝えたいことについて、最もうまく表現できる＜ことば＞を探し、それが見つかったら、「ついていけるかどうか、不安なんですね」と、④のタイミングよく、音声として表出する。これがコツである。

3　勘コツインタビューと勘コツマップ

（1）勘コツインタビュー

ア．勘コツインタビューの原型

　勘コツインタビューは、特定の職業相談の経験から、そこで働いている勘コツを＜ことば＞にする面接法である。

　この面接法の原型は、伝統的なカウンセラー養成の研修技法である「逐語記録の検討」である。逐語記録の検討では、カウンセリングにおけるカウンセラーとクライエントの間のやりとりを、文字に起こして記録する。カウンセラーは、その＜ことば＞の記録から、どのように＜こころ＞を働かせて、①クライエントの＜ことば＞を受け止め、そして、②クライエントに＜こと

ば＞を発したかをふり返る。さらに③今なら、どういう＜ことば＞を使っ
て、クライエントの発言に応答したいかを考える。

　このようにカウンセラーが、自分自身の＜こころ＞の働きを検討する際、
まず、実際の相談でのやりとりにおける具体的な＜ことば＞を明らかにして
から、＜こころ＞の働きをふり返る手順を踏む。そして、カウンセラーは、
逐語記録の検討の場にいながらも、あたかも、その検討している事例のクラ
イエントが目の前にいて、逐語記録の＜ことば＞を自分自身に発している場
面に直面しているという、「いま、ここ（here and now）」での感覚で、具体
的に、どのような＜ことば＞を使って応答したいかを検討する。

イ．＜こころ＞の働きを＜ことば＞にする

　勘コツインタビューは、この逐語記録の検討の考え方を、調査者が、調査
協力者から、職業相談の勘コツを尋ねる面接法へと展開している。その際、
仕事における働く人の＜こころ＞の働きを分析する認知的タスク分析の手法
の一つである重要事態分析法（Flanagan, 1954）を参考にしている。

　重要事態分析法は、＜こころ＞の働きが顕著に表れる場面として、過去の
仕事の経験のうち、異常事態への対応などの非日常的な仕事の経験に焦点を
当てる。面接者は、調査協力者から、その仕事の成否を分けた判断や選択、
つまり＜こころ＞の働きを聞き出す。勘コツインタビューも、この発想と同
様、職員から、過去の職業相談の経験のうち、ルーチンワークではない経験、
具体的には、「窓口業務で、大変だったけれども、手応えを感じることがで
きた相談の経験」を思い出してもらい、そこで働いた勘コツを聞き出す。

　＜こころ＞の働きを＜ことば＞にするため、具体的に、どのような質問
を、どういう手順で行うかは、重要事態分析法の流れを汲む重要意思決定分
析法（Klein1998；Crandall et al.2006）を参考にした。上述したように、逐
語記録の検討では、カウンセリングにおける実際に使われた＜ことば＞のや
りとりを明らかにしてから、カウンセラーの＜こころ＞の働きをふり返る。
重要意思決定分析法も同様に、まず、調査協力者に、仕事の経験をふり返っ
てもらい、そこで実際に起こった出来事を話してもらう。そうやって事実を
押さえてから、どのように＜こころ＞を働かせたのか、つまり調査協力者の

251

主観を話してもらう手順を踏む。

　ただし、重要意思決定分析法は、意思決定のモデルとして単数評価法を採用する。このため、瞬時の＜こころ＞の働きしか扱わない。職業相談では、求職者が複数の求人から応募する求人を選択する際、職員が、その支援をするなど、じっくりと＜こころ＞を働かせる比較評価法も多用されている。このため勘コツインタビューでは、比較評価法も視野に入れ、調査者が、調査協力者に、その時の気持ちや考えを聞く質問を取り入れ、両方の＜こころ＞の働きを＜ことば＞にするように働きかける工夫をしている。

　勘コツインタビューの面接構造は、2012年度の開発の当初、図表7-13に示したグループワークの手順と同様、五つのステップから構成された。その後、勘コツワークショップとは別に、勘コツインタビューの面接法の習得を目的とした研修研究をくり返し、2016年度以降、四つのセクションからなる八つのステップの面接構造へと改訂された（p.371の資料参照）。本論文では開発当初のバージョンを活用した研修研究を中心に報告する。

図表7-13　グループワークの五つのステップ

ステップ	グループワークの内容
ステップ1 相談の経験を 思い出そう	窓口で、大変だったけれども、手応えを感じることができた求職者との相談を思い出します。思い出した相談について、グループで話し合い、そのなかから、できる限り全員で関心の高い相談を一つ選びます。
ステップ2 相談のストーリーを 聞き出そう	ステップ1で選んだ相談が、どのように進んだのか、事実を中心にストーリーを聞き出します。ストーリーの節目を見つけ、3～7つぐらいに区分をします。
ステップ3 どう判断・選択したかを 聞き出そう	区分ごとに、そこで、どのような判断や働きかけの選択をしたのか、聞き出します。そのなかから、この相談の効果に、強く影響を及ぼしたと思う判断や働きかけの選択を、1～3つぐらい選びます。
ステップ4 判断・選択した 理由を聞き出そう	選んだ判断や働きかけの選択ごとに、その時、どのような情報を手がかりとして、そういった判断や働きかけの選択をしたのか、聞き出します。
ステップ5 もし、 初心者だったら…	選んだ判断や働きかけの選択ごとに、職業相談の業務の経験が少ない頃を想像して、どのような判断や選択上のミスや見落としをしやすいのか、聞き出します。

出所）労働政策研究・研修機構（2016a）

第7章　職業相談におけるアクションリサーチ─「職業相談の勘とコツの『見える化』ワークショップ」の研究開発

　図表 7-6 で示した重要意思決定分析法との関連から説明すると、「第 1 段階：選択と出来事」に相当するのが、グループワークのステップ 1 の「相談の経験を思い出そう」である。このステップでは、グループで、分析の対象となる相談の経験を選択する。

　「第 2 段階：時間記録の作成」の段階に相当するのがステップ 2 の「相談のストーリーを聞き出そう」である。グループで、ステップ 1 で選択した相談が、どのように進んだのか、事実を中心にストーリーを聞き出す。

　「第 3 段階：深化」の段階に相当するのが、ステップ 3 の「どう判断・選択したかを聞き出そう」とステップ 4 の「判断・選択した理由を聞き出そう」である。グループで、ステップ 1 で選択した相談で、その相談の経験者が何を考えていたのか、主観を中心にストーリーを聞き出す。ステップ 3 で、相談のなかで働いていた判断・選択を聞き出す。ステップ 4 では、ステップ 3 で聞き出した判断・選択のうち、重要な判断・選択を明らかにし、その判断・選択の手がかりとなった情報を聞き出す。

　「第 4 段階：仮定の質問」の段階に相当するのが、ステップ 5 の「もし、初心者だったら・・・」である。グループで、ステップ 1 で選択した相談をもとに、仮定の相談場面を想定し、新たなストーリーを聞き出すのである。仮定の質問として、もし初心者だったら、ステップ 4 の選択した判断・選択ができるかどうかを聞き出し、できなければ、どういう判断・選択上のミスが起こるのかを聞き出す。

　これらのステップを通して、様々な視点から、一つの相談の経験を検討することにより、そこで働いている重要な判断・選択を浮き彫りにする。勘コツワークショップでは、勘コツインタビューをもとに、グループで協力して図表 7-14 に示す勘コツマップを作成する。

ウ．勘コツインタビューの調査協力者

　重要意思決定分析法の調査協力者は、主題専門家（subject matter expert：SME）であり、研究の対象とする仕事の分野における専門家や熟練者になる（Crandall et al., 2006）。この背景には、彼らの＜こころ＞の働かせ方を学ぶという発想があると考えられる。

253

勘コツインタビューの場合、調査協力者は主題専門家に限定しない。職業相談の勘コツの正解は一つでないと考えるからである。むしろ、勘コツを＜ことば＞にして、＜こころ＞が、どのように働くのか、その仕組みを理解することを重視する。

（2）勘コツマップ

　勘コツマップとは、職業相談での職員と求職者のやりとりのプロセスと、そのプロセスの背景で生じている職員の判断や選択といった＜こころ＞の働きを図に整理したものである。勘コツマップから、職員が、どのタイミングで、どういう重要な判断や選択をし、その結果、職員の言動がどのように変化し、求職者の言動にどのような影響を及ぼしたかが把握できる。

　図表7-14に示すように、勘コツワークショップの参加者は、グループで協力して、模造紙と四色の付箋を活用して、この勘コツマップを作成する。黄色い付箋には、相談のなかで実際に起こった出来事が記述されている。時間の流れに沿って、これらを並べる。始めは上から下へ、区切りのよいところで、右側に列を変えて並べていく。この例で説明すると、左上の角の黄色い付箋には、「女性の求職者の方が求人票を持って来て、それを出して、『応募したいんですが・・・』」と話した事実が記述されている。その下の黄色い付箋には、求職者は、職員に求職申込書を渡し、そこには、前職は「大手ホテルのコンシェルジェ」、年齢は「20代後半」と記載されていた事実が記述されている。ここで小さな相談の区切りがあり、列が変わる。先頭の黄色い付箋に、求職者は、職員に、持って来た求人票を見せ、そこには、職種が「秘書」、応募の条件が「経験者」と記載されていた事実が記述されている。その下の黄色い付箋に、求職者が、「秘書の経験がないので、応募できない」と話した事実が記述されている。

　黄色い付箋の下にある青色の付箋には、その時の職員の判断や選択といった＜こころ＞の働きが記述されている。この例で説明すると、先ほどの職員と求職者のやりとりの下には、「経験がなくても応募できる」と思った職員の判断が記述されている。これは、「秘書の経験がないので、応募できない」と話した求職者に対し、その時の職員の＜こころ＞のなかの判断が記述され

ている。

　赤色の付箋は、その判断の手がかりとなった情報である。たとえば、職員は、「経験がなくても応募できる」と判断しているが、その判断の手がかりとなった情報として、「求職者の第一印象がよかった」、「求人のイメージと合った」、「求職者のやる気が伝わってきた」などが記述されている。

　緑色の付箋は、職業相談業務について、「もし、初心者だったら・・・」という想定のもと、職員が、どのような判断や選択上のミスや見落としをしやすいかが記述されている。この例で説明すると、職業相談業務の経験の浅い職員ならば、端から「条件が合わないと応募できない」と判断してしまうことである。

図表 7-14　勘コツマップの例

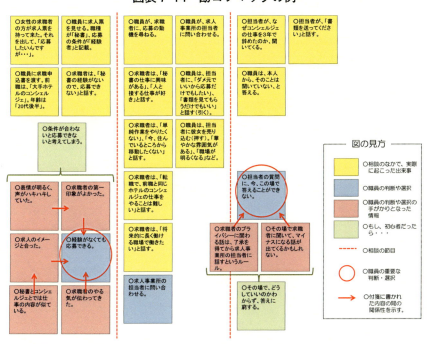

出所）この事例は、様々な実際の相談事例を組み合わせて作成された仮想の事例である。

4 グループワークの進め方

（1）グループの編成

　運営担当者が一人の場合の参加者数は、一つのグループあたり5〜6人、グループ数は三〜六つの合計15〜30人が適当である。グループの編成に当たっては、グループ内で性別、配属先などが固まらないよう、バランスがとれるように留意する。

　勘コツワークショップの参加者には職業相談業務の経験が求められる。しかし、経験のない参加者であっても、経験のある参加者と組み合わせることにより、勘コツワークショップの運営は可能である。

（2）グループワークの手順

　勘コツワークショップは、参加者のグループワークを中心に実施される。もともとの認知的タスク分析は、専門家によって行うとされている。しかし、日本での品質管理活動の普及と同様、第一線で職業相談を担当している職員に、グループワークを通して、認知的タスク分析による職業相談の改善の考え方とノウハウを浸透させることにより、現場の相談力が格段に向上することが期待される。

　グループワークの運営担当者の説明に従い、参加者はグループで図表7-13に示した五つのステップからなる勘コツインタビューを活用し、グループで協力し合って模造紙に勘コツマップを作成する。グループワークでは、相談の経験を話す「話し手」、勘コツインタビューを活用し、話を聞く「聞き手」、その話を記録する「記録係」、「聞き手」と「記録係」をサポートする「サポーター」の四つの役割があり、参加者はそのいずれかを担当する。

　勘コツインタビューの面接構造は、重要意思決定分析法のそれを参考としている。重要意思決定分析法では面接におけるデータの収集法は、次のように説明されている。

第7章　職業相談におけるアクションリサーチ─「職業相談の勘とコツの『見える化』ワークショップ」の研究開発

> 　データを収集する全体的な戦略は、出来事の始めから終わりまで、な
> ぞるようにして調査を何回もくり返すことにより、重要な認知的なポイ
> ントとなるところを次第に深めていくことをする。

出所）Crandall et. al.（2006）を訳出の上、転載。

　このグループワークでも、五つのステップを通して、一つの相談の経験に
ついて、出来事の初めから終わりまで、その相談の経験者から、事実、主観、
仮定場面の想定の観点から話を聞くように設計されている。重要意思決定分
析法との関連はp.251〜253で説明した。

第4節　研修プログラムの効果の検討

1　調査の目的

　勘コツワークショップの効果を検証するため、同研修プログラムの終了
後、参加者を対象にアンケート調査を実施した。

2　調査の方法

（1）調査の対象

　勘コツワークショップは、2012年度から2015年度にかけ、厚生労働省、
都道府県労働局、地方自治体就業支援機関、当機構等の主催で18の研修コー
スで実施され、研修の参加者総数は365人にのぼる。

　本研究では、研修プログラムの実施手順が一定しており、研修のテーマが
職業相談業務に関連している等の理由から、分析の対象とする研修コースを
九つに絞った。同研修コースの参加者総数は191人であった。

（2）アンケート票の設計

　アンケート票は、①参加者の個人属性（性別、年齢層、職業相談業務の担
当の有無・通算経験年数、勤務形態）、②グループワークの編成（グループ

257

の人数・役割）、③研修プログラムの効果（後述）、④研修プログラムの感想
の四つのパートから構成される。

（3）研修プログラムの効果

　勘コツワークショップの効果の測定として、Kirkpatrickの研修効果測定の
四段階モデルを参考にした（Kirkpatrick,D.L.1979）。このモデルでは、四段
階のレベルで研修の効果を把握する。

レベルⅠ（反応）：参加者は研修に対し、どのような反応をしたのか？
レベルⅡ（学習）：参加者は何を学習したのか？
レベルⅢ（行動）：参加者は研修を受けることにより、どのように行動
　　　　　　　　　を変えたのか？
レベルⅣ（結果）：参加者が行動を変えることにより、どのような成果
　　　　　　　　　があったのか？

　このモデルを参考にし、アンケート票の質問項目として、次の3項目を作
成した。

レベルⅠ（反応）：この研修を体験したことに満足をしているか？
レベルⅡ（学習）：職業相談の勘やコツを＜ことば＞にするためのヒン
　　　　　　　　　トを得ることができたか？
レベルⅢ（行動）：職業相談の窓口業務を進める上で、役に立つ情報や
　　　　　　　　　ノウハウを得ることができたか？

　レベルⅠは、参加者が研修を気に入ったかどうか、といった参加者の反応
を評価するレベルである。Kirkpatrick（1979）によると、参加者が研修を
気に入ると、その研修から最大限の恩恵を受けられるという。つまり、レベ
ルⅡ以降の効果的な学習や行動の変容に結びつくと考えた。アンケート票で
は、研修を体験したことに満足をしているか、を尋ねた（レベルⅠ：以下「研
修への満足感」という。）。
　レベルⅡは、参加者が何を学習したかという視点で評価するレベルであ

258

る。勘コツワークショップの参加者は、職場で職業相談における重要な判断や選択について、＜ことば＞で表現し、参加者同士で共有する、勘コツインタビューのノウハウを体験学習する。つまり認知的タスク分析の手法を学習する。アンケート票では、職業相談における重要な判断や選択を「勘やコツ」と言い換え、それらを＜ことば＞にするヒントを得られたか、を尋ねた。この質問項目により、知識面から、参加者の認知的タスク分析の理解度を把握する（レベルⅡ：以下「認知的タスク分析の理解」という。）。

　レベルⅢは、職員が研修で学んだ知識や技能を、実際の仕事で、どの程度、反映させたのか、つまり研修による職場での行動の変化を評価するレベルである。勘コツワークショップでは、参加者同士で職業相談の重要な判断や選択を共有する。今回の調査では、勘コツワークショップの後、参加者が現場に戻ってから、行動を変化させたかどうかまでは聞いていない。職業相談の窓口業務を進める上で、役に立つ情報やノウハウを取得できたか、を尋ねて、レベルⅢの内容に代替することとした（レベルⅢ：以下「有用な情報・ノウハウの取得」という。）。

　レベルⅣは、研修後、参加者が現場に戻ってから、レベルⅢの行動の変化により、職場で、どのような成果をあげたかを評価するレベルである。研修プログラムの終了時に実施するアンケート調査では、このレベルでの評価の把握ができないことから、今回は、このレベルでの効果の検証をしなかった。

　研修プログラムの終了後、参加者は、レベルⅠからレベルⅢの評価について、「あてはまらない」（１番）、「あまりあてはまらない」（２番）、「どちらとも言えない」（３番）、「ややあてはまる」（４番）、「あてはまる」（５番）までの５段階のうち、当てはまる番号に一つ丸をつけるように求めた。

　職業相談の業務を進める上で有用な情報・ノウハウを得ることができたかを聞くレベルⅢの質問項目については付問を設定した。「あてはまる」もしくは「ややあてはまる」と選択した参加者には、「それは、どのような情報やノウハウですか？」と、その内容を具体的に記入するように求めた。「あてはまらない」、「あまりあてはまらない」、「どちらとも言えない」のいずれかを選択した参加者には、職業相談の窓口業務を進める上で、「職員にとっ

て、どのような情報やノウハウの取得が大切であるとお考えですか？」と、その内容を具体的に記入するように求めた。

3 調査の結果

（1）参加者のプロフィール

　191人の参加者のプロフィールを図表7-15に示す。性別では、「男性」（60.7％）が過半数を占めた。年齢層別では、「40代」（26.2％）と「50代」（39.3％）が7割近くを占めた。勤務形態別では、「正職員」（56.0％）が過半数近くを占め、非常勤や嘱託等の「正職員以外」（44.0％）は5割を切った。

　職業相談業務の担当の有無別では、現在、「担当している」者（86.9％）が9割近くを占めた。これまでの職業相談業務の通算経験年数別では、3年以上（78.0％）の者が8割近くを占めた。参加者は、実際に職業相談業務を担当しており、ある程度の職業相談の経験を積んだ職員が中心であったと言えよう。

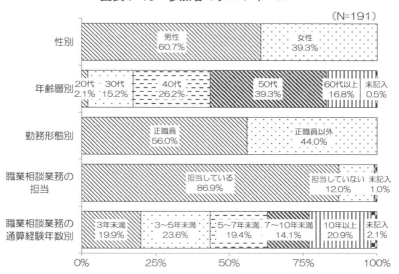

図表7-15　参加者のプロフィール

（2）研修プログラムの効果

　図表7-16に示すように、「研修への満足感」、「認知的タスク分析の理解」、「有用な情報・ノウハウの取得」のいずれも、100.0％近くの参加者が肯定的に評価した。

　参加者は、認知的タスク分析を取り入れた研修プログラムに満足しており、認知的タスク分析を理解できるようになり、職業相談業務に有用な情報・ノウハウを得ることができたと言えよう。認知的タスク分析は、その専門家が実施すると考えられてきたが、これらの結果から、認知的タスクの専門家でなく、職場の同僚同士であっても、認知的タスク分析の活用が可能であることが理解できる。

　労働政策研究・研修機構（2016a）では、参加者の個人属性別、グループの編成別、研修プログラムの構成別に、勘コツワークショップの効果を検討している。その結果、各構成別のほとんどのカテゴリーで、全員ないしは、ほとんどの参加者が、肯定的に勘コツワークショップの効果を評価していることが明らかになった。

　肯定的評価の程度を比較するため、勘コツワークショップの効果について、「あてはまる」の割合を見ると、「研修への満足感」（73.8％）が7割を超え、「認知的タスク分析の理解」（61.8％）は6割程度、「有用な情報・ノウハウの取得」（57.1％）では6割を切り、低かった。肯定的評価の程度は、「研修への満足感」では強いが、「認知的タスク分析の理解」といった知識の習得や、現場に役立つ「有用な情報・ノウハウの取得」となると、弱くな

図表7-16　研修プログラムの効果

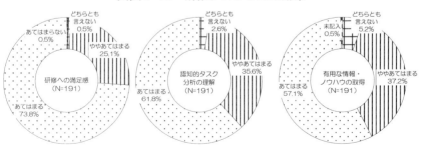

る傾向にあると言えよう。

「有用な情報・ノウハウの取得」について、肯定的に回答した181人の参加者に対し、「それは、どのような情報やノウハウですか？」と尋ね、具体的に記入するように求めた。記入率は96.6％であった。その記入内容を分

図表 7-17　有用な情報・ノウハウに関する記入内容の分類

(N=181)

有用な情報・ノウハウの分類	件数（比率）／不一致率[注1]	自由記述の例[注2]
求職者への対応ノウハウ　（職業相談の勘コツの気づきや理解）	114件（62.9%）／5.5%	・判断は早く、対応は焦らず、相手の立場を想像して相談する。 ・その場だけでの単発の判断をしないで、ある程度の期間を要するだろう、という見立てをするということ。 ・職業相談の過程のなかで、来所者がどの程度、自己理解、職業理解ができているか、アドバイスを受け入れる段階まで来ているか等キー・ポイントとなる時期や相談内容、言葉かけ、判断があることを改めて理解できた。 ・求職者本人の自己理解を、いかに本人にストレスなくさせるか。自己理解を終え、次のステップに進むタイミングをいかに把握するか。 ・視点を切り換えること。そのタイミングと相手への思いやりの言葉。
勘コツインタビューのノウハウ　（職業相談の勘コツを明確にするノウハウの理解）	28件（15.4%）／4.4%	・言葉にして物事を伝えるのは難しいが、伝え方の考え方や伝え方についての整理の仕方、順序を知ることができた。 ・判断に至る過程を整理するヒント・ノウハウを得ることができた。 ・直感的に行っている自分の相談スキルを客観化するノウハウ。 ・日常の相談業務（自分のやり方）を、理論・技法から分析できる方法を習得でき、非常に満足しています。 ・経験の汎用化や集め方、共有の仕方を具体的に学ぶことができました。 ・普段、何気なくやっているテクニックの洗い出し方を学べたこと。 ・日常の相談を若い人に伝えるには、より具体的な言葉で伝えることが大切ということ。
勘コツインタビューの効果　（職業相談の勘コツを明確にするメリットの理解）	23件（12.7%）／6.0%	・相談内容の流れのなかで、クライエントとの対話から、［就職支援］ナビゲーターがどう判断し、どのような支援、方策に結びつけていったかのポイントが客観的にわかった（視覚化できた）。 ・職業相談の効果を事実と気持ちに分けて検討したことが大変勉強になった。分けることで明確になった。 ・カンやコツを言葉にすることの重要性→見逃さない。 ・各事例を分析する手法。より具体的に詳細事例を分解して、考え直すことで、成功につながるポイントを見極めやすくなったと思います。言語化しやすくなり、他に伝えやすくなったと思っています。 ・事実の洗い出しの重要性が分［か］った。 ・日常で意識していなかった勘とコツを言語化することの有効性を感じました。 ・職業相談において勘・コツを意識して明確化することの重要性を学びました。
他の職員・職場の情報・ノウハウ　（他の職員や職場の職業相談に関する情報・ノウハウの共有。）	45件（24.8%）／1.6%	・他所の方の相談業務の内容を知ることができる。 ・他の方がどのような視点を持って相談されているのかが分かった。 ・多くのケースを体験すること、人の体験を知ることで、自分なりに知識として、蓄えておくことが重要。 ・自分では理解していることでも他の人に伝わっていないことがよくわかった。 ・どの事例においても求職者本人が問題・課題に気づき、そこから相談内容が深められていた。 ・今現在、抱えている相談［の］ケースと似た事例があり、［就職支援］ナビ［ゲーター］の関わり方や福祉事務との連携の仕方など、他所での関わり方や方法等、今後の参考となった。 ・ハローワーク職員同士のコミュニケーションも大切なことだと実感できた。 ・多数の事例を聞くことができ、クライエントと信頼関係を結ぶことの大切さを再確認できました。

[注1] 181件の記述のうち、第1評価者と第2評価者で、分類が不一致だった件数の割合を算出した。
[注2] 自由記述の例の［　］内は、筆者が補筆した箇所である。

262

類[8]したところ、「職業相談の勘コツの気づきや理解」（62.9％）が6割程度
と最も多く、ついで「他の職員・職場の情報・ノウハウ」（24.8％）が2割台、
「職業相談の勘コツを明確にするノウハウの理解」（15.4％）と「職業相談
の勘コツを明確にするメリットの理解」（12.7％）が1割台で続いた。

　後者の二つは、どちらも勘コツを明らかにするノウハウと関連している。
両者のいずれかを回答した「職業相談の勘コツを明確にするノウハウ・メ
リットの理解」の割合を算出すると、25.1％になり、「他の職員・職場の情
報・ノウハウ」と同じ2割台であった。

第5節　考　察

　本節では、本研究の意義を考察し、それから勘コツワークショップの研究
開発に係る今後の課題について検討する。

1　認知的タスク分析における本研究の意義

　職業相談の実践及び認知的タスク分析における本研究の意義として、次の
二つのことが考えられる。

（1）職業相談技法についての新しい考え方の提案

　職業相談は、求職者の発言や職員の応答によって、その流れが様々に変化
する。職員が特定の技法を実行できるようになることを重視し過ぎると、実
際の相談の窓口業務で、その技法を実行することに注意が向き過ぎるように
なり、求職者への応答が相談の流れから外れた不自然なものになってしまう
可能性が高くなる（Peavy1992）。

　研修プログラムでは、認知的タスク分析の手法を取り入れることにより、
特定の技法を実行できるだけでなく、相談の流れを判断し、求職者の発言に

8　その手順は、次の通りである。①1人目の評価者が、一つひとつの記述内容のなかに、それぞ
　れの観点から、該当する記述の有無を分類する。②2人目の評価者が、1人目の評価者の分類を
　チェックし、分類の一致しない回答を見つける。③1人目と2人目の間で分類の一致しない回答
　は、3人目の評価者が再分類し、3人の多数決から分類を確定させる。

対し、どのような応答をすればよいかを選択する、＜こころ＞の働きも含めて重視する。

　たとえば、こういう相談場面を想像してほしい。求職者が何回応募しても、採用試験の書類審査の段階で落とされてしまう。相談の窓口業務で求職者が職員に、「私に就職できるところなんてあるんでしょうか？」と聞いてきたとする。こういった求職者の発言に応える技法として、マイクロ・カウンセリングの「感情の反映」が考えられる。クライエントによって表現された感情／情緒をクライエントが納得する姿勢と言葉で言い換えるのである（福原眞知子，Ivey and Ivey 2004）。具体的には、「感情の反映」技法を活用して、求職者の発言に対し、「就職できるかどうか、不安なんですね？」と応答することが考えられる。

　しかし、どのような場面であっても、この「感情の反映」技法を活用して応答すればよいというわけではない。たとえば、相談の流れによっては、職員が、求職者の発言のうち、「就職できるところ」という＜ことば＞をキーワードと捉え、この＜ことば＞をくり返し、話を促す「はげまし」技法も考えられるだろう。

　職業相談では、この「相談の流れによっては」という判断が重要である。もちろん、職業相談の技法として、「感情の反映」技法の活用も重要である。しかし、それ以上に重要なことは、相談の流れを読み、どのタイミングで「感情の反映」技法を活用して応答をした方がよいか、という状況の判断である。マイクロ・カウンセリングでも、こういった状況の判断を重視するが、認知的タスク分析では、この状況の判断に、特に焦点を当てた、職員の＜こころ＞の働きを重視する。

（2）相談業務への認知的タスク分析の展開

　認知的タスク分析に期待される効果は仕事の改善である。認知的タスク分析の専門家が職場に入り、仕事を分析し、その仕事の基本原理を明らかにする。その基本原理から、仕事のミスや失敗を予測し、事前に、そういったミスや失敗が起こらないように職場を指導する（Crandall et.al.2006）。

　本研究で取り組んでいる認知的タスク分析の手法を取り入れたグループ

ワークは、品質管理活動と同様、認知的タスク分析の専門家に限定せず、現場で働く人を対象としている。品質管理活動は、日本に導入された当初、アメリカで開発された統計的品質管理技法を活用し、職長クラスが中心となり職場の改善を指導した。しかし、時間が経つにつれ、職長クラスに限らず、現場で働く一般の従業員が主体となった小集団活動や改善活動として普及していった（上田 1980；上田 1985）。筆者は認知的タスク分析も同様の展開を期待している。

　しかし、職業相談の場合、客観的に効果や技能を把握することが難しく、このため、基本原理の特定も難しいと考えられる。このことは、ものづくりの仕事と比較すると明らかである。ものづくりの仕事は、指先の器用さ、すばやい手の動き、無駄のない体全体の動き、これら技能の活用の成果である製作物など、目で観察して、その効果や技能が容易に特定できる。これに対し、職業相談は、職員と求職者のコミュニケーション、そのなかでも、主に＜ことば＞のやりとりが中心である。職員は、この＜ことば＞のやりとりを通して、やる気、意欲、そして仕事や求人の選択など、目に見えない求職者の＜こころ＞の働きを支援する。このため基本原理を明らかにし、その原理をもとに、事前にミスや失敗が起こらないように職員を指導することは難しいと言えるであろう。

　勘コツワークショップでは、現場の職員が主導で、職業相談における重要な判断や選択を＜ことば＞にし、職員同士で共有する体験をくり返すことにより、それまで＜ことば＞になっていなかった職業相談の勘とコツが蓄積され、職場の相談力の向上につながると考える。従来の認知的タスク分析の仕事の改善の考え方とは違うが、勘コツワークショップが、職場の小集団活動へと展開できれば、認知的タスク分析の新たな可能性を開くことになるだろう。

2 今後の課題

　勘コツワークショップの効果を検証した結果、参加者は、認知的タスク分析を取り入れた研修プログラムに満足しており、認知的タスク分析を理解できるようになり、職業相談業務に有用な情報・ノウハウを得ることができた

と言えよう。この結果から、認知的タスク分析の専門家でなくても、職場の同僚同士でも認知的タスク分析の活用が可能であると理解できる。

　今後の課題としては四つ考えられる。第一に、参加者が認知的タスク分析について、どの程度理解できたのか、そしてグループワークがねらい通りに進行していたのかを検討する必要がある。そのため、参加者が作成した勘コツマップを分析する方法が考えられる。勘コツマップから、事実のレベルから職業相談のプロセスを捉えられているのか、重要な判断や選択といった＜こころ＞の働きを浮き彫りにしているのか、などグループワークのステップごとに、その達成度を評価できる。

　第二に、参加者が研修プログラムの体験後、職業相談の窓口業務に戻り、どのような成果があったのかを検証する必要がある。Kirkpatrick（1979）の研修効果測定の四段階モデルのレベルIVは、参加者が現場に戻ってから、どのような成果をあげたのかを評価するレベルである。今回の研究では、このレベルIVの検証をしていない。今後の課題として、参加者を対象とした研修後の追跡調査が考えられるだろう。

　第三に、より効果的な勘コツワークショップを開発し、職場での普及を目的として、グループワークの運営担当者が、より使いやすいマニュアルを作成することである。

　勘コツインタビューは、2016年度以降、四つのセクションからなる八つのステップの面接構造へと改訂された。この改訂に応じて、「職業相談の勘とコツの『見える化』ワークショップ―マニュアルVer.3.0」（労働政策研究・研修機構 2016b）が作成されている（p.371の資料参照）。2016年度以降、このマニュアルを活用した勘コツワークショップが実施されている。

　今後も研修プログラムの効果の検証を目的としたアンケート調査を継続し、その分析の結果から新たな課題を明らかにし、より効果的な研修プログラムを開発する。それとともに、より使いやすいマニュアルの作成に取り組む。

　第四に、研修プログラムの対象とする相談業務の拡大である。研修プログラムの対象とする相談業務は、2013年度までは、主に一般職業紹介の窓口における職業相談であった。2014年度以降、雇用保険の窓口業務、相談業

務における対応が極めて難しい困難場面、生活保護受給者等を対象とした職業相談と、研修プログラムの対象とする相談業務が広がる傾向にある。

　この背景には、研修プログラムが採用している意思決定モデルである、再認主導意思決定が、迅速な判断や、瞬時の効果的な情報や助言の選択など、相談業務における意思決定の実情に合っていると考えられる。労働行政には様々な相談業務があり、認知的タスク分析を活用した研修プログラムの適用の範囲が、さらに広がる可能性が考えられる。

【参考文献】　※欧文アルファベット順、和文 50 音順

Crandall, B., Klein, G., and Hoffman, R. R.(2006). *Working Minds: A Practitioner's Guide to Cognitive Task Analysis*. Cambridge, MA: MIT Press.

Flanagan, J. C.(1954). "The critical incident technique." *Psychological Bulletin*, 51, pp. 699-728.

Janis, I. L. and Mann, L.(1977). *Decision making: A psychological analysis of conflict, choice, and commitment*. NY, US: Free Press.

Kaempf, G. L., and Klein, G.(1994). "Aeronautical decision making: The next generation." *Aviation Psychology in Practice, Ashgate*, pp.223-254.

Kirkpatrick, D. L.(1979). "Techniques for Evaluating Training Programs." *Training and development journal*, June, pp.178-192.

Klein, G. A. (1998). *Sources of power: How people make decisions*. Cambridge, MA: MIT Press. (ゲーリー・クライン 佐藤洋一 (監訳)(1998)『決断の法則—人はどのようにして意思決定するのか?』株式会社トッパン).

Klein, G. A., Calderwood, R. and MacGregor, D.(1989). "Critical decision method for eliciting knowledge." *IEEE Transactions on Systems, Man, and Cybernetics*, 19, pp.462-472.

Lewin, K.(1948). *Social Conflicts: Selected Papers on Group Dynamics*. New York: Harper.

Militello, L., and Hutton, J. B.(1998). "Applied cognitive task analysis (ACTA): a practitioner s toolkit for understanding cognitive task demands." *Ergonomics*, 41(11), pp.1618-1641.

Peavy, R. V. (1992). "A Constructivist Model of Training for Career Counselors." *Journal of Career Development*, 18 (3), pp.215-228.

Shattuck, L. W. and Woods, D.D.(1994). "The critical incident technique: 40 years later." In *Proceedings of the Human Factors and Ergonomics Society 38th Annual Meeting*(Santa Monica, CA: HFES), pp.821-826.

Stanton, N. A.(2006). "Hierarchical task analysis: Developments, applications, and extensions." *Applied Ergonomics*, 37(1), pp.55-79.

Weitzenfeld, J. S., Freeman, J.T.,Riedl, T. R., and Klein, G. A.,(1990) "The critical decision method(CDM):A knowledge-mapping technique." *AT & T: Proceedings of Behavioral Sciences Days'90*.

稲垣敏之 (2003). 「リスク認知と意思決定」, 『知能と情報』, 15(1), pp.20-28.

上田利男 (1980). 『小集団活動の手引き』日本経済新聞社.

上田利男 (1985). 『小集団活動のダイナミックス』日本能率協会.

榧野潤 (2015a). 「職業相談のアクションリサーチ効果的な研修プログラムの研究開発」,『日本労働研究雑誌』, 665,32-47.

榧野潤 (2015b). 「職業相談の研修研究と実践―認知的タスク分析の手法を取り入れたグループワークの開発―」JILPT Discussion Paper Series DP15-02 ＜http://www.jil.go.jp/institute/discussion/2015/documents/DP15-02.pdf＞(2018年1月31日).

北岡明佳子 (2005). 『現代を読み解く心理学』丸善株式会社.

小集団研究所編 (1990). 『小集団研究辞典』人間の科学社.

中村陽吉 (1972). 『心理学的社会心理学』光生館.

福原眞知子, Ivey, A. E., and Ivey, M. B.(2004).『マイクロ・カウンセリングの理論と実践』風間書房.

労働政策研究・研修機構 (2007). 『職業相談におけるカウンセリング技法の研究』労働政策研究報告書No.91, 労働政策研究・研修機構.

労働政策研究・研修機構 (2009). 『職業相談におけるアクションリサーチ』労働政策研究報告書No.107, 労働政策研究・研修機構.

労働政策研究・研修機構 (2012). 「独立行政法人労働政策研究・研修機構中期計画 (第3期)」＜http://www.jil.go.jp/outline/houki/documents/keikaku3.pdf＞(2015年10月14日).

労働政策研究・研修機構 (2015). 『職業相談の勘とコツの「見える化」ワークショップ－マニュアル Ver.1.0.』労働政策研究・研修機構.

労働政策研究・研修機構 (2016a). 『職業相談の勘とコツの「見える化」ワークショップ」の研究開発―認知的タスク分析を取り入れた研修研究―』労働政策研究報告書No.182, 労働政策研究・研修機構.

労働政策研究・研修機構 (2016b). 『職業相談の勘とコツの「見える化」ワークショップ－マニュアル Ver.3.0, 労働政策研究・研修機構.

労働政策研究・研修機構 (2017). 『職業相談・紹介業務の逐語記録を活用した研修プログラムの研究開発―問題解決アプローチの視点から―』労働政策研究報告書No.198, 労働政策研究・研修機構.

第8章 求職者支援制度によるキャリア支援

1 問題意識・方法

（1）問題意識

　本章では、日本における生涯キャリア形成支援を考える上で一つの施策を取り出し、それが、①いかにキャリア形成支援として機能しているのか、②また機能しうるのか、③さらには今後の生涯キャリア形成支援施策の展開を考える上でいかなる手がかりを提供するのかを検討する。

　ここでは「求職者支援制度」を取り上げる。求職者支援制度は、平成23年10月、緊急人材育成支援事業（平成23年9月まで）の実施状況を踏まえ創設された「雇用保険を受給できない求職者の方が職業訓練によるスキルアップを通じて早期の就職を目指すための制度」（厚生労働省HPより）である。より具体的には、雇用保険を受給できない求職者に対して、

　①無料の職業訓練（求職者支援訓練）を実施し、

　②本人収入、世帯収入及び資産要件等、一定の支給要件を満たす場合は、職業訓練の受講を容易にするための給付金を支給するとともに、

　③ハローワークが中心となってきめ細やかな就職支援を実施することにより、安定した「就職」を実現するための制度（厚生労働省HPより）

　である。

　ここで雇用保険を受給できない求職者とは、「雇用保険の適用がなかった者」「加入期間が足りず雇用保険の給付を受けられなかった者」「雇用保険の受給が終了した者」「学卒未就職者や自営廃業者の者」である。雇用保険がカバーする対象層から少し外側にある者に対しても支援を提供しうるという意味で、雇用保険と生活保護の間に位置する第二のセーフティネットとして導入された。

　このように、求職者支援制度は、職業訓練・給付金支給・就職支援（キャ

269

リア支援）が言わば三位一体となって幅広い対象層をカバーする施策である。ただし、これをキャリア形成支援という観点から眺めた場合は、職業訓練と就職支援（キャリア支援）の連携・統合に給付金支給が付加されたものとして捉えることができる。

　例えば、現在、求職者支援訓練の内容としては、学科及び実技のほか、「自己理解、職業意識、表現スキル、人間関係スキル等に関するカリキュラム（基礎コースでは 60 時間程度、実践コースでは 30 時間程度を目安に必須とする）」「職場見学、職場体験、職業人講話等（基礎コースは 18 時間以上、実践コースは 6 時間以上を必須とする）」と規定されており、明らかに従来からの意味でのキャリア支援的な内容を含む。

　しかしながら、こうした職業訓練と就職支援の連携・統合は古くて新しいテーマであり、両者の関係をいかに考えるかについては、これでまで日本では十分に論じられてきた訳ではない。

　ただし、欧州の職業訓練およびキャリア支援関連の文献では、比較的、以前から論じられてきた論点でもある。例えば、欧州の職業訓練に大きな影響をもつ基本方針である 2002 年のコペンハーゲン宣言では、職業訓練の推進に向けて重要となる事項の一つとして、「情報、ガイダンス、カウンセリング」を提供することによって透明性を高めること（誰もが自由に訓練を選べるようにすること等）を指摘している。また、それに先立つ 2000 年のリスボン会議において、既に高度な職業訓練は個々人のエンプロイヤビリティや国の競争力へ寄与するものであるのみならず、社会的包摂、社会的統合の一つの重要な手段として指摘がなされていた。この点は、第二のセーフティネットとして創立された本邦の求職者支援制度と類似の思想を表明したものと理解することができる。さらに、その後の欧州の職業訓練政策のあり方についてまとめた 2004 年のマーストリヒトコミュニケ、2006 年のヘルシンキコミュニケのいずれでも「生涯を通じたガイダンス」についての言及があり、2008 年のボルドーコミュニケでは「ガイダンス・ストラクチャ」、2010年のブリュージュ宣言では「効果的なガイダンスとカウンセリング」といったワーディングで、随所に職業訓練とキャリア支援の関わりが指摘されている。

第8章　求職者支援制度によるキャリア支援

　上述のとおり、社会的包摂・社会的統合の一つの対策として、職業訓練と就職支援・キャリア支援（キャリアガイダンス）を結びつけてみていく視点が、欧州の議論では一般的になりつつあるなか、日本においても職業訓練とキャリア支援の統合を強く意識した施策として、求職者支援制度を考えることができる。

　以上の問題意識から、本章では、この求職者支援制度を、職業訓練との相乗効果を狙うキャリア支援施策としてみた場合、どのような特徴があるのか、また、今後の生涯キャリア支援施策に与える示唆・含意は何かを得ることを目的とする。

（2）方　法

　本章では、労働政策研究・研修機構（2015）『求職者支援制度利用者調査—訓練前調査・訓練後調査・追跡調査の３時点の縦断調査による検討』（労働政策研究報告書No.181）で収集したデータに基づいて検討を行う。この報告書では、求職者支援制度の利用者を対象に、訓練前後のスキル面・意識面等の変化、訓練終了後一定期間を経た後の就職状況への影響などについて、幅広に情報収集するために、「訓練前調査」「訓練後調査」「追跡調査」の３回の調査を実施した（図表 8-1 参照）。

　以下に、訓練前調査・訓練後調査・追跡調査の３回の調査の流れ、特に被調査者（調査対象者）の結びつきについて図示した。

　訓練前調査（第１回調査）は、求職者支援訓練を受ける前に実施した。2012 年（平成 24 年）９月に開講する求職者支援訓練を受講する全ての者を対象（悉皆調査）とし、2012 年（平成 24 年）９月中に支援指示を受ける日に各公共職業安定所（以下、安定所と略記）で実施した。

　訓練後調査（第２回調査）は、原則として、訓練前調査への回答を行った者以外も含め、９月開講コースを受講した全ての者を対象とした。

　追跡調査（第３回調査）は、平成 24 年９月開講コース受講修了者で訓練後調査に回答した者のうち、追跡調査に回答することに同意した者 2,074 名を対象に調査を実施した。調査回答者に 2013 年９月末日までに記入済み調査票を返送してもらうべく、2013 年９月中に行われた。その後、調査回答

271

図表 8-1　訓練前調査・訓練後調査・追跡調査の流れ

訓練前調査		
時期：2012年9月	回答者数：6,347名	2012年9月開講コース7,275名のうち87.2%を捕捉

訓練後調査		
時期：2012年12月～2013年3月	回答者数4,797名	2012年9月開講コース7,275名のうち65.9%を捕捉

追跡調査		
時期：2013年10月	回答者数　891名	2012年9月開講コース7,275名のうち12.2%を捕捉

者の返送を10月末日まで待ち、2013年10月末日までに返送された分を分析対象とした。

　さらに詳しい調査手続きについては、労働政策研究・研修機構（2015）『求職者支援制度利用者調査―訓練前調査・訓練後調査・追跡調査の3時点の縦断調査による検討』（労働政策研究報告書No.181）を参照いただきたい。

（3）求職者支援制度のキャリア支援としての特徴

　以上の問題意識および方法に基づいて、以下、データを見ていくが、本章では、求職者支援制度のキャリア支援としての特徴を浮き彫りにするために、次の五つの観点から結果を提示し、章末に考察を行い、示唆・含意を引き出すこととする。

　五つの観点は、①制度利用者の特徴、②制度利用の理由、③役に立った支援、④制度利用の感想および変化、⑤就職との関連である。

　求職者支援制度を「職業訓練＋キャリア支援」の一例として考えた場合、このキャリア支援をどのような属性・特徴をもつ利用者が、どのような理由から利用したいと考えたのかは、今後のキャリア支援の潜在的なユーザーを想定する上で有益な知見となる。また、その際、結局、利用者に役立ったと

272

第8章　求職者支援制度によるキャリア支援

感じられた支援は何だったのかも、今後のキャリア支援を考える上での手がかりとなる。それは、より明確には、制度利用の感想、さらには訓練前後の指標の変化の形で現れると考えられるであろう。そして、最後に、キャリア支援と言えども、その成果は最終的には就職が決定したのかしなかったのかという側面から評価されるべきである。今回の調査から、一定の限界がありながらも、結局、就職決定にいかなるキャリア支援が有効でありうるのか、その指針を得たい。

2 制度利用者の特徴

　求職者支援制度利用者の特徴について整理した結果、調査時点（2012年時点）では、女性が7割、男性が3割であり、概して30代では女性が、50～60代では男性が多かった。家族形態には若干、特徴がみられており、男性では30～40代の回答者の7割が配偶者や子供のいない単身者であった。女性は30代以降、配偶者がおらず子供がいるいわゆるシングルマザーの割合が約1／4程度あった。特に10代の回答者の約4割が中学校卒であり、おおむね高校中退者と考えられる。生計の担い手であるか否か、本人収入・世帯収入・金融資産、正規就労経験の有無などについては際だった特徴はみられなかった。詳しい図表等については、労働政策研究・研修機構（2015）『求職者支援制度利用者調査—訓練前調査・訓練後調査・追跡調査の3時点の縦断調査による検討』（労働政策研究報告書No.181）を参照いただきたい。

　本節では、細かい結果を統合した求職者支援制度利用者の全般的な特徴を、より明確な形で整理するために多変量解析による検討結果を示す。

　図表8-2は、本章でここまで取り扱ってきた各変数（各要因）を0－1データに分解して、ダミー変数による主成分分析を行った結果をもとに、2次元上にプロットしたものである[1]。2次元上の見た目の近さは関連の深さとし

1　ここでは一般的な主成分分析を行い、「回転なし」の結果と「バリマックス回転あり」の結果を図示し、解釈を行った。「回転なし」の結果では負荷量が多い項目から帰納的にどのような類型が導かれるかを解釈した。一方、「バリマックス回転あり」では軸の解釈が容易になるため、縦軸と横軸がどのような軸と考えられるかを解釈した。以上、整理すると、図表8-2によって求職者支援制度利用者の類型化を試み、図表8-3によって、その類型化はどのような軸によって構成されるものかを解釈する分析となっている。

273

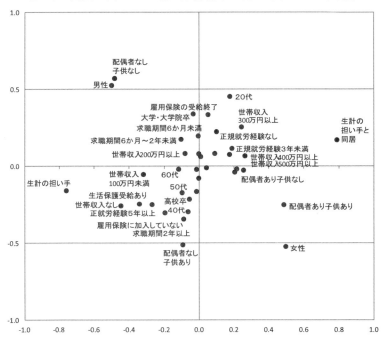

図表8-2　求職者支援制度利用者の特徴
（ダミー変数を用いた主成分分析結果に基づくプロット図①）

て解釈可能である。したがって、このプロット図をもとに、今回の調査対象となった回答者をいくつかの類型に分けることができる。

　第一に、右上（第1象限）には「生計の担い手と同居」「20代」「世帯収入300万円以上」「世帯収入400万円以上」「世帯収入500万円以上」「正規就労経験なし」「正規就労経験3年未満」などが目立つ。これらの特徴から、ここには、収入のある親と同居する正規就労経験のほとんどない20代の若者の像が浮かびあがる。

　第二に、同様の解釈を続けると、左上（第2象限）には「配偶者なし子供なし」「男性」「大学・大学院卒」「求職期間6か月未満」「求職期間6か月〜2年未満」「世帯収入200万円以上」が目立つ。これらの特徴から、ここでは失業期間が半年以上にわたる独身男性の像が浮かび上がる。

第8章　求職者支援制度によるキャリア支援

　第三に、左下（第3象限）には「40代」「50代」「60代」「世帯収入なし」「世帯収入100万円未満」「正規就労経験5年以上」「求職期間2年以上」「生計の担い手」などが目立つ。若干、解釈が難しいものも近傍に布置しているが、おおむね正規就労経験の長い生計の担い手でもあった中高年の失業者の像が浮かび上がる。

　第四に、右下（第4象限）は何よりも「女性」「配偶者あり子供あり」であり、明らかに主婦層という解釈ができるであろう。

　これらの結果から、少なくとも本調査に回答した調査回答者は、①親と同居する正規就労経験の乏しい若年者、②失業期間がやや長期にわたる独身男性、③正規就労経験が長く生計の担い手でもあった中高年の長期失業者、④主婦の四つの類型に分類して考察可能であることが示される。

　さらに図表8-3では、図表8-2のプロット図に統計的に特殊な操作を加えて、図全体を時計回りに回転させる処理（バリマックス回転）を行ったものを提示した。このような統計的な操作を加えることによって、縦軸−横軸の解釈が容易となり、本調査結果の全体的な傾向がつかみやすくなる。

　図表8-3から以下の点が指摘できる。まず縦軸をみると、上に「男性」、下に「女性」が布置している。次に横軸をみると、右に「生計の担い手」、左に「生計の担い手と同居」が布置している。これらの結果から、少なくとも今回の調査回答者に限って言えば、「男性−女性」「生計の担い手−生計の担い手と同居」の軸で考えた場合に、もっともよく調査回答者の特徴を捉えることができるということが言える。仮に類型化するとすれば、「男性で生計の担い手（ただし、本調査ではこの類型には単身者が多かった）」「男性で生計の担い手と同居している者（若年失業者または若年無業者）」「女性で生計の担い手」「女性で生計の担い手と同居している者」と考えるのが順当な解釈となる。

　本調査結果を一般化・普遍化して考えることが妥当であるかには議論があるが、求職者支援制度利用者のある時点での類型化として十分に有意義な結果であったと解釈される。

275

図表 8-3　求職者支援制度利用者の特徴
（ダミー変数を用いた主成分分析結果に基づくプロット図②）

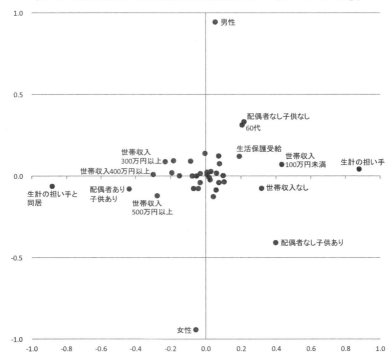

3　制度利用の理由

　制度利用の理由で最も多かったのは、図表 8-4 に示したとおり、「職業訓練を無料で受けられる（技能や知識を修得することができる）」であり、約 7 割が回答していた。回答者の個人属性との関連を検討した結果、概して、女性は職業訓練を無料で受けられること、男性は給付金があることを制度利用の理由としていた。年齢が高い者、配偶者なし子供ありの者、生計の担い手である者、収入が低い者、生活保護を受けている者など就職への緊要度の高い者で、より実際の就職に向けた就職支援を制度利用理由とする割合が高かった。

第8章 求職者支援制度によるキャリア支援

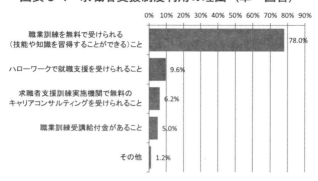

図表8-4 求職者支援制度利用の理由（単一回答）

また、求職者支援制度を知った媒体で最も多かったのは、図表8-5に示したとおり、「ハローワークのパンフレット等の広報」で約4割強、以下、「ハローワーク職員に紹介された」が約3割強、「家族や友人・知人に勧められた」が約3割弱であった。特に、女性、10～20代、中卒者（＝高校中退者）、生計の担い手と同居、直近までパート・アルバイトで就労、正規就労経験が少ない者等で「家族や友人・知人に勧められた」者が多かった。

性別では、男性で「ハローワーク職員に紹介された」「ハローワークのパンフレット等の広報」「厚生労働省・労働局の広報」の割合が、女性で「家族や友人・知人に勧められた」の割合が、それぞれ統計的に有意に多かった。

年齢別では、10代および20代で「家族や友人・知人に勧められた」、40代で「ハローワークのパンフレット等の広報」「厚生労働省・労働局の広報」、50代および60代で「ハローワーク職員に紹介された」、60代のみで「その他の機関の広報」の割合が、それぞれ統計的に有意に多かった。

図表8-5 求職者支援制度を知った媒体
（複数回答；降順に並べ替え）

	N	%	%（無回答除く）
ハローワークのパンフレット等の広報	2578	40.4%	41.8%
ハローワーク職員に紹介された	1993	31.2%	32.3%
家族や友人・知人に勧められた	1644	25.7%	26.6%
求職者支援訓練実施機関の広報	518	8.1%	8.4%
その他	403	6.3%	6.5%
新聞、雑誌、テレビ等の報道	341	5.3%	5.5%
市区町村の役所・役場の広報	199	3.1%	3.2%
その他の機関の広報	133	2.1%	2.2%
厚生労働省・労働局の広報	101	1.6%	1.6%
駅や電車等の車内の広告	8	0.1%	0.1%
無回答	214	3.4%	
合計	6387	100.0%	100.0%

さらに、訓練前調査事前の受講予定の職業訓練分野を示した[2]。図表8-6に示したとおり、最も多かったのは「介護福祉」であり、約1／4を占めていた。次いで「基礎コース」「営業・販売・事務」がそれぞれ2割弱と続いていた。個人属性別では、男性は10代では「医療事務」、20代では「IT分野」「クリエート」、30代でも「IT分野」、「40代男性」では特徴がなく、50代では「介護福祉」、60代では「基礎コース」が多かった。一方、女性は10代〜30代は「理容・美容」、40代〜60代は「介護福祉」の割合が高かった。

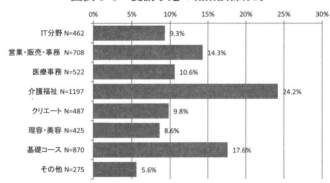

図表8-6　受講予定の職業訓練分野

以上の結果から、求職者支援制度の利用理由は職業訓練を無料で受けられることであり、制度そのものを知った媒体はハローワークの広報または職員、訓練はおもに介護福祉かあるいは基礎コースが多かったことが示される。

これらの結果を集約すれば、求職者支援制度の利用者は、無料で訓練を受けられることをハローワーク経由で知ったのであり、その際、求人が多く就

2　各職業訓練分野の代表的な訓練は以下のとおり。IT分野（システム・エンジニア、プログラマーなど）、営業・販売・事務（経理事務など）、医療事務（医療事務、医療秘書など）、介護福祉（ホームヘルパー、保育など）、クリエート（企画・創作、デザイン、webデザインなど）、理容・美容（メイク、ネイル、エステなど）、基礎コース（データ入力や基本的なパソコン操作を中心としたもの）。その他には、それ以外の訓練が含まれた。内容は次のとおり。農業・林業、旅行・観光、警備・保安、輸送サービス、エコ、調理、電気・機械・金属関連、建設、上記以外（ホールスタッフ、コンビニ店員、軽作業などを含む）。

職に結びつきやすい介護福祉か、あるいはPCスキルなどの基礎的なスキルを学ぶ基礎コースを選好したと言える。したがって、求職者支援制度をキャリア支援施策として考察した場合、その効果あるいは意味合いとは、①無料でスキルを身につけられること、②その機会が公的な窓口で周知されること、③就職に結びつきやすいか、あるいは基礎的なスキルを習得できることが重視されていると言えよう。職業訓練とキャリア支援の接点には、「無料」「公的」「就職」「基礎」のキーワードで示される人々の基本的な指向性が伏在していると整理できる。

4 役に立った支援

　訓練後の利用者に「役に立った」就職支援についてたずねた結果、図表8-7に示したとおり、訓練後調査に回答した約5～6割が「履歴書の作成指導」「個別の職業相談（キャリアコンサルティング）」「ジョブ・カードの作成の支援及び交付」を挙げた。また、約3割が「求人情報の提供」「面接指導」「職場見学、職場体験、企業実習」が役立ったと回答した。回答者の個人属性との関連を検討した結果、概して「履歴書の作成指導」「面接指導」等の支援は、非正規就労経験が長く、就職活動を行うための基礎的な知識等に乏しい利用者層で役立ったと回答した。一方、「ジョブ・カードの作成の支援及び交付」はむしろ正規就労経験の長い高齢者で役立ったと回答した。

図表8-7　「役に立った」支援（複数回答；降順に並べ替え）

	N	%
履歴書の作成指導	2724	59.7
個別の職業相談（キャリアコンサルティング）	2717	59.5
ジョブ・カードの作成の支援及び交付	2423	53.1
職場見学、職場体験、企業実習	1656	36.3
面接指導	1547	33.9
求人情報の提供	1378	30.2
地域の雇用情勢等に関する説明（職業人講話等）	903	19.8
ハローワークへの訪問指示	722	15.8
職業紹介	701	15.3
外部のキャリアコンサルタントによる個別相談	398	8.7
ハローワークが行う就職説明会のお知らせ	279	6.1

※訓練後調査に回答した4,797名による回答。ただし、無回答・欠損値の230名を除く。

また、「もっと受けたかった」支援という設問では、図表8-8に示したとおり、約2割強が「職場見学、職場体験、企業実習」「個別の職業相談（キャリアコンサルティング）」「面接指導」と回答した。また、1割強が「職業紹介」「求人情報の提供」「履歴書の作成指導」と回答した。

図表8-8 「もっと受けたかった」支援（複数回答）

	N	%
職場見学、職場体験、企業実習	1053	26.3%
個別の職業相談（キャリアコンサルティング）	936	23.4%
面接指導	889	22.2%
職業紹介	729	18.2%
求人情報の提供	705	17.6%
履歴書の作成指導	688	17.2%
地域の雇用情勢等に関する説明（職業人講話等）	490	12.2%
外部のキャリアコンサルタントによる個別相談	395	9.9%
ジョブ・カードの作成の支援及び交付	285	7.1%
ハローワークが行う就職説明会のお知らせ	98	2.4%
ハローワークへの訪問指示	49	1.2%

これらの結果から、まず、個別の支援に対する評価が高いことが示される。履歴書の作成指導、個別の相談、ジョブ・カードの作成は、いずれも制度利用者個人に即した支援である。広く捉えれば、いずれも個別相談であり、その過程で履歴書やジョブ・カードのような「ツール」が用いられ、そこでいかに自らのスキルや能力を的確に把握し、他者に向けて示すか制度利用者個人の事情や背景を勘案しつつ行われる。こうした個別支援（＋履歴書やジョブ・カードのようなツール）が、制度利用者にとって「役に立った」と受け止められたことは、素朴な結果であるが重要であると考えられる。

一方、さらに、よりいっそう受けたかった支援として、職場見学、職場体験、企業実習が挙げられたことも重要な意味を持つ。個別相談が有益であり、役に立ったと受け止められやすい支援であることは事実であるとしても、それだけでは制度利用者個人の分析を行い、本人の特徴に焦点を当てた支援にすぎない。そこから、さらに発展した支援を受けたいと考えた場合、就職先の選択肢となる様々な職場、企業の特徴をよく知ることができる支援が望ましいと考えられたものと思われる。

以上の結果から、基本的に、個別相談（＋履歴書やジョブ・カードのようなツールの利用）が有益であるとしても、職場や企業の情報を収集できる職場見学、職場体験、企業実習のような取り組みをよりいっそう充実させる必要があることが示される。個人と職場の両面において十分な支援が必要となると言えるであろう。

5 制度利用の感想および変化

（1）全般的傾向

図表 8-9 に、求職者支援制度に対する感想を図示した。「あなたは、求職者支援制度を利用して、どのように感じましたか」という質問を設け、13項目でたずねた。回答は「よくあてはまる」「ややあてはまる」「どちらともいえない」「あまりあてはまらない」「全くあてはまらない」の 5 件法で求めた。図には「よくあてはまる」と「ややあてはまる」を合計した値を示した。

その結果、「訓練を受けた知識やスキルを役立てたくなった」が 9 割弱と最も高く、以下「求職者支援制度には満足している」「訓練機関の講師には知識やスキルを十分に教えてもらえた」「訓練を受けて、今後の仕事や生活にやる気や自信が出てきた」「訓練機関に通うことで規則正しい生活が送れるようになった」「同じような立場の人同士で交流して、就職に対する気持

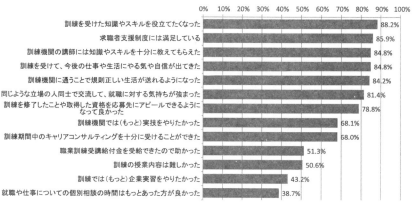

図表 8-9 求職者支援制度に対する感想（よくあてはまる＋ややあてはまる；複数回答）

ちが強まった」などが 8 割強の割合で続いていた。逆に、「就職や仕事についての個別相談の時間はもっとあった方が良かった」「訓練では（もっと）企業実習をやりたかった」「訓練の授業内容は難しかった」などの項目については「よくあてはまる」「ややあてはまる」と回答した割合が少なかった。

（2）職業スキル・生活スキルの変化

　図表 8-10 に、職業スキル・生活スキルの訓練前後の変化を示した。調査では、訓練前と訓練後に、先の職業スキル 10 項目および生活スキル 8 項目を同じ調査対象者に実施し、その点差を比較することで訓練前後の変化を検討した。職業スキル 10 項目は「かなり自信がある（5 点）」「やや自信がある（4 点）」「どちらでもない（3 点）」「あまり自信がない（2 点）」「ほとんど自信がない（1 点）」の 5 件法でたずねた。また、生活スキル 8 項目は「かなり得意である（5 点）」「やや得意である（4 点）」「どちらでもない（3 点）」「やや苦手である（2 点）」「かなり苦手である（1 点）」の 5 件法でたずねた。

　分析の結果、職業スキルおよび生活スキルともに、訓練前・訓練後で、1 ％

図表 8-10　職業スキル・生活スキルの訓練前後の変化

職業スキル	N	訓練前		訓練後		差	sig.
		平均値	SD	平均値	SD		
書類を書くこと	4499	3.13	0.97	3.45	0.90	0.32	**
人前で話すこと	4553	3.13	1.02	3.43	0.94	0.31	**
人を説得したり、交渉したりすること	4515	2.89	1.05	3.17	0.96	0.28	**
人にサービスをすること	4511	3.65	0.90	3.84	0.81	0.19	**
特定の業界の知識を用いること	4480	3.03	1.00	3.47	0.85	0.45	**
ビジネスマナーを理解していること	4509	3.03	0.94	3.56	0.80	0.53	**
作業に必要な道具、機材を選択すること	4481	2.97	0.93	3.45	0.81	0.48	**
資材や道具の管理を行うこと	4445	3.13	0.93	3.52	0.82	0.39	**
機械やパソコンの操作を行うこと	4525	3.04	1.11	3.58	0.93	0.54	**
体力的にきつい仕事をすること	4563	2.81	1.10	3.05	1.05	0.24	**

生活スキル	N	訓練前		訓練後		差	sig.
		平均値	SD	平均値	SD		
朝、決まった時間に起きる	4547	3.83	1.04	3.99	0.98	0.16	**
時間を守る	4546	4.15	0.87	4.24	0.82	0.10	**
友達をつくる	4528	3.59	0.95	3.80	0.90	0.21	**
自分の主張をはっきり言う	4535	3.34	0.97	3.53	0.92	0.19	**
人と交渉する	4523	3.08	0.99	3.30	0.93	0.22	**
自分の能力を正確に把握する	4519	3.23	0.81	3.53	0.78	0.30	**
パソコンでメールのやりとりをする	4512	3.29	1.16	3.64	1.03	0.35	**
自分の人生設計を立てる	4522	3.02	0.87	3.30	0.85	0.28	**

※ **は1％水準で統計的に有意な差がみられた箇所。
　差のうち値の大きかった上位3位に網かけを付した。

282

水準で統計的に有意な差がみられた。いずれも訓練後の方が値が大きく、自信があるもしくは得意であると評価するようになった。

　特に、職業スキルでは「ビジネスマナーを理解していること」「作業に必要な道具、機材を選択すること」「機械やパソコンの操作を行うこと」で、訓練前後の変化が大きかった。また、生活スキルでは「自分の能力を正確に把握する」「パソコンでメールのやりとりをする」「自分の人生設計を立てる」で、訓練前後の変化が大きかった。

　また、図表8-11に、キャリア意識・就職意識の訓練前後の変化を示した。キャリア意識・就職意識についても、訓練前と訓練後に、キャリア意識10項目および就職意識6項目を同じ調査対象者に実施し、その点差を比較することで訓練前後の変化を検討した。キャリア意識10項目は「よくあてはまる（5点）」「ややあてはまる（4点）」「どちらともいえない（3点）」「あまりあてはまらない（2点）」「全くあてはまらない（1点）」の5件法でたずねた。また、就職意識6項目については、「今後の就職活動について、どの程度の自信がありますか」の項目のみ「おおむね自信がある（5点）」「ある程度、自信がある（4点）」「どちらとも言えない（3点）」「あまり自信がな

図表8-11　キャリア意識・就職意識の訓練前後の変化

キャリア意識	N	訓練前		訓練後		差	sig.
		平均値	SD	平均値	SD		
自分のこれからの職業生活に、大変関心をもっている	4524	4.45	0.69	4.42	0.69	-0.03	*
職業生活や仕事に役立つ情報を、積極的に収集するようにしている	4522	4.16	0.74	4.24	0.69	0.08	**
自分の職業生活を主体的に送っている	4377	3.51	0.89	3.73	0.85	0.22	**
これからの職業生活について、自分に見通しをもっている	4495	3.60	0.85	3.77	0.82	0.17	**
職業生活に関係する本や雑誌などは、ほとんど読まない	4489	2.59	0.96	2.51	0.96	-0.08	**
職業生活で難しい問題に直面しても、自分なりに積極的に解決していく	4498	3.72	0.77	3.81	0.73	0.09	**
これからの職業生活で何を目標とすべきか、わからない	4475	2.47	0.98	2.37	0.97	-0.10	**
希望する職業生活が送れるように、努力している	4455	3.97	0.75	4.07	0.71	0.10	**
これから先の職業生活のことは、ほとんど予想がつかない	4492	2.88	1.01	2.77	1.01	-0.10	**
自分が期待しているような職業生活を、この先実現できそうである	4501	3.43	0.79	3.39	0.80	-0.03	*

就職意識	N	訓練前		訓練後		差	sig.
		平均値	SD	平均値	SD		
今後の就職活動について、どの程度の自信がありますか	4438	3.36	0.82	3.39	0.83	0.03	*
自分の長所・短所を理解する	4524	2.94	0.58	3.04	0.54	0.10	**
将来のために、今のうちにやっておくべきことの計画を立てること	4503	2.78	0.65	2.83	0.63	0.05	**
就職情報誌やインターネットサイトで探し、利用すること	4503	3.04	0.69	3.14	0.66	0.10	**
現在考えているいくつかの職業のなかから、一つの職業に絞り込むこと	4492	2.89	0.68	2.93	0.67	0.04	**
就職時の面接でうまく対応すること	4509	2.52	0.73	2.65	0.69	0.12	**

※ **は1％水準で、*は5％水準で統計的に有意な差がみられた箇所。
　差のうち値の大きかった上位2位に網かけを付した。

い（2点）」「全く自信がない（1点）」の5件法で、その他の5項目は「非常に自信がある（4点）」「少しは自信がある（3点）」「あまり自信がない（2点）」「全く自信がない（1点）」の4件法でたずねた。

分析の結果、キャリア意識および就職意識ともに、訓練前・訓練後で、おおむね1％水準で統計的に有意な差がみられた。おおむねいずれの項目も、訓練後の方が、ポジティブな方向に意識面の変化がみられた。

特に、キャリア意識では「自分の職業生活を主体的に送っている」「これからの職業生活について、自分なりに見通しをもっている」で訓練前後の変化が大きかった。また、就職意識では「自分の長所・短所を理解する」「就職情報誌やインターネットサイトで探し、利用すること」「就職時の面接でうまく対応すること」で、訓練前後の変化が大きかった。

ただし、「自分のこれからの職業生活に、大変関心をもっている」「自分が期待しているような職業生活を、この先実現できそうである」の2項目については、5％水準で統計的に有意にネガティブな方向に変化がみられた。解釈が難しいが、訓練を経て、今後の職業生活に対する関心や期待がより現実的なものへと変化したことが推察される。

なお、訓練後に「受講した訓練分野の仕事をこなす自信がついたか」についても質問を行った。「かなり自信がついた」「やや自信がついた」「どちらでもない」「あまり自信がつかなかった」「ほとんど自信がつかなかった」の5件法で回答を求めた。その結果、図表8-12に示したとおり、「やや自信がついた」と回答した者が5割弱と最も多く、次いで「かなり自信がついた」と回答した者が約1割であった。両者を合計すると約6割の者が自信がついたと回答していたことが示される。

図表8-13に、受講職業訓練分野の職業スキル・生活スキ

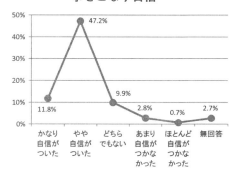

図表8-12 受講した職業訓練分野別の仕事をこなす自信

第8章　求職者支援制度によるキャリア支援

図表 8-13　訓練前後の変化の受講職業訓練分野別の違い（職業スキル・生活スキル）

職業スキル	IT分野 N=342	営業・販売・事務 N=497	医療事務 N=400	介護福祉 N=928	クリエイト・デザイン N=358	理容・美容 N=315	基礎コース N=673	その他 N=195	sig.
書類を書くこと	0.25	0.42	0.28	0.20	0.24	0.21	0.51	0.23	**
人前で話すこと	0.29	0.37	0.26	0.26	0.29	0.17	0.41	0.27	**
人を説得したり、交渉したりすること	0.24	0.35	0.29	0.22	0.24	0.16	0.41	0.31	**
人にサービスをすること	0.19	0.20	0.18	0.13	0.13	0.09	0.32	0.18	**
特定の業界の知識を用いること	0.37	0.42	0.61	0.45	0.33	0.41	0.53	0.36	**
ビジネスマナーを理解していること	0.42	0.66	0.53	0.42	0.39	0.38	0.80	0.41	**
作業に必要な道具、機材を選択すること	0.45	0.60	0.41	0.34	0.48	0.54	0.63	0.51	**
資材や道具の管理を行うこと	0.39	0.48	0.31	0.22	0.29	0.50	0.55	0.42	**
機械やパソコンの操作を行うこと	0.51	0.75	0.34	0.20	0.21	0.21	1.35	0.28	**
体力的にきつい仕事をすること	0.30	0.22	0.27	0.14	0.10	0.21	0.36	0.29	**

※数値は訓練前後の差（訓練後の値−訓練前の値）。**は1%水準で、*は5%水準で統計的に有意な差がみられた箇所。統計的に有意な差が示された項目に関して、最も値が大きい箇所に網かけ、最も値が小さい箇所に下線を付した。

生活スキル	IT分野 N=342	営業・販売・事務 N=497	医療事務 N=400	介護福祉 N=928	クリエイト・デザイン N=358	理容・美容 N=315	基礎コース N=673	その他 N=195	sig.
朝、決まった時間に起きる	0.19	0.10	0.11	0.12	0.21	0.20	0.15	0.06	
時間を守る	0.07	0.10	0.13	0.06	0.12	0.11	0.14	0.01	
友達をつくる	0.23	0.21	0.23	0.16	0.21	0.11	0.29	0.14	*
自分の主張をはっきり言う	0.18	0.27	0.12	0.14	0.17	0.11	0.28	0.16	**
人と交渉する	0.22	0.26	0.17	0.17	0.18	0.18	0.34	0.17	**
自分の能力を正確に把握する	0.26	0.39	0.25	0.24	0.27	0.26	0.43	0.25	**
パソコンでメールのやりとりをする	0.28	0.40	0.16	0.15	0.15	0.04	0.90	0.09	**
自分の人生設計を立てる	0.23	0.31	0.23	0.23	0.21	0.15	0.42	0.24	**

※数値は訓練前後の差（訓練後の値−訓練前の値）。**は1%水準で、*は5%水準で統計的に有意な差がみられた箇所。統計的に有意な差が示された項目に関して、最も値が大きい箇所に網かけ、最も値が小さい箇所に下線を付した。

ルの訓練前後の変化の違いを示した。表に示したとおり、職業スキル・生活スキルともに「基礎コース」（データ入力や基本的なパソコン操作を中心としたもの）で訓練前後の変化量が、かなり大きかった。特に変化量が大きかったのは、職業スキルの「機械やパソコンの操作を行うこと」、生活スキルの「パソコンでメールのやりとりをする」などのパソコンスキルであった。他に、職業スキルの「ビジネスマナーを理解していること」「作業に必要な道具、機材を選択すること」「資材や道具の管理を行うこと」「特定の業界の知識を用いること」などの、基礎的な職業スキル面で訓練前後の変化量が特に大きかった。

図表 8-14 に、受講職業訓練分野別のキャリア意識・就職意識の訓練前後の変化の違いを示した。職業スキル・生活スキルほどではないが、キャリア意識・就職意識でも「基礎コース」を受講した者が、訓練前後の変化量が統

図表8-14　訓練前後の変化の受講職業訓練分野別の違い（キャリア意識・就職活動に対する意識）

キャリア意識	IT分野 N=342	営業・販売・事務 N=497	医療事務 N=400	介護福祉 N=928	クリエイト・デザイン N=358	理容・美容 N=315	基礎コース N=673	その他 N=195	sig.
自分のこれからの職業生活に、大変関心をもっている	-0.02	0.01	-0.01	-0.06	-0.05	-0.10	-0.01	-0.03	
職業生活や仕事に役立つ情報を、積極的に収集するようにしている	0.14	0.15	0.13	0.04	0.01	0.07	0.18	-0.03	**
自分の職業生活を主体的に送っている	0.28	0.22	0.25	0.18	0.16	0.17	0.29	0.18	
これからの職業生活について、自分なりに見通しをもっている	0.22	0.19	0.18	0.14	0.07	0.03	0.26	0.25	**
職業生活に関係する本や雑誌などは、ほとんど読まない	-0.09	-0.04	-0.07	-0.03	-0.12	-0.04	-0.17	-0.08	
職業生活で難しい問題に直面しても、自分なりに積極的に解決していく	0.07	0.12	0.01	0.01	0.14	-0.01	0.21	0.09	**
これからの職業生活で何を目標とすべきか、わからない	-0.15	-0.13	-0.05	-0.09	-0.11	-0.05	-0.14	-0.11	
希望する職業生活が送れるように、努力している	0.10	0.06	0.15	0.07	0.10	0.13	0.14	0.07	
これから先の職業生活のことは、ほとんど予想がつかない	-0.17	-0.11	0.01	-0.15	0.02	-0.11	-0.13	0.06	*
自分が期待しているような職業生活を、この先実現できそうである	-0.08	-0.03	-0.11	-0.02	-0.11	-0.14	0.06	-0.11	**

※数値は訓練前後の差（訓練後の値－訓練前の値）。**は1%水準で、*は5%水準で統計的に有意な差がみられた箇所。統計的に有意な差が示された項目に関して、最も値が大きい箇所に網かけ、最も値が小さい箇所に下線を付した。

就職意識	IT分野 N=342	営業・販売・事務 N=497	医療事務 N=400	介護福祉 N=928	クリエイト・デザイン N=358	理容・美容 N=315	基礎コース N=673	その他 N=195	sig.
今後の就職活動について、どの程度の自信がありますか	0.00	0.09	-0.06	0.03	-0.01	-0.10	0.11	-0.04	**
自分の長所・短所を理解する	0.06	0.15	0.13	0.10	0.04	0.05	0.13	0.00	*
将来のために、今のうちにやっておくべきことの計画を立てること	0.08	0.07	0.03	0.05	-0.02	0.01	0.11	0.04	**
就職情報誌やインターネットサイトで探し、利用すること	0.11	0.14	0.05	0.04	0.05	0.02	0.25	0.03	**
現在考えているいくつかの職業のなかから、一つの職業に絞り込むこと	0.03	0.08	0.05	-0.02	0.12	-0.01	0.09	0.03	*
就職時の面接でうまく対応すること	0.05	0.11	0.06	0.11	0.15	0.09	0.24	0.16	**

※数値は訓練前後の差（訓練後の値－訓練前の値）。**は1%水準で、*は5%水準で統計的に有意な差がみられた箇所。統計的に有意な差が示された項目に関して、最も値が大きい箇所に網かけ、最も値が小さい箇所に下線を付した。

計的に有意に大きかった。特に、キャリア意識の「これからの職業生活について、自分なりに見通しをもっている」、就職意識の「就職情報誌やインターネットサイトで探し、利用すること」では変化量が大きかった。その他、「IT分野」「営業・販売・事務」「クリエイト・デザイン」などでも統計的に有意に変化量が大きい箇所がみられた。

　以上の結果をまとめると、訓練前後の変化を検討した結果、「職業スキル」「生活スキル」「キャリア意識」「就職意識」のいずれの項目でも訓練後の方が値が大きかった。すなわち、職業スキル、生活スキル、キャリア意識・就職意識のどの側面についても、基本的にはポジティブな方向に変化していた。

　また、受講職業訓練分野との関連については明確な結果が出ており、職業スキル・生活スキルともに「基礎コース」で訓練前後の変化量が、かなり大きかった。特に変化量が大きかったのは、職業スキルの「機械やパソコンの操作を行うこと」、生活スキルの「パソコンでメールのやりとりをする」などのパソコンスキルであった。

第8章　求職者支援制度によるキャリア支援

これらの結果から、端的に指摘しうることとは、職業訓練＋キャリアガイダンスの組み合わせによる求職者支援訓練制度は、スキルおよび意識の両面を良い方向に変化させるということである。概して言えば、訓練はスキルによって、意識はガイダンスによって変化したということが想定される。しかしながら、訓練を行って、実際に確固たるスキルが身についたことを基盤としつつ、ガイダンスが提供されることによって意識面での変化が生じたということも考えうる。また逆に、意識面での変化が同時に伴うからこそ訓練の効果も大いに上がり、実際のスキルの習得が容易になったことも考えうる。

結局のところ、スキル＋意識の変化にあたっては、職業訓練＋キャリアガイダンスの組み合わせが良い効果をもたらしたと考察するのが適切であると思われる。特に、より基礎的なスキルを習得することを目的とする「基礎コース」の受講者で特に変化量が大きかったことには示唆的である。「基礎コース」の受講者は、基本的にはそれまでに職業に関わる教育訓練を十分に受ける機会がなかった層を対象にしている。そうした対象層にとっては、基礎的な職業訓練であっても、キャリアガイダンスとあわせて提供され、意識面での支援も提供されることによって、スキルおよび意識の両面に良い影響があったものと考察することができる。

6 就職との関連

訓練機関で受けた就職支援、キャリアコンサルティングのうち役立ったものを「検討するために、図表8-15に、追跡調査時点の就職状況別にみた「訓練機関で受講した訓練の効果の有無」について図示した。図から、「既就職者」の方が「未就職者」に比べて「かなり効果があった」「やや効果があった」と回答した者が多かったことが示される（1％水準で統計的に有意）。

追跡調査時点における就職状況別に、訓練機関で受けた就職支援、キャリアコンサルティングのうち役立ったものについて検討した。その結果、図表8-16に示したとおり、「既就職者」では「未就職者」と比べて、「個別の職業相談（キャリアコンサルティング）」が役立ったと回答した者が1％水準で統計的に有意に多かった。

図表 8-15 訓練機関で受講した訓練の効果の有無

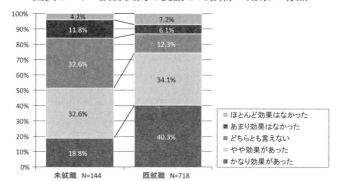

図表 8-16 追跡調査時点の就職状況別の訓練機関で受けた就職支援、キャリアコンサルティングのうち役に立ったもの（複数回答）

	未就職 N=150	既就職 N=707
個別の職業相談（キャリアコンサルティング）	51.4%	63.2%
求人情報の提供	25.0%	32.4%
履歴書の作成指導	59.7%	60.2%
ハローワークが行う就職説明会のお知らせ	8.3%	8.1%
ハローワークへの訪問指示	11.1%	17.8%
面接指導	33.3%	34.6%
ジョブ・カードの作成の支援及び交付	54.9%	58.1%
職場見学、職場体験、企業実習	30.6%	37.9%
地域の雇用情勢等に関する説明（職業人講話等）	24.3%	23.8%
外部のキャリアコンサルタントによる個別相談	11.8%	9.3%
職業紹介	17.4%	16.4%

※5%水準で統計的に有意に値が大きい箇所に網かけを、小さい箇所に下線を付した。

　図表8-17に、追跡調査時点の就職状況別にみた「訓練機関で受けた就職支援、キャリアコンサルティングの効果」について図示した。図から、「既就職者」の方が「未就職者」に比べて「かなり効果があった」「やや効果があった」と回答した者が多かったことが示される（1％水準で統計的に有意）。

　図表8-18に、追跡調査時点の就職状況別にみた「訓練終了後のハローワークの支援」について図示した。図から、「既就職者」の方が「未就職者」に比べて「かなり効果があった」「やや効果があった」と回答した者が多かったことが示される（1％水準で統計的に有意）。

第8章　求職者支援制度によるキャリア支援

図表 8-17　訓練機関で受けた就職支援、キャリアコンサルティングの効果

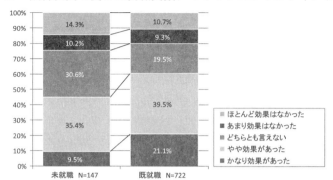

図表 8-18　訓練終了後のハローワークの就職支援

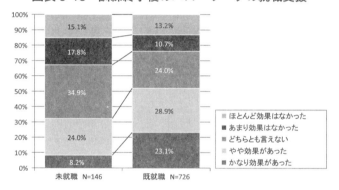

　図表 8-19 に、追跡調査時点の就職状況別にみた「求職者支援制度を利用して特に良かったと思うこと」について図示した。1％水準で統計的に有意な違いがみられたのは、「今後の仕事や生活にやる気や自信がでた」「訓練を終了したことを応募先にア

図表 8-19　求職者支援制度を利用して特に良かったと思うこと（複数回答）

	未就職 N=150	既就職 N=707
知識やスキルを十分に習得できた	63.0%	65.1%
実習や体験をすることができた	43.8%	39.6%
規則正しい生活を送れるようになった	22.6%	24.4%
今後の仕事や生活にやる気や自信がでた	21.9%	33.8%
同じような立場の人と交流できた	44.5%	49.3%
訓練を修了したことを応募先にアピールできた	19.9%	34.9%

※1％水準で統計的に有意に値が大きい箇所に網かけを付した。

ピールできた」であった。どちらも「既就職者」の方が「未就職者」に比べて良かったと回答した者が多かった。

　これらの結果を整理・集約すると、求職者支援制度を利用して就職した者は、就職していない者と比較して、①職業訓練の効果があったと回答した割合、②「個別の職業相談（キャリアコンサルティング）」が役に立ったと回答した割合が高く、③訓練機関で受けた就職支援、キャリアコンサルティングの効果についても「効果があった」と回答した割合が高かった。また、④訓練終了後のハローワークの就職支援についても「効果があった」と回答した割合が高かった。結果的に、求職者支援制度を利用して「やる気や自信がでた」「応募先にアピールできた」という点が、特に良かったと感じられていた。

　これらの結果から、求職者支援制度を利用して就職した者と就職していない者を比較した場合、就職した者にとってはおおむね求職者支援制度は効果があったと感じられていたことが指摘できる。特に、そうした効果は必ずしも職業訓練のみに感じられているのではなく、職業相談、キャリアコンサルティング、就職支援などの広い意味でのキャリアガイダンス全般についても一定の評価がなされていた。結果的に「やる気」や「自信」につながり、積極的に「アピール」することにつながったとの感想が得られていた。

　既に就職ができた者が過去を振り返って評定しており、当然ながら良い方向にバイアスがかかった結果ではあるが、逆に、就職できた者にとっては職業訓練＋キャリアガイダンスの組み合わせは、翻ってとても効果的に感じられる取り組みであったということは指摘できるかと思われる。求職者支援訓練に象徴される職業訓練＋キャリアガイダンスの効果が一定程度示されたと言えるであろう。

（1）キャリアコンサルティング、ビジネスマナーの授業が役に立った

　授業内容や訓練内容とあわせて実施されたキャリアコンサルティングおよびビジネスマナー等の授業などについても役立ったという記述がみられた。

　「キャリアコンサルティングやジョブ・カード作成・職務経歴書の書き方を教えて頂けて良かった」「キャリアコンサルティングを受けることができ、

就職活動に対してのいろいろな準備をすることができた」「キャリコンや書類の書き方など指導を受けられた事」「履歴書の書き方などをあまり知らなかったので、勉強になりました」「履歴書、職務経歴書などの応募書類の作成を学べたこと」など、キャリアコンサルティングおよびそれに伴うジョブ・カードの作成、職務経歴書・履歴書の書き方の支援が役立ったという記述がみられた。

また、「ビジネスマナー、人間力などについて再認識出来た」「ビジネスマナーが身についた」「ビジネスマナーやコミュニケーションの取り方を学べたこと」「マナー講習など」「履歴書などビジネスマナーを学べたこと」など、「ビジネスマナー」を学べたことが「良かったこと」として記述されていた。

一般に、職業訓練という観点からは、ジョブ・カード作成・職務経歴書・履歴書などの書き方といった就職活動で必要となる書類の作成の方法の学習は軽視されやすい。しかし、こうした言わば初歩的・基礎的な書類の作成は、むしろ初歩的・基礎的であるがゆえに、十分に知識がなかった者にとっては重要な学習となる。特に、求職者支援制度の利用者の中には、こうした書類の作成に十分な知識を持たない者も多く含まれると想定すべきであり、ここで「良かったこと」として挙げられたことは、今後、重視していくべきであろう。

これは「ビジネスマナー」についても同様であり、今回、「ビジネスマナー」と記述した回答者が何を「ビジネスマナー」と考えているのかには一定の留保が必要であるが、職場で働くにあたって最低限のマナーを「ビジネスマナー」と呼んでいるものと考えられ、やはり求職者支援制度の利用者の中には、こうした知識が乏しい者も多く含まれると想定される。ここに挙がった記述内容には、たぶんに重視すべき点がある。

> ◎キャリアコンサルティング、ビジネスマナーの授業が役に立った
> いろいろなサポートを受けられた。（27歳・男性・富山県）
> キャリアコンサルティング（25歳・男性・埼玉県）
> キャリアコンサルティングやジョブ・カード作成・職務経歴書の書き
>   方を教えて頂けて良かった。（38歳・女性・愛知県）

キャリアコンサルタントの人が勇気をくれた（54歳・男性・大阪府）

キャリアコンサルで、自分の長所や伸ばす所を言ってもらえた。（32歳・女性・北海道）

キャリアコンサルティングを受け、今まで自分の甘さを感じた。とても勉強になった。（39歳・女性・静岡県）

キャリアコンサルティングを受けた事（20歳・男性・岐阜県）

キャリコンや書類の書き方など指導を受けられた事（52歳・女性・東京都）

じっくり仕事の不安を聞いてくれる。（30歳・女性・岩手県）

ハローワークの担当者のきめ細かい対応で本当に助けて頂きました。（55歳・女性・福島県）

ハローワークの方々と相談できたこと。（20歳・男性・千葉県）

ビジネスマナー、人間力などについて再認識出来た（35歳・女性・大阪府）

ビジネスマナーからパソコン操作まで、はば広い授業だったこと。資格取得できたこと。（26歳・女性・山口県）

ビジネスマナーが身についた（26歳・女性・和歌山県）

ビジネスマナーやコミュニケーションの取り方を学べたこと。（29歳・女性・長崎県）

マナー講習など（34歳・男性・大阪府）

履歴書の書き方などをあまり知らなかったので、勉強になりました。（25歳・女性・岐阜県）

応募書類等の指導は大変役に立ったと思います。（38歳・女性・大阪府）

学校や、先生方が、一人一人を考えてアドバイスなどをくれた事（23歳・男性・新潟県）

求職相談ができること（27歳・男性・愛知県）

求人情報をたくさん教えてもらった（20歳・男性・鳥取県）

個別に相談が出来たこと（25歳・女性・群馬県）

資格を取得するにあたり、キャリアコンサルティング等のサポートを
受けられた点（39歳・男性・群馬県）

就職に関して、面接等の対策をして頂いて、自信がついた（35歳・
男性・熊本県）

集中して勉強することが出来て、ハローワークで週1回職業相談で
きたこと。（23歳・女性・北海道）

書類作成が準備出来たこと。規則正しい生活が送れた事。（61歳・
男性・奈良県）

職業的スキルの向上に役立ったと思います。履歴書等の書き方（内
容）が良くなりました。（46歳・男性・奈良県）

職務経歴書、添え状をそえて、企業に応募するのを初めて知り、もの
すごくたすかりました。（39歳・女性・奈良県）

正しい書類の作成法を学び、又、先生に親身になって相談に乗って頂
いた（42歳・女性・宮城県）

相談にのってくれたこと。（58歳・女性・群馬県）

面接の指導、自己アピールと、志望動機の指導（21歳・女性・埼玉
県）

面接の対応。ジョブ・カードの書き方。（17歳・男性・鹿児島県）

履歴書、職務経歴書などの応募書類の作成を学べたこと（33歳・女
性・鹿児島県）

履歴書などビジネスマナーを学べたこと（40歳・男性・埼玉県）

履歴書の自己アピールの書き方を指導してもらえた事。パソコンの使
い方を、マスターできた事。（47歳・女性・大阪府）

（2）キャリアコンサルティング、職業相談、就職支援に関すること

　求職者支援制度に対する要望としては、「キャリアコンサルティング、職
業相談、就職支援」に関するものも比較的多くみられた。一部、「キャリア
コンサルティングの時間はもう少し少なくてよいと思いました」という回答
がみられたが、大半は「キャリアコンサルティングの回数はもう少しあっ

てもよかった」「キャリアコンサルティングの時間の増加」「キャリアコンサルティングの時間を増やしてもらいたかった」のように、キャリアコンサルティングの機会の拡大を求めていた。また、その延長線上で、「個別の就職相談の時間があれば良いと思います」「個別の職業相談をもっと積極的に行ってほしいです」「個別の面談回数がもっとあればよかったと思います」のように、個別の職業相談を求める声もあった。さらにより具体的な就職支援を求める要望も記述された。例えば、「ビジネスマナーの時間を増やしてほしい」「就職サポート（情報・相談）を強化して欲しい」「職業人講話が大変役に立ち面白かったので、もう少しあればな、と思いました」「面接のやり方など」「面接の訓練をもっとしてほしい」といった記述がみられた。ビジネスマナー、情報・相談、職業人講話、面接始動など、様々なタイプの就職支援に一定にニーズがあったことがうかがえる。

◎キャリアコンサルティング、職業相談、就職支援に関すること
　キャリアコンサルティングの回数はもう少しあってもよかったかな、と思いました。（23歳・男性・宮崎県）
　キャリアコンサルティングの講師の質をあげてほしい（40歳・女性・福岡県）
　キャリアコンサルティングの時間の増加（25歳・男性・千葉県）
　キャリアコンサルティングの時間を増やしてもらいたかった。（26歳・男性・三重県）
　キャリアコンサルティングの時間はもう少し少なくてもよいと思いました。（28歳・女性・北海道）
　コミュニケーションを学ぶよりも、もっと就職に有利になることを学びたかった（23歳・男性・岡山県）
　ハローワークと、訓練先の連携が取れていればいいと思う（35歳・女性・広島県）
　ビジネスマナーの時間を増やしてほしい。（28歳・男性・福岡県）
　ビジネスマナーの授業が少なかったので、もう少し増えたらよかった。（24歳・女性・福岡県）

もっとキャリアコンサルティングを受けていろいろと情報を受けたかった。（35歳・男性・静岡県）

もっと深くキャリアコンサルをしてほしかった。（32歳・女性・北海道）

外部からのキャリコンは為になったので、もっとあれば良かったです。（27歳・女性・長野県）

関連する企業等への見学等、直接就職につながる時間がもっと多かったら良かった（36歳・男性・北海道）

関連の仕事等の内容紹介等があれば良かった。（47歳・男性・福岡県）

求人情報がたくさん欲しい。（33歳・女性・長崎県）

求人情報がもっと多くなればと思いました（61歳・男性・神奈川県）

求人情報の提供、職業紹介（33歳・女性・宮城県）

訓練校からの就職支援（54歳・女性・東京都）

訓練から就職へとスムーズに流れが出来ればと思いました。（30歳・男性・群馬県）

訓練した内容の仕事で即再就職につながるとよい（55歳・男性・愛知県）

個別の就職相談の時間があれば良いと思います（56歳・男性・大阪府）

個別の職業相談をもっと積極的に行ってほしいです。（45歳・女性・岩手県）

個別の面談回数がもっとあれば良かったと思います。（23歳・女性・福井県）

就職サポート（情報・相談）を強化して欲しい。（40歳・男性・東京都）

就職活動が欠席扱いになるのはおかしいと思った。（25歳・女性・福島県）

就職活動のお休みが頂ければ活動しやすくなると思います。（42歳・

女性・兵庫県）

就職指導の時間が足らないと感じた。（38 歳・男性・新潟県）

就職支援の授業がもっとためになる話が聞けたらうれしかったです。
（33 歳・女性・福岡県）

就職支援をもっとふんだんにした方がいいと思う。（24 歳・女性・
熊本県）

就職先をたくさん紹介して頂ければ、とてもうれしいです。（38 歳・
女性・奈良県）

就職先をもっと紹介してほしい（26 歳・女性・広島県）

職業人講話が大変役に立ち面白かったので、もう少しあればな、と思
いました。（23 歳・男性・北海道）

職業人講話は、もっと身近かつ就職に迫った内容であれば、と感じ
た。（24 歳・男性・福岡県）

職業人講話をもっと改善してほしい（41 歳・女性・福島県）

面接指導をもっとおこなった方が良いと思った。（21 歳・女性・宮
崎県）

面接のシュミレーションがほしかった。（26 歳・女性・大阪府）

面接のやり方など（26 歳・男性・東京都）

面接の訓練をもっとしてほしい。（34 歳・男性・香川県）

面接の練習の時間が多ければよかった（19 歳・男性・福岡県）

面接の練習をもう少ししたかったことです。（26 歳・女性・広島県）

　以上の結果から、「求職者支援制度を利用して良かったこと」では、キャリアコンサルティング、マナーの授業が役立ったという回答が示された。また、「求職者支援制度を利用して、もっとこうなればいいと思ったこと」については、キャリアコンサルティング、職業相談、就職支援などについても増やしてほしいとの声も寄せられた。概して言えば、自由記述においても、求職者支援訓練とあわせて実施されたキャリアコンサルティングについては肯定的な受け止め方をした者が多かったと言える。

第8章　求職者支援制度によるキャリア支援

7 本調査研究によるインプリケーション

　本調査研究による結果は極めて多岐にわたるものであり、その各々から様々な示唆を引き出すことが可能であるが、おもに理論的・政策的な観点から、以下の5点について若干のインプリケーションをとりまとめることとする。

（1）求職者支援制度利用者の属性に応じた職業訓練について

　第一に、調査結果から、求職者支援制度利用者の属性について、いくつかの類型が得られており、一つには、親と同居する正規就労経験の乏しい若年者、さらには、失業期間がやや長期にわたる独身男性、そして、正規就労経験が長く生計の担い手でもあった中高年失業者、最後に、家庭にあって復職を視野に入れた主婦という典型的な利用者像が一つの可能性として浮かび上がった。また、さらに単純化すれば、男性か女性か、生計の担い手か否かといった大括りの捉え方もできるようであった。職業訓練を提供する環境整備にあたっては多大な費用とリソースを要するのであって、軽々に訓練機会の拡大を言うことはできないものの、一方で、職業訓練の受講者にはある特定のタイプというものがあり、より学習効果の高い訓練を提供しようとした場合には、やはり各タイプにそった形での提供ということが本来、模索されて良いのだという視点は持つべきだとの示唆が得られる。例えば、自由記述欄などでもみられたとおり、職業訓練を受けるにあたって「子供が病気になった」等の子育てとの両立といった問題は、通常、重視されにくいが、受講者本人にとっては訓練継続を左右する極めて重要な事由となりやすい。また、年代や性別、学力等を無視した（無視せざるを得ない）訓練のあり方についても、利用者からは素朴に同じ教室で授業を受けることに困難を感じる旨の回答が寄せられた。短期的にというよりはむしろ長期的な検討課題となるが、言わば態様別の職業訓練といったテーマは、今後、公的な職業訓練（および就職支援）を拡大していく上で考えておきたいトピックとなる。

297

（2）制度利用前後の肯定的な変化と「基礎コース」の職業訓練について

　第二に、求職者支援制度利用の前後で生じた変化については、ほぼ有意義で肯定的な結果が得られた。すなわち、本調査研究で収集したデータのうち訓練前後で比較できるものについては、おおむね全てのデータで訓練後に向上しているという結果が得られた。職業訓練の効果は様々な面から捉えることができるが、少なくとも本研究で示したような本人の意識面での短期的な変化については、おおむね良い効果が得られるということが確認されたと言える。その他にも、この制度が個々の利用者にとって、とても有意義であり、有益であったと捉えられていることが随所で示されていたが、なかでも印象的な結果は「専ら就職に必要な基礎的な技能及びこれに関する知識を付与するための職業訓練」と位置づけられた、おもにデータ入力や基本的なパソコン操作を中心とした訓練であるいわゆる「基礎コース」に関するものである。この基礎コースの受講者は、おおむねどのような側面においても訓練前後の変化量が大きかったが、特に、職業スキルのうちヒューマンスキル、テクニカルスキル、生活リズム、就職意識面などで変化がみられた。基礎コースは、おもに就職に必要な基礎的なスキルが十分でないものを対象とした短期間の訓練であるが、それ故、受講者は、就職に関わることに関して事前に知るところが少なく、結果的に、短期間の訓練であっても一定以上の訓練効果がみられたものと推察される。これは、制度利用中の就職支援およびキャリアコンサルティングで有益であったものをたずねた調査結果にも表れており、若年不安定就労層では、履歴書の作成指導や面接指導などの就職活動における必須で基礎的な面に対する支援が役立ったと回答されていた。

（3）ソフトスキルに対する効果とスキルのアクティベーションについて

　第三に、上記と関連する結果として、本調査研究では、受講者の訓練効果が及ぶ範囲についても若干の示唆が得られた。例えば、本調査研究の結果、基礎コースの受講者を中心に、単に当該職業訓練分野の職業的なスキルのみが習得されるのではなく、広く、生活全般に関するスキル、どの職業にも共通する読み書き計算のような基礎スキル、対人コミュニケーションを含む対人スキル等も、訓練後、大きく向上していた。求職者支援制度では、職業訓

第8章　求職者支援制度によるキャリア支援

練のみを単独で提供するのみならず、就職支援（キャリア支援）とワンセットで行うことが一つの重要な特徴であるが、その効果は如実にあらわれており、制度利用そのものが、職業訓練と同時にかなりの部分、キャリアガイダンスにもなっており、制度利用者に対する有意義な就職支援・キャリア支援になりえていたことが示される。求職者支援制度が、生活保護と雇用保険の間隙を埋める第二のセーフティネットとして構想された制度趣旨からいっても、本来、より専門的で確固たる言わばハードな職業スキルに加えて、より基本的で広範にわたるソフトな基礎スキルを習得する意義は十分に強調する必要がある。そもそも、第二のセーフティネットの利用者とは、もともと現時点においては就労から一定の距離がある対象層であり、どの職業のスキルを身につけるか以前に、そもそも就労そのものに対する準備性を高める必要がある。こうした「スキルのアクティベーション」の議論は特に欧州における職業訓練の議論では関心を集める場合があるが、そうした観点から、特定のスキルを身につけることを主目的とした通常の意味での職業訓練とは別に、持てるスキルを活用するために有効な基礎的なスキルの習得の場として、改めて求職者支援制度における訓練効果を考える余地があるものと思われる。

　最後に、改めて強調すべき論点として、日本において、もともと求職者支援制度は雇用保険と生活保護の間隙を埋める第二のセーフティネットとして構想されたことを重く見るべきである。欧州の職業訓練およびキャリア支援の文献においても、この両者の組み合わせは、社会的包摂・社会的統合の一つの対策と議論されていることを本章の冒頭で述べた。なぜ欧州が、職業訓練の議論にキャリアガイダンスの議論を付加するのかについては、いくつかの捉え方がある。

　一つの捉え方は、キャリアガイダンスを適切に行うことによって、本人の資質や関心と労働市場の動向の両面を適切に考え合わせた訓練を提供することが可能となる点である。このことで職業訓練の実効はさらに上がることとなり、職業訓練に対する公的な支出はよりいっそう効果的に用いられることとなる。

299

それに加えて、もう一つの捉え方として、適切なキャリアガイダンスを提供することによって将来に向けたやる気やモチベーションを持続させ、職業訓練から脱落することなく、終了させ、就職まで文字どおりガイドする役割の重要性が認識されているという面もある。職業訓練と職業指導の関係については、この双方の領域が確立した初期の時代から議論がなされてきた。例えば、職業訓練によってハサミの使い方を覚え、職業指導によってハサミをいかに用いるかが導かれるといった比喩も古い時代からある。この古い例えを例に出すまでもなく、両者には当然に相乗効果が考えられるのであり、機会があれば、求職者支援訓練をモデルとした職業訓練とキャリアガイダンスの組み合わせによるキャリア支援の方向をよりいっそう拡大し、拡張して、展開する方向を模索すべきであろう。

【参考文献】　※アルファベット順

CEDEFOP（2011a）．Guidance policies in the knowledge society: Trends, challenges and responses across Europe: a Cedefop synthesis report. CEDEFOP.

CEDEFOP（2011b）．Career guidance in the Mediterranean region: Comparative analyses. CEDEFOP.

CEDEFOP（2011c）．Career development at work: A review of career guidance to support people in employment. CEDEFOP.

ELGPN（2012）．European lifelong guidance policies: Progress Report 2011-2012. ELGPN.

OECD（2003）．Education policy analysis 2003 Edition. OECD.

OECD（2004）．Career guidance and public policy: Bridging the gap. OECD.

OECD（2010）．Learning for jobs. OECD.（岩田克彦・上西充子　2012　若者の能力開発—働くために学ぶ　明石書店）．

Watts, A. G.（2009）．The Relationship of career guidance to VET. OECD.

第9章　外部労働市場におけるキャリアコンサルティング

1　外部労働市場におけるキャリアコンサルティングに関する問題意識

　本章では、外部労働市場におけるキャリアコンサルティングの位置づけおよび機能について検討を行う。

　従来、労働行政において展開してきたキャリアコンサルティング制度は、企業内での普及・展開・発展を重視してきた。例えば、キャリアコンサルティング制度が創設された2000年代前半には、既に、厚生労働省が委託した「キャリア・コンサルティング研究会」によって2005年および2006年と2年続きで「キャリア・コンサルティング導入・展開事例に係る調査研究」に関する報告書を発表し、企業への導入・展開事例を紹介している。その後も継続的に企業内でのキャリアコンサルティングの普及促進が図られ、最近では、厚生労働省能力開発局（2014）「キャリア・コンサルティング研究会―企業経営からみたキャリア・コンサルティングの意義や効果に関する好事例収集に係る調査研究」報告書が発刊され、あわせて企業内でのキャリアコンサルティング実施の具体的な施策として「セルフ・キャリアドック」事業の取り組みも開始されている。

　一方で、こうした企業内でのキャリアコンサルティングに対する問題意識と比較した場合、外部労働市場におけるキャリアコンサルティングは、従来、限定的な関心しか払われてこなかった。おおむね公的な職業サービス機関の窓口において綿密な対応を要する求職者に一定の相談支援サービスを提供する担い手としてキャリアコンサルティング関連の有資格者が対応にあたることが中心であった。その他、一部、民間の職業紹介機関および労働者派遣事業を営む者等の民間需給調整機関によって、限られた範囲でキャリアコンサルティングは提供されるものと理解されてきた。

　しかしながら、本来、キャリアコンサルティングが第7次職業能力基本計

画において「労働市場の五つのインフラ整備」の一環として構想されたとおり、本来、外部労働市場においても重要な役割や機能を果たすべきものとして期待されていた。その背景には、例えば第7次計画が次のように述べる問題意識がある。「技術革新の急速な進展、産業構造の変化や就業意識の多様化等に伴い、労働移動が活発化するとともに、今後も、我が国の経済の需要構造の急速な変化に伴い、求められる職業能力の内容は変化し続けるものと見込まれる。こうした中で、労働力需給における職業能力のミスマッチの解消や、更なる雇用の安定・拡大を図るためには、労働者や事業主が適切な職業能力開発を行い、職業能力に応じた雇用の機会の確保や円滑な再就職が可能となるよう、労働市場を整備することが不可欠である」。すなわち、大きなキャリア環境の変化に伴って、適切な職業能力開発、その職業能力に応じた雇用の機会の確保を可能とすべく労働市場の基盤整備が必要であると考えられた。その一環としてのキャリア形成支援システムの整備であり、その中核的担い手としてのキャリアコンサルタントであったと言えよう。

　そこで、本章では、改めて外部労働市場においてキャリアコンサルティングがどのように位置づくのか、それは量的に多いのか少ないのか。また、外部労働市場におけるキャリアコンサルティングは役だっているのか、どのような変化をもたらしているのか。さらには外部労働市場のキャリアコンサルティングには目下、どのような課題や問題が考えられるのかといった外部労働市場におけるキャリアコンサルティングの問題を検討することを目的とする。

　その際、検討にあたって、労働政策研究・研修機構（2017）『キャリアコンサルティングの実態、効果および潜在的ニーズ─相談経験者1,117名等の調査結果より』（労働政策研究報告書No.191）で収集したデータを用いる。このデータは、キャリアコンサルティング経験者とキャリアコンサルティング未経験者に幅広く調査を実施し、両者を比較検討することによってキャリアコンサルティング経験の効果を明確に示すことを狙いとした調査によるものである。この調査では、20代前半・20代後半・30代前半・30代後半・40代前半・40代後半・50代前半・50代後半×男性・女性の16セルを設定し、各セルに400〜900名を割り付けて、総計約9,950名に調査に回答を求めた。最終的にキャリアコンサルティング経験者1,117名およびキャリアコンサル

ティング未経験者 8,833 名の回答を収集した。

　以下、本章では、このデータから、外部労働市場におけるキャリアコンサルティング（おもに転職など）に関連の深い結果を示す。

2 キャリアコンサルティング経験の有無による現在の状況の違い

　キャリアコンサルティングを過去に経験したことがある者に、どのような内容の相談をしたかをたずねた結果、図表 9-1 に示したとおり、最も多い相談内容は「転職」（53.8％）であった。この傾向は、性別、現在の雇用形態・職業・勤務先の従業員数・役職で変わらず、過去にキャリアコンサルティングを経験したことがある者のうち、おおむね 5～6 割の者が「転職」の相談をしていた。

　若干、違いがみられるのは、年齢による傾向であった。図表 9-2 に主だった相談内容の年代別の推移を示したが、図に示されるとおり、キャリアコンサルティングを経験したことがある 20 代前半の者はおもに就職活動の相談をしていた。20 代後半から 50 代後半にかけては、おおむね 50％以上、約半数が「転職」の相談をしていたことが示される。ただし、最も多いのは 30 代であり、この年代の相談内容が「転職」である割合は 6 割を超える。

　結果的に、キャリアコンサルティング経験がある者とない者を比較した場合、キャリアコンサルティングの経験がある者は転職回数が多い。図表 9-3 に示したとおり、キャリアコンサルティング経験がある者の転職回数が「0 回」である割合は 28.1％であり、

図表 9-1　キャリアコンサルティングの相談内容

転職	53.8%
仕事内容	35.3%
自分の職業の向き不向き	24.8%
賃金や処遇	22.0%
モチベーション・アップ	18.3%
職業能力の開発・能力アップ	16.5%
学生時代の就職活動	14.9%
将来のキャリア計画	14.8%
職場の上司との人間関係	13.5%
残業や労働負荷	11.2%
（学生時代以外の）就職活動、求職活動	10.8%
精神面の病気・不調	10.7%
資格取得	10.0%
職場の同僚との人間関係	8.8%
配置転換・出向・転籍	6.0%
昇進・昇格	4.5%
職場の部下との人間関係	4.2%
結婚・出産・育児	3.9%
会社の倒産・リストラ	3.8%
その他の病気・入院	3.4%
その他の個人的な深刻な悩み	3.3%
職場外の人との人間関係	3.0%
定年後の就職、仕事	2.8%
人間関係以外の仕事上のトラブル	2.6%
進学・留学など	2.5%
家族の介護	2.5%
その他（職業選択）	1.3%
その他（労働条件）	0.4%
その他（個人的なこと）	0.4%
その他（能力開発）	0.2%
その他（人間関係のトラブル）	0.2%

図表 9-2 年齢別のキャリアコンサルティングの相談内容③(複数回答)

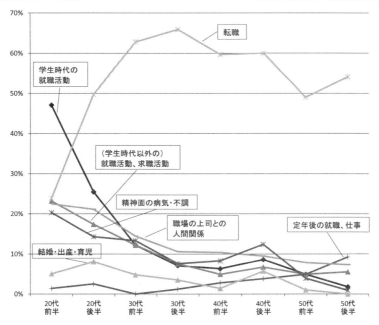

図表 9-3 キャリアコンサルティング経験の有無別の転職回数

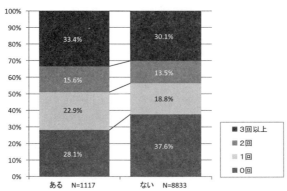

キャリアコンサルティング経験がない者で37.6％であるのと比較して少ない。キャリアコンサルティング経験のある者は少なくとも1回以上は転職の経験がある者が多く含まれているのが実情であると言える。

また、過去にキャリアコンサルティングを経験した者は、相談をしたことで総じて良い変化があったと回答していた。図表9-4には、「相談したことでキャリアや職業生活は変化したか」という設問に対する回答を示した。「変化した」（65.1％）、「変化しなかった」（34.9％）で、約2/3の回答者が何らかの形で相談後に変化があったと回答した。

なお、この設問の追加質問では、具体的にどのように変化したかについて回答を求めた。その結果、「将来のことがはっきりした」（40.0％）が最も多かったが、「就職できた」（28.1％）、「仕事を変わった、転職した」（27.6％）も多く、約1/4が転職ができたことを、良い変化だったと回答していた。

なお、この調査では、相談したことによる賃金の変化および労働時間の変化もたずねた。図表9-5に示したとおり、大半は「変わらない」という回答で6〜7割を占めており、「高くなった」と回答した者は約15％であった。

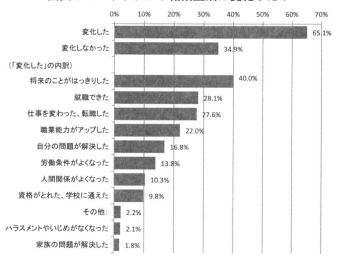

図表9-4 キャリアや職業生活は変化したか

図表 9-5　相談による賃金の変化（左）、労働時間の変化（右）

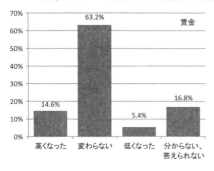
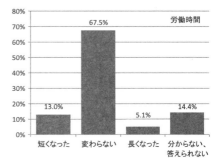

「低くなった」と回答した者よりは多かったが、事実上、相談したことによる賃金や労働時間の変化はおおむね無かったと解釈される。

ただし、賃金が「高くなった」と回答した者に、さらに「だいたいどのくらい賃金はアップしましたか」という質問を行い、月額何千円ぐらいかを回答してもらった結果、平均値は 65,200 円、中央値は 30,000 円で、数万円単位の上昇があったという回答がみられており、相談の結果、収入はある程度、高くなる場合があると言える。

また、図表 9-6 には、相談による賃金の変化を相談内容別に検討した結果を示した。相談による賃金の変化が「高くなった」と回答した割合が他と比べて統計的に有意に多かったのは「転職」と「賃金や処遇」であった。

ここまで外部労働市場においてキャリアコンサルティングおよびキャリアコンサルタントが果たしている役割や機能に関する結果を、おもに「転職」に関する相談という視点から集約して示した。

おもにキャリアコンサルティングにおける「転職」は、30代を中心に各年代に広がりを見せる最も多い相談内容であり、相談したことで、総じて良い変化があったと感じられる相談内容であることが示される。外部労働市場におけるキャリアコンサルティングは、相談を持ちかけるクライエント本人の観点からは、自らのキャリア形成や能力開発を考える上で重要な出来事である「転職」である。その転職を取り扱うキャリアコンサルティングが一般に想定される以上に広くなされているということを、ここまでの結果から確認することができるであろう。

第9章　外部労働市場におけるキャリアコンサルティング

図表9-6　相談内容別の「賃金の変化」

	高くなった	変わらない	低くなった	分からない、答えられない
学生時代の就職活動 N=166	7.8%	59.6%	1.2%	31.3%
(学生時代以外の)就職活動、求職活動 N=121	12.4%	58.7%	5.0%	24.0%
転職 N=601	21.6%	56.7%	7.5%	14.1%
会社の倒産・リストラ N=42	9.5%	57.1%	7.1%	26.2%
定年後の就職、仕事 N=31	16.1%	67.7%	3.2%	12.9%
その他（職業選択） N=14	21.4%	64.3%	14.3%	0.0%
自分の職業の向き不向き N=277	13.7%	62.1%	5.4%	18.8%
モチベーション・アップ N=204	18.6%	66.7%	5.4%	9.3%
職業能力の開発・能力アップ N=184	13.0%	70.7%	4.9%	11.4%
資格取得 N=112	19.6%	63.4%	1.8%	15.2%
進学・留学など N=28	10.7%	57.1%	0.0%	32.1%
将来のキャリア計画 N=165	20.0%	61.2%	7.9%	10.9%
仕事内容 N=394	16.8%	60.7%	6.6%	16.0%
賃金や処遇 N=246	21.5%	58.9%	7.3%	12.2%
残業や労働負荷 N=125	20.0%	60.8%	8.8%	10.4%
配置転換・出向・転籍 N=67	9.0%	73.1%	7.5%	10.4%
昇進・昇格 N=50	24.0%	56.0%	8.0%	12.0%
職場の同僚との人間関係 N=98	15.3%	73.5%	4.1%	7.1%
職場の上司との人間関係 N=151	12.6%	72.2%	6.0%	9.3%
職場の部下との人間関係 N=47	12.8%	72.3%	2.1%	12.8%
職場外の人との人間関係 N=33	9.1%	69.7%	3.0%	18.2%
人間関係以外の仕事上のトラブル N=29	10.3%	69.0%	6.9%	13.8%
精神面の病気・不調 N=119	12.6%	73.9%	3.4%	10.1%
その他の病気・入院 N=38	10.5%	71.1%	2.6%	15.8%
家族の介護 N=28	14.3%	71.4%	0.0%	14.3%
結婚・出産・育児 N=44	13.6%	70.5%	4.5%	11.4%
その他の個人的な深刻な悩み N=37	8.1%	59.5%	8.1%	24.3%

※1%水準で統計的に有意に値が大きい箇所に網かけ、統計的に有意に値が小さい箇所に
　下線を付した。なお、Nの数によって違いがあるため、単純に％の値が大きい箇所が統計
　的に有意にならない。N=5以下の相談内容については割愛した。

3　キャリアコンサルティング未経験者の相談ニーズと転職

　なお、前節の結果は、実際にキャリアコンサルティングの経験がある者だけに限定されず、未だキャリアコンサルティングの経験はないが仮に相談をするとすれば、どのような内容を相談したいかといった、キャリアコンサルティング未経験者のニーズという面でも見られた。

　例えば、図表9-7には、キャリアコンサルティング未経験者が相談したい内容を年齢別に表に示した。基本的に年齢にかかわらず、概して「転職」について相談したいとの回答が多かった。表で、最も多いのは「賃金や処遇について」で28％、次いで「転職」で約25％となっている。

307

図表 9-7　年齢×キャリアコンサルティング未経験者が相談したい内容

	20代前半 N=662	20代後半 N=939	30代前半 N=1012	30代後半 N=1230	40代前半 N=1356	40代後半 N=1295	50代前半 N=1198	50代後半 N=1141	合計
学生時代の就職活動	12.1%	12.7%	8.4%	7.1%	5.5%	3.3%	3.1%	2.4%	6.2%
(学生時代以外の)就職活動、求職活動	9.4%	8.0%	5.9%	5.0%	3.2%	2.2%	1.9%	1.1%	4.1%
進学・留学など	5.4%	4.7%	4.0%	3.9%	2.6%	1.7%	1.8%	0.7%	2.9%
転職	32.9%	39.5%	31.9%	30.9%	25.1%	19.5%	14.8%	11.1%	24.8%
会社の倒産・リストラについて	4.8%	3.9%	4.4%	6.4%	6.8%	5.6%	3.4%	3.7%	5.0%
定年後の就職、仕事について	8.8%	8.3%	12.8%	16.3%	17.8%	21.5%	29.5%	35.4%	19.7%
その他(職業選択)	0.9%	1.0%	1.0%	0.7%	1.1%	1.9%	2.1%	2.2%	1.4%
自分の職業の向き不向き	35.6%	31.9%	30.0%	25.2%	20.2%	16.1%	10.8%	7.6%	20.9%
モチベーションの低下	20.2%	20.7%	18.0%	17.3%	15.9%	12.4%	10.8%	9.3%	15.1%
職業能力の開発・能力アップ	18.6%	20.4%	20.5%	22.0%	17.4%	13.7%	12.1%	5.8%	16.0%
資格取得	23.3%	22.2%	21.0%	19.5%	15.7%	11.7%	9.7%	7.8%	15.7%
将来の職業生活設計	18.7%	17.8%	19.0%	18.6%	16.6%	12.7%	11.9%	13.9%	15.9%
その他(能力開発)	0.2%	0.3%	0.7%	0.3%	0.5%	0.8%	1.6%	1.7%	0.8%
仕事内容について	28.7%	25.6%	24.5%	22.6%	19.2%	17.1%	15.8%	13.4%	20.2%
賃金や処遇について	34.0%	29.4%	33.9%	31.7%	28.2%	23.6%	25.5%	21.5%	28.0%
残業や労働負荷について	21.5%	16.7%	15.9%	15.5%	12.8%	9.2%	8.8%	8.3%	12.7%
配置転換・出向・転籍について	6.6%	6.8%	6.5%	9.0%	6.6%	6.0%	5.1%	4.0%	6.3%
昇進について	8.0%	6.3%	9.2%	8.8%	6.2%	5.5%	4.8%	3.0%	6.3%
その他(労働条件)	0.3%	0.5%	0.8%	0.7%	1.1%	1.7%	2.5%	2.4%	1.3%
職場の同僚との人間関係	17.8%	15.5%	13.8%	15.8%	14.6%	13.6%	12.8%	10.8%	14.1%
職場の上司との人間関係	24.8%	21.1%	16.9%	19.5%	17.1%	15.4%	12.9%	11.0%	16.8%
職場の部下との人間関係	6.8%	5.9%	6.5%	8.1%	7.2%	7.1%	5.8%	4.9%	6.6%
職場外の人との人間関係	7.6%	4.7%	4.4%	6.2%	4.4%	3.9%	4.3%	4.0%	4.8%
人間関係以外の仕事上のトラブル	8.0%	5.5%	4.9%	5.0%	7.8%	6.3%	6.6%	6.4%	6.3%
その他(人間関係のトラブル)	0.5%	0.3%	0.6%	0.4%	0.9%	1.0%	2.3%	1.9%	1.0%
精神面の病気・不調	19.2%	18.7%	15.1%	14.1%	15.1%	11.6%	10.1%	8.1%	13.6%
その他の病気・入院	5.7%	5.1%	5.3%	6.3%	6.3%	6.9%	7.9%	8.1%	6.6%
家族の介護	4.1%	4.0%	5.0%	6.7%	6.6%	8.0%	10.9%	12.2%	7.5%
結婚・出産・育児	17.5%	18.4%	16.2%	11.5%	5.2%	2.4%	1.4%	1.0%	8.2%
その他の個人的な深刻な悩み	7.6%	6.1%	6.0%	8.0%	8.8%	9.7%	7.3%	9.5%	8.0%
その他(個人的なこと)	1.2%	1.5%	1.8%	1.4%	2.2%	3.1%	4.0%	4.4%	2.5%

※1%水準で統計的に有意に値が大きい箇所に網かけを、値が小さい箇所に下線を付した。

　ただし、年齢別でみると、やはり 30 歳を間にはさんで 20 代・30 代の相談ニーズが高いことが示される。20 代・30 代のどの年代でも 30 ％を超えており、20 代後半では「転職」について相談したいという回答は 4 割に達している。

　そして、図表 9-8 には、キャリアコンサルティング未経験者の相談ニーズの強さと相談したい内容の表を掲載した。強く「相談したい」というニーズを持つ者は、特に「転職」について相談したいと回答する割合が高かった。表から「相談したい」「どちらかと言えば、相談したい」と回答した者の約半数前後が「転職」について相談したいと回答していたことが分かる。特に「転職」こそが、相談ニーズが強い者が相談したいと考える内容であると言える。

308

第9章　外部労働市場におけるキャリアコンサルティング

図表9-8　相談ニーズ×キャリアコンサルティング未経験者が相談したい内容

	相談したい N=444	どちらかと言えば、相談したい N=1230	どちらとも言えない N=2918	どちらかと言えば、相談したくない N=1229	相談したくない N=3012	合計
学生時代の就職活動	11.3%	8.4%	6.2%	6.3%	4.7%	6.2%
(学生時代以外の)就職活動、求職活動	7.9%	9.4%	4.7%	2.8%	1.4%	4.1%
進学・留学など	4.7%	5.0%	2.9%	3.2%	1.6%	2.9%
転職	51.1%	45.8%	26.3%	20.3%	12.7%	24.8%
会社の倒産・リストラについて	7.9%	8.1%	6.0%	3.6%	2.9%	5.0%
定年後の就職、仕事について	15.1%	21.8%	21.6%	20.6%	17.4%	19.7%
その他(職業選択)	0.7%	0.2%	0.4%	1.4%	2.8%	1.4%
自分の職業の向き不向き	44.8%	38.2%	23.4%	16.9%	9.6%	20.9%
モチベーションの低下	29.7%	28.5%	15.9%	12.0%	7.9%	15.1%
職業能力の開発・能力アップ	35.1%	28.8%	18.6%	13.1%	6.7%	16.0%
資格取得	30.6%	25.3%	16.7%	15.0%	8.8%	15.7%
将来の職業生活設計	30.4%	27.5%	16.3%	15.1%	8.9%	15.9%
その他(能力開発)	0.0%	0.0%	0.2%	0.7%	1.8%	0.8%
仕事内容について	40.3%	36.0%	21.8%	14.5%	11.4%	20.2%
賃金や処遇について	43.2%	43.4%	31.3%	25.0%	17.5%	28.0%
残業や労働負荷について	29.5%	22.4%	13.9%	10.0%	6.1%	12.7%
配置転換・出向・転籍について	16.0%	11.2%	6.4%	5.5%	3.2%	6.3%
昇進について	14.4%	10.0%	6.1%	5.0%	4.4%	6.3%
その他(労働条件)	0.2%	0.5%	0.5%	1.1%	2.8%	1.3%
職場の同僚との人間関係	27.3%	23.7%	14.4%	12.9%	8.5%	14.1%
職場の上司との人間関係	36.9%	30.8%	17.3%	14.6%	8.5%	16.8%
職場の部下との人間関係	12.2%	10.5%	7.2%	5.4%	4.1%	6.6%
職場外の人との人間関係	7.9%	8.0%	4.3%	4.9%	3.5%	4.8%
人間関係以外の仕事上のトラブル	8.1%	8.3%	5.3%	5.6%	6.5%	6.3%
その他(人間関係のトラブル)	0.0%	0.2%	0.5%	0.9%	2.1%	1.0%
精神面の病気・不調	32.2%	22.1%	13.2%	9.8%	9.2%	13.6%
その他の病気・入院	10.4%	8.9%	6.8%	6.3%	4.9%	6.6%
家族の介護	7.0%	8.9%	7.9%	7.5%	6.6%	7.5%
結婚・出産・育児	14.4%	13.7%	7.7%	7.4%	5.8%	8.2%
その他の個人的な深刻な悩み	9.5%	7.2%	6.5%	7.4%	9.8%	8.0%
その他(個人的なこと)	0.0%	0.3%	1.0%	2.0%	5.5%	2.5%

※「家族の介護」を除く全項目で1%水準で統計的に有意。30%以上の値を示した箇所に網かけを付した。

4 転職のキャリアコンサルティングと意識

　転職に関するキャリアコンサルティングは、結果的に、本人の意識面とも強く関連していることがうかがえる結果が多くみられた。

　まず、図表9-9には、キャリアコンサルティング経験の有無別に自らの職業経験に対する意識をたずねた回答結果を示した。図から、キャリアコンサルティング経験ありでは経験なしに比べて「特定の分野・業種・業界でいろいろな仕事をたくさん経験してきている」が多く、「わからない」が少なかっ

309

図表 9-9　キャリアコンサルティング経験の有無別の職業経験

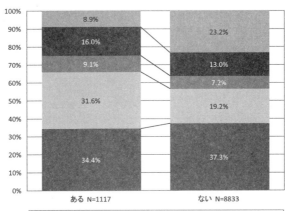

た。一方で、キャリアコンサルティング経験なしは経験ありに比べて「わからない」が多く、「特定の分野・業種・業界でいろいろな仕事をたくさん経験してきている」が少なかった。この結果から、キャリアコンサルティング経験者の方が「いろいろな仕事」を経験してきたという意識が強いことがうかがえる。

また、図表 9-10 には、キャリアコンサルティング経験の有無別に生涯を通じたキャリア計画に対する考え方を示した。キャリアコンサルティング経験ありでは、「自分でキャリア計画を考えていきたい」「どちらかといえば、自分でキャリア計画を考えていきたい」が多かった。一方、キャリアコンサルティング経験なしでは「わからない」が多かった。

さらに図表 9-11 には、キャリアコンサルティング経験の有無別に「職業能力が他社で通用するか否か」に対する考え方を示した。概してキャリアコンサルティング経験ありでは「通用する」が多かった。具体的には、キャリアコンサルティング経験ありでは「通用すると思う」が 2 割、「ある程度通用すると思う」5 割であった。一方で、キャリアコンサルティング経験なしでは「通用すると思う」が 1 割、「ある程度通用すると思う」が 4 割であった。

310

図表 9-10 キャリアコンサルティング経験の有無別の生涯を通じたキャリア計画

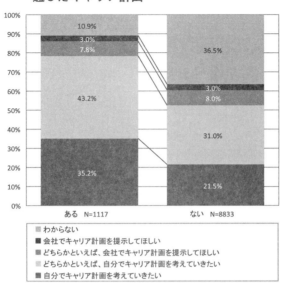

図表 9-11 キャリアコンサルティング経験の有無別の「職業能力が他社で通用するか否か」

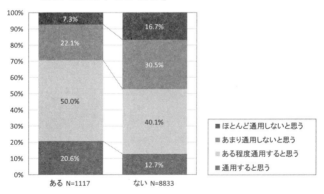

　図表 9-12 には、キャリアコンサルティング経験の有無別に、職業能力を習得・獲得するために何が必要かに対する回答を示した。キャリアコンサルティング経験ありは経験なしに比べて「自発的な能力向上のための取組みを

311

図表 9-12　キャリアコンサルティング経験の有無別の職業能力習得の必要性

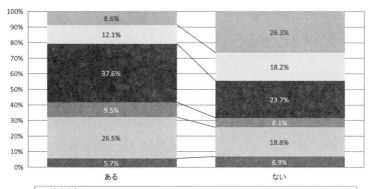

行うことが必要」が4割弱、「通常の業務をこなしていくことで必要な能力が身につく」が3割弱と比較的、回答が多かった。一方、キャリアコンサルティング経験なしは経験ありに比べて「わからない」が3割弱、「今後、どのような職業人生にするか決めかねている」が2割弱であった。

　このようにキャリアコンサルティングの経験と、調査時点での意識には明確な関連性がみられるが、その多くは、外部労働市場を通じての労働移動とも関わる意識であることがうかがえる。

　具体的には、キャリアコンサルティング経験のある者は、いろいろな仕事をたくさん経験しているという意識を持ち、自分でキャリア計画を考えたいと思っており、自分の職業能力が他社で通用すると考え、自発的な職業能力向上の取り組みを行うことが必要であると考えている。自らのキャリアや職業を自律的・自覚的に考えたいという意識があり、それゆえ、自分でキャリア計画を立て、いろいろな仕事を経験し、他社でも通用する職業能力を身に付けることに意識が向いている。そうした意識との関わりで、キャリアコンサルティングの経験もあり、それによって、キャリアに対する意識はよりいっそう強まっているということを推測される結果となっていた。

第9章　外部労働市場におけるキャリアコンサルティング

5　キャリアコンサルティングの相談場所・機関、担当者

　外部労働市場におけるキャリアコンサルティング、特に「転職」のキャリアコンサルティングに焦点を絞ってみた場合、その相談がどのような場所・機関で行われているかについても特徴がみられた。

　例えば、図表9-13には、キャリアコンサルティングを経験して「どのように変化したか」を相談場所・機関別に示した。その中で「仕事を変わった、転職した」という列に着目すると、この点で変化があったと回答した者が「企業外」では統計的に有意に多いことが示されている。

　これは、図表9-14に示した転職回数×相談場所・機関の表でも同様であり、転職経験がある回答者は、約半数前後が「企業外」でキャリアコンサルティングを経験していた。転職経験が「0回」の者で「企業外」でキャリアコンサルティング経験者は3割しかおらず、明らかに転職経験のある者は企業の外で相談を経験していたことが分かる。

図表9-13　相談場所・機関別の「どのように変化したか」

	将来のことがはっきりした	職業能力がアップした	資格がとれた、学校に通えた	就職できた	労働条件がよくなった	仕事を変わった、転職した	人間関係がよくなった	ハラスメントやいじめがなくなった	自分の問題が解決した	家族の問題が解決した
企業内（人事部）　N=88	50.0%	35.2%	9.1%	14.8%	19.3%	8.0%	19.3%	5.7%	12.5%	0.0%
企業内（人事部以外）　N=59	44.1%	35.6%	15.3%	13.6%	23.7%	22.0%	23.7%	1.7%	18.6%	1.7%
企業外 N=339	36.6%	20.4%	7.7%	25.4%	16.5%	36.3%	8.6%	1.8%	16.8%	1.8%
学校 N=72	56.9%	16.7%	5.6%	41.7%	4.2%	6.9%	8.3%	0.0%	25.0%	1.4%
公的機関 N=157	32.5%	15.3%	14.6%	42.0%	5.7%	31.2%	5.1%	1.9%	14.0%	2.5%
その他 N=12	41.7%	25.0%	8.3%	8.3%	8.3%	33.3%	8.3%	0.0%	25.0%	8.3%

・「企業外」は「民間人材サービス機関、再就職支援会社、キャリアコンサルティングサービス機関等」を含む。「学校」は「高校・大学、専門学校、各種学校その他」を含む。「公的機関」は「ハローワーク、その他の就労支援機関」を含む。
・統計的に有意に値が大きい箇所に網かけを、有意に小さい箇所に下線を付した。

図表9-14　転職回数×相談場所・機関

	0回 N=314	1回 N=256	2回 N=174	3回以上 N=373	計
企業内（人事部）	22.0%	9.4%	10.9%	7.5%	12.5%
企業内（人事部以外）	13.7%	8.2%	9.2%	4.8%	8.8%
企業外	31.8%	53.9%	46.0%	47.5%	44.3%
学校	20.1%	7.8%	5.2%	4.0%	9.6%
公的機関	10.5%	20.3%	28.2%	33.8%	23.3%
その他	1.9%	0.4%	0.6%	2.4%	1.5%
計	100.0%	100.0%	100.0%	100.0%	100.0%

※1%水準で統計的に有意に値が大きい箇所に網かけを、値が小さい箇所に下線を付した。

また、別の角度から、図表9-15には相談場所・機関別のキャリアコンサルティングの相談内容を示した。ここでも「転職」の相談をした者はその7割が「企業外」でキャリアコンサルティングを経験していたことが分かる。

　さらに、図表9-16には、相談担当者別のキャリアコンサルティングの相談内容を示した。相談機関・場所と相談担当者は関連が深いため、相談担当者と相談内容にも対応関係がみられる。具体的には「転職」の相談は「キャリアに関する相談の専門家」が担当することが6割強と、他に比べて統計的に有意に多かった。以下、「キャリア以外に関する相談の専門家」が「転職」

図表 9-15　相談場所・機関別のキャリアコンサルティングの相談内容（複数回答）

	企業内（人事部）N=140	企業内（人事部以外）N=98	企業外 N=495	学校 N=107	公的機関 N=260	その他 N=17	全体
学生時代の就職活動	15.0%	16.3%	5.1%	79.4%	7.3%	0.0%	14.9%
（学生時代以外の）就職活動、求職活動	11.4%	9.2%	6.3%	14.0%	19.2%	0.0%	10.8%
転職	27.9%	26.5%	73.3%	9.3%	58.1%	70.6%	53.8%
会社の倒産・リストラ	5.7%	2.0%	4.2%	0.0%	4.2%	0.0%	3.8%
定年後の就職、仕事	6.4%	3.1%	2.6%	0.9%	1.9%	0.0%	2.8%
その他（職業選択）	0.7%	2.0%	0.4%	0.0%	2.7%	11.8%	1.3%
自分の職業の向き不向き	21.4%	20.4%	21.6%	29.0%	32.7%	23.5%	24.8%
モチベーション・アップ	29.3%	32.7%	16.6%	15.9%	10.8%	23.5%	18.3%
職業能力の開発・能力アップ	17.9%	24.5%	14.5%	13.1%	17.7%	17.6%	16.5%
資格取得	10.0%	9.2%	7.7%	11.2%	15.0%	0.0%	10.0%
進学・留学など	2.1%	1.0%	1.8%	8.4%	1.9%	5.9%	2.5%
将来のキャリア計画	12.9%	12.2%	15.8%	23.4%	11.5%	11.8%	14.8%
その他（能力開発）	0.0%	0.0%	0.0%	0.0%	0.8%	0.0%	0.2%
仕事内容	31.4%	29.6%	33.1%	34.6%	43.8%	35.3%	35.3%
賃金や処遇	15.0%	17.3%	25.5%	14.0%	24.6%	17.6%	22.0%
残業や労働負荷	12.1%	17.3%	10.3%	13.1%	9.6%	5.9%	11.2%
配置転換・出向・転籍	8.6%	17.3%	4.4%	4.7%	3.5%	11.8%	6.0%
昇進・昇格	7.1%	6.1%	4.6%	3.7%	2.7%	0.0%	4.5%
その他（労働条件）	0.0%	1.0%	0.2%	0.0%	0.8%	5.9%	0.4%
職場の同僚との人間関係	19.3%	14.3%	5.9%	7.5%	7.3%	5.9%	8.8%
職場の上司との人間関係	19.3%	22.4%	10.9%	11.2%	12.7%	17.6%	13.5%
職場の部下との人間関係	5.7%	9.2%	3.6%	3.7%	3.1%	0.0%	4.2%
職場外の人との人間関係	5.7%	8.2%	1.2%	3.7%	2.3%	5.9%	3.0%
人間関係以外の仕事上のトラブル	1.4%	4.1%	1.6%	5.6%	2.7%	11.8%	2.6%
その他（人間関係のトラブル）	0.0%	1.0%	0.0%	0.0%	0.4%	0.0%	0.2%
精神面の病気・不調	15.0%	17.3%	6.3%	12.1%	13.1%	17.6%	10.7%
その他の病気・入院	6.4%	4.1%	2.6%	3.7%	3.1%	0.0%	3.4%
家族の介護	5.0%	4.1%	1.8%	0.9%	2.7%	0.0%	2.5%
結婚・出産・育児	3.6%	5.1%	3.8%	2.8%	4.6%	0.0%	3.9%
その他の個人的な深刻な悩み	1.4%	1.0%	1.8%	8.4%	5.0%	17.6%	3.3%
その他（個人的なこと）	0.0%	0.0%	0.0%	0.0%	0.8%	11.8%	0.4%

※1%水準で統計的に有意に値が大きい箇所に網かけを、値が小さい箇所に下線を付した。

第9章　外部労働市場におけるキャリアコンサルティング

の相談に乗る割合は4割、「その他の関連する担当者」では3割となっており、明らかに「転職」の相談と「キャリアに関する相談の専門家」には関連が深いことが示される。

　本節の結果をまとめると、「転職」のキャリアコンサルティングに焦点を絞った場合、おおむね企業外にいるキャリアに関する相談の専門家、すなわち、企業外のキャリアコンサルタントがおもに相談にあたっていることが明らかになる。要するに、外部労働市場において転職の相談に乗る重要な担い

図表9-16　相談担当者別のキャリアコンサルティングの相談内容（複数回答）

	キャリアに関する相談の専門家 N=683	キャリア以外に関する相談の専門家 N=196	その他の関連する担当者 N=214	その他 N=24	全体
学生時代の就職活動	10.5%	12.8%	31.8%	4.2%	14.9%
（学生時代以外の）就職活動、求職活動	9.4%	13.3%	14.5%	0.0%	10.8%
転職	63.7%	42.3%	32.7%	54.2%	53.8%
会社の倒産・リストラ	4.2%	5.1%	1.4%	0.0%	3.8%
定年後の就職、仕事	2.6%	3.6%	2.8%	0.0%	2.8%
その他（職業選択）	0.4%	3.1%	1.4%	8.3%	1.3%
自分の職業の向き不向き	25.3%	24.0%	24.3%	20.8%	24.8%
モチベーション・アップ	17.3%	24.0%	16.4%	16.7%	18.3%
職業能力の開発・能力アップ	16.4%	18.4%	14.0%	25.0%	16.5%
資格取得	9.5%	11.7%	10.7%	4.2%	10.0%
進学・留学など	1.8%	4.1%	3.3%	4.2%	2.5%
将来のキャリア計画	16.4%	8.7%	15.0%	16.7%	14.8%
その他（能力開発）	0.0%	0.5%	0.5%	0.0%	0.2%
仕事内容	36.5%	35.7%	31.3%	33.3%	35.3%
賃金や処遇	23.1%	19.4%	19.6%	33.3%	22.0%
残業や労働負荷	9.8%	16.3%	10.7%	12.5%	11.2%
配置転換・出向・転籍	5.3%	6.1%	7.0%	16.7%	6.0%
昇進・昇格	4.1%	3.6%	6.1%	8.3%	4.5%
その他（労働条件）	0.1%	0.5%	0.9%	4.2%	0.4%
職場の同僚との人間関係	7.6%	12.8%	9.3%	4.2%	8.8%
職場の上司との人間関係	12.4%	19.4%	11.7%	12.5%	13.5%
職場の部下との人間関係	3.2%	8.2%	4.2%	0.0%	4.2%
職場外の人との人間関係	1.3%	8.2%	3.7%	0.0%	3.0%
人間関係以外の仕事上のトラブル	1.3%	5.6%	2.8%	12.5%	2.6%
その他（人間関係のトラブル）	0.0%	0.5%	0.5%	0.0%	0.2%
精神面の病気・不調	8.1%	21.4%	9.3%	8.3%	10.7%
その他の病気・入院	3.1%	6.1%	1.9%	4.2%	3.4%
家族の介護	2.2%	4.1%	2.3%	0.0%	2.5%
結婚・出産・育児	3.8%	5.6%	3.3%	0.0%	3.9%
その他の個人的な深刻な悩み	1.8%	5.6%	4.7%	16.7%	3.3%
その他（個人的なこと）	0.0%	0.5%	0.5%	8.3%	0.4%

※1%水準で統計的に有意に値が大きい箇所に網かけを、値が小さい箇所に下線を付した。

手として、企業外キャリアコンサルタントが存在しており、かなり手厚く
「転職」の相談に載っていることがうかがえる。

6 外部労働市場におけるキャリアコンサルティングに関する自由記述結果

　前項まで、おもに数量的なデータによって外部労働市場におけるキャリア
コンサルティング、特に「転職」の相談とキャリアコンサルティングとの関
連を見てきた。現在、キャリアコンサルティングを受けた経験がある者の多
くは「転職」に関する相談をしていたが、より具体的には30代を中心にお
もに企業外のキャリアに関する相談の専門家に相談をしていた。さらに、未
だキャリアコンサルティングを受けた経験がない者であっても、20代・30
代では「転職」の相談に関心を持ち、特にキャリアコンサルティングに対す
るニーズが強い者ほどそうした傾向がみられた。

　ここからは、これら数量的なデータから示された結果とあわせて、より質
的な観点から、外部労働市場においてキャリアコンサルティングが果たして
いる役割、具体的な支援の内容、今後の課題などを整理したい。

（1）転職に関する支援

　今回の調査では、キャリアコンサルティング経験がある者に、キャリアコ
ンサルティングを受けて「覚えていること」「相談をして感じたこと」「役
だったこと」について自由記述を求めた。

　その結果、ここでも「転職できた」あるいは同様の意味あいで「就職でき
た」という記述が、特に「役だったこと」の自由記述で多くみられた。

就職先が見つかった（30歳男性）

転職先が早く見つかった。（49歳男性）

転職活動がスムーズにいった（42歳男性）

自分では探さないであろう転職先などを紹介してもらった（35歳男
　性）

希望していた給与で転職できたこと（38歳男性）

第9章　外部労働市場におけるキャリアコンサルティング

> 転職が希望通りに決まった。（46歳男性）
> 転職に成功したこと。（53歳男性）
> 転職できた（47歳女性）
> 転職が希望通りに決まった。（46歳男性）
> 良い転職ができた。（38歳男性）
> 相談したコンサルタントが業界の事を熟知していたため適切な転職先を
> 　紹介してもらえた。（50歳男性）
> 当時の職場環境が良くなかったのですが、当時の職場にいても環境改
> 　善は望めないので、転職活動を薦めてくださいました。その後転職を
> 　し、結果として今は良い職場環境で仕事をしております。コンサル
> 　ティングご担当の方には感謝しております。（52歳女性）

　その前段の支援として、「一定の方向性を示した」「目標を設定できた」「ラ
イフプランを組むことができた」など、行動に向けた一定の指針が得られた
ことも、よく記述された。

> 目標を見つけることができた（27歳男性）
> 目的に対して、良い道しるべになった（31歳男性）
> 目指すべき職種を決定することが出来た（26歳男性）
> 方向性に気づいた（31歳男性）
> 生活の目標がはっきりして生きがいを見つけた（55歳女性）
> 就職活動の方向性がはっきりした。（22歳男性）
> 自分がしたいことがはっきりした（23歳男性）
> 一番重視していることがはっきりとした（32歳男性）
> 今後やりたいこととやりたくないことが明確になった（26歳男性）
> その後の方向性が見えた。（33歳男性）
> その後の方向性がみえた（49歳男性）
> キャリアプラン（36歳男性）
> 今後のキャリアプラン。（42歳男性）
> 独立しようと決められた。（42歳男性）

人生の道筋が定まりました（39歳男性）

別の道に進む事を諦めた（49歳男性）

将来のキャリア形成に向けて英語を努力する方向に向かうことができ、
　TOEICで870のスコアをとることが出来た（39歳男性）

レールに乗った、ライフプランを考えることが出来た。（23歳男性）

　その他、様々な助言、アドバイスなどが役立ったという自由記述もみられた。

適切な助言をいただきました。（46歳男性）

助言をもらえた（24歳女性）

適切なアドバイスをもらえた。（23歳男性）

一つの可能性だけじゃなく、あらゆる方面からアドバイスしてくれるので役に立った。（29歳女性）

自身の経験則に基づくアドバイスが役立った（36歳男性）

どのような転職先を選ぶかのアドバイス（30歳女性）

ストレスを溜めないためのアドバイスをもらった（32歳男性）

的確な意見を聞けた（28歳男性）

自分の身分に応じた最も適切な解決方法を提示してもらえた（27歳女性）

いくつかのプランを提示してもらえた事です。（29歳男性）

次に進む道を示してもらった（27歳男性）

（2）仕事理解支援

　具体的な「転職」という行動に向けた支援に至るまでに、どのような支援がなされたのか、その内実についても回答者は記述していた。

　その前段の支援として、具体的・現実的な仕事理解・職業理解といった情報提供の面についても記述がみられた。

　例えば、まずは業界・業種全体に関する情報提供がある。

第9章　外部労働市場におけるキャリアコンサルティング

> たくさんの業種を知れた。（25歳女性）
> 他の業界を教えてもらった（29歳男性）
> 色々な業界の話しが聞けたのはよかった。（48歳男性）
> 業界の新しい情報を得る事ができた。（48歳男性）
> 自分が何をしたいのかをよく聞かれ、様々な業種を教えていただきました。（23歳女性）
> 業界の展望を話してくれた（32歳男性）
> 転職先の業界の不安や疑問について解決した（29歳男性）
> 他業種を見られたこと。（51歳女性）

　次に、自らの転職・就職に関連する業種・仕事内容、求人状況、賃金相場、転職先の労働条件に関する情報提供もある。

> 転職市場の動向、要求人材など（50歳男性）
> 比較的求人は多い（43歳男性）
> 市場状況がわかった（39歳男性）
> 世の中には仕事が無い（29歳男性）
> 世の中には様々な企業があるということ（32歳男性）
> いろいろな職がある。（35歳男性）
> 給料の相場（47歳女性）
> 年収相場（34歳男性）
> 相場が分かった（49歳男性）
> 転職活動の市場などを教えてもらえた（28歳女性）
> いろいろな企業の労働条件が参考になった（56歳男性）
> 自分が思うような就職先はないということが分かった（53歳男性）
> 定年後の労働条件（58歳男性）
> 転職先の情報を知ることが出来た（57歳男性）
> 転職検討先の会社を細かく教えてくれた（40歳女性）

　なお、具体的な情報提供については、履歴書の書き方、職務経歴書の書き方、面接の受け方などの支援が役立ったとする記述が比較的、多く見られた。

319

> 履歴書、職務経歴書の書き方、面接のポイントや練習できたこと（33歳男性）
>
> 履歴書の書き方ポイント（59歳男性）
>
> 履歴書や職務経歴書の細かい部分の書き方が分かってよかった。（28歳女性）
>
> 職務経歴書の書き方の指導（37歳男性）
>
> 履歴書やエントリーシートの内容が磨かれた（24歳男性）
>
> エントリーシートの添削（24歳女性）
>
> 模擬面接（44歳女性）
>
> 面接の練習を何回もしてくださったこと（24歳女性）
>
> 面接での話し方のコツを教えてもらった。（22歳男性）
>
> 会社に対してどう自分をアピールするか。（38歳女性）
>
> 就職活動の面接の練習ができて、本番はリラックスできた（23歳女性）

（3）自己理解支援

　さらに、その前段として「自己分析」「キャリアの棚卸し」によって、「自分の向き不向き」「自分の個性・特性」について理解が進んだとする記述がみられた。

> 自己分析（23歳男性）
>
> 自己分析が出来た（45歳男性）
>
> 自分の適性について分析した。（27歳女性）
>
> 自分自身のキャリアの棚卸ができたこと（58歳男性）
>
> これまでの職務経験の棚卸をしたこと（39歳男性）
>
> キャリアの棚卸になった（39歳男性）
>
> 自分が何に向いているのか、やりたいのか（27歳女性）
>
> 自分のできることが明確になった（50歳女性）
>
> 自分を見つめなおすことができた（38歳男性）
>
> 自分の特性を引き出してくださった（23歳女性）

> 自分の市場価値が客観的にわかった（36歳女性）
> 自分の強みがわかった（36歳女性）
> 自身のキャリアを見直す良い機会になった（38歳男性）

　こうした自己理解が進む理由として、「相談する中で自分のやりたい仕事について整理することができた（38歳男性）」とあるとおり、キャリアコンサルタント・キャリアカウンセラーと話をすることで自身の考え方等が整理されることが大きい。

> 自分の思いが整理された（30歳女性）
> 自分で話しながら、さらに混乱が整理されていった。（56歳女性）
> ごちゃごちゃの頭が整理された（32歳女性）
> とても気持ちが楽になり、キャリアプランの整理ができた（37歳男性）
> 相談することで自分の課題が整理できた（42歳男性）
> 頭の中で絡まったものが一つひとつ整理できる（28歳男性）
> 頭の整理が出来た。（30歳男性）
> 少し気持ちの整理ができた。（50歳女性）
> その時の仕事に限界を感じていたので、相談する事で整理出来た。（35歳男性）

　また、考え方が整理されたのみならず、「視野が広がった」という記述もみられた。

> 考え方の幅が広がった。（22歳男性）
> 視野が広くなった（55歳男性）
> 視野が広がった（41歳女性）
> 自分の視野が狭い事（35歳男性）
> 自分の知識の幅が大きく広がった。（48歳男性）
> 相談することで、色々な選択肢や考え方が広がった。（48歳女性）

　こうした思いを抱く背景として、やはり、転職・就職その他のキャリアに関する問題は、生涯に数多く生じるものではないため誰にとっても常に新奇

な面を含むこと、さらに加えて、思い悩んだ状態にあってはよりいっそう視野が狭まるためと考えられる。

> 自分は世の中のことをなにもかも知らなかったんだと思った。（43歳女性）
> 自分の職場にいるだけでは考えが偏りがちだったということ。（26歳女性）
> 悩みは閉鎖的や内向きになり、モノの見方や視野が狭まるので、一旦リセットして考えるきっかけとなった。（34歳男性）
> 職種に対しての視野が狭かったと思った。広い視野で道は沢山あることが実感できた（24歳女性）

　こうして、考え方が整理される、視野が広がるという感触が得られるのは、「自分一人で悩んでいるよりもプロに相談した方が背中を押してもらえるし、自分の考えや普段感じていることを改めて言葉にすることで気持ちの整理もできる。（32歳女性）」のように、客観的な視点から接する第三者と話をするからであるという記述も多くみられた。

> 第三者目線は大事だと思った（29歳男性）
> 第三者の意見はやはり大切であると実感した（51歳男性）
> 客観的に自分を見れた（24歳男性）
> 客観的に自分の価値を確認できた（45歳男性）
> 改めて他人の意見を含めて考えることができた（34歳男性）
> 客観的な意見が聞けた（29歳女性）
> 客観視してもらうのは大事だと思った。（37歳女性）
> 他人の視点からのアドバイスがもらえて良かった（27歳男性）
> 他者と話すことで自身をより客観的に見られた。（39歳男性）
> 第三者的な意見が、新たな方向性への気づきになった（53歳男性）

　第三者が介在することによって、自分では気が付かないことに気づけたという意識が生じる。

第9章　外部労働市場におけるキャリアコンサルティング

> 転職をメインにコンサルティングをしてもらったが、アピールの仕方
> や、今後のキャリアを一緒に考えて頂いたり、多岐に渡って相談して
> 頂いた。自分一人では気づかないところに気づけた（30歳男性）
> 自分が考えているよりも深い所の事を知ることかできた。（28歳男性）
> 自分では気づかなかったことがはっきりしてきた。（40歳男性）
> 自分では気づかない長所を見てもらえる（26歳男性）
> 自分だけでは知りえない事を教えてもらえた（39歳男性）
> 身近な人以外の話を聞くのは非常にいい意見を取り入れられた。（28
> 歳男性）

その結果、「自信が持てる」という気持ちが生じることも書かれた。

> 自信が持てる（28歳女性）
> 自信がついた（48歳男性）
> 自分のキャリアに自信が持てた。（47歳女性）
> 相談したことで、就職活動に対する、自信がついた（26歳男性）
> 様々なアドバイスを頂き、自分に自信が持てた。（25歳女性）
> 50代になっての再就職は予想以上に厳しい現実があり、それを乗り越
> えるための自信を持たせてくれたこと（58歳男性）
> 今まで培ってきたスキルはとても大切だということ。もっと自分に自信
> を持っても良いという事（51歳女性）

　こうして、「私の性格を客観的に分析してくれたこと。しがらみのない第
三者に話すことが気分転換になり就職活動の意欲がわいた（24歳女性）」の
ように、新たな行動へ向けた意欲へとつながることがうかがえる。

（4）ネガティブな感想
　ただし、本章で分析した自由記述結果からは今後のキャリアコンサルティ
ングを考える上での課題も多くみられた。過去に経験した相談に関するネガ
ティブな自由記述も一定の厚みをもってなされたからである。
　特に、「特に役立ったことはない。転職サイトのエージェントは使い物に

323

ならないと感じた。(24歳男性)」のように、企業外で転職の相談に乗るキャリア相談の専門家に対する、時に辛辣な自由記述がみられた。

　例えば、本調査ではインターネット上で行うモニター調査であったため、自由記述欄には何か書き込まなければ次に進めない仕組みとなっていた。そのため、自由記述欄の約半数近くは「特になし」「ない」「覚えてない」などの回答で占めた。なぜそのような回答になるのかを説明している自由記述もあったので、以下に抜粋する。

> なし。相談しない方が良いと思った（27歳男性）
> 相談しても無駄なことがわかった（48歳男性）
> 相談員が何をしてくれる訳ではないので、役には立たないと思う。（43歳男性）
> 今後、このようなサービスは受けないほうが良いと理解した（46歳男性）
> これからは、こういうサービスは利用しない（50歳男性）

　基本的にこうした内容の自由記述は、自由記述欄に対する回答をみる限りでは男性が多い。キャリアコンサルティング、キャリアカウンセリング、職業相談が基本的にクライアントの話を聞くものである以上、より具体的な問題解決や有益な示唆を求めるタイプのクライアントにとっては十分な支援ではなかったと受け止められる可能性があることが推察される。例えば次のような記述も散見された。

> コンサルティングをする側でありながら受け身過ぎ。（29歳男性）
> コンサルタントとして明確な答えを出す姿勢があったらと思う（32歳男性）
> こちらの希望に対して、明確なアドバイスもなかった。（44歳女性）

　したがって、より端的には「私が一方的な話をしただけで何にもならなかった（54歳男性）」の記述がここでの最も象徴的な記述内容となる。

　また、さらに進んで積極的にキャリアコンサルティングに対するネガティブな感想を書き綴った自由記述もみられた。そのうち、比較的、多くみられ

324

たのは、カウンセラーが型どおりの対応をし、おざなりであるというものである。

> 担当者は表面的な話しか分からないようなのに、適当に相槌を打っている（49 歳女性）
>
> マニュアル通りにやられるのが伝わるとこちらも虚しくなってしまう。共感して聞くという姿勢がまずないとよくないなと思った。（23 歳女性）
>
> 事務的な対応だった。私個人の就職に真剣には取り組んでくれなかった。（25 歳女性）
>
> 一般論に過ぎない（47 歳女性）
>
> 一般的な回答だった（32 歳男性）
>
> みんな表面的なことばかり、できないことばかりアドバイスする（45 歳女性）
>
> やや事務的な対応だった。（44 歳男性）
>
> 通り一遍の説明（55 歳男性）

したがって、「他人事であり、親身になってくれない」という印象にもつながる。

> 丁寧だけど親身ではない。（27 歳女性）
>
> 他人事のようで親身になっていない（46 歳男性）
>
> 他人事なのでしょう、一般的な事しか聞けなかった（48 歳男性）
>
> 相談者にとっては結局は他人事であると感じた（47 歳男性）
>
> 相談して、親身になって考えてくれる人もいれば、素っ気ない態度の人もいたので、相談する気にならないときもあった。（24 歳女性）
>
> 相談者の立場で話をしてくれない（48 歳男性）
>
> 相談というより相手も仕事なので、親身ぶっていてもどこか信用出来ない（36 歳女性）

また、別の角度から寄せられた自由記述としては、相談担当者が特定の転職先に誘導しているように感じるというものがある。回答者の自由記述のみ

から現実にどのような相談支援が行われたのかについて多くを語ることはできず、また多方面からの検証が求められるが、一方で、実際はどうあれクライエントに以下のように感じられる対応があったことは、少なくともクライエントにとっては事実であり、一定程度、重く見る必要はある。

紹介会社側の都合で会社を進めている雰囲気があり、あまりこちら側の要望などを反映しているようには思えなかった（32歳男性）

エージェントが売りたい仕事に誘導してくる（33歳男性）

カウンセラーは自分の営業成績しか気にしていない（36歳女性）

コンサルのノルマをクリアするためだけに、指示をしている印象が強い（47歳男性）

民間営利企業の転職エージェントはクライエント企業への転職をぐいぐい押してきて、押しつけがましいと感じた（24歳男性）

就職がきまれば、彼らはお金がもらえるようで、お金目的で仕事をしている人たちと感じた（46歳男性）

成績の為に利用者の意向を蔑ろにしているような感じがある（29歳男性）

ここでは根深い問題が見え隠れもしており、例えば、紹介会社側あるいは転職エージェント側がクライエント企業への転職を押すことは問題なのか、カウンセラーが自分の営業成績を気にするのは否定されるべきことなのかといった本質的・根本的な議論にまで拡大した場合、これをはっきりと否定することは難しい。クライエントのことを第一に考え、親身になって応対すべきなのは当然としても、紹介会社側・転職エージェント側に自らの利害関係を度外視せよとの主張は成り立ちにくい。

しかし、そうした様々な背景を勘案したとしても、キャリアカウンセラーあるいはキャリアコンサルタントを名乗る以上は、たとえ営利企業に所属していてもクライエントに十分に配慮した職業倫理が求められるのは当然である。営利企業で相談に乗るキャリアカウンセラーおよびキャリアコンサルタントに一定の意図や事情があるのだとしても、クライエントの利益を第一に考える配慮は均しくなされるべきであり、そのためのより専門的で高度なカ

ウンセリングスキルの習得が必須となることを指摘しうる。

　したがって、この論点は、カウンセラーのスキルや質の問題に収斂していくこととなる。例えば、この点についてはカウンセラーのスキルや質にばらつきがあることが指摘された。

> コンサルタント質のばらつき。（55歳男性）
>
> コンサルタントのスキルによって対応がことなる。（35歳男性）
>
> 担当者によって転職先に当たりはずれがある。（51歳女性）
>
> 人による差が激しい。（51歳男性）
>
> 人による。一般的に転職会社大手は、転職することをメインで勧めてくる。勤め先留保を薦める転職会社は少ない。（41歳男性）
>
> 相談相手を選ぶべき（39歳男性）
>
> カウンセラーの方によって方向性が全く違う事。親身になって、こちらの事を理解してくれようとしている方もいれば、希望と全く違う業種、職種を提案してくる方もいる。利益しか考えてない方もいると思った。（29歳男性）

7　外部労働市場におけるキャリアコンサルティング─今後の課題と展望

　本章では、外部労働市場におけるキャリアコンサルティングについて、おもに「転職」の相談という観点から検討を行った。ここまでの結果から指摘できる事項として、以下の諸点を挙げることができる。

　第一に、キャリアコンサルティング経験者の相談内容として「転職」は一定のボリューム感を持って存在しており、特に20代後半から30代前半にかけては、実際に相談を経験した者も、またこれから相談をしたいと考えている者も多く存在していることが示された。従来、基本的には、企業内における職業能力開発を支える施策として主に捉えられがちであるキャリアコンサルティングであるが、今後は、その具体的な利用者層イメージとして若年就労者の転職をより一層強調して考える必要がある。なお、その際、若年就

労者で特に「転職」のキャリアコンサルティングを経験した者が多く、また、「転職」のキャリアコンサルティングを希望する者も多いという結果は、時代変化として考える余地もあり、今後、この年代層がミドル、シニアと成長していく過程で、引き続き「転職」に対するキャリアコンサルティングに対するニーズは強まっていくと解釈することも可能かと思われる。

　第二に、外部労働市場におけるキャリアコンサルティング、特に「転職」に関する相談が一定のボリュームをもって存在していることを掘り下げて考察した場合、この20代後半から30代前半がその後のミドル、シニアへと成長していくにあたっての一つの発達段階を形成しており、ここに「転職」の相談として顕在化する30歳前後の何らかのキャリア発達上の課題があることもうかがえる。就職して新入社員として社会人生活を送り、次の段階へとステップアップしていくこの時期に、多くの就労者が立ち止まって考え、ある者は自らのキャリアアップを、そしてその一つの選択として転職を考えることがあるものと推測される。また、職業人生として残りの期間が長く将来の様々な可能性に思い悩む。さらに職場では相対的に年少者であることが多く上司と仕事の進め方や人間関係の面で軋轢を生じやすい。これら若年者の相談ニーズを考えた場合、おもに20代から30代前半の就労者こそが、キャリアコンサルティングによる喫緊の対応を要するターゲットであり、かつ十分な対応を行うことによって効果が大きく期待できるターゲットであることが指摘できる。従来、キャリアコンサルタントの活動領域は、公的就職支援機関・民間就職支援機関を合わせた需給調整機関領域、企業領域、学校教育領域など領域別に理解されることが多かったが、年齢層でセグメント化して施策の展開を考えることでよりいっそう充実したキャリアコンサルティングの環境整備を行える可能性が高いものと思われる。

　第三に、ただし、自由記述内容の結果からは、「転職」のキャリアコンサルティングの主な担い手である企業外のキャリアコンサルタントに対して、一定数のネガティブな自由記述がみられた。概して「転職」の相談に訪れた際に、対応したカウンセラーの質やスキルにばらつきがあることが指摘されていた。例えば、これらの記述内容の中には、キャリアコンサルティングが受け身すぎて何ら明確なアドバイスが得られなかったというものがあった。

第9章　外部労働市場におけるキャリアコンサルティング

これは現行のキャリアコンサルティングが、実際には傾聴を中心としたカウンセリングの要素が強いためであり、必要に応じてより具体的なアドバイスや示唆を行う必要があるということが示される。一方で、それとは逆に適切に心理的な支援がなされず、結果的に相談に乗る担当者がどこか型どおりであり、親身になっていないと感じられる場合があることも自由記述では示された。上述したとおり、30歳前後の転職が、キャリアコンサルティングおよびキャリアコンサルタントが対応すべき重要なターゲットとなるのであれば、「転職」に関わるキャリアの相談をよりいっそう専門的・効果的なものに変えるべく何らかの政策的な支援を行っていく必要がある。今後、キャリアコンサルタントの質向上の議論とともに、民間の人材ビジネスにおけるキャリアコンサルティングのあり方をより慎重に検討していく必要があると言えるであろう。

第10章 労働市場インフラとしての職業分類の課題

はじめに

　一人ひとりの労働者に対するキャリア支援を行う上で、労働市場のインフラとして不可欠な職業や職業能力開発に関する情報のうち、職業分類はそれぞれの情報を体系化する際の要となる最も基本的情報ともいえるであろう。本章では、現行の厚生労働省編職業分類（2011年改訂）が、前回の改訂から6年を経過する中で、民間の職業分類や諸外国の職業分類等の比較を通じて、その課題を明らかにする。

　現行の厚生労働省編職業分類は、統計上の整合性を保つ観点から日本標準職業分類の体系に準拠して作成され、必ずしも求人・求職のマッチングに最適化されていない。このため、厚生労働省からの要請に基づき、求人者・求職者・職業紹介関係者等が理解しやすく、マッチング精度の向上に資する職業分類のあり方に関する調査研究を行うため、2015年5月に労働政策研究・研修機構に「職業情報整備研究会」が設置された。

　2015年度は、同研究会において、マッチング効率の高い職業分類策定のための課題を中心に研究が行われた。2016年度はそれらを踏まえて、官民の職業分類の比較、ハローワークにおける職業分類の運用の現状と課題、求人情報提供端末[1]の職業分類の設定状況、フリーワード検索の活用状況等を明らかにするとともに、米国やEUの職業分類等に係る情報を収集・整理した。

　本章においては、それらの研究を通して、厚生労働省編職業分類の課題を明らかにし、最後に次期改訂に向けた提言を示したい。

1　ハローワーク内に設置され、ハローワークで受理されハローワークシステムに入力された求人の情報を、求職者が自らの操作によって検索・画面表示・印刷出力ができる端末のこと。

第 10 章　労働市場インフラとしての職業分類の課題

1 問題意識

　職業安定法第15条では、「職業安定主管局長は、職業に関する調査研究の成果等に基づき、職業紹介事業、労働者の募集及び労働者供給事業に共通して使用されるべき標準職業名を定め、職業解説及び職業分類表を作成し、並びにそれらの普及に努めなければならない」と規定されている。

　この規定は、もともとはハローワークの職業紹介業務に使用する職業分類を国が作成するというものであった。1999年に職業紹介事業が原則自由化され、適用対象がハローワークだけではなく民間事業者にも広がったことに伴って改正がなされ、官民に共通する労働市場のルールを整備する観点から官民共通の職業分類を作成し、その普及に努めることとされた。

　2011年の厚生労働省編職業分類の改訂にあたっては、改正された職業安定法第15条の規定に基づき、官民間での職業分類の共有をめぐる問題と課題について検討がなされたが、官民が職業分類の共有化について必ずしも同じ認識を持っている状況にないことから、まず共有化意識を醸成することが先決との結論に至った。

　これを受け、改訂に際して、民間事業者の使用している職種分類の項目に配慮するとともに、労働市場で広く使用されている職種名を職業名索引に積極的に取り込む方向で見直し作業が行われた。

　しかしながら、職業分類の官民共有化に向けた課題の多くは依然残されたままである。すなわち、厚生労働省編職業分類は、統計上の整合性を保つ観点から日本標準職業分類の体系に準拠して作成され、必ずしも求人・求職のマッチングに最適化されていない。このため、厚生労働省からの要請に基づき、求人者・求職者・職業紹介関係者等が理解しやすく、マッチング精度の向上に資する職業分類のあり方に関する調査研究を行うこととした。

　2015年度においては、より効果的な求人・求職のマッチングに資する観点から、現行の厚生労働省編職業分類、職業名、体系化の方法等について定量的な分析を行い、その課題を明らかにした。

　一方、2011年の厚生労働省編職業分類の改訂後、求人情報の収集にインターネットを利用する求職者が半数近くに上るとともに、求人検索において

331

フリーワード検索が普及し、官民の求人情報を一括して検索提供するサイトも台頭するなど、職業分類を巡る環境にも新たな動きがみられる。

こうした変化の中で、官や民間の各事業者が、それぞれ独自性の強い職業分類体系を持ったままでは、膨大な情報の中でマッチングの精度が低下し、効率的なマッチングに支障をきたすおそれがあり、職業分類の共有化のニーズは一層高まっているものと思われる。

そこで、2016年度においては、インタビュー調査やヒアリング調査による官民の職業分類の現状と課題の分析、米国やEU等の職業分類の現状の情報収集や整理を行い、マッチング精度の向上に資する職業分類のあり方を検討した。

2 本章の研究の対象と方法

調査研究の対象と方法は、以下のとおりである。

2015年度は、「職業情報整備研究会」において意見交換等を行う中で、①先行研究・関係文献のレビュー、②民間求人情報サイト4社の職業分類体系の分析、③ハローワークの職業別求人・求職データ（2014年度）に基づく厚生労働省編職業分類の使用状況の分析等を行った。

2016年度は、①民間の求人情報サイト運営会社8社のインタビュー調査による同サイトの職種分類の構造の分析、②ハローワーク6所のヒアリング調査による厚生労働省編職業分類の現状と課題等の分析および官民の職業分類の比較検討、③米国やEUの職業分類の現状等の情報収集・整理を行った。

第1節　マッチング効率の高い職業分類策定のための課題

1 職業分類体系の機能・役割

亀島と笠井（労働政策研究・研修機構、2017a）は、先行研究や関係文献をレビューして、職業分類、分類項目、職業名などの職業分類体系が、求人・求職のマッチングにおいてどのような機能・役割をもっているのかを考察し、図表10-1のような整理を試みた。その際、今すぐ仕事を探す短期的

第10章　労働市場インフラとしての職業分類の課題

図表10-1　求人・求職のマッチングにおける職業分類体系の機能・役割

機能・役割	内容	時間軸での主な有効性
①希望職業誘導	就きたい仕事があいまいな求職者等に対して、階層的職業分類体系を提示する等によって、求める具体的な職業、求人へ誘導する。	短期的マッチング 中・長期的マッチング
②記載情報省略化	求人者、求職者双方が職業内容を共通に理解できる一般的な職業名をつけることによって、記載する職業情報を省略する。	短期的マッチング
③探索効率化	②と相まって、従事してきた職業と同様の職業に就きたい場合等、就きたい仕事について明確なイメージを持つ求職者が、そのイメージによって求める求人情報群を効率よく見つけることができる。	短期的マッチング

マッチングと、卒業後に就く仕事を検討するような中・長期的マッチングという、二つの時間軸での有効性も併せて検討している。

　求人・求職のマッチングにおける職業分類体系の機能・役割は、三つに分けられる。

　第一の機能・役割は、「希望職業誘導」である。就きたい仕事があいまいな求職者等に対して、先ず職業分類の大分類で大まかに就きたい職業を絞り込み、それができたら、さらに中分類や小分類で細かく絞り込んでいくというように、求職者に階層的職業分類体系を提示することによって、求める具体的な職業、求人へ誘導するというものである。これは短期的マッチングと中・長期的マッチングの両方に有効と考える。

　第二の機能・役割は、「記載情報省略化」である。企業等から出される様々な求人に、ある一定の職業名というラベルをつけることによって、職業情報が適切に省略され、求人者、求職者双方の市場参加者が職業内容を共通の言葉で理解し、やりとりすることにより、異なる求人を職業名を通じて比較検討することができる。これは、求人・求職マッチングにおいて、職業分類体系の職業名がもつ、職業の内容を概念化する重要な機能・役割である。短期的マッチングに有効としている。

　第三の機能・役割は、「探索効率化」である。それまで従事してきた職業と同様の職業に就きたい、あるいは関心がある等、就きたい仕事について明確なイメージを持つ求職者が、その職業に関わるキーワードで職業分類を検索することによって、求める求人群を職業分類上でも効率よく見つけること

ができるようにする機能・役割である。職業分類の体系を知らない場合でも、また分類における職業名の付け方や、正確な職業名自体を知らない場合でも、求職者が関心のある職業に関するキーワードを持っていれば、インターネット上では、そのキーワードを手掛かりに検索することができる。職業分類体系がそのキーワードを含んでいれば、求職者は職業分類体系のなかに適切に位置づけられた職業情報群、すなわち、そのキーワードが示す職業の求人情報を見つけることができる。これは、求人・求職のマッチングにおいて、求職者が想起する適切な言葉を使った表記を職業分類で行うことによってマッチングを促進するという重要な役割である。これは短期的マッチングに有効としている。

第二と第三の機能・役割の違いは、第二の機能・役割での職業名は、企業等から出される求人情報を圧縮しラベル化したものであるのに対し、第三の機能・役割での職業名は、求職者が職業に対して持つイメージを言語化したものといえよう。

2 民間求人情報サイトの職業分類体系の分析

職業分類体系は、上記のような三つの機能・役割を適切に担うことで、求人・求職マッチングにおける効率性を高めていると考えられる。

そこで、笠井は、民間事業者の求人情報サイトで用いられている職業分類体系が三つの機能・役割をどのように果たしているのか、厚生労働省編職業分類との比較も交えて定量的分析を試みた。すなわち、上記の三つの機能・役割に着目し、就きたい仕事があいまいな求職者が求める求人情報を探索しやすい分類体系となっているか、求人者のニーズに対して適切な職業名がつけられているか、求職者のもつイメージに対して適切な職業名で表記されているかという点を踏まえて比較分析を行った。

研究の方法としては、厚生労働省編職業分類（大・中・小・細分類の4階層）と、全国を対象とする民間求人情報サイトで3階層の職業分類をもつ4社の民間求人情報サイトとの間で、分類項目数や検索語数等の比較を行った。分析に使うデータは、2015年4月7日〜5月8日の約1カ月間の対象期間から抽出した。

第 10 章　労働市場インフラとしての職業分類の課題

　分析の結果は以下のとおりである（図表 10-2 参照）。

　①求める求人情報を探索しやすい分類体系かどうかという点については、民間の求人情報サイトの職業分類体系も、厚生労働省編職業分類も、大分類においては異なり語の多い弁別性のある構造がとられており、就きたい仕事があいまいな求職者が分類を選択しやすい構造となっている。しかし、中分類以下では、民間の求人情報サイトの方が異なり語の割合が高く、弁別性のある選択しやすい構造であった。

　②求人者のニーズに対して適切な職業名がつけられているかという点については、民間の求人情報サイトも厚生労働省編の職業分類も、小分類が 300 台の職業数であり、300 台の職業数で求人ニーズの職業名への代替がなされ

図表 10-2　厚生労働省編職業分類と民間求人情報サイトの職業分類体系の分析

	厚生労働省編職業分類	民間求人情報サイト（4社）
階層数	4階層	3階層
分類	生産工程の職業を最も多く分類 専門的・技術的職業は1分類	専門的・技術的職業を最も多く分類 専門的・技術的職業は、五つ以上の大分類で分類
異なり語の割合	大分類で異なる語を多く含む 大分類）50.0%　中分類）27.9% 小分類）25.9%　細分類）20.7%	大・中分類で異なる語を多く含む 大分類）43.4%〜62.3%　中分類）38.7%〜48.0% 小分類）22.4%〜31.9%
未知語の割合	未知語　少ない 大・中分類）0% 小分類）1.2%　細分類）2.4%	未知語　多い 大分類）2.6〜8.3%　中分類）6.9〜8.5% 小分類）11.4〜15.6%
元の分類数に対する検索語数	どの階層も職業分類の分類数と同じくらいの検索語が含まれる 大分類）1.5倍　　中分類）1.4倍 小分類）1.3倍　　細分類）1.2倍	上位階層ほど職業分類の分類数よりも多く検索語が分類に含まれる 大分類）2.9〜4.1倍　中分類）1.9〜2.4倍 小分類）1.3〜1.6倍
検索語の一致率	民間との検索語の一致率は低い 大分類）2.2〜11.8%　中分類）2.7〜10.0% 小分類）5.7〜11.6%　細分類）5.7〜13.3%	民間同士の検索語の一致率は高い 大分類）17.8〜61.5%　中分類）29.4〜64.4% 小分類）34.3〜55.4%

（注）異なり語とは、対象となる文字列における同じ語でないもの[2]。検索語とは、分類において職業を検索されたときに使用される可能性の高い語[3]。

2　職業分類においては、言葉の組み合わせで職業名を表記・分類している場合がある。例えば、「小売店主」「卸売店主」の二つを対象とした場合、異なり語は、「小売」「卸売」「店主」となり、異なり語の割合は、75 ％（「小売」「店主」「卸売」「店主」と語数は 4 語あるが、異なり語は 3 語）となる。

3　名詞、サ変名詞（動詞「する」に接続しサ行変格活用動詞となりうる名詞）、未知語（言語処理において分析ソフトの辞書に載っていないと認識される言葉）、複合語（納得できる連結がされた語）が含まれる。

335

ていると考えられる。

　③求職者のもつイメージに対して適切な職業名で表記されているかという点については、民間の求人情報サイトの職業分類体系も、厚生労働省編職業分類も、専門的・技術的職業のように詳細に小分類を分ける職業と営業職のように詳細に小分類を分けない職業があり、メリハリをつけていた。一方で、民間の求人情報サイトの職業分類体系は、厚生労働省編職業分類に比べ、未知語を多く使用し、新しい言葉で表現される新しい職業のマッチングを促進している可能性が考えられる。また、民間の職業分類は、より多くの検索語を含む体系であり、かつ、職業名のつけ方や表記の仕方に民間の事業者間の共通性をもつ体系であるといえる。求職者がキーワードで職業分類を検索する場合に、より多くの検索語があり、かつ、他の民間の求人情報サイトとの共通性があるということは、求人・求職のマッチングの効率を高める可能性があると思われる。

3　ハローワークにおける職業別求職・求人の動向

　前項において、民間求人情報サイトの職業分類体系の定量的分析を行ったが、厚生労働省編職業分類は、ハローワークの職業紹介業務においてどのように活用されているのであろうか。特に厚生労働省編職業分類は、職業紹介事業で使用するために、小分類の下位に独自に892項目からなる細分類が設定されており、それが民間求人情報サイトにはみられない特徴の一つとなっている。

　亀島は、全国のハローワークにおける職業別の「求人・求職データ（2014年度）」を使用して、どの程度細分類が使用されているかの分析を試みた（図表10-3、図表10-4参照）。

　その結果、求人関係では、892の細分類項目のうち、152（17.0％）の細分類項目で全体の8割を占め、また、就職関係では、892の細分類項目のうち、175（19.6％）の細分類項目で全体の8割を占めることが明らかとなった。使われている細分類項目には偏りがあることから、892の細分類項目はもう少し圧縮する余地がある可能性が考えられる。また、事務系のうち会計事務の希望者は経理事務員に最も多く就職しているが、生産関連事務の希望

第10章 労働市場インフラとしての職業分類の課題

図表10-3 職業別（細分類）求人割合Top50

図表10-4　職業別（細分類）就職割合Top50

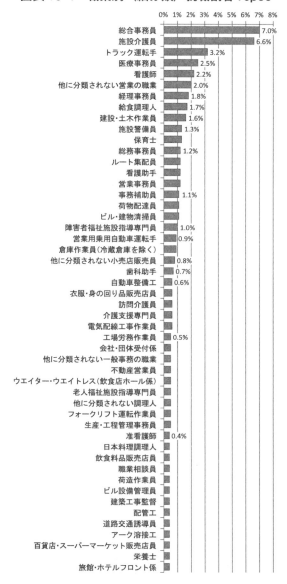

者は事務への就職が多くなく、他の職業へも幅広く就職していることが明らかになった。

第2節　官・民・諸外国の職業分類等の現状と比較

1 近年の職業分類を取り巻く環境変化

　現行の厚生労働省編職業分類は2011年に改訂されたが、その後の社会経済情勢の変化により、職業分類を取り巻く環境には、以下のような変化がみられる。

（1）アグリゲート型求人情報サイトによる官民求人情報の一括検索の普及

　近年、自社で開拓した求人ではなく、他の求人情報企業や職業紹介事業者の情報を集めて、一括掲載する企業が出てきている。収集する求人は、Webサイト上の民間の求人情報だけではなく、ハローワークインターネットサービスに掲載されている求人も検索できるものもある。

　こうした企業が提供する求人情報サイトは、アグリゲート型求人情報サイトと呼ばれており、大手のサイトでは、50万件を超える求人が掲載されている。求職者はアグリゲート型の求人情報サイトを使えば、様々な求人情報サイトにアクセスしなくても、1箇所のサイトで複数のサイトを横断的に検索できるメリットがある。しかしながら、各サイト使われる職種や職業名が同じでも、その定義、内容が異なる場合は、検索の精度が低下することになる。したがって、官民を問わず、職業分類や職業名等の共有化を図ることにより検索の精度が向上し、効率良く求人を検索することにつながる。アグリゲート型求人情報サイトの利用者の増加などにより、職業分類や職業名等の共有化のニーズはさらに高まっているといえよう。

（2）求人検索におけるフリーワード活用の普及

　求人情報サイトにおける求人検索は、一般的に職種分類、勤務地、業種等について、希望する項目を選択肢（メニュー）の中から選んで検索するとと

もに、任意のキーワードを入力して検索するフリーワード検索も併用できるものが多い。こうした中、民間のアグリゲート型求人情報サイトindeedは、職種分類の選択肢を省略し、任意のキーワード（職種、会社名など）と、勤務地（都道府県名または市区町村名）のみを入力して検索する仕組みを採用している。

　フリーワード検索は、任意のキーワードで検索できるので便利であるが、どのようなキーワードで検索してよいか、よくわからない求職者もいる。このため、よく使われるキーワードを公開し、求職者の検索の手がかりを提供しているサイトもある。リクナビNEXTは、先週1週間に検索されたキーワードを、回数の多いものから順にランキングして、サイト上で公開している。求職者は希望するキーワードをクリックすると、今週の求人情報での検索結果がみられる仕組みである。

　このようなフリーワード検索は民間だけでなく、ハローワーク内の求人情報提供端末やハローワークインターネットサービスなど、官の求人情報提供サービスでも利用可能となっている。

（3）統計用の職業分類とマッチング用の職業分類の両立の可能性

　これまでの厚生労働省編職業分類の改訂を振り返ると、統計上の整合性を保つ観点から求人・求職のマッチングに最適化できないという課題があった。しかしながら、一つの職業に統計用とマッチング用の2種類の分類コード（番号）を付与し、目的に応じて使い分けることが技術的に可能になった。マッチング用の職業分類を使用していても、コンピュータが自動的に日本標準職業分類に紐付けを行い、日本標準職業分類に準拠した業務統計が作成されるのである。

（4）求人情報提供端末とハローワークインターネットサービスの統一化の構想

　ハローワーク内の求人情報提供端末の職業分類は、ハローワークごとに設定することが可能になっており、厚生労働省編職業分類とは異なる分類が設定されている。一方、ハローワークインターネットサービスでも職業分類が

第10章　労働市場インフラとしての職業分類の課題

使われているが、求人検索には厚生労働省編職業分類が使われている。こうした中、現在、厚生労働省では業務に使用しているハローワークシステムを刷新し、2020年1月の新システムの運用開始に向けた準備を進めている。このハローワークシステムの更改では、ハローワークインターネットサービスを充実させることで、自主的な求職活動を希望する求職者に対する利便性の高い支援を実現させるとともに、真に支援が必要な求職者に対する支援を充実・強化することを目指している。この一環として、現行の求人情報提供端末によるハローワークごとの設定（求人情報の検索・閲覧機能等）は、すべてハローワークインターネットサービスに一本化する方向で検討がなされている。このため、更改後のハローワークインターネットサービスにおける職業分類のあり方についても、現状を踏まえた上で一定の整理を行うこととなる。

２　民間求人情報サイトの職種分類の考え方

　こうした環境変化に対して、民間求人情報サイトはどのように対応しているのであろうか。前節の２では、民間求人情報サイトで用いられている職業分類体系を定量的に分析し、その果たしている機能・役割を考察したが、さらに、笠井（労働政策研究・研修機構2017b）は、民間求人情報サイト８（A〜H）社を対象に、マッチング環境と求人情報サイト運営上の工夫、職種分類についての考え方等についてインタビュー調査を実施した。

　その結果の中で、各サイトの職種分類の考え方を整理したのが図表10-5である。

　民間の８社の職種分類は、他社の求人情報サイトを含む多様な情報源を参照し合って作成されており共通点もみられる。一方、参照し合った職種を、どのように分類し、階層化するかについては、求人情報サイト間で違いがみられた。

　その違いをもたらしているものを考察すると、職種分類と求人・求職のマッチングとの関係において、次の５点についての考慮の度合いが、各社の職種分類の独自性につながっているのではないかと推察された。

　５点とは、「マッチングの精度を高める」「職種分類の持つ曖昧さを理解す

341

図表 10-5　民間求人情報サイトの職業分類の考え方

職種分類についての考え方	事例（発言内容と発言者）
①マッチングの精度を高める	「細かく分類するほどマッチングの精度が上がるとの考えで分類している」（E 社）
②職種分類の持つあいまいさを理解する	「企業ごとに任せる内容・範囲が異なる仕事を一言の職種名に要約するときに、現実とのズレが生じる。さらに、その要約した職種名を見て、個人が自分の経験から想起するイメージで情報を認識する際にもズレが生じる。」（A 社）
③マッチングにおける発見性を高める	「フリーワードで求人検索を絞ると検索が狭くなりがちなため、『職種分類から入ったら思ってもみなかった仕事が見つかる』ことを意図し、求人情報サイトのトップページ上部に職種分類を置いている」（A 社）
④ウェブサイト上のマッチングの再現率*に寄与する *検索結果の中にどの程度正解が含まれるかを示す	「他の検索エンジン経由で来るときに、どのようなワードで検索されるのかを把握し、それを職種名として見立て、それに応じたページをこの求人情報サイト内でどれだけちゃんと用意しておけるか、ということがますます重要となっている」（F 社）
⑤転職後を意識したマッチングを行う	「転職後の活躍に焦点を当てて求職者と求人企業が出会う、さまざまな出会い方があるなかで、その一つが職種分類というラベルなのだと考えている」（C 社）

出所：笠井の研究をもとに筆者作成

る」「マッチングにおける発見性を高める」「ウェブサイト上のマッチングの
再現率に寄与する」「転職後を意識したマッチングを行う」である。

3　官民の職業分類の比較

　前項でみたように、民間求人情報サイトの 8（A～H）社の職種分類の考
え方は、共通性と独自性を併せ持っているが、結果としてどのように職種分
類に反映されているのであろうか。厚生労働省編職業分類と民間求人情報サ
イトの職種分類を分析し、両者の分類体系や分類項目等の比較を行った（図
表 10-6（p.347）参照）。

（1）分類の構造、分類項目数

　厚生労働省編職業分類の構造は、大分類 11 項目、中分類 73 項目、小分類
369 項目、細分類 892 項目の 4 階層になっている。これに対し、民間 8 社の
分類項目は、大分類、中分類、小分類の 3 階層になっているものが 5 社、

342

大分類、小分類の2階層になっているものが3社である。民間8社の項目数をみると、大分類では正社員向けが9〜16項目、アルバイト向けが17〜22項目と、正社員向けよりアルバイト向けの項目数が多い。中分類をみると、中分類が設定されている5社の項目数は58〜102項目となっている。小分類では47〜398項目とかなりの幅がある。ただし、小分類の項目数が最少の47項目である会社においては中分類が設定されていないので、これを実質的に中分類とみなしても差し支えないであろう。

（2）配 列

　前段で職業分類の構造や項目数をみたが、それぞれの項目はどのような考え方により配列されているのであろうか。

　西澤（労働政策研究・研修機構 2013、2014）は、職務の類似性指標を用いて新たな職業編成の可能性を探る試みとして、米国労働省のDictionary of Occupational Titles（DOT）に採用されている労働者機能を類似性指標として取り上げ、各職業を評価している。

　労働者機能とは、労働者と仕事との関わり方をData（対情報処理機能：D機能）、People（対人処理機能：P機能）、Things（対物処理機能：T機能）の三つの面で表したものである。この労働者機能の観点から、厚生労働省編職業分類や民間8社の職種分類がどのような配列になっているかを調べてみた。その結果を図表10-6（p.347 参照）に示す。この表示にあたっては、西澤（労働政策研究・研修機構 2014）が、Web調査による従業員の回答と米国労働省のDOTによるDPT評価を参考にして作成した職業ごとの「特徴的DPT」（その職業の特徴を端的に表す機能）をもとに、大分類に反映している。大分類の中に異なる特徴的DPTの職業が含まれる場合は、それぞれ併記している。なお、Web調査には管理的職業が含まれていないので、P機能の仕事の例示として「指揮・監督する。」が含まれていることから、ここでは管理的職業を「P機能」と評価している。

　厚生労働省編職業分類の配列は、最初にP機能の管理的職業が配置されており、その後は、おおむねD、P、Tの順に配置されている。

　民間の職種分類の配列をみると、正社員向けでは、5社とも最初に営業系

の項目が配置されている以外はあまり共通点がみられない。DPT機能でみると、全般的に各分類項目に幅広くD機能が含まれており、機能面では分化しているとは言いがたい。その中ではD社が比較的分化しているといえるだろう。アルバイト向けでは、初めにP機能の販売・サービス系の項目が配置され、次いでT機能の項目がまとまって配置されているなど、正社員向けにはみられない共通点がある。DPT機能でみると、正社員向けよりも重なりが少なく分化している。アルバイト向けは正社員向けより分類項目数が多く、またD機能の項目が少ないことが影響していると思われる。

　また、DPT機能の割合に着目すると、厚生労働省編職業分類では、D機能が12.5％、P機能が37.5％、T機能が50.0％であり、T機能が5割を占めている。民間の正社員向けの平均では、D機能が41.1％、P機能が41.1％、T機能が17.8％であり、厚生労働省編職業分類と異なり、T機能の割合が最も少ない。アルバイト向けの平均では、D機能が15.4％、P機能が53.8％、T機能が30.8％であり、P機能が5割強を占める。民間の中でも正社員向けとアルバイト向けでは、違いがあることが明らかになった。

　図表10-7（p.349参照）は、民間の職種分類の大分類項目の配列を、厚生労働省編職業分類の大分類項目に該当するように並び替え、項目の括り方を比較したものである。民間の正社員向けの職種分類をみると、厚生労働省編職業分類の「専門的・技術的職業」に該当する職種が、5〜9項目に細分化されている。また厚生労働省編職業分類の分類項目にない「クリエイティブ系」が全てに含まれ、「医療・福祉」も多く含まれている。アルバイト向けでは、3〜6項目に細分化されており、「医療・介護」が全てに含まれている。さらにアルバイト向けでは、販売やサービスの職業が細分化されており、「飲食・フード」が全てに含まれている。

　またイメージが喚起しやすいように敢えて職種と業種を混在させた分類を採用している。

（3）分類基準（括り方）

　厚生労働省編職業分類では、民間の正社員向けで5〜9項目に分割されている職種を一つの専門的・技術的職業として括っているが、中分類でそれら

第 10 章　労働市場インフラとしての職業分類の課題

を 20 項目に分割して設定している。

　したがって、厚生労働省編職業分類が単純に大雑把というわけではなく、大分類で見せるか、下位の階層の中分類で見せるかという考え方の違いでもある。民間で専門的・技術的職業が細かく設定してあるのは、専門的・技術的職業の求人が多く、下位の階層を見なくて、大分類項目レベルで一定の絞込みができるようにするためでもあろう。

4　ハローワークにおける職業分類の運用、分類のあり方

　ハローワークにおける厚生労働省編職業分類の運用、分類のあり方を調査するため、2016 年 9 月～10 月にかけて、全国の 6 箇所のハローワークを訪問し、求人部門と職業相談部門それぞれからヒアリングを行った。その結果をまとめると、以下のとおりである。

①職種欄は求職者からの注目度が高いので、職種以外の情報も記載して有効活用している。例えば同一職種であっても店舗や就業場所が異なる場合は、職種欄だけでも識別できるように（　）書きで補足している。「正社員」や「急募」などアピールポイントを記載するハローワークもある。

②求人者が一定のスキルを求める場合は、「必要な経験等」欄に「実務経験○年以上」などと表記している。ただし、求めるスキルを厳密に記載すると応募をためらう求職者もいるので、具体的な経験年数を書かないことが多い。経験年数だけでは判断できないスキルレベルについては選考の段階で確認し、職務経歴書や面接時の質問で判断している。

③求人職種が複数の分類項目に該当する場合の第 2、第 3 の職業分類コードの利用状況は、ハローワークによって違いはあるが、一定の割合で利用されている。民間においても図表 10-6 に示すように、一つの求人に対して複数の職種コードを設定できるところが多い。統計調査のためには求人と職業分類は一対一対応させる必要があり、原則として就業時間の長い方の分類項目に分類しているが、マッチングにおいては、官民ともに、就業時間が短くても実際に従事する仕事に即して複数の分類コードを設定できる仕組みにしている。

④ハローワークインターネットサービスだけでなく、ハローワーク内の

345

求人者情報提供端末や窓口においても、フリーワード検索が使われるようになってきている。ハローワーク横浜では、窓口の相談でフリーワード検索を行う求職者は2～3割程度とみている。求職者からよく求められるキーワードを求人票作成等に役立てているハローワークもあるが、Webサイトでの検索を想定した工夫はあまり行われていない。厚生労働省から、2013年に人手不足対策のため、求人票の職種欄等に「建設」「介護」「看護」「保育」等の単語を記載するように指示がなされたが、それ以降新たな指示はなされていない。

⑤求人情報提供端末の職業分類は、労働局やハローワークごとに異なる設定がなされており、厚生労働省編職業分類やハローワークインターネットサービスにおける職業解説で使用されている職業分野と、異なる分類体系が設定されている。ヒアリングしたハローワークの求人情報提供端末の大分類では、福祉・医療や営業系の項目が独立しており、また項目名に職業名を並列的に複数例示し、分類項目名を見ただけで内容が分かりやすいようにしている。中分類の項目数は、厚生労働省編職業分類より多い。DPT機能の割合でみると、厚生労働省編職業分類にかなり近い（図表10-8（p.351）参照）。

　求人情報提供端末の職業分類の設定にあたっては、厚生労働省編職業分類のように仕事の類似性で分類するのではなく、スキルや経験をどこで活かせるかという観点で分類されていることが多い。

⑥求人・求職のマッチングにおいては、細分類では絞り込まれすぎたり、周辺情報を見逃したりするので小分類を使うことが多い。このため小分類項目の追加やフリーワード検索との組合せにより、細分類を代替することは可能である。

図表10-6　厚生労働省編職業分類と民間の職種分類の比較（労働者機能付き）（※民はインターネット求人情報サイト）

厚生労働省編職業分類	A社	G社	C社	B社	D社(2016年5月現在)	F社	H社	E社
全国展開	全国展開	地域展開	全国展開	全国展開	全国展開	全国展開	地域展開	全国展開
汎用	正社員向け	正社員向け	正社員向け	正社員向け	正社員向け	アルバイト向け	アルバイト向け	アルバイト向け
業種別検索あり	業種別検索あり	業種別検索なし	業種別検索あり	業種別検索あり	業種別検索あり	業種別検索なし	業種別検索なし	業種別検索なし
職業紹介事業と同じ職業分類	職業紹介事業と異なる職種分類	職業紹介事業と同じ職種分類	職業紹介事業と同じ分類にする予定	職業紹介事業と同じ職種分類	職業紹介事業と異なる職種分類			職業紹介事業と異なる職種分類
1求人1職種が基本（最大3職種）	1求人につき2職種コードまで	1求人1職種が基本（最大5職種）	1求人1職種コードが基本（最大5職種）	1求人につき2職種コードまで	1求人につき2職種コードまで	1求人につき1職種コード	1求人につき職種コードの制限なし	1求人につき1職種コード
大分類11,中分類73,小分類369,細分類892（ネット上で中分類まで選択可）	大分類9,中分類58,小分類326（ネット上で小分類まで選択可）	大分類10,小分類47（ネット上で小分類まで選択可）	大分類12,中分類92,小分類329（ネット上で小分類まで選択可）	大分類13,中分類102,小分類398（ネット上で小分類まで選択可）	大分類16,中分類69,小分類379（ネット上で小分類まで選択可）	大分類17,小分類360（ネット上で小分類まで選択可）	大分類18,中分類66,小分類154（ネット上で小分類まで選択可）	大分類22,小分類238（ネット上で小分類まで選択可）

職業分類項目

厚生労働省編職業分類	A社	G社	C社	B社	D社	F社	H社	E社
A 管理的職業	営業、事務、企画系	営業系	営業系	営業職	営業	飲食/フード	飲食・フード・調理	AV・PC・家電販売系
B 専門的・技術的職業	サービス、販売、運輸系	技術系（ソフトウェア・ネットワーク）	企画・事務・管理系	企画・管理系職種	企画・経営	販売	コンビニ・スーパー	アパレル・ファッション系
C 事務的職業	クリエイティブ系（広告、ゲーム、インターネット、ファッション）	技術系（電気・電子・機械、食品・化学・医薬）	販売・サービス系（ファッション、フード、小売）	技術系職種（IT/通信・SE）	管理・事務	接客/サービス	販売	イベント・サンプリング・調査系
D 販売の職業	専門職（コンサルタント、金融、不動産）	製造系	専門サービス系（医療、福祉、教育他）	技術系職種（機械/電気/組込み）	販売・フード・アミューズメント	レジャー/エンタメ	アミューズメント・レジャー	コールセンター
E サービスの職業	ITエンジニア（システム開発、インフラなど）	建築・土木系	専門職系（コンサルタント、金融、不動産）	技術系職種（素材/化学/食品等）	美容・ブライダル・ホテル・交通	営業	接客・サービス	コンビニ
F 保安の職業	電気、電子、機械技術者	事務・企画系	クリエイティブ系	技術系職種（建築設計/土木/プラント/設備）	医療・福祉	事務	理容・美容・ビューティ	サービス系
G 農林漁業の職業	素材、食品、医薬品技術者、福祉	クリエイティブ系	技術系（IT、Web、ゲーム、通信）	専門職種（コンサルタント・マーケティング・不動産・士業系）	保育・教育・通訳	総務/企画	警備・清掃・ビル管理・引越	その他
H 生産工程の職業	建築、土木技術者	飲食・販売・サービス系	技術系（電気、電子、機械）	クリエイティブ・クリエイター系職種	コンサルタント・金融・不動産専門職	教育	工場内作業・メンテナンス	ホテル・旅行・リゾート系
I 輸送・機械運転の職業	講師、公務員、技能工、その他	教育・医療・介護系	技術系（建築、土木）	販売・サービス系職種	クリエイティブ	物流/配送	農業・林業・水産業	医療・介護・薬剤系
J 建設・採掘の職業	ドライバー・警備・清掃系	技術系（医薬、化学、素材、食品）	公務系職種（公務員・官公庁・独法・教員・農林水産関連職）	WEB・インターネット・ゲーム	経作業	建築・土木・建設・電気・測量	飲食・フード系
K 運搬・清掃・包装等の職業			施設・設備管理、技能工、運輸/物流系	事務系職種（オフィスワーク）	ITエンジニア	建築/土木/建設	倉庫・物流・ドライバー	運送・ドライバー・引越系
			公務員、団体職員、その他	医療系専門職種（医療・メディカル/介護/福祉）	電気・電子・機械・半導体	工場/製造	オフィスワーク	営業系
				金融関連専門職種（銀行/保険/FP）	建築・土木	IT/コンピュータ	営業	教師・講師・試験監督系
				公共サービス	医薬・食品・化学・素材	医療/介護/福祉	医療・介護・福祉	携帯・スマホ・ネット回線PR系
					技能工・設備・配送・農林水産他	マスコミ/出版	IT・デザイン・クリエイティブ	警備・セキュリティ系
					芸能		教育・保育・専門職	建築・土木・整備系
					専門職/その他		ナイトワーク	事務系
							管理職・店長・マネージャー	清掃・保守・点検系
								製造系
								倉庫内軽作業系
								販売系
								理美容系

集計（労働者機能 D/P/T）

	厚生労働省編	A社	G社	C社	B社	D社	F社	H社	E社
D	3 (12.5%)	10 (37.0%)	7 (31.8%)	12 (42.9%)	10 (45.5%)	21 (44.7%)	7 (21.2%)	8 (15.7%)	5 (10.9%)
P	9 (37.5%)	9 (33.3%)	10 (45.5%)	12 (42.9%)	9 (41.0%)	20 (42.6%)	15 (45.5%)	26 (51.0%)	29 (63.0%)
T	12 (50.0%)	8 (29.6%)	5 (22.7%)	4 (14.3%)	3 (13.6%)	6 (12.8%)	11 (33.3%)	17 (33.3%)	12 (26.1%)
計	24 (100.0%)	27 (99.9%)	22 (100.0%)	28 (100.1%)	22 (100.1%)	47 (100.1%)	33 (100.0%)	51 (100.0%)	46 (100.0%)

正社員向けサイト小計：D:60 (41.1%)　P:60 (41.1%)　T:26 (17.8%)　計146 (100.0%)

アルバイト向けサイト小計：D:20 (15.4%)　P:70 (53.8%)　T:40 (30.8%)　計130 (100.0%)

民間計：D:80 (29.0%)　P:130 (47.1%)　T:66 (23.9%)　計276 (100.0%)

全体計：D:83 (27.7%)　P:139 (46.3%)　T:78 (26.0%)　計300 (100.0%)

（注）・労働者機能とは、人と職業の関わり方を表し、D機能は情報（Data）、P機能は人（People）、T機能はモノ（道具・機械）（Things）との関わり方を示す。本表においては、当該分類項目に含まれる職業の特徴的DPTを表している。
・各欄のDの数、Pの数、Tの数を合計し、その数と割合を示している。端数処理のため、割合（%）の合計が100%にならない場合がある。

図表10-7　厚生労働省編職業分類と民間の職種分類の括り方の比較　（※民はインターネット求人情報サイト）

厚生労働省編職業分類	A社	G社	C社	B社	D社(2016年5月現在)	F社	H社	E社
全国展開	全国展開	地域展開	全国展開	全国展開	全国展開	全国展開	地域展開	全国展開
汎用	正社員向け	正社員向け	正社員向け	正社員向け	正社員向け	アルバイト向け	アルバイト向け	アルバイト向け
業種別検索あり	業種別検索あり	業種別検索なし	業種別検索なし	業種別検索あり	業種別検索あり	業種別検索なし	業種別検索なし	業種別検索なし
職業紹介事業と同じ職業分類	職業紹介事業と異なる職種分類	職業紹介事業と同じ職業分類	職業紹介事業と同じ職業分類	職業紹介事業と同じ職業分類	職業紹介事業と異なる職種分類		職業紹介事業と異なる職種分類	
1求人1職種が基本（最大3職種）	1求人につき2職種コードまで	1求人1職種が基本（最大3職種）	1求人1職種コードが基本（最大5職種）	1求人につき2職種コードまで	1求人につき2職種コードまで	1求人につき1職種コード	1求人につき職種コードの制限なし	1求人につき1職種コード
大分類11,中分類73,小分類369,細分類892（ネット上で中分類まで選択可）	大分類9,中分類58,小分類326（ネット上で小分類まで選択可）	大分類10,小分類47（ネット上で小分類まで選択可）	大分類12,中分類92,小分類329（ネット上で小分類まで選択可）	大分類13,中分類102,小分類398（ネット上で小分類まで選択可）	大分類16,中分類69,小分類379（ネット上で小分類まで選択可）	大分類17,小分類360（ネット上で小分類まで選択可）	大分類18,中分類66,小分類154（ネット上で小分類まで選択可）	大分類22,小分類238（ネット上で中分類まで選択可）
A 管理的職業			(企画・事務・管理系)				管理職・店長・マネージャー	
B 専門的・技術的職業	専門職(コンサルタント、金融、不動産) クリエイティブ系(広告、ゲーム、インターネット、ファッション) ITエンジニア(システム開発、インフラなど) 電気、電子、機械技術者 素材、食品、医療品技術者、福祉 建築、土木技術者	クリエイティブ系 技術系(ソフトウェア・ネットワーク) 技術系(電気・電子・機械、食品・化学・医薬) 教育・医療・介護系 建築・土木系	専門職系(コンサルタント、金融、不動産) クリエイティブ系 技術系(IT、Web、ゲーム、通信) 技術系(電気、電子、機械) 技術系(医薬、化学、素材、食品) 専門サービス系(医療、福祉、教育他) 技術系(建築、土木)	専門職種(コンサルタント・マーケティング・不動産・士業系) 金融関連専門職種(銀行/保険/FP) クリエイティブ・クリエイター系職種 技術系職種(IT/通信・SE) 技術系職種(機械/電気/組込み) 技術系職種(素材/化学/食品等) 医療系専門職種(医療・メディカル/介護/福祉) 技術系職種(建築設計/土木/プラント/設備)	コンサルタント・金融・不動産専門職 クリエイティブ WEB・インターネット・ゲーム ITエンジニア 電気・電子・機械・半導体 医薬・食品・化学・素材 医療・福祉 保育・教育・通訳 建築・土木	マスコミ/出版 芸能 IT/コンピュータ 医療/介護/福祉 教育 専門職/その他	IT・デザイン・クリエイティブ 医療・介護・福祉 教育・保育・専門職	その他 医療・介護・薬剤系 教師・講師・試験監督系
C 事務的職業	営業、事務、企画系	事務・企画系	企画・事務・管理系	企画・管理系職種 事務系職種(オフィスワーク)	企画・経営 管理・事務	総務/企画 事務	オフィスワーク	事務系 コールセンター
D 販売の職業		営業系	営業系	営業職	営業	営業 販売	営業 販売 コンビニ・スーパー	営業系 販売系 コンビニ AV・PC・家電販売系 アパレル・ファッション系 携帯・スマホ・ネット回線PR系
E サービスの職業	サービス、販売、運輸系	飲食・販売・サービス系	販売・サービス系(ファッション、フード、小売)	販売・サービス系職種	販売・フード・アミューズメント 美容・ブライダル・ホテル・交通	飲食/フード レジャー/エンタメ 接客/サービス	飲食・フード・調理 アミューズメント・レジャー 接客・サービス 理容・美容・ビューティ ナイトワーク	サービス系 ホテル・旅行・リゾート系 理美容系
F 保安の職業		(ドライバー・警備・清掃系)					警備・清掃・ビル管理・引越	警備・セキュリティ系
G 農林漁業の職業					(技能工・設備・配送・農林水産他)		農業・林業・水産系	
H 生産工程の職業	講師、公務員、技能工、その他	製造系	(施設・設備管理、技能工、運輸・物流系)		技能工・設備・配送・農林水産他	工場/製造	工場内作業・メンテナンス	製造系
I 輸送・機械運転の職業	(サービス、販売、運輸系)	ドライバー・警備・清掃系	施設・設備管理、技能工、運輸・物流系		(技能工・設備・配送・農林水産他)	物流/配送	倉庫・物流・ドライバー	運送・ドライバー・引越系 清掃・保守・点検系
J 建設・採掘の職業						建築・土木・建設	建築・土木・建設・電気・測量	建築・土木・整備系
K 運搬・清掃・包装等の職業		(ドライバー・警備・清掃系)				軽作業	(警備・清掃・ビル管理・引越)	倉庫内軽作業系 イベント・サンプリング・調査系
			公務員、団体職員、その他	公務系職種(公務員・官公庁・独法・教員・農林水産関連職)	公共サービス			

図表10-8　厚生労働省編職業分類・ハローワークインターネットサービス（職業分野）・求人情報提供端末の職種分類の比較（労働者機能付き）

厚生労働省編職業分類

大分類 11／中分類 73／小分類 369／細分類 892
ネット及び端末上で中分類まで選択可

大分類	中分類	小分類	細分類
A 管理的職業	4	6	11
B 専門的・技術的職業（DPT DPT）	20	93	117
C 事務的職業（DP）	7	27	57
D 販売の職業	3	20	50
E サービスの職業（PT）	8	34	67
F 保安の職業（P）	3	8	13
G 農林漁業の職業	3	12	35
H 生産工程の職業（T）	11	105	340
I 輸送・機械運転の職業（T）	5	23	48
J 建設・採掘の職業（PT）	5	24	52
K 運搬・清掃・包装等の職業（PT）	4	17	42

D:3（12.5%）　P:9（37.5%）　T:12（50.0%）　計24（100.0%）

ハローワークインターネットサービス（職業分野）

大分類 11／中分類 34／小分類 439
ネット上で小分類まで選択可

大分類	中分類	小分類
モノづくりの職業（DT）	7	101
建設の職業（DPT）	2	32
オフィスの職業（DP）	4	30
販売の職業	3	48
専門・企業サービスの職業	2	27
個人サービスの職業	3	43
医療・保健・福祉の職業	4	39
教育・研究の職業	2	19
運輸の職業	2	27
マスコミ・デザイン・工芸の職業（DPT DPT D）	3	51
自然・動植物の職業	2	22

D:7（24.1%）　P:13（44.8%）　T:9（31.0%）　計29（99.9%）

東京労働局

大分類 13／中分類 115
端末で中分類まで選択可

大分類	中分類
専門的・技術的・管理的職業	15
福祉関連の職業	11
事務的職業	11
医療関連の職業	8
販売・レジ、接客の職業	5
営業の職業	4
理美容・調理・サービスの職業	6
運転・配達・通信の職業	11
製造・技能の職業	14
土木・建築・電気工事の職業	11
施設管理・管理人・警備の職業	5
運搬・梱包の職業	5
清掃・軽作業・農林漁業の職業	7

D:3（8.1%）　P:16（43.2%）　T:18（48.6%）　計37（99.9%）

横浜安定所

大分類 12／中分類 115
端末で中分類まで選択可

大分類	中分類
専門・技術・教育・保育	14
福祉・医療・保健	11
事務・管理職	13
販売	8
営業	12
調理・接客・サービス	13
運輸（運送）関連	7
建築・土木・電気工事	8
製造・修理・製図・印刷	13
施設管理・保安・警備	5
運搬・清掃・軽作業	11
農林漁業	4

D:3（8.1%）　P:17（45.9%）　T:17（45.9%）　計37（99.9%）

名古屋中安定所

大分類 13／中分類 121
端末で中分類まで選択可

大分類	中分類
専門・技術・教育・管理（DP DT）	10
福祉・医療・介護・保健	12
販売	13
理容・美容・調理・接客	9
農林・林業・漁業・造園	12
製造・修理・製図・印刷・検査	13
倉庫作業・軽作業・清掃	7
情報処理（D）	
事務（DP）	13
営業	5
施設管理・警備	11
運輸（運転）・通信・配送関連	4
建築・土木・電気工事	7

D:4（9.5%）　P:16（38.1%）　T:22（52.4%）　計42（100.0%）

刈谷安定所

大分類 12／中分類 68
端末で中分類まで選択可

大分類	中分類
管理的職業	1
技術職（設計・情報・建築等）（D D DP）	5
介護・福祉・医療・保健	8
その他の専門職（教育・保育等）（P）	4
事務（DP）	4
営業・販売（飲食を除く）	4
接客・サービス	11
輸送（運転・配達・リフト等）	6
警備・管理人・ビル施設管理	3
建設・土木・電気・機械運転等（T T T）	5
製造・修理・検査・印刷・塗装（T T T）	9
倉庫・運搬・清掃・包装・他（T）	5
造園・植木・農業・林業・漁業（T T T）	3

D:4（9.5%）　P:16（38.1%）　T:22（52.4%）　計42（100.0%）

D:14（8.9%）　P:65（41.1%）　T:79（50.0%）　計158（100.0%）

D:24（11.4%）　P:87（41.2%）　T:100（47.4%）　計211（100.0%）

（注）・労働者機能とは、人と職業の関わり方を表し、D機能は情報（Date）、P機能は人（People）、T機能はモノ（道具・機械）（Things）との関わり方を示す。本表においては、当該分類項目に含まれる職業の特徴的DPTを表示している。
　　　・各欄のDの数、Pの数、Tの数を合計し、その数と割合を示している。端数処理のため、割合（％）の合計が100％にならない場合がある。

第10章　労働市場インフラとしての職業分類の課題

5 米国とEUの職業分類・職業情報

　松本（労働政策研究・研修機構2017b）は、我が国の職業分類と比較するため米国とEUの職業分類を調査した。米国連邦政府共通の職業分類（SOC）は、大分類が23項目、中分類が97項目、小分類が461項目、細分類が840項目の4階層である。これを厚生労働省編職業分類と比較すると、大分類が2.09倍、中分類が1.33倍、小分類が1.25倍、細分類が0.94

図表10-9　SOCの大分類（Major Group）

```
Code    Title
11-0000 Management Occupations                              マネジメントの職業
13-0000 Business and Financial Operations Occupations       ビジネス・財務の職業
15-0000 Computer and Mathematical Occupations               コンピュータ・数理の職業
17-0000 Architecture and Engineering Occupations            建築・エンジニアリングの職業
19-0000 Life, Physical, and Social Science Occupations      自然科学、社会科学の職業
21-0000 Community and Social Service Occupations  コミュニティ／社会サービスの職業
23-0000 Legal Occupations                                   法務の職業
25-0000 Education, Training, and Library Occupations        教育、訓練、司書の職業
27-0000 Arts, Design, Entertainment, Sports, and Media Occupations
                アート、デザイン、エンターテイメント、スポーツ、メディアの職業
29-0000 Healthcare Practitioners and Technical Occupations   医療・看護・技師の職業
31-0000 Healthcare Support Occupations                      医療補助の職業
33-0000 Protective Service Occupations                      保安警備の職業
35-0000 Food Preparation and Serving Related Occupations      飲食業の職業
37-0000 Building and Grounds Cleaning and Maintenance Occupations
                                                    土地建物清掃メンテの職業
39-0000 Personal Care and Service Occupations               ケアとサービスの職業
41-0000 Sales and Related Occupations                       販売・営業の職業
43-0000 Office and Administrative Support Occupations       事務／管理補助の職業
45-0000 Farming, Fishing, and Forestry Occupations          農業、漁業、林業の職業
47-0000 Construction and Extraction Occupations             建設・採掘の職業
49-0000 Installation, Maintenance, and Repair Occupations    設置、保守、修理の職業
51-0000 Production Occupations                              生産の職業
53-0000 Transportation and Material Moving Occupations       運輸・運搬の職業
55-0000 Military Specific Occupations                       軍隊の職業
```

353

倍となっており、小分類まではSOCの項目数が多いが、細分類では逆に厚生労働省編職業分類の項目数が若干多い（図表 10-9 参照）。

　EUのEuropean Skills, Competences, Qualifications and Occupations（ESCO）の分類体系は、国際労働機関（ILO）の定めた国際標準職業分類の4階層の職業分類に、さらに1階層を加えた5階層になっている。

　SOCは連邦政府等の各種統計で利用されているが、今回調べた米国の代表的な求人情報サイトでは、求人検索はフリーワードと勤務地で行われており、日本のハローワークでの求人情報提供端末のような職業分類からの検索は行われていなかった。

　また、米国では職業安定行政は州単位に行われているが、今回、州独自に収集、提供している求人情報は見つからなかった。全米でサービスを展開する求人サイトでは、勤務地を入力するようになっており、州独自の求人情報は不要なためと思われる。

　一方、米国においては、職業分類だけでなく、職業の多面的な数値情報をデータベース化しO*NETにより提供している。O*NETを構成する項目は、図表 10-10 のとおりである。

図表 10-10　O*NETファイルの構成

項目		カテゴリ数	カテゴリ総数		
Ability	能力	52	104	重要性、レベル	
Interest	興味	6	9	RIASEC	各職業の6類型の数値と順位
Job Zone	レベル	5	1		全体的な仕事の難しさ
Knowledge	知識	33	66	重要性、レベル	
Skills	スキル	46	92	重要性、レベル	
Work Activities	何をする	42	126	重要性、レベル、頻度	
Work Context	関係性	97	59		対人関係、職場環境等
Work Values	価値観	27	27		

354

第10章 労働市場インフラとしての職業分類の課題

第3節 まとめ

本研究は、現行の厚生労働省編職業分類が前回の改訂から6年を経過する中で、民間の職業分類や諸外国の職業分類等の比較を通じて、その課題を明らかにした。

2015年度の研究においては、民間の求人情報サイトの職業分類体系は、厚生労働省編職業分類より多くの検索語を含み、民間同士で検索語の一致度も高いことから、求職者がキーワードで職業分類を検索する場合に、求人・求職のマッチング効率を高める効果があると考えられる。一方、厚生労働省編職業分類には活用されていない細分類が多く、職業の細分化だけでなく統合化の検討も進める必要がある。また、充足率が高く就職率の低い職業からその逆の職業へ求職者を誘導するには、それぞれの職業においてどのような進路、職業転換があり得るかについての情報整備が求められよう。

2016年度の研究における分析結果と政策的含意は以下のとおりである。

① 現状では、厚生労働省編職業分類と民間の職種分類はそれぞれ異なる。これは厚生労働省編職業分類が日本標準職業分類に準拠しているためであり、その隔たりを一気に解消するのは困難であろう。

② 厚生労働省編職業分類の改訂にあたり日本標準職業分類との整合性を確保するため、一つの職業に統計用と実務用の2種類の分類コードを付与し、目的に応じて使い分けることが考えられる。ただし、これには、ハローワークシステムの変更が必要であり、技術面、コスト面等からの十分な検討が必要である。

③ 求人・求職者は情報過多の環境の中で"選ぶ喜びから選ぶ大変さ"に直面しており、職業分類の官民共有化によりマッチング精度が向上すれば、双方にメリットがある。

④ 日本標準職業分類に準拠しないマッチングに最適化した分類体系を検討するに当たり、単に日本標準職業分類の配列を変えただけでなく、職業分類の項目名や職業名の言い換え・分割も検討すべきである。

⑤ 職業分類は、そのツリー構造を提示することにより、職業探索等のナビゲーション機能を有している。フリーワード検索が普及しても、職業

355

分類の役割は引き続き重要である。

⑥　米国では職業分類だけでなく、職業の多面的な数値情報をデータベース化しO*NETにより提供している。我が国においても、職業分類だけでなく職業に関する多面的な情報を収集し、提供するための研究が必要である。

【参考文献】　※50音順

労働政策研究・研修機構（2008）.『職業分類研究会報告』JILPT資料シリーズNo.35.

労働政策研究・研修機構（2012）.『職業分類の改訂記録—厚生労働省編職業分類の2011年改訂—』JILPT資料シリーズNo.101.

労働政策研究・研修機構（2013）.『職務の類似性と職業編性—新たな職業編成に向けた予備的検討—』JILPT資料シリーズNo.116.

労働政策研究・研修機構（2014）.『職業相関表—2万人のデータからみた職業の類似性—』JILPT資料シリーズNo.130.

労働政策研究・研修機構（2017a）.『職業情報の整備に関する基礎的研究—マッチング効率の高い職業分類策定のための課題—』JILPT資料シリーズNo.187.

労働政策研究・研修機構（2017b）『官・民・諸外国の職業分類等の現状と比較』JILPT資料シリーズNo.191.

| 終 章 | 生涯にわたるキャリア支援：まとめと政策示唆 |

本書のねらいは、国内外で生涯にわたるキャリア形成およびその支援に関心が高まっている中、労働政策研究・研修機構の第3期のプロジェクト研究「生涯にわたるキャリア形成支援と就職促進に関する調査研究」の一環として実施した調査研究を、「生涯にわたるキャリア支援—労働市場のインフラとしてのキャリア支援—」というテーマで取りまとめ、今後のキャリア支援の政策的示唆を提示することにある。

取りまとめにあたり、今日のキャリア支援施策導入の大きな契機になった第7次職業能力開発基本計画において、キャリア支援が「労働市場のインフラ」として位置づけられた経緯を踏まえ、キャリア支援を労働市場のインフラというマクロの視点で捉えて整理を試みた。すわわち、キャリア支援の背景として職業構造の変化や国内外の施策の動向等を把握した上で、企業内の内部労働市場でのキャリア支援と外部労働市場でのキャリア支援に分けて整理した。

1 キャリア支援の背景

まず、キャリア支援の背景についてまとめてみる。

第1章で、職業構造の変化を分析している。この数十年で最も就業者が増加している職業は、「専門的・技術的職業従事者」であり、次いで「サービス職業従事者」である。さらに5万人の就業者のWeb調査により、職業の内容面の変化を調べた結果、それらの変化は、「高度化」「外国語」「成果主義」「顧客や同業者との関係」「チームワーク」「機械化・自動化」の六つにまとめることができた。

これらの変化を職業別にみると、「専門的職業」「研究者、技術者」で最も「高度化」が進んでいる。これらの職業はもともと高度なスキルや経験が求められる職業であるが、さらに高度化が進んでいるという結果であった。ま

た「専門的職業」「研究者、技術者」では、ともに「チームワーク」が重要になっているが、一方で「専門的職業」では「顧客や同業者との関係」が重要になっているのに対し、「研究者、技術者」では「成果主義」が強まっているという違いがみられた。「事務の職業」では、「機械化・自動化」が進んでいるが、「顧客や同業者との関係」は必ずしも重要になっているわけではなく、「高度化」も他の職業と比べると進んでいない。

　さらに、仕事の現状をたずねたところ、「専門的職業」は「自律性・能力開発・達成感・成長」の要素が強いが、「保安の職業」「輸送・機械運転の職業」「運搬・清掃・包装等の職業」は、それらの要素が弱い。一方で「保安の職業」「輸送・機械運転の職業」「運搬・清掃・包装等の職業」は、「高度化」が進んでいないという特徴もある。こうしたことから、「自律性・能力開発・達成感・成長」の要素が弱い背景として、職業の高度化が関係しているのではないか。すなわち、「保安の職業」「輸送・機械運転の職業」「運搬・清掃・包装等の職業」の職業も、専門的職業と同じように高度化が進めば、自律性のある働き方や、能力発揮、達成感、成長を感じられるようになる可能性が考えられる。高度化を図るためには、高度化の項目の上位にある「自分の職業では、より高い専門性や高度なスキルが求められるようになっている」「自分の職業では、仕事をするために、新しいことを学ぶ必要が増えている」「自分の職業では、以前より各人の創意工夫が求められるようになっている」などと感じられるように、能力開発も含めたキャリア支援を行うことが重要になると思われる。

　第2章では、キャリア支援を生涯にわたるスキル形成の観点からみてみた。第3章で述べたように、生涯にわたるキャリア支援を考える際、日本では概して目に見えるモノづくりの技術に代表されるテクニカルスキルに重きが置かれがちであるが、欧州においては、日々の生活に必要なライフスキル、人と議論をしたり協力したりするヒューマンスキル、より抽象的な洞察力や問題解決能力といったコンセプチュアルスキルにも注意が払われている。

　このため、本研究では、我が国の一般成人のスキルを職業スキルと生活ス

終章　生涯にわたるキャリア支援：まとめと政策示唆

キルの両面から分析している。

　まず、職業スキルについては、31の職業スキルのうち自信があるスキルをたずねた。

　割合が高い順に「人の話を聞くこと」「書類を読むこと」「人と協同で作業すること」「計算したり、データを扱うこと」「書類を書くこと」という結果であった。逆に、自信がない職業スキルは「危険な条件で作業すること」「機械やシステムを修理すること」「体力的にきつい仕事をすること」「プログラミングを行うこと」「人やイベントのコーディネートを行うこと」であった。

　自信がある職業スキルは、読み書き計算などの基礎スキルと、他人と働くための対人スキルとに整理できるが、こうしたスキルには約4割の人が自信をもっていた。

　また、性別・年齢・年収・満足感で比較検討した結果、どの要因で比較しても統計的に有意な差が示されたのは、「書類を読むこと」「書類を書くこと」「数学や科学の知識を使うこと」「特定の業界の知識を用いること」の4スキルであった。書類の読み書き、科学的な専門知識、業界に特殊な知識は、人によって差がつきやすいスキルである。同様に対人スキルも、人によって差がつきやすい傾向がみられた。

　性別・年齢・年収・満足感で差がつきやすいスキルは、基本的には、年齢が高いほど、年収が高いほど、満足感が高いほど、自信があると回答している。すなわち、「書類の読み書き」「科学的な専門知識」「業界に特殊な知識」「対人スキル」は、年齢が高く、年収や満足感も高いほど自信があるということができる。

　逆に、これらのスキルは年齢が低いほど、年収が低いほど、満足感が低いほど、自信がないと回答したスキルでもある。これらの自信のないスキルは、年齢を重ねていけば自然と身につくとは限らず、将来高い年収や満足感を得るためには、「書類の読み書き」「科学的な専門知識」「業界に特殊な知識」「対人スキル」を習得し、自信を付けさせるためのスキル支援やキャリア支援が必要とされるであろう。

　次に、生活スキルについて、40の生活スキルのうち自信があるスキルをたずねた。

359

割合が高い順に「人との約束を守る」「社会人としてのマナーを守る」「あいさつをする」「パソコンで必要な情報を検索する」「朝、決まった時間にひとりで起きる」であった。一方、自信がない生活スキルは「将来の職業生活に備える」「自分の人生設計を立てる」「自分の悪いところを直す」「将来の計画を立てる」「人と交渉する」であった。

　将来の職業生活への備えや人生設計などの生活スキルに対する自信のなさは、そのまま生涯キャリア支援の必要性につながるであろう。

　また、生活スキルについては、女性よりは男性、若年よりは中高年、低収入層よりは高収入層、満足感が低い者よりは高い者の方が総じて高い。特に、マナーやルールを守る、生活リズムを守る、世間話・あいさつ・苦手な人と働くといったベーシックな生活スキルが高い。こうした対象層がもつ生活スキルは、職業スキルの基盤となるものと考えられ、若年男性などを中心にこうしたスキルを欠いている対象層には生活スキル習得に向けた適切な支援が必要となろう。

　第3章では、キャリア支援の背景として、国内外の政策的な動向をみてみた。

　まず国内の動向として、2000年代以降のキャリアコンサルティング施策の展開は、主に①キャリアコンサルティング制度の創設・整備、②キャリアコンサルティング制度のリフレクションと各領域への展開、③キャリアコンサルティング制度の企業への普及促進という、三つの時期に大別できる。

　その中で、キャリアコンサルティング制度の導入における根拠となった第7次職業能力開発基本計画では、キャリアコンサルティング施策（キャリア形成支援システム）は、「労働市場のインフラ」としての面が強く意識されていた。キャリアコンサルティングは様々な施策と連結・連動させやすく、その柔軟性は長所でもあるが、逆に自らが依って立つ基盤、その独自の立ち位置というものを見失いやすい。これまでの動向を振りかえることにより、「労働市場のインフラ」であるというキャリアコンサルティングの根底を支えてきた議論に常に立ち返り、参照し、展開していくということの大切さが示唆された。

終章　生涯にわたるキャリア支援：まとめと政策示唆

　次に、海外のキャリアガイダンス政策の動向をみてみた。

　海外とりわけ欧州においては、生涯ガイダンスシステムの実現にあたっ
て、人々には必要な時に必要な場所でガイダンスサービスを受ける法的権利
があることが強調されることが多い。我が国でも、諏訪（2017）が「キャリ
ア権」を提唱しているが、その動きは未だ限定的であると言わざるをえない。
今後は、キャリアガイダンスサービスを受ける法的権利ということを、より
意識した生涯にわたるキャリア支援を構想していくことが必要であろう。

　その際、より多くの人々にガイダンスを提供するために、インターネット
を利用したセルフヘルプ型サービス（自己啓発支援）の拡大が必要である。
日本では、インターネット上に展開される職業情報サービスと、キャリアコ
ンサルティングのような対面的な相談サービスは、切り離して議論されるこ
とが多い。しかしながら、インターネットを活用したセルフヘルプ型のキャ
リアガイダンスサービスは、そこで提供される情報支援だけでは十分ではな
く、さらに綿密な支援を求める対象層に対する相談支援サービスと相まって
いっそう効果が発揮できる。

　2017年度、労働政策研究・研修機構は厚生労働省の要請を受け、「働き方
改革実行計画（2017年3月28日決定）」に基づき職業情報を総合的に提供
するサイト（日本版O-NET）の創設に係る研究を行っている。同サイトの
構築にあたっては、本研究における検討を参考に、インターネットを活用し
た職業情報サービスと、対面的な相談支援サービスの相補性という観点から
の検討が望まれる。

　また、生涯にわたるキャリア支援を考える際、先に述べたように、日本で
はテクニカルスキルに重きが置かれがちであるが、欧州においては、ライフ
スキル、ヒューマンスキル、コンセプチュアルスキルにも注意が払われてい
る。こうしたスキルは可視化しにくいが、生涯にわたって自律的なキャリア
を形成していくには必要なスキルであり、我が国においてもそうしたスキル
の形成を支援していくことが必要であろう。

2　企業内でのキャリア支援

　第4章では、企業を中心としたキャリアコンサルティングの活用事例を分

析し、わが国の企業内におけるキャリアコンサルティングの特徴を明らかにした。

その特徴は、おもに企業内で果たしている機能という側面から、①リテンション機能（引止め機能）、②関係調整・対話促進機能、③意味付与・価値提供機能の3点に集約できる。

企業内キャリアコンサルティングについては、アウトプレースメント的な機能が期待される場合があるが、現状では、従業員を引き留めようとするリテンション施策として機能している面が強い。また、リテンション機能は、外から参入してきた労働者の受け入れや定着に力を発揮している場合も多い。

また、日本型の企業内キャリアコンサルティングの一つの特徴は、クライエントである従業員が問題を抱えた場合に、上司と面談したり話をする点である。多様化する職場環境の中で、職場内の関係調整・対話促進は重要な課題となっており、管理者のキャリア形成支援マインド・知識・スキルを習得させるといった方向性で何らかの支援を行うことは、今後、十分に検討されるべき課題であろう。

さらに、キャリアルートやキャリアパスが明確ではなくなった現在においては、働く意味や価値を見失いがちとなり、モチベーションやメンタルヘルスの問題も生じている。こうした問題の解決にあたって、最もカウンセリングの本質に近い意味付与・価値提供機能がまさに求められるようになっている。

第5章では、労働生産性引き上げに向けて企業内プロフェッショナルの存在が重要になっている中で、キャリア支援として、企業内プロフェッショナルの育成や専門職制度の有効性と課題を明らかにした。

調査対象となった民間ビジネススクール慶応MCCの学習プログラムは、経営企画職や人事・人材育成職の企業内プロフェッショナルの学習の場として機能していた。我が国のビジネススクール（大学院）の中心が「総合型MBA」であり、諸外国のビジネススクールに比べて学位の修得と特定職種の結びつきが高くはないことを踏まえると、人事・人材育成、マーケティン

グなど、特定職種に関する専門知識を深く習得する際には、総合的なビジネススクールを活用するよりも、特定職種に関する専門講座が充実した民間ビジネススクールを活用した方が、教育効果が高い可能性がある。

自己啓発を行う上での課題として、時間の確保や費用負担を上げる者が多い中で、慶應MCCの学習プログラムは、就業時間後に、かつ短期間で設定され、大学院に比べ費用も安価で、社会人にも利用しやすくなっている。これに加え、受講日の残業免除や受講費用の補助があれば、さらに利用が進むと思われるので、事業主の取組みの拡大が望まれる。

また、慶應MCCの学習プログラムは、雇用保険の教育訓練給付の対象講座に指定されていないが、教育訓練効果の高い民間ビジネススクールの講座については、習得目標や成果についての一層の客観化が図られた上で、指定基準を緩和して対象講座に指定することができれば、費用負担の軽減につながる。政策的な検討が期待される。

一方、企業内プロフェッショナルを対象とするインタビュー調査等により、次の4点が明らかになった。

①プロフェッショナルはエキスパートと比較して、事業目標への貢献意識が存在し、広い専門領域に基づくハイジェネリックスキルを有している。②自らの意図に基づく経験である「社内での逸脱行動」と「社内外の人脈構築による暗黙知の獲得」が、プロフェッショナルの育成に大きな役割を果たしている。③テクノクラート型とファンクショナル型は社外との関わりの差異があり、ファンクショナル型は熱心に社外から暗黙知を収集している。④高度専門職制度の任用要件を厳格にすることで、従来の専門職制度にみられた管理職になれなかった者の受け皿という課題を乗り越えることができ、さらに高度専門職とライン業務の関わりを増加させる仕組みを埋め込むことにより、より機能を発揮することができる。

これらを踏まえ、政策的含意として次の4点があげられる。

①企業内プロフェッショナル（関連する領域を経験し、ハイジェネリックスキルを習得し、事業目標への高い貢献意識を持つ）を人材育成の目標に設定することにより、より多くのプロフェッショナル人材を効率的に育成できる。②「社内での逸脱行動」と「社内外の人脈構築による暗黙知の獲得」を

可能にする企業文化の維持が必要である。③社外の専門職集団の組織化のための公的な支援が必要であり、公的な職業能力開発において、専門職集団の形成支援をメニューに加えてはどうか。④高度専門職の担当業務をライン業務と必要以上に分離せず、ライン業務と密接な関係を維持する方向で高度専門職を設計する必要がある。

3 外部労働市場でのキャリア支援

第6章では、外部労働市場における労働力需給調整機能を高めるため、ハローワーク職員の職業相談・キャリアコンサルティング技法を向上させるための研修プログラムとして、キャリア・ストーリー・アプローチと問題解決アプローチという二つの職業相談・紹介モデルの妥当性を検証した。

二つのモデルは、ともに職員が職業相談・紹介プロセスを意識化し、自身の相談の改善点を検討する際に活用するものであるが、それぞれ異なる考え方を背景としている。すなわち、キャリア・ストーリー・アプローチは、キャリアを過去から未来へつなぐストーリーと見立て、「過去があるから現在がある、現在があるから未来がある」と過去の経験を意味づけて現在の立ち位置を明らかにし、その現在の延長線上に未来の希望をつくるという考え方を背景としている。これに対し、問題解決アプローチは、求職者は何らかの問題を抱え、欲求不満の状態にあり、求職者視点からの問題把握とともに職員視点からの問題の把握があって、その核心に迫ることができ、両者が協力して問題解決に向けた目標を設定し、目標達成のための方策を立てるという考え方を背景としている。

二つのモデルの妥当性については、キャリア・ストーリー・アプローチを取り入れた研修プログラムである旧事例研究と、問題解決アプローチを取り入れた新事例研究を実施し、その効果の検証をもとに検討した。具体的には、研修の参加者に、研修プログラムの効果について、満足感、理解度、有用性の観点から、「まったくあてはまらない」から「とてもあてはまる」までの7段階で評価を求めた。その結果、いずれの観点も肯定的評価の割合が9割程度以上を占めた。研修の参加者は新旧の事例研究のいずれも満足し、問題解決アプローチや逐語記録検討の考え方が理解できるようになり、職業

相談業務に有用な情報・ノウハウを得ることができたと評価していたといえよう。そして、これらの結果の背景として、新旧の事例研究が採用している職業相談・紹介モデルがハローワーク職員に受け容れられていることが考えられよう。

考察では、職業相談・紹介モデルの更なる妥当性を検討するため、職業相談・紹介業務のプロセスを把握する方法論について検討した。

第7章では、第6章と同様に、ハローワーク職員の職業相談・キャリアコンサルティング技法を向上させるための研修プログラムとして、職業相談の勘とコツを「見える化」するワークショップを開発し、そのワークショップの効果等を検討した。

職業相談の勘とコツ「見える化」ワークショップとは、職業相談を担当する職員の応答の背景にある重要な判断や言動の選択を<ことば>にして職員同士で共有することにより、職場の相談力の向上を目的とした研修プログラムである。

勘コツワークショップの研究開発では、まず、認知的タスク分析の考え方と手法の応用を検討した（研究）。認知的タスク分析とは、仕事における働く人の判断や選択などの<こころ>の働きと、その仕組みに焦点を当てた分析手法である。この手法を応用して、特定の職業相談の経験から、そこで働いている勘コツを<ことば>にしていく面接法である勘コツインタビューを開発した。

次に、この勘コツインタビューの考え方と手法を取り入れ、職員同士で職業相談における重要な判断と選択を共有化する研修プログラムを開発し、ハローワーク等の職員を対象とした研修コースで、この研修プログラムを実施した（訓練）。

さらに、研修プログラムの参加者を対象としたアンケート調査を実施し、職業相談の窓口業務を進める上で、役に立つ情報やノウハウを、職員がどの程度得ることができたかを聞き、現場を想定した研修プログラムの有用性を検討した（実践）。これらの研究→訓練→実践のサイクルを回していくことにより、さらなる職業相談の改善を目指すこととした。

アンケート調査による研修プログラムの効果の検証の結果は、以下のとおりである。

「研修への満足感」「認知的タスク分析の理解」「有用な情報・ノウハウの取得」について、「あてはまる」から「あてはまらない」までの5段階でたずねたが、いずれも100％近くの参加者が「あてはまる」または「ややあてはまる」と回答し肯定的に評価した。

肯定的評価の内訳として「あてはまる」の割合を見ると、「研修への満足感」（73.8％）が7割を超え、「認知的タスク分析の理解」（61.8％）は6割程度、「有用な情報・ノウハウの取得」（57.1％）では6割を切っていた。「あてはまる」の割合は、「研修への満足感」が最も高いが、「認知的タスク分析の理解」といった知識の習得や、現場に役立つ「有用な情報・ノウハウの取得」となると、相対的に低くなる傾向にあった。

こうした検証を踏まえ、さらに研究→訓練→実践のサイクルを回し、職業相談の改善を目指すことが期待されよう。

第8章では、職業訓練とキャリア支援を統合した求職者支援制度の特徴や効果を明らかにした。

求職者支援制度の利用者に対するする訓練前調査・訓練後調査・追跡調査を通じて、求職者支援制度のキャリア支援としての特徴を以下の五つの観点から分析した。

①制度利用者の特徴

典型的な利用者として、親と同居する正規就労経験の乏しい若年者、失業期間がやや長期にわたる独身男性、正規就労経験が長く生計の担い手でもあった中高年失業者、家庭にあって復職を視野に入れた主婦が多かった。

②制度利用の理由

最も多い理由は「職業訓練を無料で受けられる（技能や知識を修得することができる）」であり、約7割が回答していた。属性別にみると、女性は男性に比べて職業訓練を無料で受けられること、男性は女性に比べて給付金があることと回答した割合が統計的に有意に多かった。年齢が高い

者、配偶者なし子供ありの者、生計の担い手である者、収入が低い者、生活保護を受けている者など就職への緊要度の高い者では、より実際の就職に向けた就職支援を理由とする割合が高かった。

③役に立った支援

訓練後調査に回答した約5～6割が、役立った支援として「履歴書の作成指導」「個別の職業相談（キャリアコンサルティング）」「ジョブ・カードの作成の支援及び交付」を挙げた。また、約3割が「求人情報の提供」「面接指導」「職場見学、職場体験、企業実習」が役立ったと回答した。

④制度利用の変化

職業スキル・生活スキルの訓練前後の変化では、職業スキルおよび生活スキルともに、訓練前後において1％水準で統計的に有意な差がみられた。いずれも訓練後の方が、自信がある、あるいは得意であるという値が高かった。

特に、職業スキルでは「ビジネスマナーを理解していること」「作業に必要な道具、機材を選択すること」「機械やパソコンの操作を行うこと」で、訓練前後の変化が大きかった。また、生活スキルでは「自分の能力を正確に把握する」「パソコンでメールのやりとりをする」「自分の人生設計を立てる」で、訓練前後の変化が大きかった。

⑤就職との関連

求職者支援制度を利用して就職した者と就職していない者を比較した場合、就職した者はおおむね求職者支援制度は効果があったと感じていた。そうした効果は必ずしも職業訓練のみに感じているのではなく、職業相談、キャリアコンサルティング、就職支援などの広い意味でのキャリアガイダンス全般についても一定の評価がなされていた。結果的に、求職者支援制度を利用して「やる気や自信がでた」「応募先にアピールできた」という点が、特に良かったと感じていた。

本調査研究の結果、求職者支援制度の利用そのものが、職業訓練と同時に有意義な就職支援・キャリア支援になっていることが明らかになった。求職者支援制度が第二のセーフティネットとして導入されたことを踏まえれば、特定のスキルを身につけることを主目的とした通常の意味での職業

訓練とは別に、持てるスキルを活用するために有効な基礎的なスキルの習得の場として、改めて求職者支援制度における訓練効果を考える余地があるものと思われる。

第9章では、外部労働市場におけるキャリアコンサルティングについて、おもに転職の相談という観点から検討を行った。

キャリアコンサルティング経験者の相談内容として、最も多い相談内容は「転職」（53.8％）、次いで、「仕事内容」（35.3％）、「自分の職業の向き不向き」（24.8％）であった。30歳代では、「転職」の相談の割合は6割を超えている。今後、キャリアコンサルティング施策を考えるにあたって、その利用者層として若年就労者の転職をより一層強調して考慮する必要がある。

キャリアコンサルティング経験者の意識をたずねたところ、「いろいろな仕事をたくさん経験している」「自分でキャリア計画を考えたい」「自分の職業能力が他社で通用する」「自発的な職業能力向上の取り組みを行うことが必要である」と考えている割合が多かった。

キャリアコンサルティング経験者は、自らのキャリアや職業を自律的に考えたいという意識があり、それゆえ自分でキャリア計画を立て、いろいろな仕事を経験し、他社でも通用する職業能力を身に付けることに意識が向いている。そうした意識との関わりでキャリアコンサルティングの経験もあり、それによってキャリアに対する意識がさらに強まるということが推測される結果となっていた。こうした意識と「転職」の相談が多いということは関連があり、今後のキャリアコンサルティング施策に反映していく必要がある。

今回の調査における自由記述内容の結果からは、「転職」のキャリアコンサルティングの主な担い手である企業外のキャリアコンサルタントに対して、一定数のネガティブな自由記述がみられた。概して対応したカウンセラーの質やスキルにばらつきがあることが指摘されていた。「転職」の相談ニーズに適切に対応するためには、「転職」に関わるキャリアの相談をより一層専門的・効果的なものに変えるべく何らかの政策的な支援を行っていく必要がある。

第6章、第7章でみたように、労働政策研究・研修機構ではハローワーク

職員の職業相談・キャリアコンサルティング技法を向上させるための研修プログラムを開発しているが、こうした研修プログラムは基本的にハローワークをはじめとした公的機関の職員に限られている。今後は、こうした研修プログラムを応用して民間の人材ビジネスのキャリアコンサルタントの質の向上を図ることができないか検討すべきであろう。

第10章では、現行の厚生労働省編職業分類が前回の改訂から6年を経過する中で、労働市場のインフラとして本来の機能を果たすために、その活用の実態や民間、諸外国の職業分類等の比較を通じて、その課題を明らかにした。

民間の求人情報サイトの職業分類体系は、厚生労働省編職業分類より多くの検索語を含み、民間同士で検索語の一致度も高いことから、求職者がキーワードで職業分類を検索する場合に、求人・求職のマッチング効率を高める効果があると考えられる。一方、厚生労働省編職業分類にはハローワークの職業紹介業務において活用されていない細分類が多く、職業の細分化だけでなく統合化の検討も進める必要がある。

厚生労働省編職業分類と民間の職種分類を比較すると、分類構造、分類項目数、配列、分類基準のそれぞれで相違点がみられる。これは厚生労働省編職業分類が日本標準職業分類に準拠していることに拠るところが大きい。厚生労働省編職業分類の改訂にあたり日本標準職業分類との整合性を確保するため、一つの職業に統計用と実務用の2種類の分類コードを付与し、目的に応じて使い分けることが考えられる。ただし、これには、ハローワークシステムの変更が必要であり、技術面、コスト面等からの十分な検討が必要である。

また、求人・求職者は情報過多の環境の中で"選ぶ喜びから選ぶ大変さ"に直面しており、職業分類の官民共有化によりマッチング精度が向上すれば、双方にメリットがある。マッチングに最適化した分類体系を検討するに当たり、単に日本標準職業分類の配列を変えただけでなく、職業分類の項目名や職業名の言い換え・分割も検討すべきである。

近年、求人情報の検索にあたってフリーワードを使った検索が普及してい

るが、職業分類は、そのツリー構造を提示することにより、職業探索等のナビゲーション機能を有している。フリーワード検索が普及しても、職業分類の役割は引き続き重要であろう。

米国では職業分類だけでなく、職業の多面的な数値情報をデータベース化しO*NETにより提供している。我が国においても、2017年度、米国のO*NETを参考に日本版O-NETの創設に向けた研究を行っているところである。その研究には、本研究で得られた職業分類に関する研究の成果も積極的に活用すべきであろう。

以上、10章にわたる研究成果を、生涯にわたるキャリア支援というテーマのもと労働市場のインフラとしてのキャリア支援という観点からまとめたが、それぞれの研究のアプローチの違いもあり、そのねらい通りに統一感をもって整理できたかは心許ないところがある。また、労働市場は職業別だけでなく産業別にも形成されているが、産業別の分析は不十分である。加えて、生涯にわたるキャリア支援として、年齢に伴って変化するライフステージごとのキャリア支援のあり方を期待した人にとっては、その期待に十分応えられていない。さらに、キャリア支援を必要とする対象者ごとに異なる課題があり、それにふさわしいキャリア支援のあり方を検討する必要もあるだろう。そうした点については今後の研究課題としたい。

第7章資料　勘コツインタビューの4つのセクションと8つのステップ　　　出所）労働政策研究・研修機構（2016b）

セクション	ステップ	勘コツマップの作成状況
セクション1 相談でのやりとり （事実）	ステップ1：相談の経験を思い出してもらう ステップ2：相談でのやりとりを話してもらう	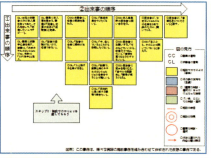
セクション2 その時の気持ち （主観）	ステップ3：相談の節目を見つける ステップ4：区分ごとに、その時の気持ちを話してもらう	
セクション3 重要な 判断・選択	ステップ5：相談の効果を見つける ステップ6：重要な判断・選択を見つける ステップ7：重要な判断・選択の 　　　　　きっかけとなった 　　　　　情報を話してもらう	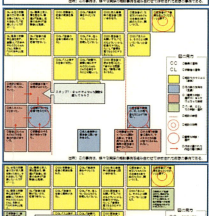
セクション4 「いま、ここ」での 判断・選択	ステップ8：今だったら、 　　　　　どのような対応をしたいか、 　　　　　話してもらう	

371

【執筆者略歴】（執筆順）

上市　貞満（かみいち・さだみつ）：序章、第5章、第10章、終章
　　労働政策研究・研修機構　統括研究員
　　近著に『官・民・諸外国の職業分類等の現状と比較』（JILPT資料シリーズNo.191、2017年3月）、『企業内プロフェッショナルのキャリア形成II―社外学習、専門職制度等に係るインタビュー調査―』（JILPT資料シリーズNo.192、2017年3月）がある。
　　専門分野は、職業指導、人材育成。

松本　真作（まつもと・しんさく）：第1章
　　労働政策研究・研修機構　特任研究員
　　担当した報告書に『職務構造に関する研究―職業の数値解析と職業移動からの検討―』（JILPT労働政策研究報告書No.146、2012年3月）、『職務構造に関する研究II―5万人の就業者Web職業動向調査より、現状、変化、能力、生活のデータ分析―』（JILPT労働政策研究報告書No.176、2015年5月）、近著に『高業績で魅力ある会社とチームのためのデータサイエンス―職場と仕事を数値化する測定尺度、チェックリスト集―』（労働政策研究・研修機構2017年3月）がある。
　　専門分野は、職業情報（職務の多面的な数値化等）、人材マネジメント（採用、動機づけ等）。

下村　英雄（しもむら・ひでお）：第2章、第3章、第4章、第8章、第9章
　　労働政策研究・研修機構　主任研究員
　　近著に『成人キャリア発達とキャリアガイダンス―成人キャリア・コンサルティングの理論的・実践的・政策的基盤』（JILPT研究双書、2013年6月）、『キャリアコンサルティングの実態、効果および潜在的ニーズ―相談経験者1,117名等の調査結果より』（JILPT労働政策研究報告書No.191、2017年3月）がある。
　　専門分野は、キャリアガイダンス論、キャリア心理学。

榧野　潤（かやの・じゅん）：第6章、第7章
　　労働政策研究・研修機構　副統括研究員
　　近著に『職業相談・紹介業務の逐語記録を活用した研修プログラムの研究開発―問題解決アプローチの視点から』（JILPT労働政策研究報告書No.198、2017年9月）、『職業相談の勘とコツの「見える化」ワークショップの研究開発―認知的タスク分析を取り入れた研修研究』がある（JILPT労働政策研究報告書No.182、2016年5月）。
　　専門分野は社会心理学、職業相談。

JILPT 第3期プロジェクト研究シリーズ No.7

生涯にわたるキャリア支援
―労働市場のインフラとしてのキャリア支援―

2018年 3月16日　第1刷発行

編　集　（独）労働政策研究・研修機構
発行者　理事長　菅野和夫
発行所　（独）労働政策研究・研修機構
　　　　　　〒177-8502　東京都練馬区上石神井4-8-23
　　　　　　電話 03-5903-6263

制　作　株式会社 ディグ
印刷所　有限会社 太平印刷

ⓒ2018 JILPT　ISBN 978-4-538-52007-0　Printed in Japan